NomosBibliothek

Die Lehrbuchreihe bietet Studierenden der Sozial- und Geisteswissenschaften ausgezeichnete Einführungen in die jeweilige Fachdisziplin. Klar strukturiert und in verständlicher Sprache vermitteln die Bände grundlegende Fachinhalte und fundiertes Expertenwissen. Sie sind ideal geeignet zum Einstieg in das Studium und zur sicheren Prüfungsvorbereitung – ein unentbehrliches Handwerkszeug für alle angehenden Sozial- und GeisteswissenschaftlerInnen.

Lamprecht | Nagel

Sport-
soziologie

Einführung

Unter Mitarbeit von
Rahel Bürgi, Angela Gebert, Christoffer Klenk,
Claudia Klostermann, Grazia Lang, Christian Moesch
und Hanspeter Stamm

Onlineversion
Nomos eLibrary

Die Deutsche Nationalbibliothek verzeichnet diese Publikation in
der Deutschen Nationalbibliografie; detaillierte bibliografische
Daten sind im Internet über http://dnb.d-nb.de abrufbar.

ISBN 978-3-8487-7223-0 (Print)
ISBN 978-3-7489-1240-8 (ePDF)

1. Auflage 2022
© Nomos Verlagsgesellschaft, Baden-Baden 2022. Gesamtverantwortung
für Druck und Herstellung bei der Nomos Verlagsgesellschaft mbH & Co.
KG. Alle Rechte, auch die des Nachdrucks von Auszügen, der fotomechanischen Wiedergabe und der Übersetzung, vorbehalten. Gedruckt auf
alterungsbeständigem Papier.

Inhalt

Vorwort	9

Kapitel 1: Einführung — 11
1. Sport als soziales Phänomen: Themen der Sportsoziologie — 11
2. Erklärungsansätze und Perspektiven der Sportsoziologie — 16

Kapitel 2: Historische Entwicklung des Sports — 21
1. Warum England den Sport erfand — 21
2. Der englische Sport trifft auf das deutsche Turnen — 23
3. Die Sportentwicklung als Teil des Zivilisationsprozesses — 26
4. Die Sportentwicklung als Rationalisierungsprozess — 28
5. Die Sportentwicklung als Differenzierungsprozess — 33
6. Die Sportentwicklung als Globalisierungsprozess — 37
7. Fazit — 39

Kapitel 3: Aktuelle Entwicklungen und Trends im Sport — 41
1. Die Versportlichung der Gesellschaft — 42
2. Die Entsportlichung des Sports — 43
3. Ein differenziertes Modell des Sports — 47
4. Vom Trend zur olympischen Sportart — 52
5. Die gesellschaftlichen Kräfte hinter der Sportentwicklung — 57
6. Fazit — 61

Kapitel 4: Soziale Ungleichheiten im Sport — 63
1. Sport für Alle? Aktuelle Ergebnisse und Entwicklungen — 64
2. Erklärungsmodelle zur sozialen Ungleichheit im Sport — 68
3. Fazit — 74

Kapitel 5: Sport und Sozialisation — 77
1. Sozialisationstheoretische Konzepte im Sport — 78
2. Der Zugang zum Sport — 80
3. Sport als Lebensschule? — 83
4. Sport als Integrationsmotor? — 86
5. Fazit — 91

Kapitel 6: Gewalt im Sport — 93
1. Was ist Gewalt? — 93
2. Gewalt im Sport: Ventil und Lernfeld — 97
3. Gewalt von und an Sportler:innen — 99
4. Gewalt auf den Zuschauerrängen — 103
5. Fazit — 106

Kapitel 7: Sport und Geschlecht

1. Der lange und steinige Weg zur Gleichberechtigung im Sport — 110
2. Ende gut – alles gut? Geschlechterdifferenzen im Sport — 113
3. Die binäre Geschlechterordnung im Sport und ihre Folgen — 120
4. Fazit — 123

Kapitel 8: Sport, Gesundheit, Körperkult

1. Wie gesund ist Sport? — 126
2. Gesundheitsvorstellungen im gesellschaftlichen Wandel — 129
3. Das präventive Selbst — 132
4. Fitness als gesellschaftlicher Imperativ — 135
5. Die Wiederkehr des Körpers — 137
6. Fazit — 140

Kapitel 9: Sport im Verein

1. Sportvereine als Interessenorganisationen und Solidargemeinschaften — 144
2. Funktionen von Sportvereinen — 149
3. Sportvereine: Entwicklungen und Herausforderungen — 151
4. Sportverein, quo vadis? — 153
5. Fazit — 155

Kapitel 10: Sport und Wirtschaft

1. Sport als Wirtschaftsfaktor und Berufsfeld — 158
2. Kommerzielle Sportanbieter im Freizeit-, Fitness- und Gesundheitssport — 162
3. Kommerzialisierung des Spitzensports — 164
4. Professionalisierung von Sportvereinen und -verbänden — 168
5. Fazit — 169

Kapitel 11: Sport und Medien

1. Die Entwicklung des Mediensports — 172
2. Gründe für die Attraktivität des Mediensports — 176
3. Die Konstruktionsregeln des Mediensports — 179
4. Die neue Medienwelt verändert den Mediensport — 183
5. Fazit — 185

Kapitel 12: Sport und Politik

1. Sport als Spielball der Politik oder das Olympische Dilemma — 188
2. Warum die Politik in den Sport eingreift — 193
3. Wie die Politik in den Sport eingreift — 199
4. Fazit — 203

Kapitel 13: Spitzensport 205

    1   Kennzeichen und Strukturen des Systems Hochleistungssport 206
    2   Karrieren im Spitzensport 209
    3   Doping im Spitzensport – Ursachen und Lösungsansätze 212
    4   Fazit 217

Kapitel 14: Sport und Nachhaltigkeit 219

    1   Was meint Nachhaltige Entwicklung? 220
    2   Nachhaltigkeit im Sport: Dimensionen und Zielkonflikte 221
    3   Umweltbelastungen durch den Sport 222
    4   Sporttourismus und Nachhaltigkeit 224
    5   Nachhaltigkeit und Vermächtnis von Sportevents 226
    6   Corporate Social Responsibility in Sportorganisationen 230
    7   Fazit 232

Literatur 235

Vorwort

Was fasziniert Menschen am Sport? Was steckt hinter der Erfolgsgeschichte des modernen Sports? Welche gesellschaftlich relevanten Potenziale bietet der Sport? Welche «Schattenseiten» sind mit der Sportentwicklung verbunden? Diese vier Leitfragen stehen im Zentrum des vorliegenden Buches. Für die Antworten auf diese Fragen werden wir uns mit zentralen sportsoziologischen Erklärungsansätzen und Modellen befassen, werden auf die Befunde einschlägiger Studien und aktueller Untersuchungen eingehen und werden diese mit ausgewählten Beispielen illustrieren. Unser Ziel war es, wichtige Themen der Sportsoziologie wissenschaftlich fundiert und gleichzeitig allgemeinverständlich darzustellen. Aus diesem Grund sind wir wie in unseren Vorlesungen von konkreten sportsoziologischen Frage- und Problemstellungen ausgegangen und nicht von den soziologischen Konzepten und Modellen. Entstanden ist dabei ein Buch zu aktuellen Themen zu Sport und Gesellschaft.

Die Ausführungen und Überlegungen stützen sich auf unsere Vorlesungsmanuskripte an der Universität Bern und der ETH Zürich sowie auf verschiedene Studien, Publikationen und Arbeiten, die wir in den vergangenen Jahrzehnten durchgeführt und veröffentlicht haben. Viele Personen haben dabei mitgewirkt. Ihnen allen möchten wir herzlich danken. Ganz besonders danken möchten wir Rahel Bürgi, Angela Gebert, Christoffer Klenk, Claudia Klostermann, Grazia Lang, Christian Moesch und Hanspeter Stamm, die in verschiedenen Kapiteln mitgearbeitet und ihr Wissen eingebracht haben. Um ihre Beiträge zu würdigen, haben wir bei jedem Kapitel aufgeführt, wer jeweils mitgewirkt hat. Ein grosser Dank geht auch an Raphael Stieger, der das gesamte Manuskript Korrektur gelesen hat.

Markus Lamprecht und Siegfried Nagel

Kapitel 1: Einführung

Siegfried Nagel & Markus Lamprecht

1 Sport als soziales Phänomen: Themen der Sportsoziologie

Der Sport als Massenphänomen

Sport fasziniert die Menschen. Sie schenken ihm Zeit und Geld, Energie und Emotionen. Sport ist für sie Bewegung, Gesundheit, Fitness und Entspannung, aber auch Gemeinschaft, Spiel, Wettkampf und Naturerlebnis. Für die meisten Menschen ist Sport mit positiven Assoziationen und Erfahrungen verbunden. Kein Wunder hat das Interesse an sportlichen Freizeitaktivitäten in den vergangenen Jahrzehnten stetig zugenommen.

Das deutlich gewachsene Sportinteresse und die vielfältigen Sportbedürfnisse sind mit weitreichenden Veränderungen und Trends im Feld des Sports verbunden. Die Zahl der Sportarten und sportiven Bewegungsformen ist kaum noch überschaubar. Sport wird heutzutage in unterschiedlichen Settings und Organisationsformen getrieben und Sportinfrastruktur, -ausrüstung und -geräte erfahren viele technologische Innovationen. Die gewachsene Gesundheitsorientierung und der Fitnessboom haben dazu geführt, dass neben dem Vereinssport viele kommerzielle Sportunternehmen gegründet wurden und Menschen häufig mehrere Sportarten und Bewegungsaktivitäten in unterschiedlichen organisationalen Kontexten ausüben. Dabei hat der vereinsorganisierte Wettkampfsport an Bedeutung verloren, während sich stärker individualisierte Sportpraktiken und szeneartige Inszenierungsformen auf dem Vormarsch befinden. Beispielsweise umfasst der Schneesport neben den traditionellen Disziplinen Alpin und Nordisch inzwischen auch Trendsportarten, wie Snowboard und Freestyle, und er wird nicht mehr nur in verschneiten Winterlandschaften, sondern auch auf Kunstschneebändern sowie in Skihallen und Schneetunnels betrieben.

Die Entwicklungen im Feld des Sports sind eng verknüpft mit gesellschaftlichen Veränderungsprozessen, wie die Individualisierung, der Wertewandel und der Bedeutungsgewinn des Körpers. Sport bildet für viele Menschen ein wichtiges Element ihres Lebensstils, der individuellen Persönlichkeit sowie der Handlungsautonomie und Selbstverwirklichung. Im Kontext der Gesundheits- und Fitnesswelle stellt ein schlanker, durchtrainierter und sportlicher Körper ein gesellschaftliches Statussymbol dar. Für Sportfans kann der regelmässige Stadionbesuch mit den damit verbundenen Ritualen zum Religionsersatz werden und Trendsportaktivitäten sind eng mit Lifestyle verknüpft. In einer zunehmend technisierten, digitalisierten und abstrakten Gesellschaft können Sport und Sportaktivitäten vermehrt sinn- und identitätsstiftende Funktionen übernehmen und dabei zum zentralen Lebensinhalt mutieren.

Kapitel 1: Einführung

Der Bedeutungsverlust des traditionellen Wettkampfsports, der durch ein konsequentes Leistungsprinzip, spezifische Regeln und Zweckfreiheit gekennzeichnet ist, wird vielfach mit dem Label «Entsportlichung des Sports» gekennzeichnet. Viele Ausprägungsformen des modernen Sports – vom informellen Breitensport über den Trend- und Szenesport bis hin zum Gesundheitssport – werden vor allem mit Ästhetik, Körpergefühl, Spontaneität und Erlebnis in Verbindung gebracht. Diese Pluralisierung hat dazu geführt, dass sich das Sportverständnis deutlich verbreitert hat und die Frage, was Sport eigentlich ist, zunehmend schwieriger zu beantworten ist. Sind Aktivitäten wie Wandern, Yoga und Tanzen als Sport zu bezeichnen? Und wie steht es mit Spazieren, Schach und eSports?

Der gesellschaftliche Wandel hat einerseits zur Pluralisierung des Sports beigetragen, andererseits ist die Sportentwicklung auch Impulsgeber für gesellschaftliche Veränderungsprozesse. Die entsprechenden Trends werden vielfach unter dem Terminus «Versportlichung der Gesellschaft» zusammengefasst. Sportkleidung wird heutzutage nicht nur bei sportlichen Aktivitäten in Sporthallen, auf Fussballplätzen und in Fitnesszentren, sondern auch im Alltag getragen. Mit einem sportlichen Outfit wird Jugendlichkeit, Dynamik und Kreativität demonstriert und Sportschuhe, Baseball-Caps und Outdoor-Rucksäcke haben sich zu modischen Accessoires entwickelt. Darüber hinaus haben zahlreiche Begriffe aus dem Sport Eingang in den allgemeinen Sprachgebrauch gefunden. Eine «Steilvorlage» begeistert nicht mehr nur im Spielsport und die «rote Karte» wird inzwischen auch in der Politik und im Wirtschaftsleben gezeigt.

Besonders hervorzuheben ist die Diffusion sportlicher Werte und Prinzipien, wie Leistungsethos, Wettkampf, Ranglisten und Rekorde, in andere gesellschaftliche Bereiche, während das Leistungsprinzip in vielen Feldern des Sports nur noch eine untergeordnete Rolle spielt. Medien inszenieren Kochwettbewerbe, Legobau-Challenges und Castings für Talente im Unterhaltungs-Business und lassen die entsprechende Performance durch eine Jury bewerten. Bildungsinstitutionen vergeben regelmässig Preise und Auszeichnungen für herausragende Leistungen des besonders begabten und fleissigen Nachwuchses und Hochschulen lassen ihre wissenschaftlichen Meriten anhand von internationalen Rankings und Indizes bewerten und vergleichen. Aufgrund der Omnipräsenz des Sports in anderen gesellschaftlichen Feldern und seiner Bedeutung für den Lebensentwurf vieler Menschen wird die moderne Gesellschaft zuweilen auch als «Sportgesellschaft» bezeichnet.

Die Öffnung und Pluralisierung des Sports zusammen mit gezielten Massnahmen wie die sportpolitischen Förderkonzepte mit dem Label «Sport für Alle» haben dazu beigetragen, dass sich geschlechts- und altersspezifische Sportbeteiligungsquoten weitgehend angeglichen haben. Über alle Bevölkerungsgruppen hinweg interessieren sich die Menschen für Sport und nehmen am Sportgeschehen teil. Sport als die «wichtigste Nebensache der Welt» ist zu einem wesentlichen Bestandteil der Alltagskultur geworden. Dies bedeutet allerdings nicht, dass es im Sport keine Unterschiede und Ungleichheit mehr gibt. Wer, wo und wieviel Sport treibt, ist immer noch von sozialen Faktoren wie der Bildung, dem Einkommen oder der Nationalität abhängig.

Wir werden uns im ersten Teil detailliert mit den verschiedenen Veränderungen und Entwicklungsprozessen von Sport und Gesellschaft befassen. In Kapitel 2 wenden wir uns zunächst der Genese der Sportbewegung zu, die sich seit der zweiten Hälfte des 19. Jahrhunderts von England aus global verbreitet hat. Auf die «Versportlichung der Gesellschaft» und die «Entsportlichung des Sports» sowie die gesellschaftlichen Bezugspunkte und Hintergründe werden wir in Kapitel 3 eingehen. Die Frage, wie offen der Sport tatsächlich ist und was es für einen möglichst gleichberechtigten Zugang zum Sport braucht, werden wir in Kapitel 4 zu beantworten versuchen.

Die gesellschaftliche Relevanz des Sports

Der moderne Sport ist nicht nur ein Massenphänomen, das sich in den vergangenen Jahrzehnten stark ausdifferenziert hat und für viele Menschen von grosser Bedeutung ist, Sport besitzt auch eine hohe gesellschaftliche Relevanz. Die hohe Attraktivität und Wertschätzung in der Bevölkerung beruhen auf den vielen positiven Wirkungen, die vom Sport ausgehen können, wie beispielsweise Sozialisation, Persönlichkeitsentwicklung und Wertevermittlung sowie Förderung von Gesundheit, sozialer Kohäsion und Demokratieverständnis.

Dem Sport wird seit jeher das Potenzial zugeschrieben, die Persönlichkeitsentwicklung vor allem junger Menschen zu fördern und zur ganzheitlichen Bildung beizutragen. Vor allem Teamsport und organisierte Sportsettings gelten als Sozialisationsinstanzen, die zur Vermittlung von Regeln, Normen und Werten beitragen können. Dabei wird davon ausgegangen, dass die Sozialisationseffekte – zum Beispiel der Erwerb des Fairnessprinzips – nicht nur im Sportkontext, sondern auch in anderen Lebensbereichen, wie Familie, Schule oder Beruf, wirken. Weiterhin ist das Integrationspotenzial hervorzuheben, denn Sport hat eine hohe Anziehungskraft auf breite Bevölkerungskreise und bietet viele Möglichkeiten für soziale Kontakte und freundschaftlichen Austausch. Durch seine Offenheit für alle Menschen, unabhängig von Geschlecht, Alter, körperlichen Voraussetzungen, sozialer Herkunft oder Ethnie, leistet der Sport einen wichtigen Beitrag zum sozialen Zusammenhalt in einer zunehmend heterogenen Gesellschaft. Allerdings zeigen Alltagsbeobachtungen und Studien, dass Sozialisation und Integration nicht automatisch erfolgen, sondern der zielgerichteten Inszenierung des Sports bedürfen, um versteckte Zugangsbarrieren, subtile Diskriminierungspraktiken und die Gefahr von Misshandlung zu überwinden.

Kapitel 1: Einführung

Vor allem den Sportvereinen wird ein hohes Integrationspotenzial und eine wichtige gemeinwohlorientierte Funktion hinsichtlich der Förderung des sozialen Zusammenhalts in der Gesellschaft nachgesagt. Dies hängt auch mit den basisdemokratischen Strukturen und der Ehrenamtlichkeit zusammen, welche die Grundlage für die Entwicklung demokratischer Werte und zivilgesellschaftlichen Engagements bilden. Sportvereine stellen einerseits die am weitesten verbreitete Form der Freiwilligenorganisation in den meisten europäischen Ländern dar, andererseits sind sie die wichtigsten Anbieter für organisierte Sportaktivitäten und vereinigen viele Sport treibende Mitglieder. Gleichzeitig sind Sportvereine mit vielfältigen Herausforderungen konfrontiert, wie die Gewinnung und Bindung von Mitgliedern aus allen Bevölkerungskreisen und die Sicherstellung ehrenamtlicher Ressourcen.

Angesichts des zivilisationsbedingten Rückgangs der Alltagsbewegung und der bewegungsarmen Umwelt spielt der Sport eine zunehmend wichtigere Rolle für die Förderung der körperlichen Leistungsfähigkeit und die Prävention gesundheitlicher Risiken. Für die positiven Effekte von Sport und Bewegung auf Fitness, Gesundheit und Lebensqualität liegen mittlerweile zahlreiche Nachweise vor. Sporttherapeutische Massnahmen und rehabilitative Bewegungsprogramme wirken sich auch günstig auf die Symptomatik und Wiederherstellung der körperlichen Leistungsfähigkeit bei vielen Erkrankungen aus, wie beispielsweise des Herz-Kreislauf-Systems oder des Bewegungsapparats. Im Fitness- und Gesundheitssport haben sich viele kommerzielle Anbieter entwickelt, die sich durch Innovationspotenzial und eine hohe Qualität ihrer vielfältigen Dienstleistungen auszeichnen.

Um die Bedeutung des Sports für die Sozialisation, Integration und Gesundheitsförderung sowie den Stellenwert der Sportvereine geht es im mittleren Teil des Buches. Dabei werden wir uns auch mit den Schattenseiten des Sports – mit der Gewalt und den Diskriminierungen im Sport – beschäftigen. In Kapitel 5 werden die strukturellen und individuellen Bedingungen gelingender Sozialisation im und durch Sport aufgezeigt sowie Integrationsbarrieren beleuchtet, die besonders bei sozial benachteiligten Bevölkerungsgruppen, wie Menschen mit Migrationshintergrund oder Handicap, von hoher Relevanz sind. In Kapitel 6 widmen wir uns der Gewalt im Sport. Anschliessend wird in Kapitel 7 ein vertiefter Blick auf die Entwicklung des Frauensports gerichtet und dabei der lange und steinige Weg zur Gleichberechtigung nachgezeichnet. In Kapitel 8 fokussieren wir auf die Entwicklungen im Gesundheitssport und beleuchten die Rolle des Sports im Kontext der Wiederentdeckung des Körpers und des damit verbundenen Körper- und Fitnesskults. Die zentralen Problemfelder und Entwicklungen des organisierten Sports werden in Kapitel 9 analysiert und die gesellschaftlichen Funktionen von Sportvereinen differenziert dargestellt.

Die vielfältigen Wechselbeziehungen und Abhängigkeiten des Sports

Der Stellenwert des Sports zeigt sich nicht nur in den Bereichen Gesundheit und Bildung, Sport ist auch für Wirtschaft, Medien und Politik relevant. Der moderne Sport hat eine hohe volkswirtschaftliche Bedeutung und trägt durch den Betrieb von Sportanlagen, die Produktion und den Handel von Sportkleidung, Sportgeräten und Sporternährung sowie durch vielfältige sportbezogene Dienstleistungen und zahlreiche Sportveranstaltungen zur Wertschöpfung bei. Der Sport ist dabei zu einem bedeutsamen Arbeitsmarkt geworden. Im Zuge seiner Kommerzialisierung und Professionalisierung haben sich zahlreiche Berufsfelder und Tätigkeitsbereiche ausdifferenziert, zum Beispiel bei Sportverbänden und -vereinen, in der öffentlichen Sportverwaltung sowie bei kommerziellen Sportunternehmen und -agenturen. Im Kontext der wachsenden Bedeutung der Marktlogik im Feld des Sports sind die facettenreichen Partnerschaften hervorzuheben, bei denen kommerzielle Unternehmen als Sponsoren von der hohen öffentlichen Aufmerksamkeit und Wertschätzung des Sports und seinen positiv konnotierten Werten profitieren und im Gegenzug zur Finanzierung von Sportorganisationen und Sportevents beitragen.

Die hohe Anziehungskraft des Sports für die Wirtschaft hängt stark mit der Entwicklung des Mediensports zusammen, der zu einem wichtigen Teil der Unterhaltungsindustrie geworden ist. Aufgrund des hohe Zuschauerinteresses in der breiten Bevölkerung garantieren Berichte und Übertragungen von aktuellen Sportereignissen sowohl den klassischen Medien, wie Zeitung, Radio und Fernsehen, als auch den neuen internetbasierten Medien, wie Streamingdiensten und Web-Portalen, hohe Zuschauer- und Rezipientenquoten. Im Gegenzug bietet die zunehmende mediale Verbreitung des Sports vielen Menschen eine unterhaltsame Freizeitgestaltung, die mit Spannung, Emotionen, geselliger Kommunikation und Identifikation mit Sportteams und deren Stars verbunden ist.

Besonders weitreichende Verflechtungen mit den Teilsystemen Wirtschaft und Medien lassen sich im Spitzensport beobachten, wobei sich die wechselseitigen Beziehungen durch ein Dreiecks-Verhältnis charakterisieren lassen. Wirtschaftsunternehmen suchen Partnerschaften im Spitzensport, um ihre Bekanntheit zu steigern und Imagepflege zu betreiben, was insbesondere durch dessen hohe mediale Verbreitung möglich ist. Für die Medien bietet die aktuelle Berichterstattung über Sportstars und Sportevents attraktive Refinanzierungsmöglichkeiten, entweder in Form von Werbebotschaften oder durch die Bezahlung der Programminhalte durch die Rezipient:innen. Im Gegenzug ist der Spitzensport auf die Finanzierung aus Medienrechten und Sponsoring-Partnerschaften angewiesen, um die Professionalisierung der Athlet:innen, aber auch der Teams und deren Umfeld zu gewährleisten. Die Kommerzialisierung und Mediatisierung des Spitzensports ist allerdings in den verschiedenen Sportarten sehr unterschiedlich ausgeprägt und mit ungleichen Chancen, aber auch mit Risiken verbunden.

Wenn es um verbindliche Regelungen und Gesetzesvorgaben im Sport geht, tritt die Politik auf die Bühne. Die Politik hat ein Interesse an Gesundheitsförderung, Persönlichkeitsentwicklung und Bewegungserziehung sowie Integration und Wirtschaftswachstum und unterstützt und fördert den Sport entsprechend. Die Politik hat aber auch die Schattenseiten des Sports im Blick und kümmert sich um Fragen der Sicherheit und den Schutz der öffentlichen Ordnung. Schliesslich bildet der Sport eine Bühne, auf der sich politische Systeme und einzelne Politiker:innen darstellen und profilieren können.

Im dritten Teil des Buches werden die wesentlichen gesellschaftlichen Funktionen des Sports im Überblick dargestellt und dabei seine Verflechtung mit verschiedenen Teilsystemen skizziert. Die wirtschaftliche Bedeutung des Sports und die Verflechtungen zwischen Sport- und Wirtschaftssystem werden in Kapitel 10 beleuchtet und dabei aktuelle Entwicklungen im Kontext der Kommerzialisierung des Sports reflektiert. In Kapitel 11 werden Faktoren und Hintergründe des Publikumsinteresses sowie die mediale Inszenierung des Sports unter die Lupe genommen und in diesem Zusammenhang Chancen und Risiken der Mediatisierung des Sports diskutiert. Die zentralen Träger des öffentlich-rechtlichen Sports mit ihren Strategien und Aufgaben im Kontext der Sportförderung und ihr Verhältnis zum privat-rechtlichen Sport werden in Kapitel 12 dargestellt. Im Kontext der Verflechtung von Sport und Politik wird auch die Frage der Förderung nationaler Identität durch internationale Erfolge im Spitzensport aufgeworfen. Die starke Fokussierung der Sportler:innen auf den Lebensbereich Hochleistungssport und die damit verbundenen Doppelbelastungen sowie insbesondere die Doping-Problematik im Spitzensport werden in Kapitel 13 näher beleuchtet. Abschliessend werden ökologische Aspekte aufgegriffen und die Frage der Nachhaltigkeit im Sport im Kontext von Sporttourismus und Sportevents diskutiert (Kapitel 14).

2 Erklärungsansätze und Perspektiven der Sportsoziologie

Die vorliegende Einführung erhebt nicht den Anspruch, einen systematischen und vollständigen Überblick (sport-)soziologischer Konzepte, Theorien und Forschungsmethoden zu liefern. Es geht uns vielmehr darum, interessante soziale Phänomene, spannende Entwicklungen und kontrovers diskutierte Problemfelder im Feld des Sports aus einer soziologischen Perspektive näher zu beleuchten. Dabei orientieren wir uns am erfahrungswissenschaftlichen Prinzip, wonach die (Sport-)Soziologie den Anspruch hat, theoretisch fundiertes und empirisch abgestütztes Wissen sowie entsprechende Aussagen mit möglichst hoher Allgemeingültigkeit zu generieren. Gerade im Kontext der Diskussionen um die «Schattenseiten» des Sports sehen wir uns dem Postulat der Werturteilsfreiheit im Sinne Max Webers verpflichtet, wonach es der Soziologie um eine möglichst differenzierte Beschreibung und Analyse sozialer

Tatbestände und weniger um deren Bewertung und Kritik geht. Gleichwohl werden wir im Kontext ambivalenter Entwicklungen im Sport sowohl Chancen als auch Risiken diskutieren.

Zentrale sportsoziologische Ansätze und Referenztheorien

Bei unserer Darstellung sportsoziologischer Themen nutzen wir verschiedene theoretische Zugänge. Die verwendeten Konzepte und Erklärungsansätze entstammen unterschiedlichen soziologischen Paradigmen. Wir möchten an dieser Stelle die wichtigsten vier Ansätze kurz skizzieren. Vereinfacht lassen sich folgende soziologischen Referenztheorien unterscheiden (Lamprecht et al., 2017; Thiel et al., 2013), auf die wir in den verschiedenen Kapiteln zur Beschreibung und Erklärung sozialer Phänomene im Sport zurückgreifen und dort jeweils ausführlicher darstellen.

(1) In der deutschsprachigen Sportsoziologie finden sich viele Studien, die eine *systemtheoretische Perspektive* einnehmen und sich auf Niklas Luhmann beziehen. Dabei ist insbesondere auf die grundlegenden Arbeiten von Karl-Heinrich Bette, Klaus Cachay oder Ansgar Thiel zu verweisen (z.B. Bette, 1999, 2010; Cachay & Thiel, 2000; Thiel et al., 2013). Sie gehen von der Vorstellung einer funktional differenzierten Gesellschaft aus, in der Teilsysteme jeweils unterschiedliche gesellschaftliche Probleme bearbeiten und konzeptualisieren den Sport als gesellschaftliches Teilsystem. Sie fassen ihn als spezifischen Sinn- und Kommunikationszusammenhang auf, der sich durch leistungsorientierte, zweckfreie, körperliche Bewegung charakterisieren lässt. Dabei werden insbesondere die Leistungen thematisiert, die der Sport für andere gesellschaftliche Teilsysteme wie Bildung, Gesundheit oder Wirtschaft zu erbringen vermag. Diese «Anschlussofferten» haben wesentlich zur Ausdifferenzierung des Sports als soziales System beigetragen (Cachay, 1988).

(2) Daneben werden verschiedene *akteurtheoretische Zugänge* aufgegriffen, die auf das Handeln der individuellen Akteur:innen innerhalb sozialer Strukturen fokussieren und von der Grundannahme ausgehen, dass soziales Handeln und soziale Strukturen in einem wechselseitigen Zusammenhang stehen (Giddens, 1984; Esser, 1993). Die Brücke zwischen Systemtheorie und Handlungstheorie schlägt der Soziologe Uwe Schimank (2000), dessen Überlegungen auch in verschiedene sportsoziologische Arbeiten eingeflossen sind (z.B. Hartmann-Tews, 1996 oder Nagel, 2006). Akteurtheoretische Überlegungen bilden auch den Ausgangspunkt der Arbeiten, die sich mit der sportbezogenen Sozialisation beschäftigen (z.B. Baur, 1989; Burrmann, 2021; Mutz, 2012).

(3) Die Arbeiten der *«kritischen» Sportsoziologie* sowie *körpersoziologische und praxeologische Konzepte* berufen sich häufig auf die französischen Soziologen Michel Foucault oder Pierre Bourdieu. Dabei wird der wechselseitige Zusammenhang von individuellem Handeln und sozialen Rahmenbedingungen in

den Blick genommen, der bei Bourdieu mit dem Konzept des Habitus gefasst wird und bei dem Körperlichkeit eine wesentliche Rolle für das Verstehen sozialer Praktiken spielt. Kritische, körpersoziologische oder praxeologische Ansätze finden sich in der deutschsprachigen Sportsoziologie zum Beispiel in den Arbeiten von Bero Rigauer, Gunter Gebauer, Thomas Alkemeyer, Gabriele Klein oder Robert Gugutzer. Viele Bezüge zu Pierre Bourdieu weisen auch die Beiträge zu Sport und sozialer Ungleichheit auf (vgl. z.B. Lamprecht & Stamm, 1994, 1995; Nagel, 2003; Haut, 2011).

(4) Vor allem in der englischsprachigen Sportsoziologie wird häufig auf die *Figurations- und Zivilisationstheorie* von Norbert Elias Bezug genommen, die zunächst von Eric Dunning und später von Joseph Maguire weiterentwickelt wurde. Norbert Elias sieht die Gesellschaft als etwas Prozesshaftes, dessen Dynamik anhand der Beziehungsmuster und den Verflechtungen der Menschen untereinander zu analysieren ist.

Institutionalisierung der Sportsoziologie im deutschsprachigen Raum

Im Vergleich zur englischsprachigen Sportsoziologie hat sich die deutschsprachige Sportsoziologie relativ spät herausgebildet (Bette, 2010; Lamprecht et al., 2017). Bis weit nach dem Zweiten Weltkrieg wurden Fragen zur Bedeutung des Sports in der Gesellschaft nur sporadisch durch einzelne Vertreter:innen der Soziologie, aber auch anderer sozialwissenschaftlicher Disziplinen behandelt. Der eigentliche Take-off der Sportsoziologie in Deutschland erfolgte in den 1970er Jahren. Parallel zur wachsenden gesellschaftlichen Bedeutung des Sports und im Zuge dessen Verwissenschaftlichung entstand das universitäre Fach Sportwissenschaft und damit auch die Sportsoziologie als dessen Teildisziplin. Neben der wissenschaftlichen Auseinandersetzung mit dem Schulsport hat vor allem die Intensivierung der staatlichen Förderung des Spitzensports, insbesondere durch die Vergabe der Olympischen Spiele an die Stadt München 1972, die sportwissenschaftliche Forschung forciert. Ein Teil der neu geschaffenen sportwissenschaftlichen Institute richtete eigenständige Professuren für Sportsoziologie ein. Dadurch wird die Sportsoziologie in Deutschland aus institutioneller Perspektive häufig als Teildisziplin der Sportwissenschaft behandelt. Es hat sich innerhalb der Deutschen Gesellschaft für Soziologie allerdings auch eine Sektion «Soziologie des Sports» gebildet, die 2005 zur Sektion «Soziologie des Körpers und des Sports» wurde. In der Schweiz verstand sich die Sportsoziologie bei ihrer Gründung Mitte der 1990er Jahre als Teil der Soziologie, da sich die Sportwissenschaft erst in den Jahren zwischen 2005 und 2010 institutionalisierte. In Österreich ist die Sportsoziologie sowohl in der Sportwissenschaft als auch in der Soziologie als Sektion institutionalisiert.

Die starke Verankerung der Sportsoziologie in der Sportwissenschaft zeigt sich auch mit Blick auf die Publikationen in Fachzeitschriften. Die weitaus meisten sportsoziologischen Beiträge wurden und werden in sportwissenschaftlichen Zeitschriften veröffentlicht. 2004 wurde die Zeitschrift «Sport und Gesellschaft – Sport and Society» gegründet. Sie ist die offizielle Zeitschrift der Sektion Sportsoziologie der Deutschen Vereinigung für Sportwissenschaft.

Die Ausdifferenzierung der Sportsoziologie hatte zur Folge, dass sportsoziologische Inhalte als obligatorischer Teil in die Curricula der sportwissenschaftlichen Studiengänge integriert wurden und Forschungsprojekte zu sportsoziologischen Themen durchgeführt wurden. Die entsprechenden Befunde bilden wichtiges Grundlagen- und Reflexionswissen für die Arbeit in vielen Feldern des Sports.

In Anlehnung an Thiel et al. (2013) lassen sich vereinfachend drei Perspektiven sportsoziologischer Forschung unterscheiden (vgl. auch den Forschungsüberblick bei Lamprecht et al., 2017):

(1) Auf der Makro-Ebene lassen sich Studien zur Ausdifferenzierung, zu Entwicklungsprozessen und zum Wandel des modernen Sports einordnen.
(2) Aus der Meso-Perspektive werden soziale Strukturen und insbesondere Organisationen und Teams im Sport untersucht.
(3) Mikrosoziologische Analysen beschäftigen sich mit Fragen des sozialen Handelns im Sport und betrachten insbesondere die Teilhabe am Sport und deren Effekte auf individuelle Akteur:innen.

Wir werden die mit diesen Themen verbundenen Fragestellungen sowie die dazugehörigen Erklärungsansätze und zentrale Ergebnisse in den folgenden dreizehn Kapiteln näher beleuchten.

Kapitel 2: Historische Entwicklung des Sports

Hanspeter Stamm, Markus Lamprecht & Siegfried Nagel

Wer kennt sie nicht, die Kampfszenen vor gewaltigem Publikum in «Spartacus» und «Gladiator», das Wagenrennen in «Ben Hur» oder die Turniere in «Ivanhoe» und unzähligen weiteren Ritterfilmen? Selbst wenn historische Korrektheit kein herausragendes Merkmal von Hollywood-Produktionen ist, basieren die Szenen doch auf dokumentierten Fakten und illustrieren, dass Wettkämpfe keine Erfindung der Neuzeit sind. Besonders berühmt sind mit Blick auf die Geschichte sportlicher Wettbewerbe natürlich die Olympischen Spiele der Antike mit ihren Kampf-, Lauf- und Wurfwettbewerben. Aber auch frühe Formen des Fussballs und verschiedene Rückschlagspiele gibt es seit Hunderten von Jahren – und dies nicht nur in Europa, sondern auf der ganzen Welt (Krüger, 2020a; Behringer, 2012; Mosebach, 2017). Nicht einmal der Wintersport ist etwas Neues, wie die Winterbilder von Pieter Bruegel d.Ä. zeigen, auf denen die Menschen des 16. Jahrhunderts beim Schlittschuhlaufen und anderen Aktivitäten auf dem Eis abgebildet sind.

Obwohl es bei den historischen Formen von Spiel und Wettkampf immer um körperliche Aktivität und häufig um den Leistungsvergleich ging, gibt es doch einige Unterschiede zu dem, was wir heute als «Sport» bezeichnen. Genauso wie die früheren Sportformen ein Abbild der jeweiligen Gesellschaft waren, spiegeln sich im modernen Sport die moderne Gesellschaft, ihre Strukturen und die damit verbundenen Wertvorstellungen wider. Tatsächlich bildeten Rationalisierung und Leistungsorientierung die Voraussetzungen für die Entstehung des heutigen Sports. Im Folgenden werden wir untersuchen, was den modernen Sport ausmacht, wie er sich von früheren Sportformen und Bewegungskulturen unterscheidet und welche gesellschaftlichen Prozesse für seine Entstehung und Entwicklung entscheidend waren. Wir beginnen mit der Frage, warum der Sport in England entstand, und was geschah, als der englische Sport auf das deutsche Turnen traf. Dann analysieren wir die Sportentwicklung als Teil des Zivilisations-, Rationalisierungs-, Differenzierungs- und Globalisierungsprozesses.

1 Warum England den Sport erfand

England wird gemeinhin als Geburtsstätte des modernen Sports bezeichnet. Die inständige Beschwörung «Football is coming home» durch englische Fussballfans anlässlich von Europa- oder Weltmeisterschaften bringt es auf den Punkt: Fussball und Sport wurden in ihrer aktuellen Form auf der Insel erfunden, selbst wenn ihre Vorläufer schon seit Hunderten von Jahren bekannt waren.

Kapitel 2: Historische Entwicklung des Sports

Dass die Geschichte des «modernen» Sports im späten 18. und im frühen 19. Jahrhundert in England beginnt, ist nichts als folgerichtig, so war die «Modernisierung» im Mutterland der industriellen Revolution zu jenem Zeitpunkt doch vergleichsweise weit fortgeschritten. Eine bereits stark säkularisierte Gesellschaft, effizienzorientierte, arbeitsteilige Organisationsformen und individuelle Leistungsorientierungen warteten gleichsam darauf, auch ausserhalb der industrialisierten Arbeitswelt ihren Ausdruck zu finden. In Eliteschulen wie Eton und Rugby wurden traditionelle und teilweise gefährliche Volksspiele formalisiert, um sie für höhere Erziehungsziele wie die Disziplinierung, den kontrollierten Aggressionsabbau sowie das Erlernen von Führungsqualitäten und kooperativen Verhaltensweisen nutzbar zu machen. Neben der Formalisierung und Vereinheitlichung von Regeln für gemeinsame Wettkämpfe spielte der Sportsgeist und damit verknüpfte Normen und Werte eine zentrale Rolle. «Gentlemanly Behaviour» und «Fair Play» waren die Schlüsselbegriffe reglementierter und zivilisierter Bewegungsformen, die auch ausserhalb des Sports Bedeutung erlangen sollten (vgl. Eisenberg, 1999 sowie den Abschnitt zum «Zivilisationsprozess» weiter unten).

Neue Sportarten wie Rugby und Fussball blieben nicht auf die Privatschulen beschränkt, sondern verbreiteten sich rasch in der breiten Bevölkerung. Oft waren es Erzieher, aber auch Unternehmer und fortschrittliche Geistliche – die sogenannten «Muskelchristen» –, die den Sport als sinnvolle und kontrollierte Freizeitaktivität sowie als Lernfeld für das Leben propagierten. Der Erfolg des Sports war allerdings nicht frei von Konflikten. In dem Masse wie Fussball zum Spiel der Arbeiterschicht wurde, wandte sich die Elite wieder den typischen Oberschichtssportarten Tennis, Cricket, Polo, Golf, Rudern und Pferderennen zu, die teilweise bereits im 18. Jahrhundert von vornehmen englischen «sportmen» oder «gentlemen» als Freizeitvergnügen gepflegt wurden (Krüger, 2020b). Vor diesem Hintergrund erklärt sich der Begriff «Sport» als Kurzform des englischen «disport». «Disport» wurde dem Französischen «se desporter» bzw. dem Lateinischen «deportare» entlehnt und lässt sich am besten mit «sich zerstreuen» oder «sich vergnügen» übersetzen. «Sport» bezeichnet also eine freiwillige Tätigkeit zur Freizeitgestaltung und zum Vergnügen.

Eine besondere Rolle bei der Sicherung des neuen Zeitvertreibs als Privileg der Elite spielte die Einführung der Amateurregel (Dunning & Sheard, 1979, 1998; McIntosh, 1987): Da mit dem Sport kein Geld verdient werden durfte, blieben Wettkämpfe ab einem gewissen Niveau den begüterten Gruppen vorbehalten, die sich das Training und die Teilnahme leisten konnten. Trotz dieser in gewissem Sinne unmodernen Rückbesinnung auf mittelalterliches Standesdenken verbreitete sich das englische Sportmodell ab Ende des 19. Jahrhunderts auf dem europäischen Kontinent und von dort aus auf der ganzen Welt. Dabei fanden die in England entwickelten einheitlichen Regelwerke, z.B. im Fussball seit 1845, globale Verbreitung.

2 Der englische Sport trifft auf das deutsche Turnen

Es ist aber keineswegs so, dass die neuen Sportarten überall mit offenen Armen empfangen wurden. Vor allem im deutschsprachigen Raum stiessen sie auf Widerstand des Turnens, das sich dort seit dem Beginn des 19. Jahrhunderts als alternative Form der rationalisierten, körperlichen Bewegung entwickelt hatte. Auch das Turnen war aus pädagogischen Idealen heraus entstanden, die in Deutschland durch «Turnvater» Jahn zusätzlich mit politischen Ideologien gekoppelt wurden. Entsprechend dem Leitspruch der philanthropischen Erziehung vom «gesunden Geist im gesunden Körper» sollten mittels disziplinierter Ausführung genau festgelegter, nach «wissenschaftlichen Kriterien» entwickelter Übungen an speziellen Geräten nicht nur der Körper und Geist gestählt werden, sondern im Zusammensein mit den Turnkameraden auch ein nationales und demokratisches Bewusstsein ausgebildet werden (Eisenberg, 1999; Krüger, 2020a). Die Turnbewegung war in ihrer Entstehungszeit somit sehr modern, wenn nicht gar revolutionär. Oder in den Worten von Hans Langenfeld (1988, S. 21): «[Die] hauptsächlich jugendlichen Turner [...] wiesen sich durch ihr auffallendes Äusseres - grauleinene Turntracht, deutscher Rock, phantastische Kopfbedeckung, lange Haare -, durch gleichmacherisches 'Du' und gemeinsam gesungene, bekenntnishafte Lieder als verschworene Gesinnungsgemeinschaft aus [und] waren für die Zeitgenossen bis zum Verbot 1819 eine Mischung aus Rocker-Gang, Heilsarmee und Jahn-Fanclub.»

Das im Zitat erwähnte Turnverbot war die Reaktion der autoritären deutschen Monarchie auf die Verbreitung revolutionären Gedankenguts im Umfeld des Turnens. Da man allerdings nicht auf die unbestrittenen Vorzüge des Turnens für die Volksgesundheit und die militärische Tüchtigkeit verzichten wollte, wurde es mit den neuen Bezeichnungen «Gymnastik» und «Leibesertüchtigung» versehen und staatlich überwacht. Ironischerweise beflügelte das deutsche Turnverbot die Entwicklung in der vergleichsweise liberalen Schweiz. Nachdem der erste Turnverein hier bereits 1819 gegründet worden war, trafen ab 1820 deutsche «Turnflüchtlinge» ein, um ihr Know-how in die rasch wachsende Turnbewegung einzubringen, und bereits 1832 wurde der Eidgenössische Turnverein als Dachverband gegründet (Marcacci, 2021). In der Schweiz hatte sich das Vereinswesen im Rahmen von Heimat- und Bürgervereinen schon seit Ende des 18. Jahrhunderts relativ frei zu entwickeln begonnen. Wie in Deutschland verfolgten die Vereine häufig eine politische Zielsetzung, indem sie in Abwesenheit politischer Parteien die Entwicklung einer demokratischen Gesellschaft vorantreiben wollten. Die ehrenamtliche und basisdemokratische Organisationsform des Vereins mit seinen Generalversammlungen, Abstimmungen und Wahlen wurde als Modell und Schule für die Einübung demokratischer Verfahrensformen gesehen. Entsprechend bereiteten die Turn- und Schützenfeste in der Schweiz den Boden für die Gründung des Bundesstaates von 1848 vor.

Vereinsverbote gab es in der Schweiz kaum. Stattdessen wurde das Turnen schon früh in offizielle Funktionen eingebunden. Einige Kantone führten das Schulturnen für Knaben bereits 1850 als Pflichtfach ein; 1874 wurde es dann in der gesamten Schweiz obligatorisch, begründet mit seinem Nutzen für Volkserziehung sowie Förderung von Gesundheit und militärischer Leistungsfähigkeit. Die Durchführung des Turnunterrichts auf entsprechenden Turnplätzen oblag in vielen Fällen den lokalen Turnvereinen bzw. deren Vorturnern, die auch an der Ausbildung von Turnlehrern massgeblich beteiligt waren. Im Gegensatz zu Deutschland wurde den Schweizer Turnvereinen damit schon früh eine staatstragende Funktion zugestanden (Eichenberger, 1998).

Längerfristig vermochte auch Deutschland die Verbreitung des Turnens und der Turnvereine nicht aufzuhalten. 1842 wurde die «Turnsperre» aufgehoben und in der Folge öffnete sich die Turnbewegung – ähnlich wie das englische Sportmodell – für neue Bevölkerungsgruppen ausserhalb der Bildungselite. 1848 wurde der Deutsche Turnerbund gegründet, der zwanzig Jahre später in die Deutsche Turnerschaft eingegliedert wurde (Krüger, 2020a). Die Entwicklung in Österreich erfolgte ab den 1840er Jahren und damit etwas später als in Deutschland und der Schweiz. Überdies blieb sie bis weit ins 20. Jahrhundert eng an das deutsche Turnen gekoppelt. Einen Vorläufer eines nationalen Verbandes stellte der Österreichische Arbeiter-Turnverband (1910) dar. Der Österreichische Turnerbund als umfassender und eigenständiger nationaler Verband entstand jedoch erst 1952 (Wöll, 2018).

Die Turnbewegung zeigte wenig Verständnis für das englische Sportmodell mit seinem Fokus auf Wettkampf, Leistungsvergleich und Rekorde (Marcacci, 1998). Die Teilnahme in den Turnvereinen war vielmehr geprägt durch Kameradschaft und gemeinschaftliche Aktivitäten. Auch heute noch haben Turnfeste mit ihren gemeinsamen Darbietungen eher den Charakter geselliger Happenings als sportlicher Wettkämpfe. Ab der zweiten Hälfte des 19. Jahrhunderts begannen «englische Sportarten» im deutschsprachigen Raum jedoch Fuss zu fassen. In vielen Fällen waren es englische «Expats» oder einheimische Geschäftsleute, welche die neuen Sportarten aus England mitgebracht hatten und für erste Aktivitäten auf dem Kontinent sorgten. In der Schweiz stellte die Gründung des Schweizerischen Alpen Clubs (SAC) 1863 einen ersten Meilenstein dar. Allein schon die Verwendung des englischen Wortes «Club» zeigte, dass hier etwas Neues und Modernes im Entstehen begriffen war. 1869 führte ein Genfer Internat nach englischem Vorbild Fussball als neues Schulfach ein, um anschliessend von verschiedenen weiteren Elite-Schulen kopiert zu werden. Die Gründung des ersten Fussballclubs, des FC St. Gallen 1879, liess allerdings noch weitere zehn Jahre auf sich warten. Weitere Club-Gründungen wie diejenige der Young Boys, Grasshoppers, Old Boys, Red Stars, Blue Stars oder Young Fellows liessen schon in ihren Bezeichnungen keine Zweifel an ihren englischen Wurzeln aufkommen (Eichenberger, 1998).

Auch in Österreich und Deutschland wurde der Fussball zunächst in einigen Schulen eingeführt. Erste Fussballclubs entstanden in Deutschland in den 1880er Jahren – der 1888 gegründete BFC Germania ist der älteste nach wie vor existierende Fussballclub Deutschlands (Wolter, 2011) –, und in Österreich fand das erste offizielle Fussballspiel 1894 zwischen dem «First Vienna FC» und dem «Vienna Cricket and Football Club» statt (Dermutz, 2019). Wiederum verweisen die englischen Bezeichnungen auf den Herkunftskontext. Nach dem Fussball gewannen ab dem Beginn des 20. Jahrhunderts weitere Sportarten wie Leichtathletik, Radfahren, Rudern und Tennis an Popularität. Ähnlich wie in England fanden diese anfänglich elitären Aktivitäten zunehmend Anhänger:innen in der breiten Bevölkerung (Busset et al., 2019; Mosebach, 2017).

Trotz einer schrittweisen Annäherung an den englischen Sport, die ihren Ausdruck in der Aufnahme von neuen Sportarten wie Faustball, Korbball und Handball, später auch Volleyball in das Programm der Turnvereine fand, blieb das Verhältnis von Turnen und Sport konfliktbeladen. Versuche, die beiden Modelle zusammenzubringen, scheiterten mehrmals an den ideologisch geprägten Kompetenzstreitigkeiten zwischen den jeweiligen Verbänden. Selbst dem 1922 gegründeten Schweizerischen Landesverband für Leibesübungen, der als Dachverband aller Vereine und Verbände konzipiert war, fehlte bis Mitte des Jahrhunderts die Schlagkraft, um die Positionen miteinander zu versöhnen (Eichenberger, 1998). Die Deutsche Turnerschaft verbot im Jahr 1922 ihren Mitgliedern Wettkampfkontakte mit anderen Fachverbänden, wobei in vielen lokalen Vereinen weiterhin ein einvernehmliches Miteinander von Turnen und Sport gepflegt wurde. Aus einer aktuellen Perspektive hat das Turnen die Auseinandersetzung mit dem englischen Sportmodell aber wohl verloren, hat es in der Zwischenzeit doch ebenfalls viele Wettkampfelemente integriert und ist damit im deutschen Sprachraum nur noch eine, wenn auch wichtige, von Hunderten von Sportarten, die sich mehrheitlich am englischen Sportmodell orientieren. Der allgemeine Sprachgebrauch im deutschsprachigen Raum verwendet heute Sport als Übergriff für alle Arten von Freizeitaktivitäten, die durch körperliche Bewegung charakterisiert sind. Auf die Frage, inwieweit die zentralen Ideen von Turnen und Sport im Sport des 21. Jahrhunderts noch von Bedeutung sind, gehen wir vertieft in Kapitel 3 ein.

3 Die Sportentwicklung als Teil des Zivilisationsprozesses

Weiter oben haben wir darauf hingewiesen, dass die Entwicklung des «modernen Sports» eine «moderne Gesellschaft» voraussetzt. Die Modernisierung hat sehr viele unterschiedliche Dimensionen und kann daher aus verschiedenen Blickwinkeln analysiert und beschrieben werden.

Einen wesentlichen Aspekt der Modernisierung, der für die Sportentwicklung bedeutsam ist, hat Norbert Elias (1897-1990) in seinem einflussreichen Werk «Über den Prozess der Zivilisation» (1976) thematisiert. Anhand der Veränderungen von Scham- und Peinlichkeitsschwellen zeigt er auf, wie die individuelle Selbstkontrolle über die Jahrhunderte zugenommen hat und damit zur Zivilisierung des sozialen Lebens beitrug. Gemäss Elias verlangten die zunehmende wirtschaftliche Verflechtung, Spezialisierung und Arbeitsteilung nach kalkulierbarem und rationalem Handeln. Je grösser der Austausch und die Abhängigkeit zwischen den Menschen wurde, desto wichtiger war es, dass man sich auf seine Mitmenschen verlassen konnte. Affektkontrolle und Selbstbeherrschung sind zentrale Bedingungen einer zivilisierten Industriegesellschaft.

Bereits Elias (1979), dann aber vor allem seine Schüler (Elias & Dunning, 1986; Jarvie & Maguire, 1994) haben untersucht, was dieser Wandel hin zu stärkerer Selbstkontrolle für den Sport bedeutete. Der Sport ist einerseits ein Feld, in dem Emotionen und körperliche Gewalt in einem höheren Mass zugelassen sind als in anderen Lebensbereichen. Im sportlichen Wettkampf findet die Kampf- und Angriffslust einen gesellschaftlich erlaubten Ausdruck. Andererseits ist der Sport ein Ort, wo Affekt- und Gewaltkontrolle gelernt werden können. Nicht rohe Gewalt, sondern kontrollierte und regulierte Aggression ist in vielen Sportarten der Schlüssel zum Erfolg.

Im Vergleich zur Gegenwart waren die Vorformen des Sports nicht nur weniger organisiert und differenziert, sondern auch härter, wilder und brutaler. Das Regelwerk, sofern ein solches überhaupt existierte, erlaubte einen ungleich höheren Grad an körperlicher Gewalt. Schonung und Achtung des Gegners und Rücksichtnahme auf Leben, Gesundheit und Ehre waren sowohl im antiken Mehrkampf als auch in den volkstümlichen Vorformen des Fussballspiels Fremdworte: Jeder Griff, Schlag oder Trick war erlaubt.

Auch in der Gegenwart kann zwischen mehr oder weniger «zivilisierten» Sportarten unterschieden werden. Das eine Ende des Kontinuums markieren etwa Boxen, Rugby oder Eishockey, wo körperliche Aggression weiterhin, wenn auch durch Regeln, Handschuhe und Ausrüstungsgegenstände gedämpft, zum Spiel gehört und emotionale Ausbrüche durchaus toleriert werden. Am anderen Ende der Skala finden wir Sportarten wie Tennis und Volleyball, wo die gegnerischen Territorien durch ein Netz getrennt werden und Regeln dafür sorgen, dass körperliche Attacken erschwert und Übergriffe geahndet werden. Beide Sportarten sind zwar durchaus körperbetont, aber mit dosierter Körperkraft, viel Feinmotorik und hoher Affektkontrolle. Verliert ein Tennisspieler die Kontenance, so kann er nicht nur verwarnt und bestraft werden, die Videos seines Ausbruchs landen kurz darauf ziemlich sicher auf den sozialen Medien, wo sein «Gesichtsverlust» nach Belieben kommentiert werden kann.

Affektkontrolle und kontrollierte Gewalt sind nur zwei Merkmale des modernen Sports, wie sie sich aus den Analysen des Elias-Schülers Eric Dunning (1998) ergeben und in Tabelle 1 zusammengefasst sind. So besassen die Sport- und Spielformen in vorindustriellen Gesellschaften in der Regel eine informelle Organisation und waren meist lokal ausgerichtet. Die Spieldauer der jeweiligen Sportart, die Grösse des Spielfeldes oder der Bälle, die Zählweise der Punkte oder die Zahl der Teilnehmer konnte von Region zu Region oder von Schule zu Schule variieren. Das Verhalten der Sportler war nur ansatzweise festgeschrieben, und zwischen den Spielern, aber auch zwischen Spielern und Zuschauenden waren die Rollen nicht immer klar aufgeteilt. Jeder konnte jede Position spielen oder sogar vom Zuschauer zum Spieler und umgekehrt werden. Spontaneität war wichtig, rohe Gewalt und körperliche Kraft standen vor Geschicklichkeit und körperlichen Fertigkeiten. Die Standardisierung und die Festlegung der Regeln variierten ebenfalls je nach Zeit und Gesellschaft. So gab es im griechischen Ringkampf zwar einen Richter, aber keinen Zeitnehmer und keine zeitliche Beschränkung. Der Kampf dauerte, bis einer der Kontrahenten aufgab. Man unterschied nicht zwischen verschiedenen Gewichtsklassen, und es gab zwar Regeln, diese waren aber nicht schriftlich fixiert und wurden flexibel angewendet.

Tabelle 1: Unterschiede zwischen traditionellen und modernen Sportarten gemäss Dunning (1998)

Volksspiele	Moderne Sportspiele
diffuse, informelle Organisation	hochspezifische, formale Organisation
einfache, ungeschriebene Gewohnheitsregeln	formelle, komplizierte, schriftlich fixierte Regeln
regionale Variation der Regeln, der Grösse und Form des Balles etc.	nationale und internationale Standardisierung der Regeln, der Ballgrösse und -form etc.
keine präzise Begrenzung des Spielfeldes, der Spieldauer und der Teilnehmerzahl	präzise Begrenzung von Raum, Zeit und Teilnehmerzahl (gleiche Anzahl Spieler auf beiden Seiten)
starker Einfluss natürlicher und sozialer Unterschiede auf den Spielablauf	Verringerung oder Ausschaltung natürlicher und sozialer Unterschiede durch Regeln und Normen (Chancengleichheit, Fairness)
geringe Rollendifferenzierung (keine Arbeitsteilung) unter den Spielern	ausgeprägte Rollendifferenzierung (unterschiedliche Spielpositionen)
unscharfe Trennung zwischen Spieler- und Zuschauerrolle	strikte Trennung zwischen Spieler- und Zuschauerrolle
informelle soziale Kontrolle durch die Spieler selbst während dem Spielvorgang	formale soziale Kontrolle durch Offizielle (Funktionäre, Schiedsrichter)
hoher Grad sozial tolerierter, physischer Gewaltanwendung, emotionale Spontaneität, geringe Zurückhaltung	niedriger Grad sozial tolerierter, physischer Gewaltanwendung, hohe Kontrolle der Emotionalität, hohe Zurückhaltung
offene und spontane Erzeugung einer Vergnügen bereitenden Kampfstimmung	stärker kontrollierte, sublimierte Erzeugung einer Kampfstimmung (Spannung)
Nachdruck auf Gewalt und Kraft statt Geschicklichkeit	Nachdruck auf Geschicklichkeit statt Gewalt und Kraft

4 Die Sportentwicklung als Rationalisierungsprozess

Einige Elemente in Tabelle 1 verweisen auf eine weitere Konzeptualisierung, die der amerikanische Sporthistoriker Allen Guttmann (1979) bereits vor über 40 Jahren vorgelegt hat, die aber weiterhin sehr fruchtbar ist, wenn man die Besonderheiten des modernen Sports ergründen möchte. Gemäss Guttmann müssen sieben Kriterien erfüllt sein, damit eine Sportart «modern» ist:

Weltlichkeit, Chancengleichheit, Spezialisierung, Rationalisierung, Bürokratisierung, Quantifizierung sowie die Suche nach Rekorden.

Guttmann zeigt, dass einzelne dieser Merkmale bereits bei früheren Formen des Sports existierten (vgl. hierzu die vielen Beispiele bei Behringer, 2012), sie sich in ihrer Gesamtheit aber erst in der Neuzeit im Zuge der Verbreitung einer mathematisch-empirischen Weltanschauung und weitreichender gesellschaftlicher Veränderungen durchsetzten und zu spezifischen Wesenszügen des modernen Sports wurden (vgl. Tabelle 2). Indem er die Auswirkungen der gesellschaftlichen Entwicklung anhand der Dynamik von Rationalisierungsprozessen untersuchte, schliesst Allen Guttmann an die Arbeiten des Soziologen Max Weber an.

Tabelle 2: Sportcharakteristika verschiedener Zeitalter nach Allen Guttmann

	Sport der Naturvölker	Griechischer Sport	Römischer Sport	Mittelalterlicher Sport	Moderner Sport
Weltlichkeit	ja & nein	ja & nein	ja & nein	ja & nein	ja
Chancengleichheit	nein	ja & nein	ja & nein	nein	ja
Spezialisierung	nein	ja	ja	nein	ja
Rationalisierung	nein	ja	ja	nein	ja
Bürokratisierung	nein	ja & nein	ja	nein	ja
Quantifizierung	nein	nein	ja & nein	nein	ja
Suche nach Rekorden	nein	nein	nein	nein	ja

Quelle: Angepasst von Guttmann (1979, S. 61)

Was es mit den sieben Kriterien von Guttmann auf sich hat, soll im Folgenden kurz beschrieben werden:

Weltlichkeit

Mit diesem Begriff verweist Guttmann zunächst auf die Tatsache, dass Wettkämpfe in früheren Zeiten häufig kultischen oder religiösen Zwecken dienten. Man lief oder tanzte nicht des Laufens oder Tanzens wegen, sondern weil man die Erde fruchtbar machen oder die Götter ehren wollte. Viele Vorformen des modernen Sports – so zum Beispiel die Ballspiele der Maya und Azteken, die als Vorformen des heutigen Fussballs gelten – waren mythischer Natur und Bestandteil religiöser Zeremonien.

Selbstverständlich kennt auch der moderne Sport viele Rituale, und für einige Sporttreibende und Fans mag er sogar eine Art Ersatzreligion sein (Gebauer &

Wulf, 1998). Letzten Endes bleibt der Sport aber eine durch und durch weltliche Angelegenheit, die unter rationalem und effizientem Mitteleinsatz eine möglichst optimale Wirkung erzielen will. Wer bei einem offensichtlichen Regelverstoss von der «Hand Gottes» spricht oder seine Sportschuhe jeweils mit einem speziellen Knoten schnürt, sucht eine Ausrede oder ein Mittel, um besser mit Stress und Druck umzugehen. Die zahlreichen Rituale, Marotten und Glücksbringer machen aus dem Sport aber keine Religion.

Chancengleichheit

Dass in einem Wettkampf für alle Teilnehmer:innen die gleichen Voraussetzungen herrschen sollen, ist ebenfalls ein neues Merkmal des Sports. Bei den römischen Gladiatorenspielen, die heute oft als Vorformen des Showsports genannt werden, war Chancengleichheit gänzlich unbekannt. Ungleiche Ausgangsbedingungen – etwa Schwertkämpfer gegen Dreizack-Träger – waren reizvoll, und auch die Griechen kamen nie auf die Idee, die Ringer in verschiedene Gewichtsklassen einzuteilen. Ungleich waren nicht nur die Wettkampfbedingungen, sondern auch die Teilnahmechancen. Mittelalterliche Turniere waren den Rittern vorbehalten, und beim tennisähnlichen «jeu de paume» des 17. und 18. Jahrhunderts trafen sich ausschliesslich Adlige und Reiche. Dem gemeinen Volk wurde nicht nur die Jagd, sondern auch das Tennisspielen oder das Kegeln per Dekret verboten. Heute wäre das undenkbar: Chancengleichheit als gleiche Ausgangsbedingungen bei offenem Zugang gehört unabdingbar zum modernen Sport.

Chancengleichheit lässt sich allerdings nicht immer und überall gleich gut herstellen. Laufstrecken und Schwimmbahnen sind mittlerweile zwar gleich lang, und die Wurfgeräte auf der ganzen Welt gleich schwer. Meteorologische Bedingungen, die sich innerhalb weniger Minuten verändern, können die Chancengleichheit bei Skirennen aber ebenso beeinflussen wie ungleiche Trainingsbedingungen verschiedener Athlet:innen. Chancengleichheit ist also ein Ideal, das sich nie hundert Prozent verwirklichen lässt. Wetterkapriolen, biologische Abweichungen oder systembedingte Unterschiede nimmt man mehr oder weniger zähneknirschend in Kauf. Eine Zwei-Meter-Frau im Volleyball, ein Schwimmer mit Schuhgrösse 52 oder ein Skilangläufer mit einer natürlichen EPO-Überproduktion und einer damit verbundenen gesteigerten Ausdauerfähigkeit haben Vorteile, die durch das Regelwerk nicht ausgeglichen werden. Hingegen wird seit einigen Jahren im Skispringen durch eine komplizierte Windformel, die unterschiedliche Windbedingungen bei den jeweiligen Sprüngen ausgleichen soll, und durch proportional zum Körpergewicht unterschiedliche Skilängen versucht, mehr Chancengleichheit zu gewährleisten.

Chancengleichheit wird heute im Spitzensport besonders kontrovers diskutiert, wenn es um die Inklusion inter- oder transsexueller Menschen geht.

Dem Umstand, dass Frauen und Männer in den meisten Sportarten nicht die gleichen körperlichen Voraussetzungen haben, trug der moderne Sport insofern Rechnung, als er zwei Kategorien einführte: Frauen und Männer wurden im Wettkampfsport klar getrennt. Das Problem bei dieser Trennung ist, dass sich die Wirklichkeit nicht so strikt an die Unterscheidung hält und inter- und transsexuelle Menschen sich nicht eindeutig einer der beiden Kategorien zuordnen lassen. Damit gerät das gesellschaftliche Gebot des offenen Zugangs zum Sport in Konflikt mit dem sportbezogenen Gebot der gleichen Ausgangsbedingungen: Darf eine intersexuelle Person, die sich als Frau fühlt, in der Leichtathletik bei den Frauen mittun, obwohl sie gegenüber ihren Mitkonkurrent:innen etwa aufgrund hoher Testosteronwerte klare Vorteile hat? Die langjährigen Kontroversen um die 800-Meter-Läuferin Caster Semenya zeigen, dass die Antwort auf diese Frage nicht so einfach ist. Ob die Suche nach passenden Testosteron- oder anderen Grenzwerten die konventionelle Wettkampforganisation nach Frauen- und Männerkategorien längerfristig zu retten vermag, bleibt fraglich (vgl. Kapitel 7).

Trotz des Dilemmas zwischen offenem Zugang und gleichen Ausgangsbedingungen bleibt Chancengleichheit ein zentrales Element des modernen Sports: Unterschiede nach Herkunft, Ethnie, Religion und sozialer Schicht dürfen im Sport genauso keine Rolle spielen, wie ungleiche Bedingungen in Bezug auf Ausrüstung und Material. Dies betrifft insbesondere auch das Doping, das ebenfalls einen Verstoss gegen das Gebot der Chancengleichheit darstellt. Über Sieg oder Niederlage dürfen einzig die Verdienste der Athlet:innen, nicht aber der Zugang zu mehr oder weniger effizienten leistungssteigernden Stoffen entscheiden (vgl. Kapitel 13).

Spezialisierung

Die Entstehung verschiedener Disziplinen und die arbeitsteilige Ausgestaltung verschiedener Spielpositionen sind Merkmale der von Guttmann diskutierten Spezialisierung. Moderne Fussballer:innen müssen als Torhüter, Verteidigerin, Mittelfeldspieler oder Flügelstürmerin je spezifische Aufgaben lösen, während der Skisport nicht nur zwischen alpin, nordisch, Freeski und Telemark unterscheidet, sondern innerhalb des alpinen Segments – um nur ein Beispiel zu nennen – weiter in Abfahrt, Super-G, Riesenslalom, Slalom oder Kombination aufgeteilt und in jüngerer Zeit mit Parallel-Wettkämpfen oder Team-Events ergänzt wird.

Rationalisierung

Die Rationalisierung des Sports kommt einerseits in den Spielregeln zum Ausdruck, die nur Mittel zum Zweck sind und geändert werden können, wenn sich damit die Freude der Sporttreibenden und heute vermehrt die Vermarktungschancen des Sportevents steigern lässt. Andererseits lässt sich die

Rationalität des Sports an der Art und Weise demonstrieren, wie Höchstleistungen angestrebt und Erfolge erzielt werden. Nichts wird dem Zufall überlassen. Trainer:innen, Betreuer:innen, Ärzt:innen, Physiotherapeut:innen, Psycholog:innen, Ingenieur:innen oder Ernährungs- und Laufbahnberater:innen arbeiten interdisziplinär zusammen, entwickeln nach neuesten Erkenntnissen Trainings- und andere Pläne oder stimmen Mensch und Material optimal aufeinander ab.

Bürokratisierung

Der moderne Sport ist undenkbar ohne seine Verwaltung. Ein komplexes System von Vereinen, Verbänden und öffentlichen Organisationen regelt und kontrolliert das Sporttreiben, organisiert die Wettkämpfe, führt Sieger- und Rekordlisten und sorgt dafür, dass Regelwerke homologiert und universell durchgesetzt werden.

Quantifizierung

Selbst die in Mathematik und Geometrie so bewanderten Griechen bekundeten kein Interesse daran, sportliche Leistungen standardisiert zu messen und festzuhalten. Dagegen gibt es heute wohl keinen anderen Lebensbereich, in dem ähnlich viel Statistik betrieben und Dokumentationsarbeit geleistet wird wie im Sport. Bereits während wichtigen Sportwettkämpfen steht dem Publikum vielfach eine immense Zahl an mehr oder weniger sinnvollen Zusatzinformationen zur Verfügung. Und in den höchsten Spielklassen des Fussballs wird mittlerweile buchstäblich jeder Schritt mit kleinen GPS-Sendern aufgezeichnet und ausgewertet und Big-Data Technologie für differenzierte Spielanalysen genutzt.

Suche nach Rekorden

Durch die Festlegung von Rekordmarken bleibt die Quantifizierung nicht auf die Gegenwart beschränkt, sondern erweitert die Dokumentation sportlicher Leistungen um den Vergleich mit den Sportgrössen von gestern. In der Suche nach Rekorden drückt sich der Fortschrittsglaube aus: Jede Verbesserung ist weiter verbesserungsfähig. Angesichts der immer schwieriger zu brechenden athletischen Weltrekorde erweitert sich die Rekordsuche auf neue Arten von Bestleistungen wie «das längste Tennismatch der Geschichte», «den teuersten Spielertransfer» oder «die peinlichste Niederlage» – der Phantasie sind keine Grenzen gesetzt. Ergänzt werden diese Rekorde durch die persönlichen Bestmarken der Freizeitsportler:innen, die ihren Trainingsalltag dank vielfältiger digitaler Hilfsmittel lückenlos dokumentieren können.

Der Sport hat eine besonders hohe Affinität für Bestleistungen. Er zelebriert und feiert wie kein anderer Lebensbereich «Rekorde für die Ewigkeit» oder zumindest «für die Geschichtsbücher». In den Medien wird inzwischen der Terminus «Geschichte schreiben» inflationär verwendet, wenn Athlet:innen eine mehr oder weniger relevante Leistung erzielen. Der Sport nimmt sich hier wichtiger als er ist. Seien wir ehrlich: Rekorde im Sport sind da, um gebrochen oder vergessen zu werden. Wer erinnert sich heute noch an Bestleistungen vor 50 Jahren, wo wir doch schon die Resultate der letzten Saison vergessen haben. Wir können nicht ernsthaft davon ausgehen, dass das, was uns gegenwärtig wichtig erscheint, in Zukunft noch von Bedeutung ist (Klostermann, 2016). Schliesslich leben wir nicht nur in einer rationalisierten, sondern auch in einer schnelllebigen Zeit. Die Suche nach Rekorden bleibt aber zweifellos ein zentrales Konstruktionsprinzip des Mediensports (vgl. Kapitel 11) und ein unumstössliches Kennzeichen des modernen Sports.

Für Guttmann widerspiegelt sich im modernen Sport die moderne Gesellschaft. In einer säkularen Leistungsgesellschaft, welche Gleichheit als möglichst gleiche Startbedingungen versteht, arbeitsteilig organisiert ist, auf Vernunft, Berechenbarkeit und Verwaltung baut sowie auf Fortschritt und Verbesserung zählt, entwickelt sich ein Sport, der auf Weltlichkeit, Chancengleichheit, Spezialisierung, Rationalisierung, Bürokratisierung, Quantifizierung und die Suche nach Rekorden ausgerichtet ist.

5 Die Sportentwicklung als Differenzierungsprozess

Die Sportentwicklung kann nicht nur vor dem Hintergrund des Zivilisations- oder Rationalisierungsprozesses betrachtet, sondern auch als Prozess gesellschaftlicher Differenzierung analysiert werden. Die Soziologen Talcott Parsons (1951) und Niklas Luhmann (1984) sind für diese Sichtweise die wichtigsten Referenzen und legten das theoretische Fundament. Aus differenzierungstheoretischer Perspektive besteht die moderne Gesellschaft aus verschiedenen Teilsystemen wie zum Beispiel Politik, Wirtschaft, Medizin, Medien, Bildung oder Religion (Schimank, 2002, 2008). Jedes dieser Teilsysteme hat seine eigene Handlungslogik und Weltsicht, seine besondere Ethik, Sprache und Rechtfertigung. Durch die Einschränkung von Alternativen (Komplexitätsreduktion) können die Teilsysteme ihre jeweiligen Aufgaben effizienter bewältigen und leisten so einen Beitrag zum Funktionieren der Gesellschaft. Im Wirtschaftssystem geht es um die möglichst profitable Herstellung und Verteilung von Gütern, im Bildungssystem um Qualifikation und Sozialisation, im Rechtssystem um die Schlichtung von Konflikten, im Gesundheitswesen geht es um den Erhalt und die Wiederherstellung von Gesundheit (vgl. Tabelle 3).

Die älteren Erklärungsansätze in der Tradition von Parsons betonten das arbeitsteilige Zusammenspiel der verschiedenen Systeme. Ein Teilsystem erfüllt bestimmte Funktionen für ein anderes und bezieht von diesem Leistungen, damit es funktionsfähig bleibt. Luhmann richtet seinen Blick vermehrt auf den Sand im systemischen Getriebe. Die Teilsysteme stehen miteinander in

Konkurrenz. Sie verabsolutieren ihre Weltsicht, betrachten Problemstellungen nur aus ihrer Warte, handeln «selbstreferenziell» und kümmern sich ohne Rücksicht auf die anderen Teilsysteme um die bestmögliche Verwirklichung ihrer eigenen Ziele. Die Systeme mögen bis zu einem gewissen Sinne autonom sein, autark sind sie aber keineswegs. Auch für Luhmann hängt ein Teilsystem immer von den Leistungen der anderen Teilsysteme ab. Das Bildungssystem versorgt das Wirtschaftssystem beispielsweise mit qualifizierten Arbeitskräften, das Wissenschaftssystem liefert dem Gesundheitssystem neue Erkenntnisse für Therapien. Gleichzeitig bringt das Bildungssystem aber auch kritische Konsument:innen oder aufgeklärte Bürger:innen hervor, die der Wirtschaft, Politik oder Religion argwöhnisch gegenüberstehen können. Solche für andere Systeme eher negativen Effekte dürfen aber nie dazu führen, dass sie ein Teilsystem vor unlösbare Probleme stellen.

Die ausdifferenzierte Gesellschaft als störungsanfälliges Zusammenspiel verschiedener Systeme hält für die Menschen verschiedene Rollen bereit, die sie auszufüllen haben: Im Bildungssystem ist man Schüler oder Lehrerin, im Wirtschaftssystem Produzentin oder Konsument, im Rechtssystem Richter oder Angeklagte, im Gesundheitssystem Ärztin oder Patient, im Familiensystem Vater, Mutter, Kind. Die Integration in die moderne Gesellschaft funktioniert also über die Inklusion in die verschiedenen Teilsysteme. Erst die Gesamtheit der verschiedenen Rollen und die Art und Weise, wie man sie ausfüllt, ergibt das «Inklusionsprofil» einer Person. Die Person erhält dadurch eine komplexe Identität. Sie ist nicht einfach Mann oder Frau, Schweizer oder Deutsche, sondern ebenso Lehrerin, Tochter, Katholik, Stimmbürgerin, genesener Krebs-Patient oder Triathletin.

Tabelle 3: Gesellschaftliche Teilsysteme

Teilsystem	Code	Medium	Funktion
Politik	Macht/Ohnmacht	Macht (öffentliche Ämter)	kollektive Entscheidungsfindung
Recht	recht/unrecht	Recht, Rechtmässigkeit	Konflikte schlichten
Wirtschaft	Gewinn/Verlust	Geld, Eigentum	Profit, Herstellung und Verteilung von Gütern
Wissenschaft	wahr/unwahr	Wahrheit	Wissen schaffen
Gesundheitswesen	gesund/krank	Diagnose/Behandlung	Gesundheit erhalten
Religion	Diesseits/Jenseits	Glaube	Weltdeutung, Sinn stiften
Kunst	schön/hässlich	Kunst	Erbauung, Reflexion
Bildung	gute/schlechte Zensuren	Bildung	Qualifikation, Sozialisation
Sport	Sieg/Niederlage Leistung/Nicht-Leistung	Leistung, Rekord	Aufstellen von Rekorden, Unterhaltung
Medien	Nachricht/Nicht-Nachricht	Information	Information, Unterhaltung
Militär	Krieg/Frieden	Waffen	Macht durchsetzen, Sicherheit
Intimbeziehungen (Familie)	Zuneigung/Abneigung	Vertrauen/Liebe	Beziehungen, Vertrauen schaffen

Quelle: Eigene Darstellung nach Schimank (2002, S. 44)

In der modernen Gesellschaft hat sich der Sport als eigenes Teilsystem ausdifferenziert. Das System Sport entwickelte sich im Laufe des 19. Jahrhunderts durch die Herausbildung eines eigenen Codes, einer eigenen Ethik, Sprache und Rechtfertigung. Der binäre Code, an dem sich das Handeln und die Kommunikation im System Sport ausrichten, lautet gemäss Schimank (2002, 2008) «Sieg versus Niederlage», während Stichweh (1990, S. 386) die Gegenüberstellung «Leistung versus Nicht-Leistung» bevorzugt. Richtet Schimank sein Augenmerk auf den Wettkampf- und Spitzensport, lässt die Sichtweise von Stichweh Raum für Gesundheits- und Freizeitsportler:innen, die höchstens gegen die eigene Stoppuhr laufen oder sich mit Gleichgesinnten beim Federballspiel vergnügen.

Auch für Stichweh gilt jedoch, dass kein anderer gesellschaftlicher Bereich so kompromisslos auf Leistung ausgelegt ist wie der Sport. Damit diese nicht überbordet, gibt es sportartspezifische Regeln und als normatives Korrektiv wirkt das Fairness-Prinzip. Der Spitzensport kennt zudem verschiedene sportspezifische Rollen wie Athlet:in, Trainer:in, Schiedsrichter:in, Sportmediziner:in oder Sportfunktionär:in. Die weitaus meisten Gesellschaftsmitglieder finden aber als Breitensportler:in oder als Zuschauer:in den Zugang zum Sport. Erst die Schaffung der Rolle «Breitensportler:in» führte dazu, dass immer mehr Personen Zugang zum Sportsystem fanden. Mit Kampagnen wie «Sport für alle» wurde die Inklusion der breiten Bevölkerung zusätzlich beschleunigt. Die Verbreitung des Fernsehens und die neue Rolle als «Sportzuschauer:in» führte schliesslich zu einem weiteren Inklusionsschub. Das Sportsystem hat dadurch selbst eine Differenzierung erfahren und seinen Code und seine Funktionen stark erweitert (vgl. Kapitel 3). Es fällt heute schwer, eine einzelne gesellschaftliche Aufgabe zu benennen, welche der Sport hauptverantwortlich bearbeitet. «Aufstellen von Rekorden» oder «Unterhaltung» vermag die Leistungen des Sports nicht (mehr) angemessen zu beschreiben. Der Sport stellt damit nur noch bedingt ein System mit eigenständiger gesellschaftlich relevanter Funktion dar. Er zeichnet sich vielmehr dadurch aus, dass er zu den unterschiedlichen Problemlösungen anderer Systeme beiträgt.

Unabhängig davon, ob «Sieg/Niederlage» oder «Leistung/Nicht-Leistung» den Code des Teilsystems Sport bilden und man Sport heute überhaupt noch als eigenständiges Funktionssystem sehen will, eignet sich die differenzierungstheoretische Perspektive hervorragend zur Analyse der Verflechtungen des Sports mit anderen Teilsystemen. Die allgemeine Aussage «Sport ist ein Abbild der Gesellschaft» kann damit systematischer untersucht werden. Für die Entwicklung des Sports war zunächst das Erziehungssystem, für das der Sport einen Beitrag zur ganzheitlichen Bildung leisten kann, und dann das Militär-, Politik- und Gesundheitssystem entscheidend (Cachay, 1988; Cachay & Thiel, 2000), ab Mitte des 20. Jahrhunderts gewannen zudem das Wirtschafts- und Mediensystem an Bedeutung. Heute pflegt der Sport zu fast allen anderen Teilsystemen in Tabelle 3 enge Beziehungen, die auf Leistung und Gegenleistung beruhen. Die Leistungen, welche der Sport von anderen Systemen bezieht, sind gemäss Schimank (2002) dabei fast immer grösser als die Gegenleistungen. Oder anders gesagt: Politik, Wirtschaft und Medien könnten ohne Leistungen aus dem Sportsystem weitaus besser leben, als der Sport ohne Leistungen aus den drei erwähnten Teilsystemen.

6 Die Sportentwicklung als Globalisierungsprozess

Abschliessend soll im Überblick eine weitere Perspektive vorgestellt werden, unter der die Sportentwicklung betrachtet werden kann und die in den vergangenen Jahrzehnten an Bedeutung gewonnen hat. Gemeint sind Ansätze, welche die Ausbreitung des modernen Sports unter Schlagworten wie «Globalisierung» oder «Internationalisierung» thematisieren (Maguire, 1999; Wojchiechowski, 2005; Giulianotti & Robertson, 2008). Es wird in diesem Zusammenhang auch von «Kolonialisierung» gesprochen. Nicht nur, weil die britischen Kolonialherren den Sport in die Länder ihres Imperiums getragen haben, auch heute lassen die grossen Sportverbände bei der Durchsetzung ihrer Interessen kolonialistische Züge erkennen.

Globalisierung als weltweiter Prozess der sich intensivierenden Überschreitung und Neukonstitution von Grenzen, Beziehungsmustern und Strukturen (Giddens, 1990) oder ganz einfach als «Weltreichweitenvergrösserung» (Rosa, 2020, S. 16) zeigt sich im Sport schon seit dem 19. Jahrhundert (Guttmann, 1979; Eisenberg, 1997). Zunächst erfolgte die Internationalisierung in erster Linie als Begleiterscheinung wirtschaftlicher und politischer Prozesse. Es waren in der Regel englische Industrielle, deutsche «Turnflüchtlinge» oder Personen, die studien- oder berufshalber Zeit in England oder Deutschland verbracht hatten, welche die neuen Bewegungsformen in andere Regionen exportierten. Die Verwendung englischer Bezeichnungen ist ein Hinweis auf eine frühe Form der Globalisierung, die sich einer universellen Sprache bediente und damit die grenzüberschreitenden Beziehungen vereinfachte (Eisenberg, 1997).

Während sich die frühe Ausbreitung des Sports noch im Sinne eines Diffusionsprozesses von einigen klar definierten Zentren (England, Deutschland) in sportlich periphere Regionen verstehen lässt, ist mittlerweile ein komplexes, globales Muster von Austausch- und Anpassungsprozessen entstanden, in dem auch aussereuropäische Sportarten (asiatische Kampfsportarten, amerikanische Sportarten) ihre Spuren hinterlassen haben. Bei neueren Sportarten (z.B. Snowboarding oder Mountainbiking) ist zudem eine simultane Entwicklung an verschiedenen Orten zu beobachten.

Die gegenseitige Durchdringung und Anpassung von Sportarten aus unterschiedlichen Herkunftsregionen führte bei gleichzeitigem Fortbestehen traditioneller Bewegungsformen und der Ausbildung von regionalen Präferenzen zu dem, was der Elias- und Dunning-Schüler Joseph Maguire (2004) mit der Formel der «diminishing contrasts» (Homogenisierung der Regelwerke, Diffusion eines einheitlichen Sportverständnisses) und «increasing varieties» (Differenzierung von Sportarten und -formen) auf den Punkt gebracht hat. In der Schweiz wird zwar viel Fussball gespielt und geturnt, aber gleichzeitig existieren lokale Sportformen wie das Hornussen oder das Schwingen weiter und einige Unentwegte spielen in einzelnen Bündner Gemeinden weiterhin Mazza Cula – eine Art Alpengolf – oder im Bernbiet die Wurfsportart Platzgen, die schon im Mittelalter betrieben wurde. Das Bewahren und häufig Zelebrieren von traditionellen Sportformen kann man auch in Zusammenhang mit der vom amerikanischen Soziologen Roland Robertson (1998) beschriebenen «Glokalisierung» sehen. Die Rückbesinnung auf das Lokale gibt Halt und stiftet Identität in der globalisierten Sport- bzw. Arbeitswelt. Die Schweizer Nationalsportart Schwingen verdankt ihre Transformation vom Nischen- zum Publikumssport einer Kombination aus urchigem Brauchtum, heiler Sportwelt und bodenständiger Swissness.

Was dem Schweizer sein Schwingen, das ist dem Norddeutschen sein Friesensport. Fast überall finden sich lokale Sportformen wie beispielsweise Fingerhakeln in Bayern, Bosseln im Emsland oder Knitteln im Salzkammergut. Regional unterschiedliche Präferenzen sind auch bei den globalen Sportarten feststellbar: Skilaufen ist im Alpenraum besonders populär, Rugby und Cricket im Britischen Commonwealth, Badminton in Ostasien, und «König Fussball» bekundet als Männersportart in den USA angesichts der Konkurrenz von American Football und Baseball weiterhin Mühe.

Seit dem späten 19. Jahrhundert begnügt sich der Sport nicht mehr damit, einfach den sich bietenden Möglichkeiten zu folgen. Spätestens seit der Gründung des Internationalen Olympischen Komitees (IOC) im Jahr 1894 hat er sich als Agent seiner eigenen Expansion etabliert. Lange vor den multilateralen politischen Organisationen (Völkerbund, UNO) entwickelte das IOC eine im eigentlichen Sinne globale Vision des sportlichen Wettkampfes (Jütting, 2001). Pierre Coubertins Projekt verfolgte zunächst ein nationalistisches und pädagogisches Ziel, erfuhr dann aber eine erstaunliche Metamorphose zu einem internationalen friedenspolitischen Projekt, das die Verbreitung des (englischen) Sports beflügelte (Güldenpfennig, 2008a). An den Olympischen Spielen von Tokio 2021 beteiligten sich über 11'000 Athlet:innen aus über 200 Ländern in 33 Sportarten und 51 Disziplinen. Jenseits des IOCs verfügen mittlerweile die meisten Sportarten über eine «Weltorganisation» mit Welt- und kontinentalen Meisterschaften.

Über die globale Inszenierung und Kommerzialisierung von Sportveranstaltungen ist in den vergangenen Jahrzehnten viel geschrieben worden (Holderbach, 1998; Law et al., 2002). Was bis Mitte der 1970er Jahre noch als Verlustgeschäft galt, hat sich im Falle der Olympischen Spiele und der Fussballweltmeisterschaften in hoch kommerzialisierte, globale Megaevents verwandelt. An den gigantischen Summen, welche nicht nur die Medien und die Sponsoren, sondern auch die Austragungsorte für ihre Präsenz zu zahlen bereit sind, zeigt sich, wie sich nicht nur die Beziehungen innerhalb des Sports, sondern auch zu anderen gesellschaftlichen Teilsystemen (Wirtschaft, Medien, Politik) intensiviert und globalisiert haben (vgl. dazu die Kapitel 10, 11 und 12).

Ähnliches gilt für die Sportartikelhersteller, die seit den 1970er Jahren ebenfalls zu «global players» geworden sind, wobei auch hier Maguires These von den «diminishing contrasts» und «increasing varieties» greift: Neben den marktbeherrschenden transnationalen Akteuren wie Nike oder Adidas mit ihren vielfältigen Beziehungen zu Sport, Medien, Politik und Wirtschaft existiert eine kaum überblickbare Menge weiterer Produzenten, die sich in regionalen oder spezialisierten Nischenmärkten behaupten.

7 Fazit

Die in diesem Kapitel vorgestellten Perspektiven zeigen zweierlei: *Einerseits* lässt sich die Sportentwicklung gut mit allgemeinen theoretischen Vorstellungen aus der Soziologie analysieren. Der Sport ist insofern ein «Abbild der Gesellschaft», als seine Entwicklung Teil der allgemeinen gesellschaftlichen Modernisierung der vergangenen Jahrhunderte ist. Im Laufe dieses Entwicklungsprozesses hat sich der Sport *andererseits* jedoch zu einem eigenständigen Teilsystem entwickelt, das nicht nur zur Stabilisierung des gesellschaftlichen Gefühlshaushalts beiträgt, indem es einen Beitrag zu kontrolliertem Aggressionsabbau, bewegungsaktiver Freizeitgestaltung, Unterhaltung und Volksgesundheit leistet. Vielmehr wird der Sport zunehmend zum Agenten gesellschaftlicher Entwicklungsprozesse, indem er Politik und Wirtschaft beeinflusst und stellenweise sogar herausfordert. Letzteres zeigte sich in jüngerer Zeit etwa daran, dass die Olympischen Spiele in Tokio trotz Bedenken in Zusammenhang mit der Covid-19-Pandemie durchgeführt wurden. Während die Spiele von Tokio aber vor leeren Rängen ausgetragen wurden, hatte es die UEFA einige Wochen zuvor geschafft, die Öffnung der Stadien der Fussball-Europameisterschaft für das Publikum gegen den Widerstand von Politik und Gesundheitssystem durchzusetzen. Ausgewählte Beziehungen zwischen Sport und anderen Teilsystemen werden wir in den folgenden Kapiteln vertiefter darstellen.

Kapitel 3: Aktuelle Entwicklungen und Trends im Sport

Markus Lamprecht, Rahel Bürgi & Siegfried Nagel

In den vergangenen 30 bis 40 Jahren hat sich der Sport entscheidend verändert. Bis zur zweiten Hälfte des 20. Jahrhunderts war der Sport in erster Linie auf junge Männer ausgerichtet. Das Sportangebot bestand aus den klassischen Sportarten wie Leichtathletik, Turnen, Handball oder Fussball. Im Zentrum standen Leistung und Wettkampf. Die Trainings fanden im Verein statt. Abends oder am Wochenende zu festen Zeiten traf man sich auf dem Sportplatz oder in der Turnhalle. Die Angebote basierten auf dem freiwilligen Engagement der Vereinsmitglieder und der Unterstützung durch die öffentliche Hand.

Und heute? Fast alle treiben in der einen oder anderen Form Sport oder verfolgen den Sport in den Medien. Es gibt unzählige Sportarten, Sportangebote und Sportmotive. Entspannung, Ausgleich, Gesundheit, Erlebnis sind mindestens so wichtig wie Wettkampf und Leistung. Sport findet jederzeit und überall statt. Beim Jogging, Parkour oder Skateboarding wird die ganze Stadt zur Sportarena. Ruder:innen, Segler:innen, Windsurfer:innen, Stand Up Paddler:innen, Kiter:innen bevölkern die Seen, Wander:innen, Trailrunner:innen, Biker:innen die Berge. Der Sportverein ist zwar nicht obsolet geworden, er hat aber Konkurrenz durch viele andere Organisationsformen bekommen, die Yogastunden, Tauchferien, Velotouren, Bootcamps oder Salsa Lektionen anbieten und dabei nicht nur ein Sportangebot, sondern auch einen Lifestyle verkaufen.

Der Sportboom der letzten Jahrzehnte lässt sich mit den Schlagworten «Versportlichung der Gesellschaft» und «Entsportlichung des Sports» auf den Punkt bringen. Ommo Grupe (1988) hat beim Kongress «Menschen im Sport 2000» die These postuliert, dass die Versportlichung der Gesellschaft gleichzeitig mit der Entsportlichung des Sports einhergehe. Mit diesem in der Sportsoziologie vielfach aufgegriffenen Begriffspaar ist gemeint, dass die Bedeutung des Sports stark gestiegen ist und der Sport in der heutigen Gesellschaft eine immer wichtigere Rolle einnimmt. Die Expansion des Sportsystems führt gleichzeitig zu einem immer breiteren Verständnis von Sport, so dass man sich die Frage stellen kann, wie dieses noch mit der «klassischen» Definition von Sport in Einklang zu bringen ist.

Ausgehend von verschiedenen Befunden zur Versportlichung der Gesellschaft wenden wir uns in diesem Kapitel der Frage zu, was heute unter Sport verstanden wird und inwieweit die in Kapitel 2 unter den Stichworten Zivilisierung, Rationalisierung, Differenzierung und Globalisierung herausgearbeiteten Kennzeichen des modernen Sports aktuell noch zutreffen. Die Antwort auf diese Fragen führt zu einer differenzierten Erfassung des Sportsystems. In einem eigenen Abschnitt gehen wir der Entwicklung von Sportarten nach.

Wie entstehen neue Sportarten und wovon hängt es ab, ob sich daraus ein grosser, langfristiger Erfolg oder nur eine kurze Mode entwickelt? Abschliessend wenden wir uns der Frage zu, welche gesellschaftlichen Kräfte hinter der jüngsten Sportentwicklung stehen und skizzieren einige Einflussfaktoren, die es mit Blick auf die zukünftige Entwicklung zu beachten gilt.

1 Die Versportlichung der Gesellschaft

Sport ist eine der beliebtesten Freizeitaktivitäten. In Bevölkerungsbefragungen geben etwa vier von fünf Befragten an, in irgendeiner Form Sport zu treiben (Lamprecht et al., 2020; Repenning et al., 2019). In den letzten drei Jahrzehnten hat sich die Sportaktivität kontinuierlich erhöht. In der Schweiz, wo die Datenreihen zum Sportverhalten der Bevölkerung bis ins Jahr 1978 zurückreichen, lässt sich zeigen, dass es zwischen 1994 und 2008 zu einem eigentlichen Sportboom kam, der dazu führte, dass die Gruppe der regelmässig Aktiven auf Kosten der Gelegenheitssportler:innen deutlich anwuchs. In jüngster Zeit wurden auch die Inaktiven vom Sportboom erfasst und die Zahl der Nichtsportler:innen ist gesunken.

Der Sportboom hat allerdings nicht alle Länder gleichermassen erreicht, weshalb die Sportaktivität im internationalen Vergleich beträchtlich variieren kann. Die höchste Sportaktivität in Europa weisen gemäss den Eurobarometer-Daten die skandinavischen Länder Finnland, Schweden und Dänemark aus (European Commission, 2018). Zu dieser Gruppe konnte in den letzten Jahren auch die Schweiz aufschliessen. Deutschland folgt im vorderen Mittelfeld mit Ländern wie Belgien, Niederlande und Österreich. Am Schluss der Rangliste finden sich Italien, Portugal und Bulgarien. Allgemein lässt sich sagen, dass die Versportlichung der Gesellschaft und die Entsportlichung des Sports in Nord- und Mitteleuropa weiter fortgeschritten ist als in Südeuropa.

Der Sportboom hat nicht nur zur Folge, dass insgesamt mehr Sport getrieben wird, sondern vor allem auch, dass sich der Sport für die unterschiedlichsten Bevölkerungsgruppen geöffnet hat. Galt Sport bis in die 1970er Jahre noch als eine Freizeitbeschäftigung für «jüngere männliche Angestellte mit höherer Bildung», so hat sich das Sporttreiben in der Zwischenzeit demokratisiert. Zumindest auf der Ebene der allgemeinen Sportaktivität kam es seit den 1980er Jahren zu deutlichen Veränderungen.

Beim Alter und beim Geschlecht – zwei wichtige Faktoren zur Erklärung des unterschiedlichen Sportengagements – sind die Veränderungen besonders sichtbar: Sport ist von einer Aktivität junger Männer zu einer Lifetime-Angelegenheit für Männer und Frauen geworden. Neueste Zahlen aus der Schweiz zeigen, dass der jüngste Sportboom insbesondere auf die Frauen und Personen in der zweiten Lebenshälfte zurückzuführen ist (Lamprecht et al., 2020). Frauen treiben heute praktisch gleich viel Sport wie Männer, und auch die

Altersunterschiede haben sich angeglichen. Wenngleich sich das Sporttreiben demokratisiert hat, so sind die Unterschiede nicht gänzlich verschwunden. Nach wie vor sind Personen in höheren sozialen Positionen sportlich aktiver als Personen mit tiefer Bildung und einem tieferen Haushaltseinkommen. Mit den sozialen Ungleichheiten im Sport, ihren Formen und Ursachen, befassen wir uns vertieft in Kapitel 4.

Die Versportlichung der Gesellschaft wird nicht nur bei der Sportaktivität sichtbar, sie lässt sich auch anhand des Sportkonsums und des generellen Interesses am Sport zeigen. Wer sich nicht selber als Sportler:in versucht, ist häufig als Zuschauer:in oder Konsument:in sportlicher Produkte ins Sportsystem inkludiert (vgl. Kapitel 11). Etwa drei Viertel der Schweizer Bevölkerung interessieren sich für Sport in den Medien und verfolgen das Sportgeschehen am Fernsehen, in Zeitungen und Zeitschriften sowie zunehmend im Internet. Der Sportbereich ist zu einem äusserst attraktiven Markt geworden. In der Schweiz gibt eine Person durchschnittlich 2000 Franken pro Jahr für Sport aus (Lamprecht et al., 2020). Das meiste Geld fliesst dabei in Sportbekleidung und Sportausrüstung sowie in Sportreisen und Sportferien (vgl. Kapitel 10). Insgesamt trägt der Sport jeweils etwa 2% zum Bruttoinlandprodukt (BIP) in der Schweiz (Hoff et al., 2020) und in Deutschland bei (Ahlert et al., 2021).

Sportschuhe, Sportbekleidung und Sportaccessoires finden längst ausserhalb der Sportstätten Verwendung und sind zu Statussymbolen für einen aktiven Lebensstil geworden. Überall und jederzeit wird Sportlichkeit demonstriert. Der trainierte Körper gilt als Ausweis für Leistungsfähigkeit und Disziplin (vgl. Kapitel 8) und in der Werbung und in den sozialen Medien ist Sport allgegenwärtig. Wie stark Sport unseren Alltag durchdringt, lässt sich durch das Ausdehnen des Sportjargons in den alltäglichen Sprachgebrauch illustrieren. Nicht nur «Fairness», «Foul», «Vorlage», «Doppel- und Steilpass», auch die «rote Karte», «Eigentor», «Abseits» oder «Hattrick» gehören mittlerweile zum Grundwortschatz der Alltagssprache. Sportbegriffe bereichern unsere Sprache, sportliche Werte und Massstäbe prägen unser Denken. Der Sportsgeist zeigt sich in vielen Lebensbereichen: Man misst sich an Berufsolympiaden, duelliert sich in Quizmeisterschaften und rangiert in wilder Mess-Manie Städte, Hochschulen, Politiker:innen, Restaurants, Bratwürste und Staubsauger. Kein Warentest ohne Testsieger, kein Kochwettbewerb ohne Champion, kein Buchungsportal ohne Bestenliste. Der überbordende Wettkampfeifer produziert allenthalben Gewinner und Verlierer, während sich der Sport selbst – wie wir gleich sehen werden – in vielen Bereichen vom Wettkampfmotiv verabschiedet.

2 Die Entsportlichung des Sports

Über die letzten 40 Jahre lässt sich nicht nur eine Zunahme der Sportaktivitäten und des Sportkonsums sowie der gesellschaftlichen Bedeutung des

Sports ausmachen, sondern auch eine Ausdehnung des Sportbegriffs. Neue Sportlergruppen, neue Motive und Bedürfnisse, neue Sportformen sowie neue Sportanbieter haben den Sport vielfältiger und bunter gemacht und dabei das Sportverständnis aufgeweicht und erweitert. Die Integration bislang sportabstinenter Bevölkerungsgruppen mit anderen Vorstellungen von Sport haben im Zusammenspiel mit neuen Sportanbietern und den gesteigerten kommerziellen Interessen dazu geführt, dass der Sport nicht nur gewachsen, sondern vielschichtiger und komplexer geworden ist.

Das Erscheinungsbild des Sports ist dabei nicht nur vielfältiger und bunter, sondern auch uneinheitlicher und diffuser geworden: Immer mehr Leute treiben Sport, immer breiter und unübersichtlicher wird das, was unter Sport verstanden wird. Vor 20 oder 30 Jahren hätten die meisten Leute Wandern oder Yoga nicht zum Sport gezählt – heute sind es die Sportarten mit den grössten Wachstumsraten. Mit dem Sportboom geht eine Erweiterung des Sportverständnisses einher. Diese Erweiterung wird auch als «Entsportlichung des Sports» bezeichnet. Gemeint ist damit, dass viele der neuen Sportformen das Sportverständnis nicht nur erweitern, sondern es auch aufweichen, wodurch der Sport gewissermassen seines ursprünglichen Wesens beraubt wird.

Auch wenn diese Diagnose etwas überzogen erscheint, so ist es doch aufschlussreich, sich einmal auf die Unterscheidung von «richtigem» und «falschem» bzw. «sportlichem» und «unsportlichem» Sport einzulassen. Zu den wichtigen Elementen der «klassischen» Sportdefinition gehören laut den deutschen Sportsoziologen Klaus Heinemann (1986, 1998) und Detlef Grieswelle (1978) die folgenden Punkte:

- *Sport ist körperliche Bewegung:* Beim Sport handelt es sich um eine künstliche, sozial normierte Art der Bewegung. Die sportliche Bewegung ist auf bestimmte Gütestandards (Fertigkeiten) bezogen, die im Training angeeignet und perfektioniert werden.
- *Sport unterliegt dem Leistungsprinzip:* Moderner Sport ist gerichtet auf Leistungsziele, die je nach Leistungsniveau variieren können. Die verschiedenen Leistungsstufen sind aufeinander bezogen. Auch Breitensport ist Leistungssport, er bildet die Grundlage des Spitzensports (Pyramidenmodell des Sports).
- *Sport ist durch soziale Normen geregelt:* Sport findet innerhalb spezifischer, sozial definierter Muster statt. Sport zeichnet sich durch eine spezifische Wertestruktur aus, dazu gehören Werte wie Chancengleichheit, Disziplin und Fairness. Ihre konkrete Ausformulierung finden die Normen in einem eindeutigen, sportartenspezifischen Regelwerk. Sport ist durch Regeln als Wettkampf organisiert.

- *Sport bildet eine Eigenwelt:* Im Sport ist das «richtige» Leben ausgeblendet, der Sport ist «die schönste Nebensache der Welt». Sport ist unproduktiv, das heisst, im Sport wird kein Produkt im engeren Sinn hergestellt.

Die genannten Kriterien finden ihre Entsprechung in einer spezifischen Sportlerrolle, einem bestimmten Lebensstil sowie einer spezifischen Organisationsform, dem Sportverein.

Bereits vor über zwanzig Jahren hat Heinemann (1998) darauf hingewiesen, dass der Sport sich ausdifferenziert und die «klassische» Sportdefinition der zunehmenden Vielfalt sportlicher Aktivitäten kaum mehr gerecht wird. Wenn man heute die von Heinemann und Grieswelle genannten Wesensmerkmale des «richtigen» Sports mit der aktuellen Sportwelt vergleicht, so wird offenkundig, wie stark sich der Sport in den letzten Jahrzehnten verändert hat. Zwar finden wir immer noch den leistungsorientierten, in Vereinen organisierten und unproduktiven Wettkampfsport – er deckt aber nur einen kleinen Teil aller sportlichen Betätigungen ab.

Sport ist in aller Regel immer noch körperliche Bewegung. Mit den Gütestandards und dem Training ist es aber bereits so eine Sache. Bei vielen Sportaktivitäten geht es nicht mehr um das Training und die Verbesserung sportlicher Fertigkeiten, sondern um Entspannung und Ausgleich. Leistungskriterien spielen dabei keine Rolle mehr. Nur noch eine Minderheit will sich mit Anderen messen und nimmt an sportlichen Wettkämpfen teil. Als wichtigstes Sportmotiv hat die Gesundheit die Leistung abgelöst. Der in Kapitel 2 als Kern des Sportsystems bezeichnete Code «Sieg/Niederlage» bzw. «Leisten/Nicht-Leisten» steht für die Mehrheit der Sporttreibenden nicht mehr im Vordergrund. Fitness, Freude an der Bewegung, draussen in der Natur sein, sich entspannen und Stress abbauen, etwas für die Figur tun oder Geselligkeit und Gemeinschaft werden in den Bevölkerungsbefragungen deutlich häufiger genannt als Leistung und Wettkampf (Lamprecht et al., 2020).

Beim Leistungsmotiv findet zudem eine Verschiebung vom Leistungsvergleich zum Leistungserlebnis statt. Heute versuchen sich so viele Leute wie noch nie an einem Marathon oder an einem anderen Langstreckenlauf. Im Zentrum steht aber für viele nicht der Rang und weniger die Zeit, als vielmehr das Erlebnis, in der grossen Masse mit anderen durch die Strassen von Zürich, Berlin oder New York zu joggen. Sportanlässe werden zu Sportevents, die Inszenierung wird wichtiger als der eigentliche Wettkampf. Vergleicht man die Durchschnittszeiten der Teilnehmenden an Ausdauerevents wie Lauf-, Langlauf- oder Mountainbike-Veranstaltungen, so ist das Leistungsniveau in den letzten Jahren deutlich gesunken.

Blickt man auf die beliebtesten Sportarten in der Schweiz, Deutschland oder Österreich, so fällt die breite Palette an Sportformen und Sportpraktiken auf, die nicht auf Leistung und Wettkampf, sondern auf Gesundheit, Entspannung und Erholung, auf Vergnügen, Geselligkeit und Gemeinschaft oder auf Erlebnis, Abwechslung und Abenteuer gerichtet sind. Besonders beliebt sind die typischen Lifetime-Sportarten, die von jung und alt, von Frauen und Männern gleichermassen ausgeübt werden und auf den unterschiedlichsten Niveaus und mit den unterschiedlichsten Zielsetzungen betrieben werden können wie etwa Schwimmen, Radfahren, Wandern, Skifahren oder Laufen.

Gleichzeitig erweisen sich die Sporttreibenden als ausgesprochen vielseitig und polysportiv. Es werden die verschiedensten Sportarten nebeneinander und unter den unterschiedlichsten Motiven betrieben. Man spielt Volleyball in einem Verein und schätzt die Geselligkeit unter Gleichgesinnten. Aus gesundheitlichen oder ästhetischen Gründen trainiert man seinen Körper im Fitnesscenter. Am Wochenende fährt man aus Freude an der Bewegung und der Natur zum Wandern oder Skifahren in die Berge. Die verschiedenen Sportarten stellen für den Einzelnen ein Angebot dar, das flexibel genutzt wird und die unterschiedlichsten Bedürfnisse zu befriedigen vermag.

Der Sport findet nach wie vor auch im Verein statt (vgl. Kapitel 9). Neben dem Sportverein gibt es aber viele andere Orte und Organisationsformen für die sportliche Betätigung. In grösseren Städten sind heute mehr Sportler:innen Mitglied in einem Fitnesscenter als in einem Sportverein. Am häufigsten spielt sich das Sportgeschehen aber selbstorganisiert in der freien Natur ab.

Auf die Frage «Was ist Sport?» gibt es heute keine einfache und allgemein akzeptierte Antwort mehr. Weder in der Sportpolitik noch in der Sportwissenschaft findet sich eine eindeutige und verbindliche Definition von Sport. Zu offenkundig ist, dass sich das Sportverständnis aufgeweicht, erweitert und pluralisiert hat. Abgrenzungen bleiben schwierig: Wann genau wird Radfahren von einem praktischen Verkehrsmittel, bei dem man nicht im Stau stecken bleibt oder aufwendig einen Parkplatz suchen muss, zum Sport? Wenn man auf einem Rennrad sitzt? Wenn man sich dafür umzieht und so ins Schwitzen kommt, dass man danach Duschen muss? Wenn man das Rad nicht als Transportmittel, sondern zum reinen Vergnügen nutzt, oder wenn man seine Zeit und Leistung misst? Je nachdem wen man fragt, sieht die Antwort anders aus. Aus der Sicht vieler Leistungssportler:innen wird in den Schwimmbädern mehr gebadet als geschwommen. Aus der Sicht vieler Freizeitsportler:innen sind die verschiedenen Ultramarathons eher eine neue Form der Selbstkasteiung oder verrücktes Survivaltraining als Sport.

Die Beispiele zeigen: Eine Nominaldefinition des Sports, die eine begriffliche Abgrenzung anhand eindeutiger, charakteristischer Merkmale vornimmt – so wie dies Heinemann (1986) und Grieswelle (1978) taten –, erweist sich heute als unmöglich. Anders verhält es sich beim Versuch, den Begriff «Sport» anhand seines Alltagsgebrauchs zu bestimmen, so wie das mit einer Realdefinition versucht wird. Legt man in einer Befragung Expert:innen oder der

Bevölkerung eine Liste mit verschiedenen Freizeit-, Bewegungs- und Sportaktivitäten vor und lässt sie darüber entscheiden, was als Sport zu klassifizieren sei, so ergeben sich zwar fliessende Grenzen zwischen «kein Sport», «Sport im weitesten Sinne», «Sport im erweiterten Sinne» und «Sport im engeren Sinne». Es gibt aber eine hohe Übereinstimmung darüber, was als «kein Sport» und «Sport im engeren Sinne» zu gelten hat. Denksport oder Gartenarbeit werden beispielsweise übereinstimmend nicht als Sport verstanden (Berwert et al., 2007).

Dass sich nicht einfach alles zum Sport zählen lässt, zeigt sich in der Debatte um e-Sport. Es lassen sich zwar Merkmale benennen, die e-Sport mit dem Sport verbinden, z.B. Wettkämpfe von Teams gegeneinander, die nach definierten Regeln stattfinden und hohe feinmotorische Fähigkeiten und damit intensives Training erfordern. Dies gilt allerdings auch für viele andere am Sport orientierten Freizeitaktivitäten, wie Tipp-Kick oder Tischfussball; und auch Klavierspielen verlangt eine virtuose Feinmechanik, jahrelanges Üben, ein hohes Mass an Konzentration, eine gewisse Fitness und kann, wie die zahlreichen Musikwettbewerbe zeigen, als Wettkampf ausgetragen werden. Trotzdem bezeichnet niemand Klavierspielen als Sport. Wie Musizieren und Sporttreiben seien auch Sporttreiben und virtuelles Spielen unterschiedliche kulturelle Praktiken, die nichts miteinander zu tun hätten (Schürmann, 2019; Borggrefe, 2018).

Die Mehrheit der Bevölkerung – gemäss Lamprecht et al. (2020) sind es in der Schweiz 89 Prozent – zählt e-Sport nicht zum Sport und auch die Sportverbände grenzen sich klar von e-Sport ab. Für die Abgrenzung steht dabei die «klassische» Sportdefinition Pate. Für den Deutschen Olympischen Sportbund (DOSB) ist Sporttreiben eine eigene, sportartbestimmende motorische Aktivität. Die Aktivität muss Selbstzweck sein und es müssen ethische Werte eingehalten werden (DOSB, 2018).

Ob diese Abgrenzung in Zukunft Bestand hat, bleibt offen. Hinter dem e-Sport stehen grosse wirtschaftliche Interessen und das Buhlen um ein neues und junges Publikum. Eine weitere Ausdehnung des Sportverständnisses ist unter diesen Vorzeichen nicht auszuschliessen. Wie stark sich der Sportbegriff verändern kann, zeigt der Blick in die Geschichte. Auch Sport und Turnen waren einmal zwei unterschiedliche kulturelle Praktiken, die komplett getrennt schienen (vgl. Kapitel 2). Schliesslich sind aber das Turnen genauso wie die Gymnastik oder die Leibesübungen im Alltagsverständnis zum Sport geworden.

3 Ein differenziertes Modell des Sports

Die Vielfalt des modernen Sports ist das Geheimnis seines Erfolgs. Hunderte von Sportangeboten – von der sonntäglichen Biketour, über die regionale

Faustballmeisterschaft und die Tauchferien am Roten Meer bis hin zur extensiven Berichterstattung über die Champions League und die Olympischen Spiele – machen den heutigen Sport zu einem unübersichtlichen, gerade deshalb aber auch zugänglichen Feld, in dem jede und jeder eine Tätigkeit nach dem eigenen Gusto finden kann. Erst die grenzenlose Vielfalt an Sportmöglichkeiten hat dazu geführt, dass die unterschiedlichsten Bevölkerungsgruppen einen Zugang zum Sport finden konnten. Die vielen Menschen, die in der einen oder anderen Weise vom Sport begeistert und fasziniert sind, haben dank ihrer unterschiedlichen Beweggründe, Ideen und Ansprüchen umgekehrt dazu beigetragen, dass sich der Differenzierungsprozess weiter verstärkt und beschleunigt hat.

Die Folge davon ist, dass die Ambivalenzen und Widersprüche im Sport wachsen und schnell der Überblick verloren gehen kann. Extremer Wettkampf- und Leistungssport stehen neben intensiver Selbsterfahrung oder Spiel- und Bewegungsformen aus anderen Kulturen und den verschiedenartigsten Abenteuer- und Erlebnissportarten. Je genauer man hinschaut, desto mehr verwischen sich die Grenzen. Einerseits werden Werte wie Fairness, Respekt und Chancengleichheit im Sport immer noch hochgehalten, andererseits erhalten Grenzüberschreitungen, Konflikte und Unfairness viel mediale Aufmerksamkeit. Die Differenzierung des Sports führt dazu, dass sich das Sportsystem in verschiedene Segmente – man könnte auch von Feldern oder Kulturen sprechen – aufteilt, die sich bezüglich Ausprägungsformen, Sportverständnis, Wertestruktur und Organisationsform unterscheiden. Mit dem klassischen Pyramidenmodell lässt sich die aktuelle Sportwelt nicht mehr adäquat abbilden.

Im Pyramidenmodell wurde mit dem Breitensport und dem Spitzensport zwar ebenfalls zwischen zwei Sportsegmenten unterschieden. Die beiden Teile waren aber eng aufeinander bezogen und gingen vom gleichen Sportverständnis aus: Spitzensportler:innen motivieren als Idole und Vorbilder die Masse der Breitensportler:innen zu eigenen sportlichen Leistungen. Der Breitensport bildet die Rekrutierungsbasis der zukünftigen Spitzensportler:innen. Spitzen- und Breitensportler:innen machen letztlich dasselbe. Sie halten sich an die gleichen Regeln, Normen und Werte und verfolgen die gleichen, vornehmlich leistungsorientierten Ziele. Was sie unterscheidet, ist allein das Leistungsniveau.

In der Zwischenzeit haben sich die beiden Teile nicht nur voneinander entfernt, sondern sind durch neue Felder ergänzt worden. Die ersten Sportsoziologen, die ein differenzierteres Sportmodell vorschlugen, waren Klaus Heinemann und Helmut Digel. Während Heinemann (1998, 2007) zwischen traditionellem Wettkampfsport, professionalisiertem Showsport, traditioneller Spielkultur sowie einem expressiven und funktionalistischem Sportmodell unterschieden hat, schlug Digel (1986) eine Unterteilung in Leistungssport, Mediensport, Freizeitsport, Alternativsport und instrumentellen Sport vor.

3 Ein differenziertes Modell des Sports

Eine Veranschaulichung des Modells von Digel, das von Lamprecht und Stamm (2002) weiter verfeinert wurde, findet sich in Abbildung 1. Die Bezeichnung «Alternativsport» wurde dabei durch «Szenensport» ersetzt. Die fünf idealtypischen Sportfelder, die das Pyramidenmodell ersetzt haben, lassen sich wie folgt beschreiben.

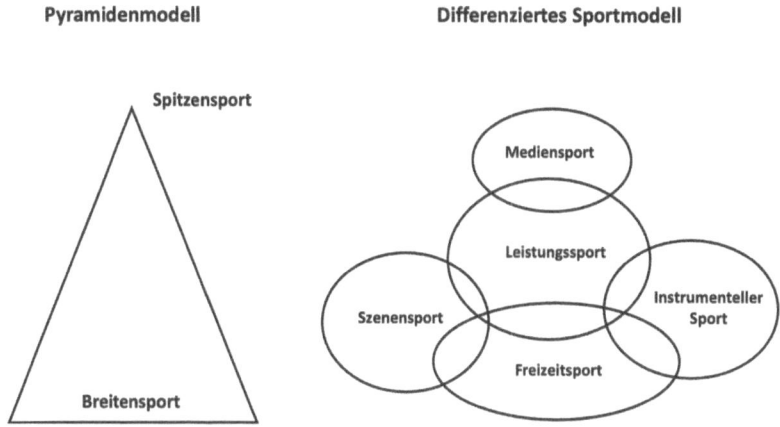

Abbildung 1: Vom Pyramidenmodell zum differenzierten Sportmodell

Leistungssport: Der Leistungssport steht nicht zufällig im Zentrum des Modells. Er bildet den Kern, um den herum sich die neuen Sportfelder herauskristallisiert haben. Hier gilt noch das Pyramidenmodell mit den Breitensportler:innen als Basis für die Spitzensportler:innen und die klassische Sportdefinition hat noch ihre Gültigkeit: Im Training werden sportliche Fertigkeiten angeeignet, um sich im sportlichen Wettkampf mit anderen zu messen. Es gibt klare, sportartenspezifische Regeln und eine Sportethik, die auf Fairness, Chancengleichheit und Respekt baut. Sport ist Selbstzweck – eine Nebensache, die für einen Moment, eine Halbzeit, eine Runde zur Hauptsache wird. Oder wie Güldenpfennig (2008a, S. 51) es treffend beschrieb: «Ein Kampf um Nichts, der so ausgetragen wird, als ob es um Alles ginge.» Der Leistungssport findet vor allem in Vereinen statt.

Freizeitsport: Freizeitsport orientiert sich nicht an einem durch Leistung und Wettkampf gekennzeichneten Sportverständnis. Freizeitsport ist auf Spass, Freude, Bewegungserfahrung und Geselligkeit ausgerichtet. Damit soll nicht gesagt sein, dass diese Elemente im etablierten Sportverständnis keinen Platz fänden, sondern nur, dass sie im Leistungssport dem Leistungsprinzip nachgeordnet sind: Die Freude kommt, wenn die Leistung stimmt. Im Freizeitsport stehen Freude, Teilnahme und Gemeinschaft vor der sportlichen Leistung, die häufig überhaupt keine Rolle mehr spielt. Die Auswahl von Sportpartner:innen erfolgt aufgrund von Geselligkeitskriterien und nicht aufgrund von Leistungskriterien; die Regeln sind mehr informell und auf Offenheit statt auf Chancengleichheit ausgerichtet. Unterschiede zwischen den Sporttreibenden werden bewusst ausgeglichen, indem man ungleiche Bedingungen schafft. Das Netz im Volleyball kann tiefer gehängt, der Aufschlag für Anfänger:innen angepasst und stärkere Sportler:innen mit einem Handicap versehen werden. Typisch für den Freizeitsport ist seine offene Organisationsstruktur. Der Begriff Freizeitsport ist insofern nicht ganz stimmig, als auch die meisten Sportaktivitäten in den anderen Sportmodellen in der Freizeit stattfinden. Es soll damit keine Trennung von Freizeit versus Arbeitszeit vorgenommen, sondern unterstrichen werden, dass es sich bei diesen Sportformen um lockere Freizeitaktivitäten handelt, die auf Regeneration, Interaktion, Kommunikation, Partizipation und Integration ausgerichtet sind – alles Funktionen, die typischerweise Freizeitaktivitäten zugeschrieben werden.

Mediensport: An der Spitze des Leistungssports hat sich mit dem Hochleistungssport ein Sportsegment herauskristallisiert, das so stark vom Mediensystem geprägt wird, dass man es als Teil des Mediensystems verstehen kann. Der Code «Sieg – Niederlage» wird ergänzt durch den Code des Mediensystems «Nachricht – Nicht-Nachricht». Der Sport wird nicht nur an Leistungen gemessen, sondern auch an seinem Nachrichtenwert, an seiner Attraktivität für mediale Aufbereitung und Berichterstattung. Es geht um Unterhaltung und Spannung, um Spektakel und Emotionen, um Skandale und Konflikte. Der Sport wird zur Show, weshalb auch von Showsport gesprochen wird. Mediensport ist keine Nebensache und Mediensport ist nicht unproduktiv. Im Gegenteil: Im Mediensport wird Geld verdient, zum Teil sogar sehr viel Geld. Im Mediensport sind nicht nur die Sportler:innen Profis, im Mediensport finden viele andere Berufsgattungen ein Auskommen: Sportfunktionär:innen, Sportjournalist:innen, Sportvermarkter:innen. Der Mediensport ist ein so wichtiger Teil der Sportwelt geworden, dass wir ihn in Kapitel 11 genauer unter die Lupe nehmen.

Instrumenteller Sport: Hier wird der Sport als Instrument eingesetzt. Er bildet keine Eigenwelt und ist nicht unproduktiv, sondern Mittel zum Zweck: Er dient der Erziehung, der Integration, der Gesundheitsförderung oder der Rehabilitation. Selbstverständlich hat auch der Leistungssport viele positive Effekte. Auch der sportliche Wettkampf kann gesund sein, die Integration fördern und erzieherische Funktionen übernehmen. Der Unterschied ist: Im Leistungssport sind es positive Nebeneffekte, im instrumentellen Sport ist es der eigentliche Sinn, das eigentlich Ziel des Sporttreibens. Wenn man mit einem Sportangebot primär Brücken zwischen verschiedenen Bevölkerungsgruppen schlagen, eine Verletzung kurieren oder Drogenabhängige in die Gesellschaft integrieren will, dann handelt es sich um instrumentellen Sport.

Anbieter von instrumentellem Sport können soziale Einrichtungen, Spitäler oder Rehabilitationseinrichtungen, Schulen oder Sportämter sein. Sie alle nutzen die vielfältigen positiven Wirkungen des Sports für ihre Aufgaben zur Sozialisation, Integration oder Rehabilitation.

Szenensport: Das fünfte Sportsegment stellt ein heterogenes Feld dar. Dies zeigt sich auch daran, dass es weitere Bezeichnungen wie «Alternativsport» oder «Trendsport» hat. Wir haben uns für «Szenensport» entschieden, weil es typisch für die Sportformen in diesem Segment ist, dass sie auf Stilbildung und Zugehörigkeit zu einer Jugendkultur beruhen (Hitzler & Niederbacher, 2010). Die Sporttreibenden sind weniger Mitglieder in einem Verein, sondern Teil einer Bewegung oder eines informellen Netzwerkes ohne formalisierte Mitgliedschaft. Sie betreiben nicht nur die gleiche Sportart, sondern fühlen sich einer bestimmten Sportbewegung zugehörig, zelebrieren einen bestimmten Lifestyle, teilen gewisse Symbole und Rituale, nutzen gemeinsame Treffpunkte und Medien und verwenden Sprache und Kleidung zur Identifikation (vgl. dazu www.jugendszenen.com). Viele Trendsportarten sind in solchen Sportszenen entstanden und haben sich als Alternative zum herkömmlichen Leistungssport positioniert (vgl. nächster Abschnitt). Die Sportarten können sehr unterschiedlich sein, von Skateboarden und Snowboarden, über Kitesurfen, SUP und Beachsoccer hin zu Parkour, Slackline, Bodybuilding, Crossfit und anderen modernen Fitnesspraktiken. Im Szenensport geht es weniger um Leistung und Wettkampf, als vielmehr um Lebensstil und Zugehörigkeit, Ästhetik und Ausdruck sowie Unabhängigkeit und Erlebnis.

Das differenzierte Sportmodell ist kein exaktes Abbild des heutigen Sports. Es stellt vielmehr den Versuch dar, die moderne Sportwelt hinreichend differenziert zu beschreiben. Sowohl über die Grenzziehungen zwischen den verschiedenen Feldern als auch über die Anzahl Segmente lässt sich durchaus streiten und diskutieren. Trotz der Unschärfen und Überlappungen lässt sich jedes Sportfeld über ein eigenes Sportverständnis charakterisieren. Inwiefern dabei die Kriterien der klassischen Sportdefinition noch erfüllt sind, lässt sich Tabelle 4 entnehmen. Die verschiedenen nur «teilweise» erfüllten Kriterien machen deutlich, dass es in den einzelnen Feldern durchaus beträchtliche Abweichungen geben kann. So finden sich im Szenensport Sportformen, die nach wie vor sehr leistungsorientiert sind, während andere Formen ganz auf Leistungsmessungen und -vergleiche verzichten.

Tabelle 4: Überblick über die verschiedenen Sportfelder im differenzierten Sportmodell (in Anlehnung an Heinemann, 2007).

	Körperliche Bewegung	Leistungs-prinzip	Normen / Regelwerk	Eigenwelt / unproduktiv
Leistungssport	ja	ja	ja	ja
Mediensport	ja	ja	ja	nein
Freizeitsport	ja	nein	teilweise	ja
Szenensport	ja	teilweise	teilweise	teilweise
Instrumenteller Sport	ja	nein	nein	nein

Das differenzierte Sportmodell verdeutlicht, dass pauschale Urteile über den Sport fehl am Platz sind. Der Satz «Sport ist gesund» mag zwar weiterhin richtig sein – aber sicherlich nicht für alle Sportformen. Dasselbe gilt für Aussagen wie «Sport lebt von der Ehrenamtlichkeit» oder «Im Sport regiert das Geld». Solange die Aussagen auf gewisse Sportfelder beschränkt sind, können sie Gültigkeit beanspruchen. Wer sie aber auf den gesamten Sport anzuwenden versucht, sieht sich umgehend mit vielen Gegenbeispielen konfrontiert.

4 Vom Trend zur olympischen Sportart

Die Differenzierung des Sports und die Entstehung verschiedener Sportfelder lässt sich gut veranschaulichen, wenn wir betrachten, wie neue Sportarten entstehen und ins Sportsystem integriert werden. Nordic Walking zum Beispiel entstand an der Schnittstelle zwischen Freizeitsport und instrumentellem Sport. Volleyball wurde 1895 als «klassischer» Leistungssport erfunden, wurde über das Beachvolleyball zum Szenensport, konnte sich aber zumindest teilweise auch im Mediensport, Freizeitsport oder instrumentellen Sport etablieren. Die meisten Sportarten sind in mehreren Sportfeldern anzutreffen. Beim Segeln zum Beispiel ist das klassische Regattasegeln Teil des Leistungssports, der Americas Cup gehört zum Mediensport, Windsurfen ist Szenensport, der sonntägliche Segelausflug inklusive Brunch und Baden zählt zum Freizeitsport und auf dem «Jugendschiff für Drogenabhängige» wird Segeln zum instrumentellen Sport.

In jüngster Zeit entstanden besonders viele Sportarten im Szenensport als sogenannte Trendsportarten. Während der Jahrtausendwende waren Trendsportarten in aller Munde (Breuer & Michels, 2003; Schwier, 2008). Sie trugen wesentlich zur Differenzierung des alten Pyramidenmodells bei, indem sie sich bewusst vom Leistungssportmodell abgrenzten. Bei den ersten Trendsportarten wie Surfen, Windsurfen, Freiklettern, Snowboarden oder Mountainbiken handelte es sich nicht einfach um neue Bewegungsformen mit neuen oder adaptierten Sportgeräten. Die frühen Trendsportarten propagierten ein anderes Sportverständnis, das quer zum traditionellen Sportbegriff stand. Statt Leistung wurde Spass proklamiert, an die Stelle der Vereine und Verbände trat die informelle Gruppe. Trendsportarten starteten mit dem Versprechen einer alternativen Sportvorstellung, indem sie sich dem Leistungscode widersetzten und auf Erlebnis und Spass setzten (Loret, 1995).

Nicht alles, was heute als Trend verkauft wird, kann wirklich als Trend gelten. Es gibt «Trends», die kaum verkündet, schon verschwunden sind. Oder wer erinnert sich heute noch an Crunning, Blobbing oder Headis? Ein «echter» Trend dauert mindestens fünf Jahre und erzielt mit Blick auf Teilnehmerzahlen, mediale Aufmerksamkeit, verkaufte Produkte und gesellschaftliche Relevanz zumindest eine mittlere Wirkung. Ist ein Trend nur von kurzer Dauer und geringer Wirkungsbreite, so spricht man besser von Mode. Ein Hype zeichnet sich durch kurze Dauer und hohe Wirkungsbreite aus, während umgekehrt ein Nischentrend durch lange Dauer aber geringe Wirkungsbreite gekennzeichnet ist. Bei langer Wirkungsdauer und grosser Wirkungsbreite spricht man von einem Megatrend (Wopp, 2006).

Echte Trendsportarten durchlaufen verschiedene Entwicklungsstufen, die sie von ihrer Erfindung durch eine eng begrenzte Gruppe von Anhänger:innen schrittweise zur etablierten Sportart, die in allen Sportsegmenten zu Hause ist, führen. Die Entwicklungsdynamik von Trendsportarten folgt dabei ähnlichen Gesetzmässigkeiten, wie man sie bei der Markteinführung von Produkten beobachten kann. In den Wirtschafts- und Sozialwissenschaften spricht man in diesem Zusammenhang von Innovations- und Produktlebenszyklen, die durch die Abfolge von verschiedenen Entwicklungsphasen gekennzeichnet sind. Gemäss Tabelle 5 führt die Entwicklung einer neuen Bewegungsform – oder eines neuen Produkts – von den Phasen der Erfindung (Invention) und Innovation, in der die Aktivität auf einen kleinen Kreis von Tüftler:innen beschränkt ist, über die Wachstums- und Reifephasen, in denen die Sportart weitere Anhänger:innen gewinnt und sich weiterentwickelt, schliesslich in die Sättigungsphase (Lamprecht & Stamm, 1998, 2002).

Tabelle 5: Die Entwicklungsphasen von Trendsportarten nach Lamprecht und Stamm (1998, 2002)

	Phase 1 Invention	Phase 2 Innovation	Phase 3 Entfaltung und Wachstum	Phase 4 Reife und Diffusion	Phase 5 Sättigung
Kennzeichen	Erfindung	Entwicklung	Durchbruch als Gegenbewegung	Differenzierung und Spezialisierung	Etablierung als «Normalsportart»
Träger	Einzelpersonen, «Pioniere»	kleine Gruppen von «Tüftlern»	subkulturelle Lebensstilgruppen	regelmässige Sportler	verschiedene Benutzergruppen
Beachtungsgrad	äusserst gering	begrenzt auf lokale Zentren	Konfrontation mit etablierter Sportwelt	hohe Verbreitung, Medieninteresse	«normale» Sportberichterstattung
Kommerzialisierungsgrad	Unikate, Einzelanfertigungen	lokal begrenzte Produktion	Entstehung von spezifischen Märkten	Produktion von Massenartikeln	fester Bestandteil des Sportmarktes
Organisationsgrad	keine Organisation	gering, lokal begrenzt	informelle Gruppen	Entstehung formeller Organisationen	Bestandteil der etablierten Sportorganisationen
Bedingungen für Übertritt in die nächste Phase	gute Idee, interessante Bewegungsform	Anpassung an Infrastruktur; Kultpotenzial	Marktchancen; einfaches Erlernen der Bewegung	Potenzial zur Differenzierung und Spezialisierung	

Invention: In der ersten Phase (Invention) wird die Trendsportart von einigen experimentierfreudigen Pionier:innen erfunden, die einen kreativen und spielerischen Umgang mit bestehenden Sportformen und Sportgeräten pflegen, durch Umformung und Weiterentwicklung neue Bewegungserlebnisse suchen und erste Prototypen testen. Sind die Versuche von Erfolg gekrönt, so verlässt die Erfindung den engsten Kreis der Mythen umrankten Vorkämpfer:innen, um lokal begrenzte Marktnischen zu besetzen und in die Phase der Innovation zu treten. Besonders erfolgreiche Tüftler:innen und Wegbereiter:innen der ersten Stunden erlangten später Kultstatus und wurden Namensgeber:innen bekannter Marken. So etwa Jake Burton, der den Snurfer – ein Minisurfbrett aus Plastik – mit Bindung und Kanten ausstattete, der Skate- und Snowboarder Tom Sims, der im James Bond-Film «A View to a Kill» als Roger Moore

Stunt-Double zu sehen ist, oder Gary Fisher, der aus alten Fahrrädern sogenannte Clunkerbikes zusammenschweisste.

Innovation: Auch die zweite Phase hat noch starken Pioniercharakter: Die entsprechenden Geräte werden erst in begrenzten Serien hergestellt, Tüfteln und Ausprobieren stehen im Zentrum der Aktivität und die Benutzung der entsprechenden Produkte ist auf kleine Gruppen von «Avantgardist:innen» beschränkt. Noch stösst die neue Sportart in der etablierten Sportwelt eher auf Ignoranz und Ablehnung als auf Interesse und Anerkennung. Die ersten Versuche im Windsurfen wurden als «Sonnenbaden mit hohem technischen Aufwand» verspottet, den ersten Snowboarder:innen wurde in vielen Skigebieten die Nutzung der Anlagen verboten und die ersten Mountainbiker:innen berichten, dass sie mit ausgestreuten Nägeln von den Wanderwegen ferngehalten werden sollten (Lamprecht & Stamm, 1998).

Entfaltung und Wachstum: Es ist gerade diese Ablehnung, welche die neue Sportart als exklusiv und «stylisch» erscheinen lässt. Die Unangepasstheit und Eigenwilligkeit der neuen Sportart bzw. deren Anhänger:innen bilden den Boden für die Ausbildung spezifischer Szenen und Subkulturen. Die Fusion zwischen einer herausfordernden Bewegungsform, einem neuartigen Sportgerät und einem auffälligen Lifestyle bildet einen faszinierenden Cocktail, sorgt für Kultpotenzial und führt zu einem Wachstumsschub. Nicht nur das Snowboard machte den Unterschied zum Skifahrer, auch mit ihrer XXX-Large-Kleidung in dunklen Erdfarben, ihren vielen englischen Ausdrücken wie «Jumpen», «Carven», «Powdern» oder ihrem an Rap, Hiphop und Grunge orientierten Musikstil, setzten sich die ersten Snowboarder:innen klar von den damaligen Skifahrer:innen ab. In dem Masse, wie die neue Trendsportart die Aufmerksamkeit weiterer Kreise auf sich zieht, kommt es zu Wachstum und einer Entfaltung der Märkte. Das Sportgerät wird zum Prestigeobjekt, die Werbebranche nutzt die neuen Sportarten zum Imagetransfer und zur Gewinnung neuer und junger Kaufgruppen.

Reife und Diffusion: Ironischerweise trägt der Konflikt mit der etablierten Sportwelt bereits den Kern der späteren Anpassung in sich. Je mehr Fans die neue Sportart wegen ihrer Andersartigkeit und ihrem Rebellenimage findet, desto interessanter wird sie für kommerzielle Anbieter. Die kommerziellen Interessen rufen einerseits nach einer Standardisierung des Angebots, andererseits nach einer Beilegung der Konflikte und guten Rahmenbedingungen für die weitere Entwicklung. In dem Masse wie der Markt wächst, verstärkt sich der Druck zur Standardisierung der Produktion. Die Verbilligung der Produkte und ihre zunehmende Anerkennung führt in der vierten Phase zur weitergehenden Diffusion des neuen Trends. Zusätzliche Bevölkerungsgruppen stossen in den Kreis der Anhänger:innen vor, der Schulsport und die Tourismusanbieter nehmen die Sportart in ihre Angebote auf und es entsteht ein Wettkampfsegment, das die Verbände auf den Plan ruft. Am

Ende des Prozesses steht eine etablierte Sportart, die sich kaum mehr von den herkömmlichen Sportarten unterscheidet. Während Windsurfen bereits 1984, Freestyle-Skiing 1992, Mountainbike 1996 und Snowboarden 1998 ins Olympische Programm aufgenommen wurden, feierte Skateboarden erst 2020/21 seine Olympia-Premiere. Der Weg von der rebellischen Bewegungskultur über Corporate Branding zum olympischen Geist dauerte bei den Skateboarder:innen länger als bei anderen Trendsportarten (Schwier & Kilberth, 2018).

Sättigung: In der fünften Phase hat sich die neue Sportart als «normale Sportart» etabliert und zeigt klare Sättigungstendenzen. Als Normalsportart ohne den ursprünglichen Kultcharakter hat die einstige Trendsportart die Aura des Aussergewöhnlichen und Unkonventionellen verloren und sieht sich der Konkurrenz eines breiten Sportangebotes gegenüber. Im vielfältigen Sportmarkt ist die ehemalige Trendsportart zu einem Angebot unter vielen mutiert. Eine weitere Ausdehnung des Marktes ist nur noch über Scheininnovationen und zusätzliche Differenzierungen des Produktes möglich. Bei allen erfolgreichen Trendsportarten entwickelten sich verschiedene Stile mit jeweils adaptierten Sportgeräten.

Das von Lamprecht und Stamm (1998, 2002) entwickelte Stufenmodell lässt sich auf alle Sportarten anwenden (Thiel et al., 2013). Anhand von Trendsportarten lässt sich die Entwicklung und Etablierung von Sportarten exemplarisch darstellen. Trendsportarten wachsen, indem sie sich anpassen und in anderen Sportfeldern etablieren. Snowboarden wird vom kultigen Szenensport zum Freizeitsport für verschiedene Bevölkerungsgruppen. Trotz anfänglicher Widerstände wird Snowboarden im Leistungssport und Mediensport heimisch.

Gleichzeitig hat sich die Entwicklungsdynamik des Sports in den letzten zwanzig Jahren aber auch verändert. Die beeindruckenden Erfolgsgeschichten der einstigen Trendsportarten Surfen, Snowboarden, Windsurfen, Mountainbiken oder Freiklettern liessen sich heute kaum mehr wiederholen. Die Sportindustrie kann und will es sich nicht mehr leisten, Sporttrends zu verschlafen. Deshalb werden zunehmend Scheininnovationen, Abwandlungen von etablierten Bewegungsformen sowie am Reissbrett der Unterhaltungs- und Freizeitindustrie entwickelte Formen von Individual-, Outdoor-, Abenteuer- oder Erlebnissport als Trendsportarten verkauft – ohne dass diese jemals eine vollständige Entwicklungssequenz im Sinne des Modells durchliefen. Ein frühes Beispiel dafür ist die von Adidas in den 1990er Jahren entwickelte Streetball-Kampagne, jüngste Beispiele dafür wären etwa Airboarding oder CrossFit.

Im Gegensatz zu den eigentlichen Trendsportarten im Sinne des Modells wachsen die neuen kommerzialisierten Angebote nicht aus einer Szene heraus, sondern werden von Anfang an unter Verwertungsinteressen als Massenprodukte entwickelt und verkauft. Phase 1 bis 3 finden hier nicht oder nur in begrenztem Umfang statt oder werden allenfalls im Rahmen von PR-Kampagnen konstruiert. Trendscouting und Marketingforschung versuchen die Trends zu erkennen, bevor sie sich entwickeln können. Gleichzeitig schaffen die sozialen Medien neue Realitäten. Trendsetter:innen erreichen ihr Publikum mit Fotos und Videos direkt und zeitnah. Szenen kommunizieren über neue Kanäle, sammeln Likes und erlangen viel schneller Bekanntheit und virtuelle Berühmtheit, um umso schneller vom nächsten Trend oder besser von der nächsten Mode überholt zu werden.

Die Beispiele verschiedener Trendsportarten zeigen: Wenn wir die aktuellen Entwicklungen im Sport verstehen wollen, müssen wir zusätzlich die gesellschaftlichen Rahmenbedingungen und vor allem gesellschaftliche Veränderungen in den Blick nehmen. Dies soll in einem letzten Abschnitt geschehen.

5 Die gesellschaftlichen Kräfte hinter der Sportentwicklung

Wenn wir erklären wollen, wie sich der Sport jüngst entwickelt hat, oder Prognosen darüber abgeben sollen, wie er sich in den nächsten Jahren entwickeln wird, so müssen wir den Fokus auf die gesellschaftlichen Kräfte hinter der Sportentwicklung richten. Wir wollen uns hierbei auf einige wichtige Aspekte beschränken und aus unserer Sicht zentrale gesellschaftliche Veränderungstendenzen und ihre Bedeutung für die Sportentwicklung skizzieren. Wir sind uns bewusst, dass sowohl die Auswahl der Konzepte zu gesellschaftlichen Entwicklungen als auch die angesprochene soziologische Literatur recht willkürlich und überblickshaft sind. Trotzdem wollen wir einige Anregungen dazu geben, wie der gesellschaftliche Wandel, d.h. zeithistorische Veränderungen des menschlichen Zusammenlebens in der Gesellschaft, auf den Sport wirken können. Im Mittelpunkt sollen dabei die Konzepte stehen, auf die wir in den folgenden Kapiteln immer wieder verweisen werden.

Demografischer Wandel

Die Bevölkerung entwickelte sich nach dem 2. Weltkrieg in der Schweiz und in Deutschland nicht parallel. In Deutschland existieren zudem gegenläufige Verläufe in West- und Ostdeutschland. Die Bevölkerung in Westdeutschland wuchs zwischen 1950 und 1990 von 51 Millionen auf rund 64 Millionen, in Ostdeutschland sank sie von 18 auf 16 Millionen. Ab 1990 schwächte sich die Wachstumsdynamik auch in Westdeutschland ab. Die Bevölkerung Deutschlands schwankte von 1995 bis 2020 zwischen etwas unter 82 und etwas über 83 Millionen. In der Schweiz wuchs die Bevölkerung zwischen 1950 und 2020 relativ kontinuierlich von 4.7 auf knapp 8.7 Millionen. Verantwortlich für das Wachstum sind in erster Linie die Zuwanderung und die längere Lebenserwartung. Die Geburtenrate liegt in beiden Ländern bei rund 1.5 Kinder pro Frau.

Mindestens ebenso wichtig wie die Entwicklung der Bevölkerungszahlen sind die Veränderungen bei der Bevölkerungszusammensetzung. Die Zunahme der Lebenserwartung und der Rückgang der Geburtenrate verändert die Altersstruktur. Das Durchschnittsalter steigt, der Anteil an älteren und alten Personen wird grösser, der Anteil an jüngeren Personen kleiner. Viel ist hierbei von den «Babyboomern» die Rede – die geburtenstarken Jahrgänge, die jetzt im Pensionierungsalter sind. Diese Verschiebungen führen dazu, dass die Bevölkerungspyramide eher einer Urne als einer Pyramide gleicht. Da Migrant:innen in aller Regel jung sind, vermag die Einwanderung die Alterung der Gesellschaft etwas abzuschwächen.

Die demografische Entwicklung wirkt sich auf den Sport aus. Dass der Seniorensport in den nächsten zwei Jahrzehnten boomen wird, liegt auf der Hand, denn gleichzeitig hat Sport für Menschen in der zweiten Lebenshälfte an Attraktivität gewonnen, um gesund, fit und jung zu bleiben. Was heisst das aber für die Freiwilligenarbeit im Sportverein und was bedeuten die Veränderungen für den Kinder- und Jugendsport? Haben Vereine zunehmend mit Nachwuchssorgen zu kämpfen, weil die Zahl an Kindern und Jugendlichen in manchen Regionen zurückgeht? Mit Blick auf Menschen mit Migrationshintergrund kann man sich fragen, welchen Einfluss das Herkunftsland auf die Entwicklung der Sportaktivitäten und die Veränderungen bei den Sportarten haben. Die eingangs erwähnten Differenzen zwischen den europäischen Ländern zeigt, dass es für die Sportentwicklung einen Unterschied macht, ob die Migrant:innen eher aus Nord- und Mitteleuropa oder aus Südeuropa kommen.

Struktureller Wandel

Unter den Begriffen Strukturwandel oder strukturellem Wandel wird je nachdem, ob man mit einem Ökonomen oder einer Soziologin spricht, Unterschiedliches verstanden und auch innerhalb der Fachdisziplinen herrscht keine Einigkeit. Im Kern geht es aber immer um die Veränderungen in der Arbeitswelt und ihre gesellschaftlichen Auswirkungen. Traditionell werden in der Ökonomie drei Sektoren unterschieden: der primäre bzw. Agrarsektor, der sekundäre bzw. Industriesektor und der tertiäre bzw. Dienstleistungssektor. Über die letzten zwei Jahrhunderte kam es zu einer Verschiebung des Anteils der Beschäftigten vom Agrar- zum Industrie- und schliesslich zum Dienstleistungssektor. Heute arbeiten die meisten Personen in hochentwickelten Gesellschaften im Dienstleistungssektor und die Produktion von Gütern wurde in Billiglohnländer ausgelagert. Der Strukturwandel verändert nicht nur den Arbeitsmarkt, er hat auch weitreichende Konsequenzen auf die Anforderungen an die Arbeitskräfte, ihre Arbeitssituation und ihre Arbeitsbedingungen sowie auf ihre Arbeitszeiten und ihre Entlohnung.

In der Soziologie wird von einem Übergang von der Industriegesellschaft zur Informations- oder Wissensgesellschaft gesprochen und dabei auf die veränderten Qualifikationsanforderungen und die Bildungsexpansion sowie den technologischen Fortschritt und die neuen sozialen Medien hingewiesen. Der Ausbau des Wohlfahrts- und Sozialstaates führt ferner zu einem Anstieg des materiellen Wohlstands und der sozialen Sicherheiten.

Alle diese Faktoren haben einen wichtigen Einfluss auf das Sportverhalten der Bevölkerung. Der heutige Sport ist ein Kind der modernen Gesellschaft. In einer Agrar- oder Industriegesellschaft macht niemand Tauchferien auf den Malediven oder Skiferien in St. Moritz, niemand absolviert aus Spass einen Marathon oder Triathlon und niemand geht am Abend zum Joggen oder ins Crossfit. Freizeit und Sport sind das Privileg einer kleinen Oberschicht. Der Rückgang schwerer körperlicher Arbeit, eine gerechtere Wohlstandsverteilung, die damit verbundenen besseren finanziellen und infrastrukturellen Möglichkeiten sowie die Arbeitszeitverkürzung und die Entstehung von freier Zeit schaffen erst die Bedingungen, dass viele Menschen in ihrer Freizeit Sport treiben können (Lamprecht & Stamm, 1994). Erst die sitzende Lebensweise und das Arbeiten in geschlossenen Räumen haben das Bedürfnis nach «Bewegung» und «freier Natur» geweckt. Die Verminderung schwerer körperlicher Arbeit erzeugt ein Verlangen nach anstrengenden sportlichen Herausforderungen und führt zu einer Aufwertung des menschlichen Körpers als ein Objekt, das gezielt bewegt und gepflegt werden muss.

Wer Erklärungen für die heutige Sportlandschaft sucht oder Prognosen über die zukünftige Entwicklung wagt, muss sich Gedanken darüber machen, wie sich die Wirtschaft und die Arbeitsbedingungen verändern und wie die Freizeit und das Einkommen verteilt sein werden. Was bedeuten die gewachsene Mobilität und unregelmässige oder flexible Arbeitszeiten für den Vereinssport, wie wirkt sich die Kaufkraft der Bevölkerung auf den Sportkonsum aus? Welchen Einfluss haben die neuen Technologien und die sozialen Medien auf das Sportverhalten der Menschen?

Individualisierung

In seinem Buch «Risikogesellschaft» beschreibt Ulrich Beck (1986), wie der Übergang von der Industrie- zur Dienstleistungsgesellschaft mit einschneidenden Veränderungen in der Lebensweise und Lebensführung von Personen verbunden ist. Diese Veränderungen werden mit dem Begriff «Individualisierung» auf den Punkt gebracht. Mit Individualisierung bezeichnet man die Herauslösung bzw. Freisetzung der Individuen aus historisch vorgegebenen Sozialformen und -bindungen wie Stand, Klasse, Milieu, Religionsgemeinschaft oder Familie. Das Individuum wird aus traditionellen sozialen Bindungen herausgelöst und ist zunehmend auf sich selbst gestellt (Gugutzer, 2008).

Individualisierung ist die «Entdeckung» des Individuums als eigenständiger, selbstverantwortlicher Akteur: Jeder ist seines Glückes Schmied. Individualisierung ist kein neues Phänomen. Bereits beim Übergang von einer ständisch-feudalen Agrargesellschaft zur modernen, bürgerlichen Industriegesellschaft verloren überlieferte Glaubenssysteme wie die Religion an Bedeutung und soziale Bindungen wie Familie, Nachbarschaft und Dorfgemeinschaften erodierten. Die Zunahme an Möglichkeiten für die individuelle Lebensgestaltung, aber auch der Verlust an Sicherheiten haben sich in jüngster Zeit weiter verstärkt. Die Normalbiographien fächern sich auf, Arbeitsverhältnisse werden flexibler, die Normalfamilie ist nicht länger Standard. Die Freisetzung von traditionellen sozialen Rollen – dazu gehört insbesondere auch die Geschlechterrolle – führte zu mehr Gleichstellung und Gleichberechtigung. Auch der individualisierte Mensch kann sozial integriert sein, entscheidend ist aber, dass er seine Bezugspersonen, seine soziale Gruppe selbst aussucht und sich selbst sein patchworkartiges Netzwerk bastelt. Hartmut Rosa (2016, 2020) hat darauf hingewiesen, dass der Platz in der Welt instabiler geworden sei. Wir würden nicht mehr auf ein Ziel hin-, sondern von einem Abgrund weglaufen. Die Angst, abgehängt zu werden, sei gross und der Druck hoch. So würden wir unsere To-Do-Listen abarbeiten in der Illusion, alles verfüg- und kontrollierbar zu machen.

Individualisierung schlägt sich im Sport nieder. Die in diesem Kapitel beschriebene Versportlichung der Gesellschaft und Entsportlichung des Sports und die Entwicklung von Trendsportarten können als Folge der Individualisierung gedeutet werden. Die Zunahme an Wahlmöglichkeiten ist im Sport unübersehbar, gleichzeitig wird das Sporttreiben selber zur Sinnquelle, in der man seine Individualität ausdrücken und seine Identität finden kann (Bette, 1999; Gugutzer, 2008). Wir werden darauf in Kapitel 8 detailliert eingehen.

Wertewandel

Parallel zur Individualisierung kann auch ein Wertewandel beobachtet werden. Während Inglehart (1977) noch eine Verschiebung von materialistischen Werten (Wirtschaftswachstum, Sicherheit, Autoritätsgläubigkeit, Leistungsorientierung) zu postmaterialistischen Werten (Selbstverwirklichung, Partizipation, Wohlbefinden, Genuss, Ungebundenheit) postulierte, spricht man heute eher von Wertesynthese (Klages & Gensicke, 2006). Für die grosse Mehrheit der Bevölkerung stehen materialistische und postmaterialistische Werte gleichberechtigt nebeneinander – also nicht Sicherheit oder Selbstverwirklichung, sondern Sicherheit und Selbstverwirklichung. Bannwart et al. (2021) zeigen in einer aktuellen Untersuchung zu den Anforderungsprofilen in Stellenanzeigen, dass Passion, Authentizität und Kreativität nicht Fleiss und Disziplin abgelöst haben, sondern zusätzlich zu Fleiss und Disziplin verlangt werden. Traditionelle Arbeitstugenden bleiben nach wie vor wichtige Anforderungen des Arbeitsmarktes.

Mit der Frage, wie sich der Wertewandel im Sport auswirkt, hat sich Helmut Digel bereits 1986 befasst. Die oben beschriebene «Entsportlichung des Sports» lässt sich gut als Folge des Wertewandels beschreiben. Die Abwendung von Wettkampf, Erfolg und Leistung hin zu mehr Spass, Körpererfahrung und Bewegungserlebnis sowie das Aufweichen von festen Regeln und Strukturen passt perfekt zur Verschiebung von materialistischen zu postmaterialistischen Werthaltungen. Und wer jetzt darauf hinweist, dass Spass und Leistung keine Gegensätze sind und gerade die Kombination von Vereinssport mit ungebundenem Sport oder von Wettkampf und Entspannung die Breite und Vielfalt der modernen Sportwelt ausmacht, beschreibt exakt das, was Klages und Gensicke (2006) mit Wertesynthese meinen.

Die Wirkungen von Individualisierung und Wertewandel auf das Individuum hat Schulze (1992) in seinem Buch «Erlebnisgesellschaft» dargestellt. Das eigene Leben wird zu einem Erlebnis-Projekt gemacht. Beruf und Familie, vor allem aber Freizeit und Sport werden an ihrem Erlebnisgehalt gemessen. In der heutigen «Gesellschaft der Singularitäten» hat die dominierende Stellung von Affekten und Erlebnissen weiter zugenommen (Reckwitz, 2017). Der gesellschaftliche Imperativ lautet: sei originell, sei einzigartig. Gemäss Andreas Reckwitz werden alle Aspekte des Lebens wie Wohnen, Essen, Freizeit oder Sport zumindest von der gebildeten Mittelklasse unter dem Aspekt der Selbstverwirklichung ausgewählt bzw. performt. In den sozialen Medien wird das Private öffentlich gemacht und die Darstellung seiner Authentizität und Einzigartigkeit zur Bewertung freigegeben. Selbstverwirklichung wird zum Wettbewerb (Röcke, 2021). Der Sport ist dazu eine vorzügliche Bühne: mehr Spass, mehr Fitness, mehr Muskeln, mehr Abenteuer.

6 Fazit

Der Sportboom hat aus einer Nebensache ein Massenphänomen gemacht. Immer mehr Leute treiben Sport und für manche ist er sogar zum Beruf und zum Lebensmittelpunkt geworden. Der Sport hat sich geöffnet und zu einem wichtigen Wirtschaftsfaktor entwickelt. Seine Sprache, seine Logik, sein «Code» sind allgegenwärtig und wurden von anderen gesellschaftlichen Teilsystemen aufgenommen. In den letzten Jahrzehnten ist der Sport nicht nur offener, breiter und vielschichtiger, sondern auch uneinheitlicher und unübersichtlicher geworden. Wir haben diese Entwicklung als «Versportlichung der Gesellschaft» und «Entsportlichung des Sports» beschrieben und ein differenzierteres Modell des Sports vorgeschlagen, das zwischen Leistungssport, Freizeitsport, Mediensport, instrumentellem Sport und Szenensport unterscheidet.

Kapitel 3: Aktuelle Entwicklungen und Trends im Sport

Die Expansion und Differenzierung des Sports lässt sich als ein sich gegenseitig verstärkender Prozess beschreiben. Mehr Menschen mit unterschiedlichen Interessen und Vorlieben treiben Sport. Der Sport reagiert auf die veränderten Bedürfnisse und schafft neue Angebote und Möglichkeiten. Indem der Sport vielfältiger und bunter wird, wird er für noch mehr Menschen attraktiv, die wiederum neue Wünsche in den Sport hineintragen. Dieser Prozess findet nicht in einem Vakuum statt, sondern muss vor dem Hintergrund gesellschaftlicher Entwicklungen gesehen werden. Die Erfolgsspirale funktioniert nur, wenn sich auch die gesellschaftlichen Rahmenbedingungen entsprechend verändern. Auf einige dieser Entwicklungen sind wir eingegangen. Durch den demografischen und strukturellen Wandel, die Individualisierung und den Wertewandel verändern sich die Zusammensetzung der Bevölkerung, die Lebensbedingungen, die Lebensweise und die Lebensprinzipien. Viele dieser Veränderungen konnten nur angedeutet werden, andere wie zum Beispiel der Klimawandel und die damit verbundenen Umweltprobleme wurden ganz weggelassen. In den nachfolgenden Kapiteln wollen wir die verschiedenen Entwicklungen und ihre Folgen für den Sport etwas detaillierter unter die Lupe nehmen.

Kapitel 4: Soziale Ungleichheiten im Sport

Claudia Klostermann, Siegfried Nagel & Markus Lamprecht

Wie sehr Sport zu einem gesellschaftlichen Massenphänomen geworden ist, lässt sich bei schönem Wetter in Parks und anderen urbanen und naturnahen Räumen beobachten: Menschen verschiedenen Geschlechts, jeden Alters und unterschiedlicher Herkunft fahren Rad, machen Yoga oder Tai Chi, joggen mit oder ohne Babyjogger, sind mit Inlineskates, Skateboards und Einrädern unterwegs, spielen Fussball oder absolvieren ein Krafttraining im «Outdoor Gym». Die Mehrheit der Bevölkerung ist regelmässig sportlich aktiv und der Anteil an Sporttreibenden hat in den letzten Jahrzehnten stetig zugenommen (für die Schweiz: Lamprecht et al., 2020; für Deutschland: Klostermann & Nagel, 2014). Nicht nur die Bevölkerung, auch die Politik schätzt sportliche Aktivitäten als gesunde, sinnvolle und wünschenswerte Freizeitaktivität. Dies zeigt sich daran, dass das Ziel «Sport für Alle» in vielen Ländern Europas durch Sportprogramme aktiv gefördert wird und in der Europäischen Charta entsprechend verankert ist. Auch die UNESCO hat die Ausübung von Sport und körperlichen Freizeitaktivitäten in einer entsprechenden Charta als Grundrecht verankert. Alle Menschen sollen unabhängig von sozialen Merkmalen und gesellschaftlichem Status sowie unabhängig von körperlichen Voraussetzungen oder finanziellen Ressourcen die Möglichkeit haben, regelmässig Sport zu treiben.

Allerding ist das positive Bild einer zunehmend sportaktiven Bevölkerung verbunden mit wachsenden Mitgliederzahlen in Sportvereinen und bei kommerziellen Sportanbietern bei genauerem Hinsehen zu relativieren. Die regelmässig sportaktive Bevölkerung ist kein exaktes Abbild der Gesellschaft. Sportler:innen zeichnen sich durch ein überdurchschnittliches Bildungs- und Einkommensniveau aus, während Menschen mit gesundheitlichen Problemen, mit Behinderungen oder mit Migrationshintergrund vermehrt zu den Nichtsportler:innen zählen (Lamprecht et al., 2020; European Commission, 2018). Diese Unterschiede verdeutlichen, dass zwar viele Menschen den Zugang zum Sporttreiben gefunden haben, dass aber nach wie vor Phänomene der sozialen Ungleichheit zu beobachten sind.

Von sozialer Ungleichheit sprechen wir, wenn Menschen aufgrund der ungleichen Verteilung von sozial relevanten Gütern, wie zum Beispiel Wohlstand, Bildung oder Gesundheit, unterschiedlichen Zugang zu gesellschaftlich bedeutenden Bereichen haben und bestimmte Bevölkerungsgruppen – in unserem Fall beim Sport – unterrepräsentiert sind (Haut, 2021; Thiel et al., 2013). Soziale Ungleichheiten im Sport sind eng mit seiner Entstehungsgeschichte verknüpft (vgl. Kapitel 2). Seit seinen Ursprüngen in England vor etwa 200 Jahren bis weit ins 20. Jahrhundert hinein war der Sport ein privilegiertes Freizeitvergnügen von meist jungen Männern aus der Ober- und Mittelschicht.

Frauen hatten lange Zeit keinen oder nur beschränkten Zugang zum Sport (vgl. Kapitel 7). Auch ältere Menschen und solche mit tieferem Bildungsniveau waren lange Zeit vergleichsweise selten sportlich aktiv.

Wir beschäftigen uns in diesem Kapitel zunächst mit der Frage, inwieweit sich solche sozialen Ungleichheiten im Sport in den letzten Jahren verringert haben oder inwieweit sie trotz der sportpolitischen Leitidee «Sport für Alle» auch heutzutage noch bestehen. Ausgehend von den empirischen Befunden fragen wir uns, was hinter den sozialen Unterschieden der Sportbeteiligung steckt und wie sich die Unterschiede erklären lassen. Zur Beantwortung dieser Fragen werden Erklärungsansätze und -modelle hinsichtlich des Phänomens der sozialen Ungleichheit im Sport vorgestellt.

1 Sport für Alle? Aktuelle Ergebnisse und Entwicklungen

Sowohl im deutschsprachigen Raum als auch auf europäischer Ebene wurden seit den 2000er Jahren regelmässig repräsentative Befragungen zur sportlichen und körperlichen Aktivität der Bevölkerung durchgeführt (z.B. «Sport Schweiz», «Eurobarometer Sport and Physical Activity»). Mit diesen periodisch wiederholten Erhebungen lässt sich die Entwicklung der Sportaktivität der Bevölkerung gut nachzeichnen. Wir stellen im Folgenden die wesentlichen Veränderungen und Ergebnisse zu zentralen Merkmalen sozialer Ungleichheit (Geschlecht, Alter, Bildung, Einkommen und Nationalität) überblicksartig dar und fragen nach Erklärungen.

Entwicklung der Sportaktivität

Der Anteil der sportaktiven Bevölkerung hat im Kontext der Expansion und Pluralisierung des Sports seit den 1970er Jahren deutlich zugenommen (vgl. Kapitel 3). Die Zunahme des Anteils an Sport treibenden Menschen lässt sich auf verschiedene gesellschaftliche Veränderungen zurückführen und dürfte auch mit der wachsenden Bedeutung von Körper-, Schlankheits- und Jugendlichkeitsidealen in der Gesellschaft zusammenhängen. Zudem werden Bewegungsaktivitäten zunehmend als probates Mittel zur individuellen Gesundheitsverbesserung anerkannt (vgl. Kapitel 8). Sport hat insgesamt ein überaus positives Image. Dabei ist zu beachten, dass sich das Sportverständnis und das Sportangebot in den vergangenen Jahrzehnten deutlich ausdifferenziert hat. Heute gängige Sportaktivitäten wie zum Beispiel Wandern oder Yoga wurden früher nicht als Sport gesehen.

Während in der Schweiz der Anteil der regelmässig Sportaktiven (d.h. mindestens einmal pro Woche) seit der Jahrtausendwende weiter angestiegen ist (Lamprecht et al., 2020), lässt sich in den meisten europäischen Ländern eine Stagnation der Entwicklung beobachten (Scheerder et al., 2020) und der Anteil der sportlich Inaktiven ist in den letzten Jahren sogar eher angestiegen

(European Commission, 2018). Derzeit sind fast drei Viertel der Schweizer Bevölkerung regelmässig sportaktiv. In ungefähr gleichem Ausmass wie die Sportaktivität gestiegen ist, hat sich der Anteil der sportlich Inaktiven und der unregelmässig Sportaktiven verringert. Hingegen ist in Deutschland lediglich die Hälfte der Menschen regelmässig sportaktiv und für Österreich zeigen die Zahlen der Eurobarometer-Erhebung noch geringere Sportaktivitätsquoten (European Commission, 2018). Auch wenn beim Vergleich der Zahlen aus verschiedenen Ländern aus methodischen Gründen Vorsicht geboten ist und andere Studien für Deutschland ähnlich hohe Zahlen wie in der Schweiz ausweisen (Repenning et al., 2019), springen die deutlichen Unterschiede zwischen den unterschiedlichen Regionen in Europa ins Auge. Während die Schweiz mit den Ländern in Nordeuropa (z.B. Schweden, Finnland) die höchste Sportbeteiligung der Bevölkerung aufweist, zeigen sich für die meisten Länder in Süd- und Osteuropa Sportaktivitätsquoten von zum Teil deutlich unter 50 Prozent. Insgesamt ist ein Nord-Süd- sowie West-Ost-Gefälle zu beobachten: Die Sportaktivität in Nordeuropa ist höher als in Südeuropa und in Westeuropa höher als in Osteuropa. Ähnliche geographische Unterschiede ergeben sich für die Mitgliederquoten in Sportvereinen (Scheerder et al., 2020; Lamprecht et al., 2020).

Geschlecht

Während bis weit ins 20. Jahrhundert hinein Frauen der Zugang zum Sport und insbesondere zu bestimmten Sportarten (z.B. Fussball) erschwert oder gar verwehrt wurde, hat sich die geschlechtsspezifische Ungleichheit zu Beginn des 21. Jahrhunderts zumindest im deutschsprachigen Raum stark verringert (vgl. Kapitel 7). In der Schweiz treiben Frauen gleich viel Sport wie Männer. Allerdings sind Männer im Vereinssport im Vergleich zu Frauen nach wie vor deutlich überrepräsentiert. Dies dürfte mit den geschlechtsbezogenen Unterschieden hinsichtlich der Sportartenwahl zusammenhängen. Während Frauen eher Gesundheits- und Individualsportarten ausüben, wählen Männer eher Team- und Kampfsportarten und treiben häufiger Wettkampfsport, der in Vereinen nach wie vor eine wichtige Rolle spielt. In den vergangenen Jahren scheint jedoch die Auflösung tradierter Geschlechts- und Rollenvorstellungen auch im Sport angekommen zu sein und insgesamt haben sich die Geschlechtsunterschiede reduziert (Lamprecht et al., 2020). Allerdings sind auf europäischer Ebene vielfach noch Geschlechtsunterschiede bezüglich der Sportbeteiligung zu beobachten und die geringeren Frauenanteile erweisen sich über die letzten Jahre hinweg als weitgehend stabil (European Commission, 2018).

Alter

Die Sportaktivität variiert mit dem Lebensalter, wobei Kinder, Jugendliche und junge Erwachsene die höchsten Sportbeteiligungsquoten aufweisen. Diese Altersgruppe treibt auch deutlich häufiger Sport im Verein. Allerdings zeigt sich in der Schweiz der Trend, dass zunehmend mehr Menschen im Erwachsenenalter und in der zweiten Lebenshälfte den Zugang zu regelmässigen Sportaktivitäten finden und das Sportengagement im Alter aufrechterhalten (Lamprecht et al., 2020). Es kann angenommen werden, dass dies auf ein wachsendes Gesundheitsbewusstsein und vor allem auf veränderte Altersnormen, im Sinne eines aktiven Alterns, zurückzuführen ist. Auch der Anteil der sportlich Inaktiven unterscheidet sich kaum noch zwischen den Altersgruppen. Erst in der Altersgruppe der über 75-Jährigen steigt der Anteil der sportlich Inaktiven an. Diese altersbezogene Angleichung trifft jedoch für den Vereinssport deutlich weniger zu, denn dieser spricht mit seinen vielfach team- und wettkampforientierten Angeboten Jugendliche und junge Erwachsene deutlich stärker an. Allerdings ist hervorzuheben, dass sich die zunehmende Sportaktivität älterer Menschen in vielen europäischen Ländern nur bedingt beobachten lässt.

Als Zwischenfazit kann festgehalten werden: Die Schweiz hat in den vergangenen Jahrzehnten einen Sportboom erlebt, der nicht nur damit einhergeht, dass mehr Personen den Zugang zur Sportaktivität gefunden haben. Er hat auch dazu geführt, dass sich Phänomene der sozialen Ungleichheit in Bezug auf Geschlecht und Alter deutlich vermindert haben. Dagegen sind die Geschlechter- und Altersunterschiede hinsichtlich des Sports im Verein weiterhin gegeben. Mit Blick auf Europa lässt sich der Trend zur Verringerung der geschlechts- und altersspezifischen Ungleichheiten bezüglich der Sportaktivität insgesamt weniger beobachten (Rohrer & Haller, 2015). Dabei ist von grossen Unterschieden zwischen den untersuchten Ländern in Europa auszugehen, wobei in nord- und mitteleuropäischen Ländern (u.a. Deutschland, Österreich) die altersbezogenen Differenzen der Sportbeteiligung deutlich geringer sind als in Süd- und Osteuropa (Scheerder et al., 2020).

Bildung und Einkommen

Im Gegensatz zu Geschlecht und Alter sind sowohl in der Schweiz wie im gesamten deutschsprachigen Raum Phänomene sozialer Ungleichheiten im Sport hinsichtlich der Merkmale Bildung und Einkommen in den letzten 20 Jahren weitgehend stabil geblieben. Mit steigendem Bildungsabschluss nimmt der Anteil der regelmässig Sportaktiven kontinuierlich zu und der Anteil der sportlich Inaktiven kontinuierlich ab. Insbesondere bei Personen ohne beruflichen Bildungsabschluss ist der Anteil der sportlich Inaktiven deutlich grösser als bei den anderen Bildungsgruppen (Lamprecht et al., 2020). Ähnliche Ergebnisse zeigen sich beim Haushaltseinkommen. Mit zunehmendem

Haushaltseinkommen steigt der Anteil der regelmässig Sportaktiven. Obwohl eine Vereinsmitgliedschaft eine relativ günstige Möglichkeit des Sporttreibens ist, sind Personen mit niedrigem Haushaltseinkommen und geringem Bildungsniveau wesentlich weniger häufig in Sportvereinen aktiv. Ein Blick auf die Befunde auf europäischer Ebene zeigt ein ähnliches Bild: Menschen mit geringem Bildungsniveau und Haushaltseinkommen treiben weniger häufig Sport (Rohrer & Haller, 2015; Scheerder et al., 2020). Da es zahlreiche kostengünstige Möglichkeiten zum Sporttreiben gibt, scheinen nicht nur finanzielle Gründe für die sportliche Inaktivität ausschlaggebend zu sein. Vielmehr dürften individuelle Vorlieben für eine bewegungsaktive Freizeitgestaltung und sportbezogene Wertvorstellungen in Abhängigkeit vom Bildungsniveau variieren und damit für das unterschiedliche Sportengagement relevant sein. Wir werden diesen Ansatz individueller Präferenzen als Erklärung für das Sportverhalten verschiedener Bevölkerungsgruppen im nächsten Abschnitt vertieft betrachten.

Nationalität

Darüber hinaus sind deutliche Unterschiede zu beobachten, wenn die Sportbeteiligung nach Nationalität differenziert wird. So sind Schweizer:innen sportaktiver als in der Schweiz lebende Personen mit ausländischer Nationalität. Wird die Sportaktivität der Personen mit ausländischer Nationalität weiter differenziert nach ihrem Herkunftsland betrachtet, so ergibt sich ein interessantes Bild: Der Anteil der regelmässig Sportaktiven der in die Schweiz eingewanderten Personen entspricht ungefähr der Sportaktivitätsquote im Herkunftsland (Lamprecht et al., 2020; European Commission, 2018). Menschen, die aus Mittel- oder Nordeuropa stammen, sind häufiger sportaktiv als solche mit süd- oder osteuropäischen Wurzeln.

Bemerkenswerte Unterschiede zeigen sich auch zwischen den Sprachregionen innerhalb der Schweiz. Insbesondere zu Beginn der 2000er Jahre war in der deutschsprachigen Schweiz der Anteil der regelmässig Sportaktiven deutlich höher und der Anteil der sportlich Inaktiven deutlich geringer als in der französisch- und italienischsprachigen Schweiz. Die Sportaktivitätsquoten in den einzelnen Sprachregionen waren vergleichbar mit denjenigen der jeweiligen Nachbarländer Deutschland, Frankreich und Italien (Lamprecht & Stamm, 2000). In den aktuellen Erhebungen zeigt sich jedoch, dass sich die Sportaktivität in den Sprachregionen der Schweiz immer mehr angleicht (Lamprecht et al., 2020). Im Jahr 2020 sind nur noch markante Unterschiede beim Anteil der sportlich Inaktiven zu beobachten, der in der Deutschschweiz tiefer ist als in der französisch- und italienischsprachigen Schweiz.

2 Erklärungsmodelle zur sozialen Ungleichheit im Sport

Obwohl sich die sozialen Ungleichheiten im Sport durch seine Öffnung und die Schaffung sportpolitischer Leitlinien und Förderprogramme verringert haben, existieren immer noch beträchtliche Unterschiede hinsichtlich der Sportbeteiligung bestimmter Bevölkerungsgruppen und der Mitgliedschaftsquoten in Sportvereinen, insbesondere für die Merkmale Bildung und Einkommen. Wie können diese sozialstrukturellen Unterschiede erklärt werden? Zur Beantwortung dieser klassischen (sport-)soziologischen Fragestellung wurden verschiedene Modelle vorgeschlagen (im Überblick Hradil, 2005; Thiel et al., 2013). Diese werden im Folgenden überblicksartig dargestellt und schliesslich anhand des erweiterten Strukturmodells zur Analyse der Sportbeteiligung nach Lamprecht und Stamm (1994, 1995) sowie Nagel (2003) zu einem Erklärungsmodell verknüpft.

Schichtmodelle

Die sogenannten Schichtmodelle berücksichtigen primär berufsbezogene Merkmale für die Erklärung unterschiedlicher Zugangschancen in der Gesellschaft. Hierbei wird davon ausgegangen, dass vor allem Bildung, Beruf und Einkommen – die sogenannte «meritokratische Triade» – und die damit verbundenen ökonomischen Lebensbedingungen relevant sind. Den klassischen Schichtkonzepten liegt die Annahme eines «vertikalen Gesellschaftsmodells» zugrunde, das in der Regel untere, mittlere und obere Schichten differenziert und diesen einen unterschiedlichen sozioökonomischen Status zuschreibt, der für den Zugang zu gesellschaftlich wichtigen Gütern (z.B. Wohlstand, Gesundheit) von Bedeutung ist. Höheren Schichten stehen in der Gesellschaft nicht zuletzt durch grössere finanzielle Möglichkeiten und Bildungsressourcen mehr Optionen zur Verfügung. Schichtmodelle gehen davon aus, dass knappe Güter nach Leistungskriterien verteilt werden und dass Bildung, Beruf und Einkommen eng aufeinander bezogen sind. Eine hohe Bildung führe zu einer guten Berufsposition und diese zu hohen Einkommen.

Die frühe sportsoziologische Ungleichheitsforschung ging unter Anwendung von Schichtkonzepten davon aus, dass primär der soziale Status den Zugang zum Sport bestimmt und Angehörige der oberen Schichten häufiger Sport als Freizeitaktivität wählen und aus einer grösseren Bandbreite an Sportaktivitäten auswählen können. Die empirische Datenlage weist darauf hin, dass vertikale Merkmale das Sportverhalten nach wie vor beeinflussen: Eine höhere Bildung und ein höheres Einkommen begünstigen die Sportaktivität allgemein sowie auch das Sporttreiben im Verein (vgl. oben; auch Nobis & Albert, 2018; Rohrer & Haller, 2015). Allerdings gibt es auch viele Menschen mit geringem sozialen Status, die leidenschaftlich Sport treiben und dabei Wettkämpfe bestreiten und Prestigesportarten, wie Tennis und Golf, ausüben. Schichtmodelle wurden dementsprechend kritisiert, weil sie durch die Fokussierung auf vertikale berufsbezogene Merkmale die Vielfalt möglicher Einflussfaktoren für die Sportbeteiligung im Zusammenhang mit gesellschaftlichen Differenzierungs- und Individualisierungstendenzen und der komplexer gewordenen Sozialstruktur nicht abbilden können (z.B. Bachleitner, 1988; Lamprecht & Stamm, 1994).

Klassenmodelle

Bereits im 19. Jahrhundert hat Karl Marx den Begriff der «Klassengesellschaft» geprägt, wonach die Gesellschaft aufgrund der Eigentums- und Machtverhältnisse in klar voneinander getrennte Gruppen bzw. Klassen aufgeteilt sei. Wer heute auf den Klassenbegriff zurückgreift, will damit unterstreichen, dass es immer noch kaum überbrückbare Differenzen und Konflikte zwischen verschiedenen gesellschaftlichen Gruppen gibt. Während im Schichtmodell soziale Ressourcen nach Leistung verteilt werden, geht es im Klassenmodell um Macht. Wer in einer mächtigen Position ist, kann sich Privilegien sichern. Einen interessanten Spezialfall stellt in diesem Zusammenhang die Klassenvorstellung von Pierre Bourdieu (1987) dar: Auf der Grundlage der Menge an kulturellem (soziale Herkunft, Bildung), ökonomischem (Einkommen, Vermögen) und sozialem Kapital (Beziehungen) werden Gruppen gebildet, die gewisse Ähnlichkeit mit «Schichten» aufweisen. In Abgrenzung vom Schichtmodell sind bei Bourdieu aber verschiedene Kombinationen der unterschiedlichen Kapitalformen möglich und hohes kulturelles Kapital geht nicht zwangsläufig mit hohem ökonomischen Kapital einher. Die verschiedenen Positionen im sozialen Raum werden insofern klassentheoretisch interpretiert, als es nur beschränkt soziale Mobilität zwischen den Gruppen gibt und es bei der Verteilung von knappen Gütern weniger um Leistung als um Macht geht. In der deutschsprachigen Sportsoziologie finden reine Klassenmodelle kaum Verbreitung, jedoch wurde das Modell von Pierre Bourdieu für die Erklärung von Unterschieden und Ungleichheiten im Sport wegweisend (vgl. unten).

Lagemodelle

Durch die Weiterentwicklung von Schicht- und Klassenmodellen zu Lagemodellen fanden gesellschaftliche Pluralisierungsprozesse seit den 1980er Jahren mehr Beachtung, indem nicht nur vertikale, sondern auch sogenannte horizontale Merkmale, z.B. Alter, Geschlecht, Nationalität, aber auch die Wohnsituation berücksichtigt wurden (Hradil, 1987, 2005). Unter der Lebenslage ist eine spezifische Konstellation der vertikalen und horizontalen Merkmale zu verstehen, die zu jeweils vorteilhaften und nachteiligen Lebensbedingungen und individuellen Gestaltungsspielräumen führen kann. Die Sportpartizipationsforschung hat diese Idee aufgegriffen und bei ihren Analysen eine Vielfalt an Determinanten für das Sportengagement untersucht. Dabei zeigen die empirischen Analysen (vgl. oben), dass auch horizontale Merkmale, wie zum

Beispiel Geschlecht, Alter und Nationalität, in vielen europäischen Ländern nach wie vor für die Sportaktivität relevant sind, wobei sich in Ländern wie der Schweiz das Phänomen der sozialen Ungleichheit bezüglich Alter und Geschlecht in den letzten Jahren deutlich reduziert hat. Offensichtlich kann auch das Konzept der Lebenslage und die Berücksichtigung horizontaler Determinanten die Sportaktivität der Bevölkerung in einer Gesellschaft, in der sich Geschlechtererwartungen und Altersnormen dynamisch verändern, nicht vollständig erklären. Dabei wird weiterhin kritisiert, dass die einzelnen Merkmale nicht isoliert voneinander zu betrachten sind, sondern in ihrer jeweils spezifischen Kombination. So könnte zum Beispiel bei einer Person mit Migrationsstatus der «nachteilige» Effekt durch eine höhere Bildung kompensiert werden. In den meisten empirischen Studien werden bislang die einzelnen Merkmale nach wie vor isoliert betrachtet und eine Analyse verschiedener Konstellationstypen stellt noch ein Forschungsdefizit dar (Nobis & Albert, 2018). Weiterhin werden Lagemodelle dahingehend kritisiert, dass sie persönliche Vorlieben des Freizeit- und Sportverhaltens und gewachsene Wahlfreiheiten zu wenig beachten.

Milieu- und Lebensstilmodelle

Im Vergleich zu Schicht-, Klassen- und Lagemodellen wird in Milieu- und Lebensstilmodellen den individuellen Präferenzen eine höhere Bedeutung beigemessen. Den zahlreichen Milieu- und Lebensstilansätzen gemeinsam ist ein Menschenbild, das den Menschen als aktiven Gestalter seiner Lebensführung betrachtet (Hradil, 2005; Stamm et al., 2003; Wahl, 2003). Die individuelle Ausgestaltung des Handlungsrahmens und die individuellen Präferenzen zeigen sich im jeweiligen Lebensstil. Darunter wird ein relativ stabiles Muster der Lebensführung verstanden, das durch überdauernde Werthaltungen und Verhaltensgewohnheiten geprägt ist. Vor allem der französische Soziologe Pierre Bourdieu hat mit seinem Werk «Die feinen Unterschiede» (1987) die Entwicklung von Milieu- und Lebensstilmodellen geprägt. Unter seinem Konzept des Habitus versteht er individuelle Wahrnehmungs-, Denk- und Beurteilungsschemata, welche von der Position im sozialen Raum geprägt sind und massgeblich darüber entscheiden, inwieweit die Handlungsmöglichkeiten genutzt werden und insbesondere bestimmte Konsum- und Freizeitgewohnheiten, z.B. Musikvorlieben, Lese- und Essgewohnheiten, aber auch politische Einstellungen, gepflegt werden. In seinen milieutheoretischen Studien werden verschiedene Lebensstilgruppen mit ähnlichen Präferenzen und Verhaltensgewohnheiten zu sozialen Milieus gebündelt, die starke Zusammenhänge mit Bildung, Beruf und Einkommen aufweisen oder in der Terminologie Bourdieus mit kulturellem, ökonomischem und sozialem Kapital. Die mit dem Habitus verbundenen Handlungsorientierungen und Deutungsmuster (z.B. bezüglich sportlichen Aktivitäten und Bewegung) entwickeln sich dabei im Kontext der Auseinandersetzung mit gesellschaftlichen Normen und Werthaltungen sowie deren zeitlicher Veränderung. Im Bereich des Sports dürfte die Entwicklung neuer Sportmodelle jenseits des traditionellen Wettkampfsports dazu geführt haben, dass Menschen Bewegung und Sport zunehmend als Teil der aktiven Freizeitgestaltung entdeckt und in einen gesundheitsbezogenen, spass- oder erlebnisorientierten Lebensstil integriert haben (Lamprecht & Stamm, 1995).

Erweitertes Strukturmodell zur Analyse der Sportbeteiligung

Die dargestellten Modelle und empirischen Ergebnisse machen deutlich: Für das Verständnis der unterschiedlichen Sportbeteiligung in der Bevölkerung sind einerseits sozialstrukturelle Rahmenbedingungen und damit verbundene Handlungsmöglichkeiten und andererseits individuelle Wahloptionen relevant. Dabei haben prinzipiell alle sozialen Gruppen Zugang zum Sport, aber strukturelle Barrieren (z.B. fehlende finanzielle Ressourcen oder keine geeigneten Sportangebote) auf der einen Seite und persönliche Prioritäten (z.B. freiwilliger Verzicht auf Sport und bewegungsaktive Freizeit) auf der anderen Seite können für die Inaktivität von Bedeutung sein. In der sportsoziologischen Ungleichheitsforschung haben insbesondere Markus Lamprecht und Hanspeter Stamm (1994, 1995) die Ideen der Milieu- und Lebensstilkonzepte aufgegriffen und diese mit Schicht- und Lagemerkmalen zu einem integrativen Modell verknüpft (Nagel, 2003). Dieses Erklärungsmodell kombiniert unterschiedliche theoretische Ansätze der sozialen Ungleichheit und hat den Anspruch, die gesamte Bandbreite an Determinanten abzubilden, die für die Sportbeteiligung und damit für die Frage, ob eine Person sportaktiv ist oder nicht, eine Rolle spielen. Die einzelnen Bausteine des Modells (vgl. Abbildung 2) werden im Folgenden im Überblick erläutert und mit empirischen Befunden der Sportpartizipationsforschung ergänzt.

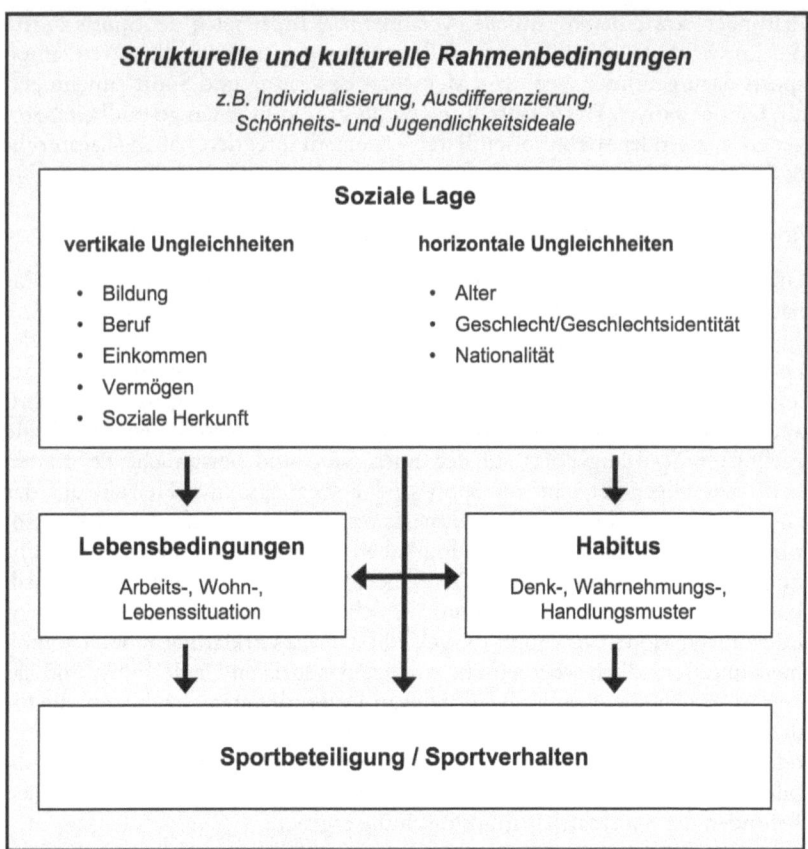

Abbildung 2: Erweitertes Strukturmodell zur Erklärung der Sportbeteiligung

Das erweiterte Strukturmodell zur Analyse der Sportbeteiligung berücksichtigt entlang von Schicht- und Lagemodellen zunächst eine grosse Bandbreite an sozialstrukturellen Variablen, die sich in vertikale (z.B. Bildung, Einkommen) und horizontale Merkmale (z.B. Geschlecht, Alter, Nationalität) der Lebenslage differenzieren lassen. Die skizzierten Befunde zur Sportbeteiligung deuten darauf hin, dass durch die Lebenslage ein spezifischer Gestaltungsrahmen aufgespannt wird, der unterschiedlich genutzt werden kann (Lamprecht & Stamm, 1995; Nagel, 2003). Den Grundannahmen der Lebensstil- und Milieuansätze folgend werden zur Erklärung von Sportverhalten ergänzend folgende Modellbausteine berücksichtigt, sogenannte vermittelnde Instanzen: (1) Lebensbedingungen sowie (2) Habitus. Im Sinne von spezifischen Handlungsdispositionen der Akteur:innen vermittelt der Habitus zwischen der Lebenslage und der sportlichen Aktivität auf der Handlungsebene. Das ist so zu verstehen, dass die habituellen Dispositionen (z.B. eine grundsätzlich positive Einstellung gegenüber Sport und Bewegung) zwar nicht unmittelbar zu einer bestimmten Handlung (z.B. der Sportaktivität) führen, sie strukturieren aber gewissermassen vor, welche Handlungsmöglichkeiten überhaupt erst in Betracht gezogen werden (z.B. eine sportliche Freizeitgestaltung). Die individuellen Wahrnehmungs-, Denk- und Beurteilungsschemata entwickeln sich in den verschiedenen Kontexten durch die sozialen Interaktionen mit anderen Personen – z.B. im familiären Kontext mit den Eltern und Geschwistern, welche mit ihrer Sportbegeisterung ansteckend wirken können. Dementsprechend geht das Modell von einem engen, wechselseitigen Zusammenhang zwischen dem Habitus und den sozialen Kontexten bzw. Lebensbedingungen (z.B. Familie, Schul-/Berufskontext, Wohnsituation) aus.

Der Habitus wird zwar in einigen sportwissenschaftlichen Untersuchungen als Erklärungskonzept herangezogen (z.B. Alkemeyer, 2006, 2008; Gebauer, 2017; Haut, 2011). In diesen Arbeiten wird aus dem beobachtbaren Verhalten der Menschen auf die dahinterliegenden habituellen Dispositionen geschlossen. Es gibt jedoch bislang nur vereinzelte Versuche, die habituellen Dispositionen empirisch zu erheben und damit den Zusammenhang zur Sportaktivität direkt zu untersuchen. So konnten Hayoz et al. (2018) in einer qualitativen Interviewstudie aufzeigen, dass hinter den Sportaktivitäten von Jugendlichen unterschiedliche Muster an Handlungsorientierungen stehen können: von den klassischen Werten im Sport, wie Leistung und Wettbewerb, über wertrationale Handlungsorientierungen, welche die Selbständigkeit und Flexibilität betonen, bis hin zu zweckrationalen Orientierungen, wobei Körper-, Schönheits- und Schlankheitsideale, aber auch Wohlbefinden angestrebt werden. In einer Studie zur Sportaktivität von Personen mit und ohne Migrationsstatus in der Schweiz konnte darüber hinaus gezeigt werden, dass zur Erklärung der geringeren Sportaktivität horizontale Lagemasse wie der Migrationsstatus nicht ausreichen, sondern zusätzlich sport- und bewegungsbezogene Wertvorstellungen und positive Deutungsmuster der Sportaktivität zu berücksichtigen sind (Klostermann et al., 2019). Zum Beispiel scheint insbesondere eine positive Wahrnehmung des Körpers während und nach dem Sporttreiben (z.B. allgemeines Wohlbefinden und positives Körpergefühl bei sportlichen Aktivitäten) eine günstige habituelle Disposition für die Sportaktivität zu sein.

Die individuelle Ausgestaltung der Lebenslage wird nach dem erweiterten Strukturmodell auch von Arbeits- und Wohnverhältnissen sowie familiären Bedingungen beeinflusst. Diese Lebensbedingungen werden auch als Interaktionsraum bezeichnet, weil in diesen Kontexten verschiedene Personen aufeinandertreffen und sich durch ihr Verhalten gegenseitig beeinflussen können. Durch die Interaktion mit der Lebenspartnerin oder den Berufskollegen kann beispielsweise die Sportaktivität unterstützt oder gehemmt werden. Zum Beispiel können die Rahmenbedingungen im Wohnkontext, wie die

Verfügbarkeit von Sportinfrastruktur (z.B. Schwimmbäder) und von Sportangeboten (z.B. Sportvereine, Fitness-Studios), einen positiven Effekt auf die Sportbeteiligung der Bevölkerung haben (Breuer et al., 2014; Hallmann et al., 2012; Limstrand, 2008). Allerdings wird in diesen Studien nicht explizit der Zusammenhang zwischen den Interaktionen der Personen in den jeweiligen Kontexten und dem Sportverhalten untersucht. Relativ gut untersucht ist in diesem Zusammenhang der Einfluss der Eltern auf das Sport- und Bewegungsverhalten von Kindern und Jugendlichen (Burrmann, 2005; Hayoz et al., 2016; Schlesinger et al., 2017). So konnten beispielsweise Hayoz et al. (2016) aufzeigen, dass bei einem hohen Stellenwert des Sports in der Familie das Sportengagement der Heranwachsenden gefördert werden kann. Darüber hinaus gibt es vereinzelt Studien, welche den Einfluss des Lebenspartners oder der Lebenspartnerin auf die Sportaktivität untersuchen (Gropper et al., 2020; Klein, 2009; Lenze et al., 2021).

Die im ersten Teil dieses Kapitels aufgezeigten Unterschiede hinsichtlich verschiedener europäischer Länder und den Sprachregionen in der Schweiz lassen sich ebenfalls im Kontext des erweiterten Erklärungsmodells betrachten. Dabei ist zu vermuten, dass neben den Faktoren Bildung und Wirtschaftskraft (Rohrer & Haller, 2015) einerseits strukturelle Rahmenbedingungen (z.B. Anzahl Sportvereine und Sportanlagen), andererseits auch klimatische Gegebenheiten oder kulturelle Aspekte (z.B. die Bedeutung von bewegungsaktiver Freizeit) eine Rolle spielen. Eine Studie zur Untersuchung der Unterschiede in der Sportpartizipation zwischen der deutsch- und französischsprachigen Schweiz konnte aufzeigen (Nagel et al., 2016), dass sowohl hinsichtlich der strukturellen Rahmenbedingungen für das Sporttreiben als auch bezüglich körperbezogener Wertvorstellungen Unterschiede bestehen, die für die geringere Sportbeteiligung in der Westschweiz relevant sein könnten. So gibt es beispielsweise eine etwas geringere Anzahl an Sportanlagen in den untersuchten Gemeinden in der französischsprachigen Schweiz oder die Bedeutung der lokalen Sportpolitik wird als geringer eingeschätzt. Auch zeigen sich auf der Ebene relevanter Handlungsorientierungen – wie der Bedeutung des körperlichen Aussehens oder der sportlichen Aktivitäten für das allgemeine Wohlbefinden – entsprechende Unterschiede.

3 Fazit

Der Sport ist in den letzten Jahrzehnten zu einem gesellschaftlichen Massenphänomen geworden und viele Menschen haben den Zugang zur Sportaktivität gefunden. Doch bei genauerem Hinsehen zeigt sich, dass trotz der sozialen Öffnung des Sports sowie Ausdifferenzierungs- und Individualisierungsprozessen nach wie vor soziale Unterschiede und Ungleichheiten in Bezug auf die Sportaktivität zu erkennen sind. Zurückgeführt werden diese zum einen auf strukturelle Bedingungen und zum anderen auf individuelle Vorlieben hinsichtlich der bewegungsaktiven Freizeitgestaltung. Die soziale Lebenslage rahmt den Handlungsspielraum, der sich durch mehr oder weniger Möglichkeiten bzw. Einschränkungen auszeichnet. Innerhalb dieses Rahmens ist das Handeln an individuellen Präferenzen ausgerichtet, die wiederum durch habituelle Dispositionen und zwischenmenschliche Interaktionen in verschiedenen Kontexten beeinflusst werden. Angesichts der in den letzten Jahrzehnten fortschreitenden Ausdifferenzierung des Sports und der Ausweitung vielfältiger Möglichkeiten diskutiert die sportsoziologische Ungleichheitsforschung, inwieweit die zu beobachtenden sozialen Unterschiede bei der Sportaktivität als Phänomene sozialer Ungleichheit durch strukturelle Rahmenbedingungen oder als Phänomene sozialer Unterschiedlichkeit aufgrund individueller Präferenzen zu verstehen sind (Lamprecht & Stamm, 1995; Thiel et al., 2013).

Mit Blick auf das sportpolitische Ziel «Sport für Alle» wurde bislang schon einiges erreicht, aber angesichts der vorliegenden Erkenntnisse ist das Ziel noch nicht vollständig umgesetzt. Insbesondere die vertikalen Ungleichheiten (z.B. Einkommen, Bildung) haben in den vergangenen Jahren kaum an Bedeutung verloren und die komplexen Zusammenhänge zwischen den einzelnen Komponenten (soziale Lebenslage, habituelle Dispositionen, Interaktionsräume und Kontexte) sind nur ansatzweise geklärt.

Sowohl für die zukünftige wissenschaftliche Auseinandersetzung als auch für die Weiterentwicklung praxisorientierter Sportförderprogramme sind insbesondere Sozialisationsprozesse in den Blick zu nehmen (Adler, 2012), bei denen sowohl Mechanismen sozialer Ungleichheit als auch die Entwicklung habitueller Dispositionen in sozialen Kontexten ineinandergreifen. Die Sportförderung hat dabei insbesondere die sozialstrukturellen Bedingungen in den Blick zu nehmen, um allen Bevölkerungsgruppen den Zugang zur Sportaktivität zu ermöglichen und Barrieren zu reduzieren (z.B. durch vielfältige und attraktive Sportangebote und -infrastrukturen). Jedoch «muss» nicht jeder Mensch sportaktiv werden, sondern es handelt sich dabei um eine eigenständige Gestaltung der Freizeit, die auf individuellen Präferenzen beruht. Aufgrund der vielfältigen positiven Effekte eines sport- und bewegungsaktiven Lebensstils können Sportförderprogramme diesbezüglich aufklären und Anreize schaffen.

Kapitel 5: Sport und Sozialisation

Siegfried Nagel & Markus Lamprecht

«Das habe ich im Sport gelernt.» «Sport war für mich eine Schule fürs Leben.» «Sport verbindet.» «Sport ist der Kitt der Gesellschaft.» Diese Aussagen von Sportler:innen und Leitsätze aus der Sportpolitik zeigen: Dem Sport werden vielfältige Wirkungen auf die Persönlichkeitsentwicklung, aber auch auf das soziale Zusammenleben und damit das Funktionieren der Gesellschaft zugeschrieben. Dabei wird angenommen, dass Sporttreiben nicht nur die sportliche und körperliche Leistungsfähigkeit verbessere, sondern allgemeine Persönlichkeitsmerkmale und soziale Kompetenzen fördere, wie Leistungsbereitschaft, Durchhaltevermögen, Regel- und Werteverständnis, Fairness, Teamgeist oder Hilfsbereitschaft (z.B. Mutz, 2012).

Erfahrungen im Handlungsfeld Sport, vor allem innerhalb von Sportgruppen und Teams, werden vielfältige Einflüsse auf die Persönlichkeitsentwicklung nachgesagt, die zum Teil im erzieherischen Sinne geplant sind, zum Teil aber auch nicht intendierte Effekte darstellen. Seit den Anfängen der Turn- und Sportbewegung spielt die pädagogische Idee eine wichtige Rolle, wonach Bewegung, Spiel und Sport die Entwicklung vor allem junger Menschen fördern und mit seinen spezifischen körperlichen und sozialen Erfahrungen zur ganzheitlichen Bildung beitragen können (vgl. Kapitel 2). Dabei wird davon ausgegangen, dass mögliche Lern- und Sozialisationseffekte, z.B. der Erwerb des Fairnessprinzips, nicht nur für den Sportkontext von Bedeutung sind, sondern auf andere Lebensbereiche, wie Familie, Schule und Beruf, übertragen werden können. Zudem ist hervorzuheben, dass der Sport durch seine hohe Anziehungskraft vielen Menschen die Möglichkeit für soziale Kontakte und freundschaftlichen Austausch bietet. Dadurch leistet der Sport – so die gängige Annahme – einen wichtigen Beitrag zum sozialen Zusammenhalt in einer zunehmend individualisierten Gesellschaft.

Im vorliegenden Kapitel werden wir die beiden wesentlichen Themen der aktuellen sportbezogenen Sozialisationsforschung – Persönlichkeitsentwicklung und Sozialintegration (Mutz, 2012) – genauer beleuchten und dabei nicht nur mögliche Potenziale, sondern auch Grenzen aufzeigen. Denn Sportengagement führt nicht automatisch zu positiven Effekten, sondern kann mit negativen Erfahrungen und Risiken, wie z.B. psychische Überlastung, Stigmatisierung oder sozialer Druck, sowie mit subtilen Zugangsbarrieren und Diskriminierungspraktiken verbunden sein. Zunächst werden wir uns mit allgemeinen sozialisationstheoretischen Ansätzen auseinandersetzen, die die theoretische Grundlage für Fragen zu Sport und Sozialisation liefern. Daran anschliessend beschäftigen wir uns mit folgenden Fragestellungen der sportbezogenen Sozialisationsforschung: Welche Faktoren sind für den Zugang zum Sport relevant? Inwiefern trägt sportliches Engagement zur Persönlichkeitsentwicklung und sozialen Handlungsfähigkeit bei? Welches Integrationspotenzial haben kollektive sportliche Aktivitäten?

1 Sozialisationstheoretische Konzepte im Sport

Damit der Sport als Sozialisationsinstanz Wirkungen entfalten kann, sind zunächst grundlegende körperliche Fähigkeiten und soziale Handlungskompetenzen zu erwerben. Dies lässt sich auf anschauliche Weise bei Kleinkindern beobachten: Wenn etwa gleichaltrige Geschwister oder Kinder einer Spielgruppe erstmals einen Ball erhalten, dann entwickelt sich nicht automatisch ein Spiel, bei dem bestimmte Regeln eingehalten und gemeinsame Handlungsziele verfolgt werden. Anfangs sind Kleinkinder nicht damit vertraut, dass beim Fussballspiel Ballkontakte mit der Hand nicht erlaubt sind und das Ziel des Spiels ist, Tore zu erzielen. Vielmehr werden die Kinder zunächst den Ball für sich beanspruchen und versuchen, ihn mit den Händen festzuhalten, was schnell zu Streit und Tränen führen kann. Gemeinsames (Fuss-)Ballspiel ist offensichtlich in den ersten Lebensjahren keine Selbstverständlichkeit. Damit aus dem Streiten um den Ball ein gemeinsames Spielen mit dem Ball entsteht, müssen die beteiligten Kinder zunächst grundlegende Bewegungskompetenzen entwickeln und gemeinsame Regeln und Handlungsformen erlernen. Die Entwicklung der Voraussetzungen für ein gelungenes Ballspiel wird dabei massgeblich durch Eltern, ältere Geschwister und frühkindliche Erziehungsinstitutionen wie dem Kindergarten beeinflusst.

Dieses Beispiel der Ballspielsozialisation wird als sportliche Vorsozialisation bezeichnet (Heinemann, 2007) und schliesst an die Metapher der «soziokulturellen Geburt» an (Thiel et al., 2013, S. 284). Diese basiert auf der anthropologischen Grundannahme, wonach der Mensch in seiner Existenz auf andere Menschen angewiesen ist und keine angeborenen Verhaltensschemata für das Zusammenleben in Gruppen, Organisationen und Gesellschaft besitzt. Vielmehr sind wir auf Regeln, Normen und Werte, aber auch auf Symbole und Sprache angewiesen, die Handlungsfähigkeit und Rollensicherheit für das gesellschaftliche Zusammenleben – und für gemeinsame Sportaktivitäten – gewährleisten. Der Erwerb von gesellschaftlich relevanten und kollektiv akzeptierten Regeln und Normen und die Bereitschaft, sich diesen entsprechend zu verhalten, sind zentrale Bausteine der menschlichen Sozialisation. Neben einer solchen «normativen Konformität» (Heinemann, 2007) umfasst ein modernes Verständnis von Sozialisation auch die Entwicklung einer eigenständigen Persönlichkeit und Identität sowie die Fähigkeit zu autonomem und sozial verantwortungsvollem Denken und Handeln (Hurrelmann, 1998). In einem Sportspielteam haben wir uns einerseits an gemeinsame Regeln zu halten, andererseits ist es für ein gelungenes Zusammenspiel auch von Bedeutung, dass wir uns mit unseren individuellen Fähigkeiten einbringen und selbstverantwortlich handeln.

Zentrale Ideen und Konzepte der Sozialisationsforschung

Im Anschluss an die bisherigen Überlegungen lässt sich das Grundverständnis von Sozialisation wie folgt kennzeichnen: (Junge) Menschen werden als sozial handlungsfähige Subjekte und als aktive Gestalter:innen der eigenen Entwicklung betrachtet. Klaus Hurrelmann (1998, S. 14) fasst die zentralen Ideen der modernen Sozialisationsforschung in folgender Definition zusammen: «Sozialisation bezeichnet den Prozess, in dessen Verlauf sich der mit einer biologischen Ausstattung versehene menschliche Organismus zu einer sozial handlungsfähigen Persönlichkeit bildet, die sich über den Lebenslauf hinweg in Auseinandersetzung mit den Lebensbedingungen weiterentwickelt.» In der sportbezogenen Sozialisationsforschung wurden die damit verbundenen grundlegenden Annahmen vor allem von Jürgen Baur und Ulrike Burrmann aufgegriffen (Baur & Burrmann, 2008; Baur, 1989; Burrmann, 2021):

- Im Rahmen von vielschichtigen Prozessen der Sozialisation erwirbt der Mensch einerseits eine eigenständige Ich-Identität und andererseits Regeln, Normen, Werte und Symbole (z.B. die Regeln und Sprache in einer Sportart) und entwickelt sich so zu einem autonomen und gesellschaftlich handlungsfähigen Subjekt.
- Sozialisation erfolgt in wechselseitiger Auseinandersetzung von Person und Umwelt und wird über das menschliche Handeln in sozialen Kontexten vermittelt (Baur, 1989). Mit ihren bereits erworbenen Kompetenzen setzen sich Kinder in einem Sportteam mit den Regeln einer Sportart auseinander, werden dabei von Trainer:innen angeleitet und beeinflussen sich gegenseitig bei ihrer sportbezogenen Sozialisation. Diese sozialisatorische Interaktion (Grundmann, 2006) umfasst auf der einen Seite das als «innere Realität» gekennzeichnete Individuum mit seinen genetischen Anlagen, Kompetenzen und Motiven, wie sportmotorischen Fähigkeiten und Bewegungsdrang, und auf der anderen Seite die «äussere Realität», d.h. die Handlungsumwelt, wie Familie, Peergroup, Sportvereine.
- Während sich die psychologisch und pädagogisch orientierte Sozialisationsforschung primär für die Persönlichkeitsentwicklung und mögliche Einflussfaktoren interessiert (Conzelmann, 2001), wird aus soziologischer Perspektive vermehrt auf die strukturellen Rahmenbedingungen menschlichen Handelns sowie auf die Sozialisationsinstanzen und -praxen fokussiert (Grundmann, 2006). Hierbei ist die Frage zu stellen, welche Gruppen, sozialen Netzwerke und Sportorganisationen für die sportbezogene Sozialisation von Bedeutung sind. Dabei zeigt sich, dass neben Familie und Gleichaltrigen insbesondere der schulische Sportunterricht und der Vereinssport (vgl. Kapitel 9) eine wichtige Rolle spielen kann.
- Auch wenn in sportsoziologischen Arbeiten meist Kinder und Jugendliche beleuchtet werden, ist Sozialisation als lebenslanger Prozess zu betrachten, der alle Altersgruppen einschliesst.

Perspektiven der sportbezogenen Sozialisationsforschung

Im Themenfeld Sport und Sozialisation lassen sich zwei Forschungslinien unterscheiden: (1) Sozialisation zum Sport und (2) Sozialisation im und durch Sport (Baur & Burrmann, 2008; Mutz, 2012; Thiel et al., 2013).

Bei der *Sozialisation zum Sport* interessiert, wie (junge) Menschen den Zugang zum Sport finden und welche Bedingungen dabei förderlich oder hinderlich sein können. Welche Faktoren sind für die Aufnahme eines Sportengagements und die Auswahl einer bestimmten Sportaktivität relevant?

Unter der Perspektive *Sozialisation im und durch Sport* geht es zum einen um die Frage, inwieweit im Sport soziale Handlungsfähigkeit erworben und die Persönlichkeit gefördert werden kann und welche Faktoren dabei relevant sind. Dazu werden sportliche Handlungsfelder (z.B. Sportvereine) als Sozialisationskontexte betrachtet. Zum anderen wird beleuchtet, inwieweit durch das Sportengagement die Handlungsfähigkeit in anderen sozialen Kontexten beeinflusst wird. Inwieweit werden die im Sport erworbenen Fähigkeiten, Kompetenzen und Persönlichkeitseigenschaften in anderen Lebensbereichen wirksam? Sind die im Sport geknüpften Freundschaften und sozialen Netzwerke auch ausserhalb des Sportkontexts von Bedeutung? Der Sport wird also einerseits als «besonderes Lernsetting» und andererseits als «Sprungbrett in die Gesellschaft» betrachtet (Mutz, 2012).

2 Der Zugang zum Sport

Die Frage nach Faktoren der Sportbeteiligung haben wir in Kapitel 4 im Kontext von Modellen zur Erklärung der sozialen Ungleichheit ausführlicher beleuchtet und festgestellt, dass hierbei vielfältige sozialstrukturelle Determinanten von Bedeutung sind wie z.B. Geschlecht, Bildung, aber auch die Familie und Sportmöglichkeiten im Wohnumfeld sowie die persönlichen sportbezogenen Handlungsorientierungen und Wertvorstellungen. Während die sportbezogene Ungleichheitsforschung vor allem die erwachsene Bevölkerung im Fokus hat, konzentrieren sich Untersuchungen zur Perspektive der Sozialisation zum Sport hauptsächlich auf Kinder und Jugendliche. Die Faktoren, die für den Zugang zu regelmässiger Sportaktivität von Bedeutung sind, sind sich aber zum Teil sehr ähnlich.

Individuelle und strukturelle Determinanten der Sportbeteiligung

Im Anschluss an die interaktionistische Grundannahme der Sozialisationsforschung, wonach individuelle Merkmale und strukturelle Bedingungen der Handlungsumwelt relevant und wechselseitig voneinander abhängig sind, unterscheidet Jürgen Baur (1989) im Wesentlichen zwei Aspekte, die für die Bewegungs- und Sportkarriere eine Rolle spielen (auch Baur & Burrmann, 2008; Burrmann, 2021):

Individuelle Orientierungen, Kompetenzen und Kapazitäten: Damit sind körperliche Prädispositionen und motorische Fähigkeiten wie auch sportbezogene Motive und Interessen gemeint, die vielfach Voraussetzung für sportliche Aktivitäten sind und die Auswahl einer bestimmten Sportart beeinflussen können. Ein Kind, das Freude an tänzerischen und akrobatischen Bewegungsformen hat, wird eher im Turnverein als im Handballclub Sport treiben.

Soziale Ressourcen und organisierte Sozialisationsinstanzen: In sportsoziologischen Arbeiten zur Frage der Sozialisation zum Sport werden vor allem Anregungen und Unterstützungsleistungen aus dem sozialen Umfeld in den Blick genommen. An erster Stelle wird der Familienkontext mit Eltern und Geschwistern genannt, die für die frühkindliche Bewegungssozialisation eine tragende Rolle spielen, indem sie als Vorbilder wirken, gemeinsame Sportaktivitäten ermöglichen und das Sportengagement unterstützen oder eben auch erschweren können. In diesem Zusammenhang ist hervorzuheben, dass Kinder aus einem Elternhaus mit höherem Bildungsniveau häufiger den Zugang zum Sport finden, vermutlich weil deren Eltern einer bewegungsaktiven Freizeitgestaltung eine grössere Bedeutung zuschreiben und mehr Möglichkeiten für den Besuch von Sportangeboten offerieren. Mit zunehmendem Alter werden soziale Kontakte und der Austausch mit Gleichaltrigen wichtiger für die Auswahl und das regelmässige Ausüben einer bestimmten Sportart. Darüber hinaus können sportliche Erfahrungen im Kindergarten und in der Schule für ein dauerhaftes Sportengagement förderlich, aber auch hinderlich sein. Des Weiteren bilden organisierte Sportangebote in der Freizeit – vor allem von Sportvereinen – sowie ein sport- und bewegungsfreundliches Wohnumfeld vielfach ein Sprungbrett für regelmässiges Sporttreiben. Schliesslich ist auf die ambivalente Rolle von Medien zu verweisen, die mit ihrer Sportberichterstattung Kinder und Jugendliche zum Sporttreiben motivieren, aber auch davon ablenken sowie die Wahl bestimmter Sportarten beeinflussen können.

Sozialisation zum Sport: Ausgewählte Ergebnisse

Die wechselseitige Beziehung zwischen individuellen Merkmalen und sozialen Rahmenbedingungen lässt sich am Beispiel der geschlechtsspezifischen Sozialisation zum Sport veranschaulichen. Dass Mädchen nicht nur etwas weniger sportlich aktiv sind, sondern bestimmte Sportaktivitäten wie Tanzen und Turnen häufiger und andere wie Ball- und Kampfsport seltener ausüben als Knaben, könnte mit den unterschiedlichen biogenetischen Dispositionen und daraus resultierenden Sportinteressen begründet werden. Sportsoziologische Arbeiten zeigen jedoch, dass die Eltern und das soziale Umfeld die Kinder – mehr oder weniger bewusst – geschlechtsspezifisch unterschiedlich fördern und dass Mädchen bezüglich frühkindlicher Bewegungserfahrungen insgesamt weniger Unterstützung und Freiräume erfahren als Knaben (Burrmann, 2005). Dies kann dazu führen, dass Mädchen und Knaben je spezifische Verhaltensmuster und Rollenerwartungen verinnerlichen, die wiederum das Bewegungsverhalten und die Wahl von Sportaktivitäten beeinflussen (vgl. Kapitel 7).

Eine geringere Sportbeteiligung ist insbesondere bei Mädchen und jungen Frauen mit Migrationshintergrund zu beobachten (Lamprecht et al., 2021). Besonders in Sportvereinen sind diese unterrepräsentiert (z.B. Burrmann et al., 2015; Mutz, 2012; Nobis, 2018). Diese Ungleichheit beim Zugang zum Sport lässt sich zum einen mit fehlenden sportbezogenen Erfahrungen und der damit verbundenen «Fremdheit» (Seiberth, 2012) hinsichtlich der Sport- und Bewegungspraktiken im Aufnahmeland erklären. Beispielsweise spielen Sportvereine in südosteuropäischen Ländern eine viel geringere Rolle und Schneesport ist in Südeuropa kaum verbreitet. Zum anderen können Sprachbarrieren, religiös geprägte Normen, geschlechtsspezifische Erziehungsmuster und Wertvorstellungen sowie Diskriminierungserfahrungen als Zugangsbarriere wirken. Auf struktureller Ebene können bei Sportvereinen einerseits fehlende spezifische Angebote, die sich an den Präferenzen und Sportinteressen dieser Zielgruppe orientieren, sowie Kosten für Sportausrüstung und Mitgliedsbeiträge als finanzielle Barriere eine Rolle spielen. Andererseits dürften auch vereinskulturelle Erwartungen, Handlungsorientierungen und Werte, wie Kleidervorschriften, Umkleidemöglichkeiten, Trainingszeiten und Ehrenamtlichkeit, als subtile Hürden wirken. Denn Sportvereine erwarten trotz der formalen Offenheit für alle Mitgliedergruppen auch gewisse Anpassungsleistungen, damit ein neues Mitglied tatsächlich dazugehört und integriert wird (z.B. Seiberth et al., 2013).

Auch bei Menschen mit Beeinträchtigung sind verschiedene Faktoren für den Sportzugang relevant. Trotz gesetzlicher Vorgaben ist die gleichberechtigte Teilnahme an Erholungs-, Freizeit- und Sportaktivitäten häufig erschwert, was mit folgenden individuellen und strukturellen Barrieren erklärt werden kann (z.B. Jaarsma et al., 2014; Klenk et al., 2019). Menschen mit Beeinträchtigung fehlt vielfach die Unterstützung, damit sie mögliche Unsicherheiten und Berührungsängste in Sportgruppen überwinden können. Gerade im Sport und vor allem im Wettkampfsport werden Unterschiede hinsichtlich sportmotorischer Fähigkeiten besonders sichtbar (Meier et al., 2016). Neben der Barrierefreiheit beim Zugang zu Sportstätten und den notwendigen finanziellen und materiellen Ressourcen sind besonders Trainer:innen mit entsprechenden Kompetenzen von zentraler Bedeutung. Sie sind massgeblich dafür verantwortlich, dass die Herausforderungen aufgrund unterschiedlicher sportlicher Fertigkeiten erfolgreich bewältigt und Sportangebote mit heterogenen Gruppen in geeigneter Form durchgeführt werden können.

3 Sport als Lebensschule?

Die Annahme, dass Sport einen Beitrag leiste für die Persönlichkeitsentwicklung von Heranwachsenden, geht zurück auf die Ideen der philanthropischen Erziehung und das Prinzip der ganzheitlichen Bildung (vgl. auch Kapitel 2). Seit den Ursprüngen der Turn- und Sportbewegung wird die positive Wirkung von Bewegung, Spiel und Sport für eine gelingende Sozialisation in vielen sportpolitischen Dokumenten und schulischen Bildungsplänen proklamiert. Die alltagstheoretische Annahme, dass «Sport bessere Menschen mache», ist auch der Ausgangspunkt für viele sportwissenschaftliche Studien. Nicht nur die sportsoziologische Sozialisationsforschung (z.B. Burrmann, 2005; Mutz, 2012), sondern auch die sportpädagogisch orientierte Kindheits- und Jugendforschung (z.B. Brettschneider & Kleine, 2002; Gerlach & Brettschneider, 2013) und die sportpsychologisch ausgerichtete Schulsportforschung (z.B. Conzelmann et al., 2011) haben dazu breit angelegte Untersuchungen vorgelegt. Dabei werden zum einen pädagogisch intendierte Effekte des Sporttreibens analysiert, wie die Förderung des Selbstkonzepts oder die Vermittlung von Werten, und zum anderen auch nicht intendierte Effekte der Sozialisation im Kontext des Sports aufgezeigt, wie z.B. Alkoholkonsum, Mobbing und sexualisierte Gewalt (z.B. Rulofs, 2016). Insbesondere die sogenannten Brettschneider-Studien (im Überblick Gerlach & Brettschneider, 2018) sorgten in der breiten Öffentlichkeit für Aufsehen, weil sie aufzeigten, dass junge Vereinsmitglieder zwar weniger Nikotin, aber genauso viel Alkohol konsumieren wie Heranwachsende, die nicht Mitglied im Sportverein sind. Dass in bestimmten Vereinssportarten, wie Fussball und Handball, der Alkoholkonsum sogar überdurchschnittlich hoch ist, setzte die Sportverbände unter Rechtfertigungsdruck und führte zur Lancierung von entsprechenden Präventionskampagnen.

Vor allem zu den Sozialisationseffekten und Unterstützungsleistungen der Sportvereine liegen mehrere umfassende Studien vor (vgl. im Überblick den Band von Jaitner & Körner, 2018). Dies ist insofern nicht überraschend, als der Vereinssport für viele Kinder und Jugendliche attraktiv ist (z.B. Burrmann, 2018; Lamprecht et al., 2021). Gruppen und Teams in Sportvereinen bieten vielfältige Möglichkeiten des sozialen Austauschs und der Netzwerkbildung unter Gleichaltrigen und das gemeinsame Sporttreiben bildet eine Plattform für den Erwerb sozialer Werte, wie Teamgeist und Hilfsbereitschaft. Besonders Sportspiele mit ihrer spezifischen Kombination von Konkurrenz und Kooperation bieten in einem überschaubaren und attraktiven Rahmen die Möglichkeit, die Bedeutung von Regeln, sozialen Normen und Rollenerwartungen zu erfahren (Cachay & Thiel, 2000; siehe auch die Grundlagenarbeit von Cachay, 1978). Dabei bieten festgelegte Spielregeln in formalisierten Kontexten von Vereinen und Verbänden und informelles Sportspiel mit Gleichaltrigen, bei dem Regeln auszuhandeln und gemeinsam zu kontrollieren sind (Bindel, 2008), je spezifische Rahmenbedingungen für eine gelingende Sozialisation. Schliesslich wird einem Engagement im Hochleistungssport nachgesagt, dass es aufgrund seiner besonderen Anforderungen Persönlichkeitsmerkmale wie Zielstrebigkeit und Frustrationstoleranz fördere (z.B. Conzelmann et al., 2001).

Persönlichkeitsentwicklung im Sport: Ausgewählte Ergebnisse

Fragen zur Persönlichkeitsentwicklung werden meist unter dem Blickwinkel untersucht, wie sportliche Aktivitäten und insbesondere ein Sportvereinsengagement zur Bewältigung von Entwicklungsaufgaben und damit zur gelingenden Sozialisation von Kindern und Jugendlichen beitragen können. Den theoretischen Bezugspunkt bilden in der Regel interaktionistische sozialisationstheoretische Konzepte (vgl. oben), die das Individuum als aktiven Gestalter betrachten und die Entwicklung zu einer eigenständigen Persönlichkeit und Identität im Kontext der Rahmenbedingungen des Sports in den Blick nehmen. Aus den vorliegenden Untersuchungen sind zusammenfassend die nachfolgenden Ergebnisse hervorzuheben (Brettschneider & Kleine, 2002; Burrmann, 2005; Gerlach & Brettschneider, 2013; Mutz, 2012).

Besonders häufig werden mögliche Wirkungen des Sportengagements auf das Selbstkonzept untersucht, d.h. auf Bewertungen und Vorstellungen einer Person über sich selbst. Neben generellen Einschätzungen zur eigenen Person werden folgende Teildimensionen analysiert: das Körperselbstbild, die Wahrnehmung des eigenen Körpers sowie das soziale Selbstkonzept im Sinne positiver Beziehungen zu Gleichaltrigen. Ein Teil der Studien zeigt, dass Jugendliche, die regelmässig Sport treiben, den eigenen Körper und dessen Leistungsfähigkeit positiver wahrnehmen und dementsprechend Probleme bezüglich Gesundheit und Figur eine geringere Rolle spielen. Weiterhin sind sportlich aktive Jugendliche eher der Überzeugung, dass sie in der Lage sind, ihr Leben selbst gestalten zu können. Auch der soziale Umgang mit Gleichaltrigen wird positiver bewertet, insbesondere bei Sportaktivitäten im Verein. Der Aufbau von Freundschaften zu Gleichaltrigen als wichtige Entwicklungsaufgabe gelingt jugendlichen Sportvereinsmitgliedern etwas besser und sie fühlen sich stärker im Verein sozial integriert. Es ist jedoch zu beachten, dass Jugendliche auch in anderen Settings die Gelegenheit haben, Freundschaftsbeziehungen zu knüpfen und soziale Peer-Netzwerke aufzubauen (Mutz, 2012). Insgesamt sind die dargestellten Effekte des jugendlichen Sportengagements in der Regel gering (z.B. Burrmann, 2005). Brettschneider und Kleine (2002) kommen sogar zum Schluss, dass Sportvereine zwar attraktiv für viele Kinder und Jugendliche sind, aber sich die Qualität der sozialen Beziehungen bei Sportvereinsjugendlichen und gleichaltrigen Nicht-Mitgliedern in ähnlicher Weise entwickelt und sich kaum Effekte der Sportvereinszugehörigkeit auf das Selbstwertgefühl, die Stressresistenz und die emotionale Stabilität zeigen.

Neben der Bedeutung des Sports für das Selbstkonzept wird seine Rolle für die Ausprägung sozio-moralischer Kompetenzen von Heranwachsenden beleuchtet (im Überblick Burrmann, 2018). Dabei interessieren vor allem die Leistungen von Sportvereinen hinsichtlich der Entwicklung von Normen, Werten und sozialen Verhaltensweisen wie Empathie, Kooperation, gegenseitige Rücksicht, Toleranz, Verantwortungsübernahme, Einhaltung von Regeln und Fairness. Die entsprechenden Untersuchungen zeigen zwar positive Zusammenhänge zwischen dem regelmässigen Engagement im Vereinssport und sozialen Normen und Werten. Allerdings sind die entsprechenden Effekte meist gering und viele Studien weisen methodische Probleme auf. Zudem bleibt in der Regel unklar, inwieweit die im Sport erworbenen sozialen Kompetenzen auf andere gesellschaftliche Handlungsfelder übertragen werden.

Auch der Zusammenhang zwischen Sportaktivitäten und Gewaltbereitschaft von Jugendlichen wurde in zahlreichen Forschungsarbeiten untersucht (im Überblick Mutz, 2012; Stahl, 2018). Hierbei zeigt sich, dass die vermutete gewaltpräventive Wirkung des Sports, insbesondere des Vereinssports, in empirischen Untersuchungen praktisch nicht nachgewiesen werden kann. Umgekehrt machen die Befunde deutlich, dass sportliche Aktivitäten – und zwar auch solche mit körperlich-kämpferischen sozialen Interaktionen – das Aggressionspotenzial und die Gewaltbereitschaft von Jugendlichen nicht nennenswert fördern. Dabei stellt sich mit Blick auf das Problemfeld Aggression und Gewalt im Sport (vgl. auch Kapitel 6) die generelle Frage, ob Sportaktivitäten die Ausübung von Gewalt beeinflussen oder ob Sport und vor allem bestimmte Sportarten für Menschen mit einer stärker ausgeprägten Disposition zu aggressiven Handlungen attraktiver sind.

Sozialisations- oder Selektionseffekte?

Die sportbezogene Sozialisationsforschung sieht sich dem grundlegenden Problem gegenüber, dass nicht klar beantwortet werden kann, ob Sportaktivitäten mit ihrem besonderen Anforderungsprofil und Sportvereine mit ihren vielfältigen Gelegenheiten zu sozialer Interaktion die Persönlichkeitsentwicklung beeinflussen oder ob Kinder und Jugendliche mit bestimmten Persönlichkeitsdispositionen eher Sport treiben und den Zugang zu Sportvereinen finden. In empirischen Untersuchungen kann nur relativ schwierig differenziert werden, ob ein Kind in seinem Sportteam Kooperationsfähigkeit und gegenseitige Rücksichtnahme erwirbt oder ob vermehrt solche Kinder mit diesen Persönlichkeitsmerkmalen den Zugang zu Sportgruppen finden und längerfristig Mitglied eines Vereins sind. Wir sprechen bei der ersten Vermutung von einem Sozialisationseffekt und bei der zweiten von einem Selektionseffekt (z.B. Conzelmann, 2001; Burrmann, 2005). Vielfach dürften beide Effekte relevant sein, was auch mit der Grundidee der interaktionistischen Sozialisationsforschung einhergeht (vgl. Abschnitt 1), wonach Sozialisationsprozesse wechselseitig durch Umweltbedingungen und Person beeinflusst werden.

Es ist deshalb nicht überraschend, dass die vorliegenden Studien keine einheitlichen Ergebnisse zur Frage der Persönlichkeitsentwicklung im Sport liefern (z.B. Baur & Burrmann, 2008). Zwar ergeben sich bei Querschnittuntersuchungen vielfach positive Zusammenhänge zwischen dem Sportengagement von Kindern und Jugendlichen und Persönlichkeitsmerkmalen, wie dem Selbstkonzept, sozio-moralischen Kompetenzen und dem Gesundheitsstatus, die Effekte sind jedoch meist nur schwach ausgeprägt und können nicht eindeutig als Sozialisationswirkungen des Sports gedeutet werden. Dazu bräuchte es Längsschnittanalysen, die die analytische Differenzierung zwischen Sozialisations- und Selektionseffekten ermöglichen. Wo solche vorliegen, können vielfach nur sehr kleine oder gar keine Wirkungen des Sports auf die Persönlichkeitsentwicklung nachgewiesen werden. Die zehnjährige Längsschnittstudie «Aufwachsen mit Sport» mit einer breit angelegten Stichprobe von Kindern und Jugendlichen zeigt beispielsweise (Gerlach & Brettschneider, 2013), dass Sportvereine zwar das Interesse am Sport, sportlicher Leistung und sportlichem Lebensstil wecken und Gleichaltrige in der Sportgruppe eine wichtige soziale Ressource bei Schulwechseln und Ausbildungsübergängen sein können. Dagegen lassen sich kaum Effekte auf die physische und psychische Gesundheit, das Wohlbefinden und die Persönlichkeitsentwicklung nachweisen.

4 Sport als Integrationsmotor?

Im Rahmen von sport- und integrationspolitischen Debatten wird regelmässig die wichtige Funktion von Sportaktivitäten für den sozialen Zusammenhalt in der Gesellschaft betont. Insbesondere Sportvereinen wird nachgesagt, viele Menschen beim gemeinsamen Sporttreiben in Gruppen und Teams zusammenzubringen und dadurch das soziale Vertrauen und die kollektive Identität zu fördern. Der organisierte Sport artikuliert hierbei in entsprechenden Leitsätzen und Programmen seine Offenheit für alle Bevölkerungsgruppen, unabhängig von Geschlecht, Alter, sozialem Status und ethnischer Herkunft. Inwieweit kann dieser Anspruch des «Sport für Alle» und die Annahme der Förderung der sozialen Integration tatsächlich eingelöst werden?

Perspektiven und Konzepte der Integrationsforschung im Sport

In der jüngeren Vergangenheit wurden in der Sportsoziologie zahlreiche Arbeiten vorgelegt (im Überblick z.B. Mutz, 2012), die sich dem Integrationspotenzial des Sports widmen. Häufig wird in den entsprechenden Studien die Integrationsfunktion von Sportvereinen in der Migrationsgesellschaft unter die Lupe genommen (z.B. Nobis, 2018). Analog zur sportbezogenen Sozialisationsforschung ist dabei zwischen der Integration zum Sport, d.h. dem formalen Zugang zu einem Sportsetting, und der Integration im und durch Sport zu unterscheiden. Bei der zweiten Forschungsperspektive interessiert die Art und Weise der Einbindung und die Gestaltung sozialer Interaktionen im Sportkontext, wobei sowohl die Beziehungen zwischen Mitgliedern und die Pflege von sozialen Netzwerken als auch weitergehende Aspekte, wie die soziale Akzeptanz, Wertschätzung und sozio-emotionale Verbundenheit, in den Blick genommen werden.

Wir haben in Abschnitt 2 bereits festgestellt, dass die Sportpartizipation trotz der sportpolitischen Leitidee eines «Sport für Alle» nach wie vor von sozialen Determinanten abhängig ist (vgl. auch Kapitel 4). Vor allem in Sportvereinen sind Frauen, Ältere, Menschen mit geringerem Einkommen, mit Migrationshintergrund und/oder mit Beeinträchtigung unterrepräsentiert. Offensichtlich existieren Zugangsbarrieren, die die Integrationschancen des Sports für diese Bevölkerungsgruppen schmälern.

Die formale Mitgliedschaft in einer Sportgruppe oder einem -verein ist allerdings nur eine notwendige, aber noch keine hinreichende Bedingung für eine gelingende soziale Integration. Wir werden deshalb im Folgenden die Frage beleuchten, wie sich die soziale Integration im Kontext des Sports und insbesondere in Sportvereinen gestaltet. Dabei orientieren wir uns am Soziologen Hartmut Esser (2009), der vier Dimensionen sozialer Integration im Sinne der Einbindung eines individuellen Akteurs in ein soziales System unterscheidet. Dieses Konzept wurde im deutschsprachigen Raum in zahlreichen Studien angewendet, insbesondere zur Beschreibung der sozialen Integration in Sportvereinen (z.B. Adler Zwahlen et al., 2018; Kleindienst-Cachay et al., 2012).

Interaktion: Sportaktivitäten, vor allem im organisierten Kontext, sind mit vielfältigen Interaktionen und Kommunikationsmöglichkeiten verbunden, die die Grundlage für den Aufbau sozialer Kontakte und Netzwerke sowie Freundschaften bilden, aber auch mit Konflikten verbunden sein können.

Kulturation: Hiermit sind soziale Prozesse des Vertrautwerdens mit den spezifischen, im Sportverein häufig wenig formalisierten Normen, Routinen und Werten, aber auch der gemeinsame Sprachgebrauch gemeint.

Platzierung: Diese Dimension nimmt die Beteiligung an Entscheidungsprozessen und damit die aktive Gestaltung der entsprechenden Sportaktivitäten bis hin zur Übernahme freiwilliger Aufgaben und ehrenamtlicher Positionen in den Blick.

Identifikation: Mitglieder können im Kontext der Sportaktivitäten und des sozialen Austauschs ein Gefühl der sozialen und emotionalen Verbundenheit entwickeln, sich aber auch nur bedingt zugehörig und als Aussenseiter:innen fühlen.

Diese Dimensionen sozialer Integration sind wechselseitig voneinander abhängig und kaum trennscharf abgrenzbar, weshalb wir die jeweiligen Befunde zum Integrationspotenzial des Sports nachfolgend in der Zusammenschau betrachten. Dabei gehen wir von einem analytischen Verständnis von Integration aus und fragen zunächst nach förderlichen und hinderlichen Faktoren ohne primär normative Vorstellungen im Blick zu haben.

Integrationspotenzial des (Vereins-)Sports: Ausgewählte Resultate

Es liegen zahlreiche Studien vor, die den möglichen Beitrag des Sports, insbesondere des Vereinssports, für die soziale Integration von Individuen und damit für den sozialen Zusammenhalt in der Gesellschaft aufzeigen (z.B. Baur & Braun, 2003; Elmose-Østerlund et al., 2019; Makarova & Herzog, 2014; Nagel et. al., 2020; Nobis, 2018). Dabei liegt ein spezifischer Fokus auf der Zielgruppe der Jugendlichen (z.B. Mutz, 2012), auf Menschen mit Migrationshintergrund (z.B. Braun & Nobis, 2011; Kleindienst-Cachay, 2007; Kleindienst-Cachay et al., 2012; Stura, 2019) oder auf Menschen mit Beeinträchtigung (z.B. Albrecht et al., 2019; Steiger et al., 2021). Im Vergleich zum Vereinssport wurde die Rolle von Fitness-Studios (z.B. Cardone, 2019), von informellen Sportsettings (z.B. Alemu et al., 2021) und des Schulsports (z.B. Gerber & Pühse, 2017) für die soziale Integration von Menschen mit Migrationshintergrund bislang weniger untersucht.

Es zeigt sich vielfach, dass sportliche Aktivitäten in Gruppen und Sportvereinen zum Aufbau von sozialen Kontakten und zur Netzwerkpflege sowie zum Abbau von sozialer Distanz und Fremdheit beitragen, was ausserhalb des Sports zum Beispiel die Ausbildungs- und Arbeitsplatzsuche erleichtern kann. Jugendliche Vereinsmitglieder sind etwas häufiger in feste Freundschaftsgruppen eingebunden und Sportvereinsmitglieder mit Migrationshintergrund sind stärker in Peer-Netzwerke integriert als Nichtvereinsmitglieder. Sie nehmen zudem eine höhere soziale Akzeptanz wahr. Dabei ermöglicht die Mitgliedschaft die Erweiterung des sozialen Netzwerks über den Sportverein hinaus. Weiterhin bieten Sportsettings vielfältige Möglichkeiten zur Auseinandersetzung mit kulturspezifischen Regeln, Normen und Werten und zum informellen Spracherwerb. Gemeinsames Sporttreiben – insbesondere im Teamsport – und aussersportliche Vereinsaktivitäten tragen zur Entstehung eines Wir-Gefühls und zur kollektiven Zugehörigkeit und Verbundenheit bei, was bei Menschen mit Migrationshintergrund das Gefühl der Integration in die Aufnahmegesellschaft fördern kann. Besonders in Sportvereinen bieten sich Möglichkeiten der aktiven Beteiligung am Vereinsleben und Übernahme von Verantwortung im Rahmen von freiwilligen Tätigkeiten und Ehrenämtern. Hierbei deuten mehrere Studien darauf hin, dass Menschen mit Migrationshintergrund weniger häufig ehrenamtlich in Sportvereinen engagiert sind. Insgesamt zeigen sich jedoch kaum Unterschiede entlang der vier Dimensionen sozialer Integration und sozio-demographische Merkmale spielen offensichtlich nur eine untergeordnete Rolle. Der Integrationsgrad im Kontext des Sportvereins ist weniger von Merkmalen wie Migrationshintergrund, Alter oder Geschlecht abhängig. Vielmehr sind mitgliedschaftsbezogene Faktoren, wie häufige und regelmässige Sportaktivitäten, Beteiligung an Wettkämpfen, lange Mitgliedschaftsdauer und Ehrenamtlichkeit, relevant. Dabei ist von einer wechselseitigen Abhängigkeit auszugehen, das heisst, einerseits sind Ehrenamtliche stärker sozial im Verein integriert und andererseits fördert ein hoher Integrationsgrad das ehrenamtliche Engagement.

Zahlreiche Studien machen zwar deutlich, dass Sportvereine allen Mitgliedern, auch solchen mit Beeinträchtigung und Migrationshintergrund, vielfältige Integrationschancen bieten. Es gibt jedoch auch klare Belege zu negativen Begleiterscheinungen im Vereinssport, wie Stigmatisierungs- und Diskriminierungspraktiken (z.B. Kalter, 2005), soziale Konflikte und Exklusion (z.B. Seiberth, 2012) sowie Vorurteile und Rassismus (z.B. Delto, 2022). Weiter ist zu beachten, dass die positiv zu bewertenden Integrationspotenziale meist nur in Form von statistisch kleinen Effekten zu beobachten sind. Dies ist insofern nicht überraschend, da Menschen neben dem Sport in vielen sozialen Settings die Möglichkeit haben, soziale Netzwerke aufzubauen und Freundschaften zu pflegen (Mutz, 2012). Schliesslich ist hervorzuheben, dass die meisten Befunde bezüglich der Bedeutung von Sportaktivitäten und des Sportvereinsengagements für die soziale Integration auf Querschnittanalysen basieren. Deshalb stellt sich mit Blick auf die Unterscheidung zwischen Sozialisations- und Selektionseffekten die Frage, ob es sich um durch den Sport ausgelöste Integrationseffekte handelt, oder der Sport und insbesondere Sportvereine gerade Menschen mit einem grösseren sozialen Netzwerk, mehr Freundschaften oder besseren Sprachkenntnissen anzieht. Die vergleichsweise geringen Mitgliederquoten von Menschen mit Migrationshintergrund und solchen mit Beeinträchtigung deuten darauf hin, dass auch Selektionseffekte eine Rolle spielen dürften. Weiterhin ist hervorzuheben, dass es sich hierbei nicht um homogene Gruppen handelt, sondern Menschen einen unterschiedlichen sozialen Status haben, aus ganz unterschiedlichen Herkunftsländern stammen und unterschiedliche Formen von körperlichen oder kognitiven Handicaps haben können.

Zur Bedeutung struktureller Rahmenbedingungen für die soziale Integration

Für eine gelingende soziale Integration sind die Strukturgegebenheiten in Sportvereinen von wichtiger Bedeutung. Dies zeigen Studien, die spezifische Merkmale von Sportvereinen betrachten und deren Bedeutung für die soziale Integration der Mitglieder analysieren (z.B. Elmose-Østerlund et al., 2019; für Menschen mit Beeinträchtigungen: Albrecht et al., 2019; für Menschen mit

Migrationshintergrund: Buser et al., 2021). In Vereinen mit relativ wenigen Mitgliedern scheinen der Aufbau und die Pflege von sozialen Kontakten einfacher möglich. Von Bedeutung für die soziale Integration sind auch die Aktivitäten der Clubs oder Teams, die über den Sport hinausgehen. Eine ausgeprägte Geselligkeitskultur fördert das soziale Miteinander und die emotionale Einbindung der Mitglieder. Menschen mit Migrationshintergrund fühlen sich zudem in Vereinen stärker integriert, die andere Mitglieder und vor allem Trainer:innen mit Migrationshintergrund haben sowie offen sind für alle Bevölkerungsgruppen und eine Willkommenskultur pflegen. Für Mitglieder mit Beeinträchtigung ist von grosser Bedeutung, dass in sogenannten inklusiven Sportsettings – das heisst Menschen mit und ohne Beeinträchtigung treiben gemeinsam Sport – Unterschiede akzeptiert und je nach Bedarf Regelanpassungen vorgenommen und kooperative Trainings- und Spielformen gewählt werden.

Pluralistische Wertvorstellungen, die sich darin zeigen, dass unterschiedliche soziale Herkunft, Einstellungen und sportliche Vorerfahrungen akzeptiert werden, begünstigen die soziale Integration in Sportsettings. Dagegen werden assimilative Erwartungen – «wer bei uns Sport treiben will, soll sich anpassen» – kritisch betrachtet, weil sie Integrationsprozesse eher behindern (z.B. Agergaard, 2018; Buser et al., 2021). Dabei haben beide Sichtweisen ihre Vorzüge, was sich am Beispiel des Sprachgebrauchs in einer Sportgruppe verdeutlichen lässt. Einerseits wird mit der Verwendung einer Sprache, die von allen verstanden wird, Offenheit signalisiert, andererseits können Menschen mit Migrationshintergrund auch profitieren, wenn sie im Sport mit der jeweiligen Umgangssprache in Kontakt kommen und dadurch für die Integration wichtige Sprachkompetenzen erwerben können.

Abschliessend ist hervorzuheben, dass viele Sportvereine dem Thema soziale Integration von spezifischen Gesellschaftsgruppen in der Regel keine besondere Aufmerksamkeit schenken, sondern dies als mehr oder weniger automatischen Nebeneffekt der Vereinsarbeit betrachten. Die Vereinsziele orientieren sich in der Regel an sportbezogenen Zielen und der Organisation von attraktiven Sportangeboten. Vereine sehen sich nicht in der Pflicht, spezifische Initiativen zu starten und Integrationsprogramme zu lancieren und haben auch keine entsprechenden Positionen geschaffen wie beispielsweise eine Kontaktperson für Integrationsfragen (Borggrefe & Cachay, 2021; Seiberth et al., 2013). Erst wenn die Integration bestimmter Zielgruppen funktional im Sinne der Vereinsziele gesehen wird, indem dadurch neue Mitglieder gewonnen oder die sportlichen Erfolge gesteigert werden können, wird Diversität als Stärke gesehen und rückt Integration in den Aufmerksamkeitsfokus (Kleindienst-Cachay et al., 2012).

5 Fazit

Sport bietet vielfältige Potenziale für die Persönlichkeitsentwicklung und die soziale Integration. Er kann sich förderlich auf das Körper- und Selbstkonzept, auf das Verständnis und den Umgang mit Regeln, Normen und Werten sowie auf die Entwicklung und Pflege von sozialen Netzwerken und Freundschaften auswirken. Allerdings können der Sport im Allgemeinen und die Sportvereine im Besonderen die zugeschriebenen gesellschaftspolitischen Erwartungen und Funktionen hinsichtlich ganzheitlicher Bildung und sozialem Zusammenhalt nur zum Teil erfüllen. Offensichtlich besteht eine Lücke zwischen sportpolitischem Wunsch und empirischer Wirklichkeit.

Wir haben verdeutlicht, dass in Sportvereinen trotz der Leitidee «Sport für Alle» bestimmte Bevölkerungsgruppen – wie Mädchen mit Migrationshintergrund oder Kinder mit Beeinträchtigung – unterrepräsentiert sind. Aufgrund der ungleichen Zugangschancen wird das Sozialisationspotenzial des Sports offenbar nicht ausgeschöpft. Zudem ist festzuhalten, dass die empirischen Effekte hinsichtlich Persönlichkeitsentwicklung und sozialer Integration im Durchschnitt eher gering sind und nicht nur aus Sozialisations-, sondern auch aus Selektionseffekten resultieren können. Dies kann im Einzelfall bedeuten, dass bestimmte Kinder und Jugendliche entweder stark oder gar nicht vom Sport profitieren. Weiterhin sind nicht nur Sozialisations- und Integrationspotenziale, sondern auch mögliche negative Begleiterscheinungen, wie Missbrauch und Gewalt, in den Blick zu nehmen. Wir werden diese Schattenseiten des Sports in Kapitel 6 differenzierter beleuchten und in Kapitel 13 die Ambivalenz einer Karriere im Spitzensport für die Entwicklung der Persönlichkeit und Identität von Heranwachsenden diskutieren.

Abschliessend ist festzuhalten: Gelingende Sozialisation im und durch Sport ist kein Automatismus. Ausgehend von der grundlegenden Prämisse der Sozialisationsforschung, wonach individuelle Orientierungen und Kompetenzen, aber auch soziale Rahmenbedingungen eine Rolle spielen, sind je nach Zielgruppe spezifische Inszenierungsformen und strukturelle Rahmenbedingungen notwendig, die massgeblich von den Kompetenzen und vom Engagement der Trainer:innen und Sportlehrer:innen abhängen.

Kapitel 6: Gewalt im Sport

Angela Gebert, Markus Lamprecht & Siegfried Nagel

Dem Sport werden viele positive Wirkungen nachgesagt (vgl. Kapitel 5). Es eilt ihm der Ruf voraus, soziale Kompetenzen zu fördern und ein Lernfeld für Zielstrebigkeit und Leistungswille, für Fairplay und Regelakzeptanz sowie für den Umgang mit Konflikten und Frustrationen zu sein. Sport soll vor Suchtmittelkonsum und Jugendkriminalität schützen und die Integration und den Zusammenhalt in der Gesellschaft fördern. Sowohl in der sozialen Arbeit und in der Pädagogik als auch von politischen Entscheidungsträger:innen und Sportorganisationen wird der Sport zudem als «Königsweg in der Gewaltprävention» gepriesen (Pilz, 2013).

Dies mag auf den ersten Blick erstaunen, scheint Gewalt im Sport doch allgegenwärtig zu sein. Gewalt tritt im Sport in unterschiedlichsten Formen auf und findet auf vielen Ebenen statt – im Kinder- und Jugendsport genauso wie im Breiten- und Profisport (Fields et al., 2007). Immer wieder hören und lesen wir Berichte über gewalttätige Sportler:innen, über Schlägereien auf und neben dem Fussball- oder Eishockeyfeld, über Schikanen und psychische Misshandlungen durch Trainer:innen, Betreuer:innen oder auch Eltern, über Missbrauch, sexuelle Übergriffe oder Rassismus, aber auch über Tierquälerei, über politischen Missbrauch oder über Beeinträchtigungen der Umwelt (Young, 2019). Gewalt im Sport muss nicht häufiger sein als in anderen gesellschaftlichen Bereichen, angesichts der positiven Werte und Wirkungen des Sports steht er aber unter besonderer Beobachtung. Der Turntrainer, der seine Schützlinge schikaniert, die Jugendmannschaft mit den erniedrigenden Initiationsriten, die Fans, die sich nach dem Spiel gewalttätige Auseinandersetzungen liefern, sie alle sorgen für Schlagzeilen.

Im vorliegenden Kapitel wollen wir der Gewalt im Sport auf den Zahn fühlen. Wir wollen zeigen, welche Formen von Gewalt im Sport vorkommen, wo und warum der Sport anfällig für Gewalt ist, in welchem Kontext Gewalt im Sport akzeptiert und gefördert und wo sie nicht toleriert und sanktioniert wird. Wir beginnen mit dem Versuch einer Definition und der Unterscheidung von verschiedenen Gewaltformen, um dann zu zeigen, wie sich Gewalt im Sport verändert hat und inwieweit Sport Aggressionen und Gewalt fördert oder im Sinne der Gewaltprävention auch reduzieren kann. Danach wenden wir uns zuerst der Gewalt unter Sportler:innen zu, um in einem abschliessenden Abschnitt auf die Zuschauergewalt einzugehen.

1 Was ist Gewalt?

Der Begriff «Gewalt» ist weder in der Wissenschaft noch im Alltag klar definiert und abgegrenzt. Da keine eindeutige Problemdefinition vorliegt, werden in öffentlichen Diskussionen oft verschiedene Erscheinungsformen als Gewalt eingestuft. Die Weltgesundheitsorganisation WHO teilt in ihrem Weltbericht «Gewalt und Gesundheit» (2003, S. 5) diese Einschätzung: «Gewalt ist ein äusserst diffuses und komplexes Phänomen, das sich einer exakten wissenschaftlichen Definition entzieht und dessen Definition eher dem Urteil des Einzelnen überlassen bleibt. Die Vorstellung von akzeptablen und nicht akzeptablen Verhaltensweisen und die Grenzen dessen, was als Gefährdung empfunden wird, unterliegen kulturellen Einflüssen und sind fliessend, da sich Wertvorstellungen und gesellschaftliche Normen ständig wandeln. (…) Es gibt also keinen weltweit einheitlichen Moralkodex.» Somit kann Gewalt je nach Kontext auf unterschiedliche Weise definiert werden. Die Definition, welche die WHO (2003, S. 6) selbst vorschlägt, ist sehr allgemein gehalten und fasst Gewalt als «absichtlichen Gebrauch von angedrohtem oder tatsächlichem körperlichem Zwang oder physischer Macht gegen die eigene oder eine andere Person, gegen eine Gruppe oder Gemeinschaft, der entweder konkret oder mit hoher Wahrscheinlichkeit zu Verletzungen, Tod, psychischen Schäden, Fehlentwicklung oder Deprivation führt». Die WHO-Definition umfasst sowohl physische wie psychische Gewalt und schliesst auch Selbstschädigung ein. Sie betont zudem ein wesentliches Element von Gewalt, das sich in fast allen Definitionen findet: Durch Gewalt werden Menschen geschädigt. Wo Gewalt herrscht, gibt es Opfer.

Auch in der Sportwelt wurden verschiedene Versuche unternommen, den Begriff der Gewalt zu präzisieren, zu klassifizieren und abzugrenzen (Matthews & Channon, 2016). Im Sport lässt sich besonders gut zeigen, dass ein beobachtetes Verhalten – wie beispielsweise ein Bodycheck – je nach Setting und Ort des Geschehens als gewalttätig oder nicht gewalttätig eingestuft werden kann (Kimble et al., 2010). In der Folge wollen wir uns zwei Unterscheidungen verschiedener Gewaltformen näher ansehen. Einerseits kann unterschieden werden, von wem die Gewalt ausgeht, andererseits können die Motive, die hinter einer Gewalttat stecken, betrachtet werden (Pilz, 2008).

Personale, strukturelle und kulturelle Gewalt

Die Gewalt- bzw. Friedensforschung unterscheidet mit dem «Dreieck der Gewalt» zwischen drei Formen: personale, strukturelle und kulturelle Gewalt (Galtung, 1990). Die *personale Gewalt* ist am besten sichtbar. Sie wird durch Personen ausgeübt und kann psychisch oder physisch erfolgen. Im Sport können dies die Sportler:innen selbst sein, aber auch Trainer:innen, Betreuer:innen, Funktionär:innen oder Zuschauer:innen (Pilz, 2013). Beispiele für personale Gewalt sind Schlägereien, Tätlichkeiten, Drohungen oder sexuelle Belästigung.

Bei der *strukturellen Gewalt* handelt es sich um eine Form von Gewalt, die weniger sichtbar ist und von Institutionen oder gesellschaftlichen Strukturen ausgeht (Galtung, 1990). Thiel et al. (2013, S. 361) sprechen dabei mit Blick auf soziale Konflikte und mit Verweis auf Dahrendorf (1972) auch von einem «Konflikt als Struktureffekt». Im Sport können dies die Trainingsbedingungen oder Wettkampfstrukturen sein. Pilz (2013) bringt verschiedene Arten von struktureller Gewalt ins Spiel und verweist auf Veränderungen und Anpassungen im Spitzensport, die auf Kosten der Gesundheit der Athlet:innen gehen. Als Beispiel dafür ist die Weiterentwicklung der Abfahrtsstrecken im alpinen Skisport zu nennen. So wirbt die «Streif» in Kitzbühel mit dem Label «gefährlichste Abfahrt der Welt» und ist unter den Fahrern, die im Rennen ihre Gesundheit riskieren, regelrecht gefürchtet. Wenngleich im alpinen Rennsport versucht wird, die Regeln für Material und Streckenführung so anzupassen, dass Unfälle vermieden werden, will man letztlich auch nicht auf das Spektakel verzichten.

Ebenfalls zur strukturellen Gewalt zählen Trainingsintensitäten und Wettkampfhäufigkeiten, die kaum Zeit zur Regeneration lassen und die Athlet:innen an ihre körperlichen Grenzen bringen. Aktuelle Beispiele nicht nur aus Russland oder China zeigen, dass gerade der Kinderhochleistungssport mit seinen hierarchischen Beziehungen zwischen Trainer:innen und Athlet:innen anfällig für strukturelle Gewalt ist, wenn für Erfolge psychische, physische oder soziale Schädigungen von Kindern und Jugendlichen in Kauf genommen werden. Weitere Formen der strukturellen Gewalt lassen sich mit Blick auf die Kommerzialisierung und Professionalisierung finden. Als Beispiel für strukturelle Gewalt im Umfeld des Sports bieten sich die Zustände auf den Baustellen und der Umgang mit den ausländischen Arbeitskräften beim Bau der Fussballstadien für die Weltmeisterschaft 2022 in Katar an. Menschenrechtsorganisationen wie Amnesty International berichten von Tausenden von Verstorbenen sowie von unzähligen Arbeitsmigrant:innen, die ihren Lohn unregelmässig, verspätet oder gar nicht erhielten.

Auch die dritte Form der Gewalt – die *kulturelle Gewalt* – bleibt auf den ersten Blick unsichtbar. Es geht dabei um die Akzeptanz und Legitimation von Gewalt sowie die Frage, ob der Zweck die Mittel heiligt. Als kulturelle Gewalt werden Ideologien und Wertorientierungen beschrieben, mit deren Hilfe personale oder strukturelle Gewalt gerechtfertigt werden (Galtung, 1990). Wenn zum Beispiel die oben erwähnte Gewalt im Kinderhochleistungssport damit gerechtfertigt wird, dass nur wer früh lernt an seine Grenzen zu gehen und hart zu sich selbst und seinem Körper ist, im Sport erfolgreich werden kann, stellt dies eine Form von kultureller Gewalt dar. Auch das «taktische» Foul im Fussball, auf das wir weiter unten vertieft eingehen werden, entspricht trotz der damit verbundenen Verletzungsrisiken den Normvorstellungen in diesem Setting und kann als Form von kultureller Gewalt gesehen werden.

Expressive, instrumentelle und reaktive Gewalt

Wenn wir uns anschauen, welche Motive Gewalt entstehen lassen, so können ebenfalls drei Formen von Gewalt unterschieden werden. Bei der *expressiven Gewalt* handelt es sich um «ein gewalttätiges Verhalten, das lustvoll ausgeführt und auf Grund der eigenen oder gesellschaftlichen Akzeptanz ohne Belastungen des eigenen, sozialen Gewissens erlebt wird» (Pilz, 2013, S. 12). Das heisst: Das Ausüben von Gewalt verschafft einen Lustgewinn und nach den gewalttätigen Handlungen treten nur geringe oder keine Schuldgefühle auf. Reemtsma (2008) spricht in diesem Zusammenhang auch von autotelischer Gewalt und betont damit, dass hier Gewalt um ihrer selbst Willen ausgeübt wird. Es geht bei der expressiven oder autotelischen Gewalt um die Freude am Quälen und Erniedrigen, aber auch um die Gewinnung von Aufmerksamkeit und um Selbstdarstellung. Die Opfer sind meist beliebig und zufällig gewählt. Im Sport tritt expressive Gewalt beispielsweise bei Hooligans auf. Expressive Gewalt wird als besonders verwerflich und abstossend empfunden und von der Gesellschaft keinesfalls toleriert und akzeptiert.

Der expressiven Gewalt steht die *instrumentelle Gewalt* gegenüber, welche «kalkuliert, geplant, rational eingesetzt wird, die gesellschaftlich tolerierten Gewaltstandards im Interesse übergeordneter Ziele (z.B. Erfolg) bewusst überschreitet» (Pilz, 2013, S. 12). Bei der instrumentellen Gewalt wird das gewalttätige Handeln von einer Kosten-Nutzen-Rechnung geleitet. Jemand wird bedroht oder verletzt, um ihm etwa seine Uhr zu rauben und nicht wie bei der expressiven Gewalt aus Freude an der Misshandlung an sich. Ein Beispiel für instrumentelle Gewalt im Sport ist die Notbremse im Fussball, bei der eine klare Torchance durch einen Regelverstoss verhindert wird. Der Spieler verhält sich bewusst regelwidrig und nimmt in Kauf, dass der Gegenspieler verletzt wird, um sich und seinem Team einen Vorteil zu verschaffen.

Das dritte Motiv ist die *reaktive Gewalt*. Dabei handelt es sich um «Gewalt, die als Antwort auf ein als verletzend erfahrenes Verhalten anderer erfolgt» (Pilz, 2013, S. 13). Es kann sich hierbei um eine Reaktion auf personale oder strukturelle Gewalt handeln. Als Beispiel für dieses Gewaltmotiv kann das Revanchefoul angeführt werden. Wird ein Spieler während des Spiels unfair oder gar gesundheitsgefährdend attackiert, so wird der Täter postwendend von den Mitspielern des Geschädigten angegangen und häufig auch mit den Fäusten zur Rechenschaft gezogen. Im Eishockey geht es gar so weit, dass für solche Rachaktionen spezialisierte Spieler – so genannte Enforcer oder früher auch Goons – eingesetzt werden. Ihre Aufgabe ist neben dem Verteidigen oder Toreschiessen, die eigenen Starspieler vor unfairen Aktionen des Gegners zu schützen, indem sie Attacken «bestrafen». Das Motiv der reaktiven Gewalt wird eher toleriert als instrumentelle oder expressive Beweggründe und im Falle von Racheaktionen im Eishockey gar vom Publikum bejubelt.

2 Gewalt im Sport: Ventil und Lernfeld

Gewalt im Sport ist kein neues Phänomen und hat in jüngerer Zeit auch nicht zugenommen. Im Gegenteil: Der Sport war früher viel gewalttätiger als heute (vgl. Kapitel 2). Im Rahmen des von Elias (1976) beschriebenen Zivilisationsprozesses haben sich nicht nur die Scham- und Peinlichkeitsschwellen verschoben, es kam gleichzeitig zu einer Zunahme von Affektkontrolle und Selbstbeherrschung. Das Zusammenleben der Menschen in dichtbesiedelten Wirtschaftsräumen und eine spezialisierte und arbeitsteilige Produktionsweise verlangte von den Menschen ein höheres Mass an Selbstkontrolle, verbunden mit der Dämpfung von Affekten und Aggressionen. Dieser Prozess der Zivilisation zeigt sich im Sport in zweierlei Hinsicht: Einerseits wurde der Sport selbst zivilisierter und Gewalthandlungen wurden durch entsprechende Regeln untersagt, andererseits wurde dem Sport eine Ventilfunktion übertragen. Der Sport ist zwar weniger gewalttätig als früher, gleichzeitig werden im Sport aber mehr Emotionen und Aggressionen geduldet als in anderen gesellschaftlichen Bereichen. Dadurch wird Sport auch zu einem Lernfeld, in dem ein zivilisierter Umgang mit Affekten und Aggressionen gelernt werden kann.

Dämpfung der Gewalt im Sport

Frühere Formen des Sports waren im Vergleich zum heutigen Sport ungleich wilder, brutaler und deutlich unorganisierter. Dies zeigen Elias und Dunning (1986) an zahlreichen Beispielen: Im antiken Griechenland wie auch im römischen Reich war der so genannte Blutsport sehr populär. In Gladiatorenwettbewerben wurde unerbittlich gekämpft. Tote gab es auch regelmässig während den rituellen Spielen bei den Mayas und Azteken, die häufig als Vorformen des Fussballs genannt werden. Die Ritterturniere im mittelalterlichen Europa waren als Vorbereitung auf den Krieg gedacht und auch die Volksspiele zeichneten sich durch Brutalität und Gewalt aus. Erst mit dem Zivilisationsprozess in Europa und Nordamerika entwickelten sich durch klare Regeln geleitete Sportaktivitäten. Der Sport wurde formeller organisiert und offizielle Regeln verhinderten verschiedene Formen der Gewalt, welche früher in Volksspielen üblich waren. Bei dieser «Dämpfung der Gewalt» (Elias, 1976), welche sich bis heute fortsetzt (Pinker, 2018), geht es in erster Linie um die Verbannung von expressiver Gewalt.

Obwohl der Sport über die Jahrhunderte einen Zivilisationsprozess durchlief und weniger gewalttätig wurde, ist im Sport auch heute mehr Gewalt als in anderen gesellschaftlichen Bereichen zugelassen und akzeptiert. Gewalttätige Handlungen sind ein fester Bestandteil vieler Spiel- und Kampfsportarten und werden dort entweder durch das Regelwerk erlaubt wie beim Bodycheck im Eishockey, beim K.O.-Schlag im Boxen oder bei Tacklings im Fussball bzw. Rugby oder durch die Teilnehmenden toleriert, obwohl es sich um Regelverletzungen handelt. Verhaltensweisen, die im «normalen» Leben ordentlich Ärger mit der Polizei und der Justiz bescheren würden, erregen im Sport keine grosse Aufmerksamkeit und sind sogar Teil des Spiels (Smith, 1983; Pilz, 2013). Und doch besteht auch im Sport eine feine Grenze zwischen dem, was noch toleriert wird, und dem, was nicht mehr erlaubt ist. So gibt es scheinbar leichte Vergehen, wie beispielsweise das Schubsen eines Schiedsrichters, welche streng sanktioniert werden, weil sie als klar illegal und illegitim definiert sind. Die höhere Bereitschaft Gewalt zu tolerieren und gleichzeitig Regeln und Grenzen einzuhalten – das heisst, hart und doch fair zu spielen – machen den Sport vermeintlich zu einem idealen Lernfeld für den Umgang mit Gewalt.

Sport als Lernfeld für den Umgang mit Gewalt

Bereits im 19. Jahrhundert wurde der Sport an englischen Eliteschulen eingesetzt, um die Schüler zu disziplinieren und Aggressionen in kontrollierte Bahnen zu lenken. Die zukünftige Führungselite sollte lernen, Gewalt richtig, dosiert und zielorientiert einzusetzen. Expressive Gewalt war verpönt, instrumentelle Gewalt wurde innerhalb von Regeln toleriert. Auch heute noch gilt der Sport in Politik und Pädagogik als Wunderwaffe gegen (Jugend-)Gewalt. Zudem gewinnen sport-, körper- und bewegungsbezogene Konzepte in der sozialen Arbeit und der Jugendarbeit zunehmend an Bedeutung (Pilz, 2013). In der Gewaltprävention wird eine Palette von traditionellen sportartspezifischen Angeboten eingesetzt, wie beispielsweise die klassischen Mannschaftssportarten, welche kooperatives Verhalten, Teamgeist, Respekt und Toleranz vermitteln sollen, aufgrund des Wettkampfcharakters aber gleichzeitig hitzige und emotionale Situationen provozieren (Behn & Bergert, 2018). Ebenfalls zum Einsatz kommt der Kampfsport, welcher Selbstkontrolle, Selbstdisziplin und Regelakzeptanz fördert sowie je nach Form auch einen Verhaltens- oder Ehrenkodex vermittelt. Gleichzeitig wird im Kampfsport-Training die Ausübung von Gewalt technisch perfektioniert, was in Kombination mit einer mangelhaften pädagogischen Qualifikation vieler Kampfsportlehrer:innen wiederum zu begründeten Bedenken führt (Günther, 2006). Des Weiteren werden Abenteuer- und Erlebnissportarten wie Klettern oder Canyoning gefördert, welche eine Alternative zur Gewaltkultur darstellen sollen, und auch Trendsportarten wie Skateboarden und Parkour oder Ausdauersportarten werden im Rahmen der Gewaltprävention propagiert.

Somit stellt sich die Frage, ob der Sport die hohen Erwartungen an seine gewaltpräventive Funktion erfüllen kann. Die Antwort lautet «ja», sofern die sportlichen Angebote pädagogisch begleitet und unter bestimmten Grundprinzipien und Rahmenbedingungen durchgeführt werden (Behn & Bergert, 2018). Demnach genügt es nicht einfach, dass junge Menschen im Verein oder informell Sport treiben, sondern es ist ein pädagogischer Rahmen nötig, in dem die sportlichen Aktivitäten gemeinsam reflektiert und der Transfer in den Alltag unterstützt werden. Dadurch wird der Sport zu einem Feld des sozialen Lernens, in dem gewisse Werte vermittelt werden können. Gleichzeitig kann durch den Sport ein Zugang zu schwer erreichbaren, jugendlichen Zielgruppen geschaffen werden.

Das «faire Foul»

Dass das Lernfeld Sport mit Blick auf die gelernten positiven Verhaltensweisen an seine Grenzen kommen kann, zeigt exemplarisch die Diskussion um das «faire Foul». Der Begriff Fairplay umfasst gemäss seiner klassischen Definition mehr als «nur» das Einhalten von Regeln (Pilz, 2013). Es geht dabei um Chancengleichheit, um «ritterliche Tugenden» und eine freundschaftliche Rivalität. Diese Gesinnung wird in Frage gestellt, wenn der Sport nicht mehr als Selbstzweck – um des Vergnügens willen – betrieben wird. Wenn der sportliche Erfolg zum sozialen und wirtschaftlichen Aufstieg sowie zur Demonstration der Überlegenheit eines politischen Systems genutzt wird, so verliert die klassische Definition von Fairplay ihre Tauglichkeit. Kommerzialisierung, Professionalisierung und Vermarktung des Sports tragen ihren Teil dazu bei, das moralische Dilemma des Sportlers zu schüren: Er soll gleichzeitig fair und erfolgreich sein.

Das Streben nach Erfolg führt dazu, dass sportliche Grundhaltungen wie der Pierre de Coubertin zugeschriebene olympische Gedanke «Teilnehmen ist wichtiger als siegen» ihre Gültigkeit verlieren. So konnte bereits bei jungen Fussballern aufgezeigt werden, dass das klassische Fairplay zusehends einer Moral des «fairen Fouls» weicht, je leistungsorientierter sie trainieren und je länger sie schon im Verein Fussball spielen. Sie sind dazu bereit, die Spielregeln im Interesse des Erfolgs zu verletzen (Pilz, 2005). Regelverletzungen werden toleriert, solange Verletzungen der Gegenspielerin möglichst vermieden werden. Fairplay wird dabei zu einer Frage der Opportunität. Das Abwägen von Kosten und Nutzen zeigt sich darin, dass Personen, die im Verein Fussball spielen, deutlich häufiger angeben, nicht nur den Ball, sondern auch den Gegenspieler zu treffen als dies Personen tun, welche nicht im Verein Fussball spielen (Gebert et al., 2018). Provokativ stellt sich somit die Frage, ob der Leitsatz von Coubertin in manchen Bereichen des Sports inzwischen umdefiniert werden müsste: «Siegen ist wichtiger als teilnehmen».

3 Gewalt von und an Sportler:innen

In Kontaktsportarten wie Boxen, Rugby, American Football oder Eishockey ist die ritualisierte und gesteuerte Gewalt Teil der sportlichen Handlung (Mathews & Channon, 2016). Sie wird aufgrund formeller und informeller Normen akzeptiert und dient dazu, ein gesellschaftlich akzeptiertes, sportliches Ziel zu erreichen. Dennoch sind Sportler:innen nicht gewalttätiger als sportlich inaktive Personen (Abrams, 2010). Möglicherweise ist dies ein Grund dafür, dass in der Sozialforschung der Gewalt unter Zuschauer:innen mehr Aufmerksamkeit geschenkt wird als der Gewalt unter Sportler:innen (Young, 2019). Bevor wir uns aber der Gewalt unter Zuschauer:innen zuwenden, beschäftigen wir uns etwas eingehender mit der Gewalt von und an Sportler:innen. Die am häufigsten verwendete Typologie der Gewalt von Sportler:innen unterscheidet zwischen vier Kategorien von Gewalt (Smith, 1983; Young, 2019): brutaler Körperkontakt, grenzwertige Gewalt, quasi-kriminelle Gewalt und kriminelle Gewalt.

Vom brutalen Körperkontakt zur kriminellen Handlung

Dem *brutalen Körperkontakt* werden Handlungen zugerechnet, die in bestimmten Sportarten als üblich gelten und daher von den Athlet:innen als Teil ihrer Teilnahme am Sport akzeptiert werden. Beispiele dafür sind Kollisionen, Schläge, Stösse, Tacklings, Blöcke, Bodychecks und andere Formen von heftigem Körperkontakt, die zu Verletzungen führen können (Coakley, 2017). Die meisten Menschen empfinden den brutalen Körperkontakt als extrem, stufen ihn aber trotzdem nicht als illegal oder kriminell ein und sehen auch keine Notwendigkeit dazu, ihn zu bestrafen. Gemäss den gesetzlichen Bestimmungen ist solches Handeln im Kontext des Sports legal (Mathews & Channon, 2016), durch das offizielle Reglement erlaubt und wird durch die Trainer:innen oft lautstark von ihren Schützlingen gefordert.

Bei der *grenzwertigen Gewalt* wird zwar gegen die offiziellen Regeln einer Sportart verstossen, diese Handlungen werden aber als normkonforme und nützliche Wettbewerbsstrategien mehr oder weniger akzeptiert (Young, 2019; Coakley, 2017). Beispiele dafür sind das Notbremse-Foul oder auch taktische Foulspiele im Fussball, der Faustkampf im Eishockey oder der Beanball im Baseball, bei dem der Pitcher den gegnerischen Batter absichtlich trifft. Solche Aktionen bergen meist ein beträchtliches Verletzungspotenzial und können weitere Vergeltungsmassnahmen in Form von reaktiver Gewalt nach sich ziehen. Die Vergehen werden zwar offiziell sanktioniert – z.B. mit einem Strafstoss oder in schweren Fällen mit (Spiel-)Sperren oder Geldstrafen – die Sanktionen bleiben aber innerhalb des Sportsystems und fallen in der Regel nicht schwerwiegend aus.

Als *quasi-kriminelle Gewalt* werden im Sport Handlungen bezeichnet, die nicht nur gegen die formalen Regeln einer bestimmten Sportart, sondern auch in erheblichem Masse gegen die informellen Normen der Teilnehmenden verstossen (Young, 2019; Coakley, 2017). Dazu zählen Aktionen wie ein Check gegen den Kopf im Eishockey, eine Grätsche mit gestrecktem Bein im Fussball oder ein Angriff von hinten im Handball. Die Folgen dieser Tätlichkeiten sind häufig schwere Verletzungen. Daher werden solche Gewalttaten im Sport als inakzeptabel angesehen und in der Regel mit erheblichen

Geldbussen und Sperren bestraft. Quasi-kriminelle Handlungen können auch zivilrechtliche Folgen haben. Spieler:innen können für rüde Foulspiele haftbar gemacht werden.

Die schwerwiegendste Form von Gewalt unter Sportler:innen ist die *kriminelle Gewalt*. Sie umfasst Verhaltensweisen, welche offensichtlich ausserhalb der Grenzen der Akzeptanz liegen und gegen das Gesetz verstossen (Coakley, 2017). Die kriminelle Gewalt wird von Sportler:innen klar verurteilt. Es geht dabei um Handlungen, die vorsätzlich begangen werden und so schwerwiegend sind, dass sie einen Spieler schwer verletzen oder gar töten. Solche Gewalttaten werden im Sport nicht geduldet und als Körperverletzung verfolgt. Kriminelle Gewalt und Klagen wegen Körperverletzung sind im Sport jedoch selten.

Bei der Anwendung dieser Typologie gilt es zu berücksichtigen, dass sich die ohnehin nicht ganz trennscharfen Grenzen zwischen den vier Arten von Gewalt im Laufe der Zeit verschieben, da sich auch die Normen im Sport und in der Gesellschaft verändern (Young, 2019; Elias, 1976). So würde das, was in einem mittelalterlichen Fussballspiel als brutale Attacke oder grenzwertige Gewalt toleriert worden wäre, heute als quasi-kriminelle oder kriminelle Handlung taxiert werden.

Sportler:innen als Opfer von Gewalt

Neben der Gewalt, die von den Sportler:innen selbst ausgeht, existiert die weniger sichtbare Gewalt an Sportler:innen, welche vielfältige Formen von Missbrauch, Schikanen und Belästigung umfasst. Betroffen sind Sportler:innen in allen Sportarten, Leistungsniveaus und Altersgruppen (Mountjoy et al., 2016). Allerdings lässt sich im Leistungssport sowie bei Kindern, Behinderten und LGBT-Athlet:innen die stärkste Gefährdung feststellen.

Im Sport lassen sich eine Reihe von unerwünschten Verhaltensweisen beobachten, welche je nach Setting nicht als ungewöhnlich wahrgenommen werden und deshalb auch als strukturelle Gewalt verstanden werden können. Die Athlet:innen berichten von Herabwürdigung, Demütigung, Anschreien, zum Sündenbock machen, Zurückweisungen, Isolation und Bedrohung, Ignorieren oder Verweigerung von Aufmerksamkeit und Unterstützung. Diese Form des psychischen Missbrauchs wird häufig von Personen in Autoritäts- und Matchpositionen ausgeübt. Opfer sind meist junge, weibliche Sportlerinnen, die in einem Abhängigkeitsverhältnis stehen, aber auch andere Gruppen sind betroffen (Young, 2019; Mountjoy et al., 2016). Wie weit Erniedrigungen und psychische Misshandlungen in gewissen Sportarten verbreitet sind, brachte zum Beispiel der als «Magglingen-Protokolle» bekannte Enthüllungsbericht im Herbst 2020 ans Tageslicht (Gertsch & Krogerus, 2021). Acht Schweizer Spitzenturnerinnen aus den Sportarten Kunstturnen und Rhythmische Sportgymnastik berichteten darin von verbalen Übergriffen, Angstmacherei, Depressionen und Essstörungen. Der Bericht warf in der Öffentlichkeit hohe Wellen. Die spätere Aufarbeitung und die eingeleiteten Massnahmen zeigen aber auch, dass solche Zustände und Gewalthandlungen heute nicht mehr stillschweigend geduldet werden (können).

Auch elterlicher Missbrauch ist ein Thema im Nachwuchssport (Young, 2019). Ehrgeizige Eltern mit unrealistischen Erwartungen überfordern ihre Kinder. Sie suchen die Konfrontation mit anderen Eltern und Trainer:innen, forcieren bei den Kindern unangemessene Verhaltensweisen und fordern ihnen körperlich zu viel ab. Die Kinder sind meist machtlos. Unabhängig, ob durch Trainer:innen, Eltern oder Betreuer:innen haben Überforderung und psychische Misshandlungen in gewissen Settings des Sports eine lange Tradition (Young, 2019). Dazu zählen auch entwürdigende Initiationsrituale wie sie etwa aus dem kanadischen Junioreneishockey bekannt wurden. Diese Ekel- und Mutproben überschreiten nicht nur moralische Grenzen, sondern sind häufig gewalttätig und zielen darauf ab, Neulinge zu demütigen und zu quälen, um ihnen ihre niedrige Stellung in der Mannschaftshierarchie bewusst zu machen.

Durch Personen in Macht- und Vertrauenspositionen können Sportler:innen nicht nur psychisch, sondern auch körperlich misshandelt werden, beispielsweise durch brutale, unmenschliche Trainingsformen und zu hohe Trainingsintensitäten. Überdies kommt es auch im Sport immer wieder zu sexuellen Belästigungen und Übergriffen (Fasting & Brackenridge, 2009; Rulofs, 2016). Im Zuge der MeToo-Bewegung wurde zum Beispiel öffentlich, dass die US-amerikanische Turnerin und mehrfache Olympiasiegerin Simone Biles von ihrem damaligen Teamarzt Larry Nassar jahrelang sexuell missbraucht wurde. Simone Biles war nicht das einzige Opfer und es stellt sich die Frage, wie solche Zustände im grössten US-Trainingszentrum für Turnerinnen so lange unentdeckt bleiben konnten.

Sexismus und Rassismus lassen sich überall im Sport finden und können ebenfalls als Formen von Gewalt interpretiert werden. Im Sport existieren immer noch viele Barrieren für Frauen, welche als strukturelle Formen der Unterdrückung verstanden werden können (vgl. Kapitel 7). Diese reichen vom Verbot der Teilnahme an Wettkämpfen bis zu Reglementierungen bei der Kleidung. So mussten beim Beachhandball – ähnlich wie vor zehn Jahren beim Beachvolleyball – die Spielerinnen Bikinihosen tragen, deren Seitenbreite höchstens 10 cm betragen darf. Nach Protesten der norwegischen Spielerinnen und Sexismusvorwürfen hat der Handball-Weltverband seine Kleidervorschriften Ende 2021 schliesslich geändert. Auch im Turnsport regt sich von Seiten der Turnerinnen zunehmend Widerstand gegen zu knappe Outfits.

Die Folgen von Missbrauch und Gewalt an Sportler:innen sind vielfältig und reichen von einem Rückgang von Leistung und Erfolg, frühem Ausscheiden aus dem Sport, Verschlechterung der schulischen Leistungen, Minderung des Selbstwerts und Verzerrung des Körperbilds bis hin zu Selbstverletzungen, Depressionen, Angstzuständen und Suizid (Reardon et al., 2019). Zusätzlich steigt die Bereitschaft für Betrug und Doping. Gewalterfahrungen können schliesslich auch zu Gewalt gegen die eigene Person führen, welche Formen der Selbstschädigung, wie sportbedingte Essstörungen oder chronischen Drogen-, Doping- und Schmerzmittelkonsum, beinhaltet.

4 Gewalt auf den Zuschauerrängen

Aggressives und gewalttätiges Verhalten von Zuschauer:innen, welches im Rahmen von Sportveranstaltungen auftritt, zieht besonders häufig die Aufmerksamkeit der Öffentlichkeit auf sich. Im Fokus stehen vor allem gewalttätige Ausschreitungen unter Fussballfans, aber auch andere Sportveranstaltungen und Sportarten sind davon betroffen. Aggressives und gewalttätiges Verhalten im Zuschauersport beinhaltet neben physischen Auseinandersetzungen und Vandalismus auch rassistisch motivierte Handlungen und Fremdenfeindlichkeit. Die Tatsache, dass es in vielen Ländern wiederholt zu gravierenden Vorfällen im Kontext von Sportveranstaltungen kam, hat dazu geführt, dass diese Form der Gewalt als ein dringendes gesellschaftliches Problem wahrgenommen wird. Dadurch wurde eine Vielzahl von Forschungsarbeiten ausgelöst (vgl. im Überblick Young, 2019).

Die Welt der Fans

Um das komplexe Phänomen der Zuschauergewalt besser zu verstehen, lohnt es sich zunächst Motivationen der Sportzuschauer:innen im Kontext von Sportveranstaltungen zu betrachten. Der Sport zeichnet sich durch seine Einfachheit und Klarheit aus. Diese sind in vielen Bereichen unserer Gesellschaft verloren gegangen. Die Probleme und Aufgaben, die sich in der modernen Gesellschaft stellen, sind komplex und unübersichtlich. Im Sport fällt die Orientierung aufgrund klarer Grundprinzipien und Regeln leichter, es gibt Sieg und Niederlage, Mitspieler:innen und Gegner:innen, Punktgewinne und Punktverluste. Dies ermöglicht es, Sport leicht zu verstehen, ihn zu kommentieren und sich als Kenner:in zu fühlen.

Neben der Reduktion der Komplexität machen weitere Faktoren den Sport für Zuschauer:innen attraktiv (Weiss & Norden, 2013). Erstens geht es um sozialen Zusammenhalt und das Erleben von Gemeinschaft. Auf den Zuschauertribünen lässt sich ein Gemeinschaftsgefühl erleben, ohne dafür soziale Anteilnahme investieren zu müssen. Zweitens geht es um das Erleben von Spannung und intensiven Gefühlen. Mit dem Fortschreiten des Zivilisationsprozesses werden Emotionen im Alltag immer stärker kontrolliert. Dadurch entsteht das Bedürfnis, Spannung und aufregende Situationen zu erleben sowie excessive Gefühle auszudrücken. Beim Besuch von Sportveranstaltungen werden alltägliche Normen und Gepflogenheiten ausser Kraft gesetzt, wie dies etwa auch bei der Fasnacht der Fall ist. Es besteht die Möglichkeit zu fluchen, zu schimpfen, obszöne Gesten anzubringen oder mit Bier um sich zu spritzen, ohne dabei gross aufzufallen. Als dritter Faktor folgt die Identifikation. Sportzuschauer:innen identifizieren sich mit einem Team bzw. einer Sportlerin oder einem Sportler. Dies geht bei manchen Personen so weit, dass sie über ein Team sprechen, als würden sie selbst dazu gehören: «Heute haben wir gewonnen». Diesbezüglich unterscheidet sich der Sportfan vom Konsumenten oder der neutralen Besucherin, die ausschliesslich zur Unterhaltung und aus Freude an der Ästhetik eine Veranstaltung besucht. Für Fans geht es um «ihren» Verein, um «ihre» Mannschaft (Weiss & Norden, 2013).

Während die «normale» Zuschauerin eher distanziert zu einem Verein oder einer Mannschaft ist und sich stärker am Unterhaltungswert eines Spiels erfreut, steht bei den Fans die Unterstützung des Vereins im Zentrum. Sie identifizieren sich mit dem Verein, wodurch ein starkes Gemeinschaftsgefühl entsteht. Durch die Entwicklung der modernen Gesellschaft, dem Rückgang der Religiosität und dem Verlust traditioneller Gemeinschaften entwickeln die Fanaktivitäten quasi-religiösen Charakter. Ein Fan zeichnet sich dadurch aus, dass er grundsätzlich vereinstreu ist und seine Zugehörigkeit zum Verein auch äusserlich symbolisiert (mittels Schals, Mützen, Trikots, Fahnen etc.). Zudem feuert er die eigene Mannschaft an, hat ein ausgeprägtes Solidaritäts- bzw. Gemeinschaftsgefühl und folgt starken Männlichkeitsnormen (Brechbühl, 2016).

Es gibt nun verschiedene Faktoren, welche Fangewalt bei Sportveranstaltungen begünstigen (Brechbühl et al., 2017). Dazu zählt einerseits das Geschehen im Rahmen der Sportveranstaltung selbst. Wenn die Zuschauer:innen die Handlungen der Spieler:innen auf dem Spielfeld als gewalttätig wahrnehmen, ist die Wahrscheinlichkeit grösser, dass sie während und nach dem Spiel gewalttätige Handlungen begehen (Smith, 1983). So kommt es im Rahmen von Tennisspielen deutlich seltener zu Ausschreitungen als im Kontext des Fussballs oder Eishockeys. Andererseits spielen die Dynamik und Grösse des Publikums bzw. die Situation, in der die Zuschauer:innen das Geschehen verfolgen, eine Rolle.

Ebenfalls entscheidend für die Entstehung von Gewalt unter Zuschauer:innen ist der historische, soziale, wirtschaftliche und politische Kontext der Veranstaltung. Weitere Faktoren, welche die Gewalt unter Zuschauer:innen beeinflussen, sind die Zusammensetzung der Zuschauer:innen nach Alter, Geschlecht oder Lebenslage, die Wichtigkeit und Bedeutung der Veranstaltung für die Zuschauer:innen, die Geschichte der Beziehungen zwischen den Mannschaften und Zuschauer:innen (z.B. bei Derbys), der Alkoholkonsum und der Ort der Veranstaltung. Bemerkenswert ist, dass es etwa im Rugby

– trotz grosser Zuschauermassen und einem gewaltbetonten Spiel – kaum gewalttätige Ausschreitungen gibt. Als Erklärung für diesen Unterschied hilft ein Blick auf die Ultra- und Hooligan-Bewegungen, welche sich vor allem im Umfeld des Fussballs entwickelt haben.

Von Ultras und Hooligans

Die Entwicklung hin zu einer Fanszene lässt sich im Fussball ab Mitte der 1970er Jahre beobachten (Pilz, 2013). Damals wurden die Anhänger:innen, welche ihre Mannschaften zu Auswärtsspielen begleiteten, erstmals als «Fussballfans» bezeichnet. Etwa zehn Jahre später erhielten die gewalttätigen Fussballfans den Namen «Hooligans» und Ende der 1990er Jahre tauchte der Begriff «Ultras» im deutschsprachigen Raum auf. Die Ultrakultur hat ihre Wurzeln im Italien der späten 1960er Jahre und war eng mit den linksgerichteten Protestbewegungen von Student:innen und Arbeiter:innen verknüpft (Gabler, 2013; Scheidle, 2002). Später bildeten sich auch Ultra-Gruppierungen mit rechtem Gedankengut, was mit ein Grund für eine erhöhte Rivalität zwischen den verschiedenen Gruppierungen war, die auch in gewalttätige Auseinandersetzungen ausarten konnte. Obwohl das Phänomen der Ultras inzwischen fast europaweit im Fussball zu beobachten ist, kann nicht von einer einheitlichen Ultraszene gesprochen werden (Pilz & Wölkli-Schumacher, 2010). Es existieren je nach Land und Stadionkurve unterschiedliche Bewegungen mit eigenen Strukturen und Regeln. Ultra-Bewegungen finden sich in Europa auch in anderen Sportarten wie Eishockey, Handball und Basketball.

Ultras sehen sich als Bewahrer:innen und Erschaffer:innen der emotionsgeladenen Atmosphäre im Stadion (Pilz, 2013; Weiss & Norden, 2013). Dies erreichen sie mit imposanten Inszenierungen, aufwändigen Choreografien mit Fahnen, Plakaten, Bannern oder Spruchbändern, mit Gesängen für die eigene Mannschaft und Beschimpfungen des gegnerischen Teams, mit Trommeln und anderen Stimmungsritualen. Zur Ultraszene gehört das Abfeuern von Pyrotechnik und Knallkörpern, was im Stadion verboten ist, aber mittlerweile zu einem Symbol des Widerstandes stilisiert wird. Ultras widmen sich dem Kampf gegen die zunehmende Kommerzialisierung des Sports und wehren sich gegen «Repressionen» durch die Polizei oder Ordnungsdienste. Gegenüber anderen Fanszenen zeigen sie sich auch gewaltbereit (Schumacher et al., 2016).

Während Gewalt bei den Ultras eher situativen Charakter aufweist, ist das Zelebrieren von Gewalt- und Aggressionsritualen Teil der Hooligankultur. Hooligans planen die Gewaltaktionen lange im Voraus. Häufig besuchen die Hooligans nicht einmal die Spiele der eigenen Mannschaft, sondern treffen sich ausserhalb der Stadien zur «dritten Halbzeit» oder zu «Feld-Wald-Wiese», wie sie ihr gewaltsames Aufeinandertreffen nennen. Besonders beliebt sind grössere Plätze in der Nähe des Stadions (Illi, 2005). Die Auseinandersetzungen mit gegnerischen Hooligangruppen sind keineswegs frei von sozialen Regeln. Neben klaren Vorstellungen von Ehre und Loyalität existiert ein Ehrenkodex: Der Kampf soll nur unter Gleichgesinnten stattfinden, ohne Waffen und in gleicher Anzahl (Illi, 2005). Wenn ein Gegner am Boden liegt, wird nicht nachgetreten. Offensichtlich werden diese Regeln aber häufig nicht eingehalten. Nicht selten fliegen Stühle oder Flaschen und herumliegende Holzlatten dienen als Schläger. Schwere Verletzungen werden trotzdem selten davongetragen, Nasenbeinbrüche und verletzte Rippen scheinen aber dazuzugehören.

Die Hooligan-Bewegung kommt ursprünglich aus England und breitete sich ab den 1980er Jahren im deutschsprachigen Raum aus. Die Mitglieder der Hooliganszene sind fast ausschliesslich männlich und stammen aus allen sozialen Schichten. Es lassen sich gemäss Pilz (2013) zwei Motivstränge unterscheiden. Das Motiv der Selbstbehauptung wird als Folge von struktureller Gewalt gesehen. Soziale Deprivation, Misserfolgserlebnisse und schlechte Zukunftsaussichten bilden dafür die Basis. Gewalt wird genutzt, um eine positive Identität zu schaffen. Davon betroffen sind meist Menschen aus unteren sozialen Schichten. Menschen höherer sozialen Schichten hingegen folgen eher dem Motiv der Selbstdurchsetzung als Folge der kulturellen Gewalt. Sie versuchen ihre Einzigartigkeit zu bewahren und befriedigen mit den Kämpfen gegen andere Gruppen individuelle Bedürfnisse. Neben den genannten Motiven steht in den Hooliganszenen auch die authentische Erfahrung bzw. die «Suche nach dem Kick» im Zentrum. Dabei wird die Gewalt zu einer Ersatzbefriedigung für Abenteuerlust und Risikobedürfnis.

5 Fazit

«Wie in anderen gesellschaftlichen Bereichen oder in anderen gesellschaftlichen Systemen gibt es auch im Sport Gewalt. Mit dem Sport selber hat dies nur wenig zu tun.» Dieses vereinfachende Argument wird bisweilen von Clubverantwortlichen verwendet, um Ausschreitungen von Hooligans und Ultras zu rechtfertigen und den Fussball gewissermassen als Opfer gesellschaftlicher Probleme darzustellen. Gesellschaftliche Konflikte – so heisst es – würden eben auch auf dem Feld des Sports ausgetragen. Der Sport würde dabei regelrecht missbraucht.

Zweifellos lässt sich Gewalt im Sport auf viele soziale und kulturelle Faktoren der Gesellschaft zurückführen (Heitmeyer, 2002). Die Gewalt steht aber auch in direktem Zusammenhang mit den im Sport dominierenden Zielen, Wertvorstellungen und Handlungsweisen, mit Hierarchien und Machtstrukturen, mit den angewandten Strategien, mit den sportlichen Werten, dem Siegescode, der Geschlechterideologie und den Vorstellungen von Männlichkeit, aber auch mit der Kommerzialisierung, Professionalisierung und Politisierung.

Im Sport ist mehr Gewalt erlaubt und toleriert als in anderen gesellschaftlichen Bereichen, gleichzeitig existieren klare Grenzen und Regeln und es gilt das Prinzip des Fairplays. Bei aller Konkurrenz und auch im härtesten Wettstreit soll der Respekt gegenüber dem Gegner, seine Würde und seine Gesundheit an erster Stelle stehen. Damit kann der Sport ein Lernfeld hinsichtlich des Umgangs mit Aggressionen, Konflikten und Gewalt sein. Nicht immer gelingt jedoch der Spagat zwischen Anspruch und Wirklichkeit. Wie wir gesehen haben, wurde die expressive Gewalt im Sport über die Zeit gedämpft und zurückgedrängt. Das lustvolle und unkontrollierte Ausleben von Aggressionen finden wir heute vor allem im Umfeld des Sports etwa bei Zuschauerausschreitungen. Es gibt im Sport aber viele Formen instrumenteller Gewalt, zum Beispiel beim «fairen Foul», und auch in beträchtlichem Mass strukturelle Gewalt, etwa in Form von menschenunwürdigen Trainingspraktiken sowie psychischen und physischen Misshandlungen. Für Sportler:innen hat diese Gewalt erhebliche Folgen. Ihr Schutz stellt eine wichtige Aufgabe dar.

Kapitel 7: Sport und Geschlecht

Rahel Bürgi, Markus Lamprecht & Siegfried Nagel

Im 800-Meter-Lauf an den Olympischen Spielen 1928 in Amsterdam stellte Lina Radke aus Deutschland einen Weltrekord auf. Die Schlagzeilen schrieb allerdings nicht sie, sondern eine Konkurrentin hinter ihr, die beim Schlusssprint erschöpft zu Boden fiel. Es folgte ein Sturm der Entrüstung und die Forderung, Frauen nur noch in «ästhetischen» Sportarten teilnehmen zu lassen. Die 800-Meter der Frauen wurden erst 1960 in Rom wieder ins Olympische Programm aufgenommen. Die italienische Radsportlerin Alfonsina Strada schmuggelte sich als Alfonsin 1924 in die Startliste des Giro d'Italia. Ihre List flog noch vor dem Start auf, trotzdem durfte sie starten und erreichte nach vielen beschwerlichen und langen Etappen auch das Ziel in Mailand – allerdings nur inoffiziell. Sie fuhr noch erfolgreich viele Radrennen gegen Männer, an den grossen Radrundfahrten wurde aber nie mehr eine Frau toleriert und erst in jüngster Zeit gibt es ernsthafte Anstrengungen, Radrundfahrten für Frauen durchzuführen. 1967 lief Kathrine Switzer als K.W. Switzer als erste Frau mit Startnummer den Boston-Marathon. Der erboste Rennchef versuchte sie von der Strecke zu zerren, was ihr Freund und Laufbegleiter – ein Hammerwerfer – verhinderte. Switzer lief weitere Marathons, ab 1972 durfte sie offiziell auch in Boston teilnehmen und 1984 wurde der Marathon der Frauen ins Olympische Programm aufgenommen. Im «Battle of the Sexes» besiegte die US-Tennisspielerin Billie Jean King 1973 vor 90 Millionen Fernsehzuschauer:innen den früheren Weltranglistenersten Bobby Riggs. Es ging dabei weniger um Tennis als um ungleiche Siegerprämien und angebliche «männliche Überlegenheit».

Die Geschichte des Frauensports ist eine Geschichte von Diskriminierungen und absurden Rechtfertigungen, aber auch von starken Frauen und mutigen Pionierinnen. Im Namen von Sittlichkeit, Schicklichkeit und Schönheit wurden die Bewegungsräume der Frauen jahrzehntelang stark eingeschränkt. Sport – vor allem Leistungs- und Wettkampfsport – war für Frauen nicht angebracht. Namhafte Ärzte warnten vor schwerwiegenden Gesundheitsfolgen, vor Uterusverlagerungen und Verengungen des Beckens; Erzieher fürchteten um Moral und Anstand und warnten vom «Mannweib» und von der «Emanze». Sporttreibende Frauen würden nicht nur ihren Ruf und ihre Anmut, sondern auch ihre Gebärfunktion aufs Spiel setzen. Die Auseinandersetzung um den Frauensport wurde deshalb so erbittert geführt, weil es dabei nicht nur um Sport, sondern um die Geschlechter- und Gesellschaftsordnung ging. Die Unterscheidung des «starken» und «schwachen» Geschlechts bildete die Rechtfertigung für die geschlechtsspezifische Aufgaben- und Arbeitsteilung: der Mann draussen im Beruf und in der Politik, die Frau zu Hause und bei den Kindern (Pfister, 2006, 2017). Wer die Geschlechterordnung in Frage stellte, stellte die Gesellschaftsordnung in Frage.

Kapitel 7: Sport und Geschlecht

Der vorliegende Beitrag gibt einen Überblick über den langen Weg zur Gleichberechtigung der Frauen im Sport. Er zeigt aber auch, wie alte Vorstellungen und Benachteiligungen fortdauern und insbesondere im Leistungs- und Mediensport immer noch wirksam sind. Und schliesslich macht er deutlich, dass nicht nur die hierarchisch binäre Geschlechterordnung, sondern die binäre Geschlechterordnung an sich zu Ungleichheiten und Diskriminierungen führt.

1 Der lange und steinige Weg zur Gleichberechtigung im Sport

Mädchenturnen im 19. Jahrhundert: «Den Bewegungen Anstand geben»

In den Anfängen des modernen Sports waren sportliche Aktivitäten von Mädchen und Frauen kein Thema und erfuhren von offizieller Seite kaum Beachtung oder gar Unterstützung. Als der deutsche Pädagoge und Turnpionier Johann Christoph Friedrich GutsMuths 1793 das erste theoretisch durchdachte Modell der Körperbildung schuf, hatte er ausschliesslich die männliche Jugend im Blick. Den Mädchen sind in seinem Lehrbuch «Gymnastik für die Jugend» nur zwei Seiten gewidmet. Neben den bewegenden häuslichen Verrichtungen und der «kleinen Fussreise» schlug GutsMuths einige gymnastische Übungen vor. Auch die Befürworter des Mädchenturnens wie die Turnväter Moritz Kloss, Carl Philipp Euler, Phokion Heinrich Clias, Adolf Spiess oder Johannes Niggeler empfahlen den Mädchen gymnastische Übungen zur Förderung von Gesundheit, Schicklichkeit oder Schönheit. Die Mädchen-Gymnastik solle dazu dienen, die Gesundheit zu fördern, die Gelenkigkeit zu verbessern, den Bewegungen «Anstand zu geben» und so die Schönheit der Körperformen zu erhöhen (Pieth, 1979; Pfister, 2006). Gymnastik und Turnen waren im 19. Jahrhundert keine zweckfreien Aktivitäten. Unter Berufung auf das antike Bildungsideal galt es, den physischen Verfall der modernen Gesellschaft aufzuhalten und die Volksgesundheit zu garantieren. Während bei den Männern gesund mit arbeits- und vor allem wehrfähig gleichgesetzt wurde, lag der Fokus bei den Frauen auf der Gebärfähigkeit (Herzog, 1995).

Trotz der gutgemeinten Ratschläge der Turnväter fand das Mädchenturnen nur langsam Einzug in die Schulen. Schliesslich verlangte das vorherrschende Anstandsgefühl des 19. Jahrhunderts noch immer züchtiges Stillsitzen. Wenn Mädchen überhaupt Turnen durften, hatten sie im Strassenkleid zum Unterricht zu erscheinen und es durfte nur so hoch oder weit gesprungen werden, als sich das Kleid schicklich präsentierte. Wegen der Schicklichkeit wurde empfohlen, die gymnastischen Übungen in geschlossene Räume zu verlegen. Das Mädchenturnen bestand hauptsächlich aus exerzierähnlichen Frei- und Ordnungsübungen, die häufig mit Musikbegleitung als Reigen ausgeführt wurden (Pfister, 2017). Während das Interesse an wehrtüchtigen Männern dazu führte, dass in der Schweiz bereits 1874 gesetzliche Grundlagen über das Turnen der männlichen Jugend geschaffen wurden, vergingen bis zur verfassungsmässigen Gleichstellung des Mädchenturnens nahezu hundert Jahre. Der Turnunterricht wurde auf eidgenössischer Ebene zwar empfohlen und in einigen Kantonen auch als obligatorisch erklärt, die rechtliche Gleichstellung der Mädchen im Sportunterricht erfolgte aber erst 1972 mit dem Bundesgesetz über die Förderung von Turnen und Sport (Eichenberger, 1998).

Die Entwicklung des Frauensports: «Emanzipierte auf dem Herrenrad»

Während das Mädchenturnen bereits anfangs des 19. Jahrhunderts erste Impulse erfuhr, waren sportliche Aktivitäten von erwachsenen Frauen lange Zeit ein Tabu. Etwa um 1860 begannen Frauen aus wohlhabenden Kreisen erstmals mit sportlichen Betätigungen, wobei sie bewusst die alten Moralbegriffe verletzten. Unter Protesten der Öffentlichkeit tauchten in den europäischen Grossstädten erstmals Radfahrerinnen in «Pumphosen» auf, die ihr Können auf den hohen Stahlrössern demonstrierten. Die Frauen in ihren Radlerkostümen wurden zum Gegenstand boshafter Karikaturen und zogen Zornausbrüche städtischer Kleinbürger nach sich, welche die Radfahrerinnen als «Emanzipierte» beschimpften und am liebsten eingesperrt hätten. Ärzte warnten vor einer Beeinträchtigung der Gebärfunktionen und Erzieher fürchteten um den Verlust des Moralgefühls (Maierhof & Schröder, 1998).

Trotzdem war die Entwicklung des Radfahrens zur exklusiven Modesportart nicht aufzuhalten. Das Fahrrad brachte nicht nur ein Stück Bewegungsfreiheit und Unabhängigkeit, es war auch ein teures Statussymbol, dessen Kosten leicht mehrere Monatslöhne einer Arbeiterin übersteigen konnten. Von den neuen Modesportarten wie Radfahren, Reiten, Eislaufen, Tennis, Bogenschiessen, Rudern oder Golf waren ohnehin in erster Linie die stil- und modebewussten Damen der «High Society» angesprochen. In diesen Sportarten hatten die Frauen weniger Widerstände zu überwinden. Sporttreiben war hier ein gesellschaftliches Ereignis und eine Frage von Stil und Geschmack. Exklusive Sportbekleidung wie das Reit-, Tennis- oder Yachtkostüm waren modische Statussymbole. Überhaupt kam der Kleiderfrage eine besondere Bedeutung zu. Die Kombination von Sport und Mode erhöhte schon damals den Wert sportlicher Aktivitäten. Die sportliche Frau wurde zu einem neuen Frauentyp: Korsett und Riechfläschchen waren passé – Fahrrad und Tennisschläger waren «in» (Pfister, 1989; Müller-Windisch, 2000).

Hinter diesen Entwicklungen im Sport standen gesellschaftliche Veränderungen am Ende des 19. Jahrhunderts, die sich auf die Stellung und das Selbstbewusstsein der Frauen auswirkten. Die vermehrte Erwerbstätigkeit von Frauen aus mittleren und höheren Schichten brachte den Mythos vom «schwachen Geschlecht» ins Wanken. Erste Versuche zu einer Befreiung des Körpers fanden ihren Ausdruck in der Kleidungsreform und der aufkommenden Nacktkörperkultur (Pfister, 2017). Gleichzeitig wuchs das Bewusstsein über die Zusammenhänge zwischen Bewegungsmangel und Tuberkulose, Bleichsucht sowie Muskel- und Organschwächen, wie sie besonders häufig bei Frauen auftraten. Die körperlichen Schwächen von Frauen wurden zunehmend als Folge ihrer angestammten Lebensweise interpretiert und die positiven Effekte von sportlicher Bewegung für die Gesundheit anerkannt. Mädchen- und Frauenturnen wurden als Mittel zur Prävention und Rehabilitation propagiert.

Mehr und mehr ging es nicht mehr um die Frage, ob Frauen Sport treiben sollen, sondern um die Frage, welchen Sport sie treiben sollen. Für die Frauen besonders geeignet wurde die aus Schweden kommende Gymnastik angesehen, die nicht nur gesund sei, sondern durch die Betonung der Ästhetik der weiblichen Psyche besonders entgegenkäme. Abgelehnt wurden dagegen Aktivitäten, die Kraft, Mut oder Ausdauer erforderten. So galten Fechten, Eishockey oder Fussball als zu kämpferisch, Bergsteigen als zu anstrengend und Schwimmen wegen der leichten Bekleidung als zu anstössig. Beim Rudern wurde für Frauen das «Stilrudern» propagiert, bei dem anstelle von Schnelligkeit die Rudertechnik bewertet wurde, damit die Frauen im Boot nicht Grazie und Anmut verlören. Und auch beim Skifahren sollten für die Frauen nicht Geschwindigkeit und Abenteuer, sondern Eleganz und Haltung im Vordergrund stehen. Die Beispiele verdeutlichen: Im Mittelpunkt der Auseinandersetzung um den Frauensport im 20. Jahrhundert stand nicht nur die Frage nach der richtigen Sportart, sondern vor allem die Frage, ob Frauen für Wettkampf- und Leistungssport geeignet seien (Pfister, 2017).

Frauen im Wettkampfsport: «Das Schreckgespenst des Mannweibes»

Der Leistungs- und Wettkampfsport ist das Feld, in dem sich die medizinischen, moralischen und ästhetischen Bedenken gegen den Frauensport besonders hartnäckig zu halten vermochten. Während das Mädchenturnen schliesslich dem Knabenturnen gleichgestellt und Sport als kurzweiliges und gesundes Freizeitvergnügen nach und nach anerkannt wurde, galt die Teilnahme an Wettkämpfen für Frauen weiterhin als gesellschaftlich inakzeptabel. Bis weit ins 20. Jahrhundert wurde der Frau jegliche Eignung für Wettkampf und Leistung abgesprochen. Dabei stossen wir auf die bekannten Argumente: unästhetisch, unweiblich, unschicklich oder ungeeignet wegen mangelnder Kraft und Ausdauer. Durch Wettkampfsport verliere die Frau die Fähigkeit und Bereitschaft zum Gebären und die spezifischen weiblichen Körperformen gingen verloren. Es komme zum Verlust des «Zaubers der Fraulichkeit», und das «Schreckgespenst des Mannweibes» drohe. Die Frau werde abgestumpft und hart, verliere ihr Gefühl und ihren Sinn für die Hausarbeit. Gerade das letzte Argument zeigt, dass die Wettkampfteilnahme von Frauen auch deshalb so heftig bekämpft wurde, weil sie die geschlechtsspezifische Aufgaben- und Arbeitsteilung in Frage stellte. Schliesslich wurde die Stellung der Frau nicht sozial, sondern biologisch begründet. Die Frauen standen einem klassischen

Dilemma gegenüber: Entweder wurde ihnen die Leistungsfähigkeit oder aber die Weiblichkeit abgesprochen (Kleindienst-Cachay & Kunzendorf, 2003).

Wie sehr die Spitzenathletinnen der ersten Stunde darauf bedacht waren, keine Angriffsfläche zu bieten und die geschlechtsspezifische Rollenverteilung nicht in Frage zu stellen, zeigt die «fliegende Hausfrau» Fanny Blankers-Koen. Die niederländische Leichtathletin und zweifache Mutter bewies mit ihren zahlreichen Weltrekorden und Olympischen Goldmedaillen 1948 in London, zu welchen sportlichen Leistungen Frauen fähig sind. Gleichzeitig unterwarf sie sich aber artig dem Rollenmuster ihrer Zeit, indem sie in Interviews beteuerte, ihr Platz sei genauso in der Küche wie auf dem Sportplatz.

Das Vorurteil, dass Frauen nicht an Wettkämpfen teilnehmen sollen, zeigt sich auch in der Geschichte der Olympischen Spiele. Pierre de Coubertin wollte Frauen von den Olympischen Spielen von Anfang an ausschliessen. Für den Begründer der Olympischen Bewegung der Neuzeit müssen die Spiele den Männern vorbehalten bleiben. Die Rolle der Frau soll sich wie in der Antike auf die Bekränzung der Sieger beschränken. Seiner Ansicht nach ist es für die Frauen genügend Ruhm, viele und gesunde Kinder zu gebären. An den ersten Olympischen Spielen der Neuzeit 1896 in Athen nahmen nur Männer teil. Zwar meldete sich ein griechisches Mädchen zum Marathonlauf an, sie wurde aber abgewiesen und lief die Strecke von vielen Radfahrern begleitet eine Woche vor den Spielen. Dank der Verbindung mit der Weltausstellung konnten 1900 in Paris elf Frauen an den Tennis- und Golfwettbewerben teilnehmen. Vier Jahre später waren in St. Louis acht Athletinnen vertreten, und 1908 in London deren 36. Obwohl sich Pierre de Coubertin mit dem Argument, die Teilnahme von Frauen sei «unpraktisch, unästhetisch und unkorrekt», weiterhin gegen ihre Anwesenheit stellte, nahm die Zahl der Athletinnen in den folgenden Jahren kontinuierlich zu. Bis zur Gleichstellung war es aber ein weiter Weg: Erst an den Olympischen Sommerspielen in London 2012 waren alle Sportarten für Frauen offen und erst in Tokio 2020/21 kämpften fast gleich viele Frauen wie Männer um Medaillen.

2 Ende gut – alles gut? Geschlechterdifferenzen im Sport

In den letzten Jahren haben Frauen bezüglich Sportengagement stark aufgeholt (vgl. Kapitel 4). Selbst am Leistungs- und Wettkampfsport können Frauen heute nahezu gleichberechtigt partizipieren und zeigen Leistungen, die man ihnen vor 50 Jahren nie zugetraut hätte. Der lange Kampf zahlreicher sportlicher Vorreiterinnen hat sich ausbezahlt. Die zunehmende Gleichstellung der Frau in der Gesellschaft macht auch vor dem Sport nicht halt. Der Sport hat sich geöffnet und das Sportverständnis hat sich ausdifferenziert (vgl. Kapitel 3). Und trotzdem sind gewisse Geschlechterunterschiede weiterhin zu beobachten. Einerseits beruhen diese Unterschiede auf unterschiedlichen geschlechtsspezifischen Präferenzen und einem nach wie vor unterschiedlichen

Sportverständnis, das insbesondere mit der geschlechtsspezifischen Sozialisation zusammenhängen dürfte (vgl. Kapitel 5). Andererseits sind Anerkennung und Gleichberechtigung noch nicht in allen Bereichen des Sports angekommen. Weiterhin sind Frauen im Sport mit Ungleichheiten und Diskriminierungen konfrontiert. Im Folgenden möchten wir beispielhaft aufzeigen, wo die alten Vorurteile vom «schwachen» und «starken» Geschlecht noch immer wirken und Geschlechterdifferenzen weiterhin zu beobachten sind.

Geschlechterspezifische Präferenzen: typisch Frau – typisch Mann?

Auch wenn Frauen heute praktisch gleich häufig sportlich aktiv sind wie Männer, und sich die geschlechtsspezifischen Ungleichheiten deutlich reduziert haben, unterscheidet sich das durchschnittliche weibliche Sportverhalten nach wie vor von dem der Männer. Frauen haben ein unterschiedliches Sportverständnis, treiben aus anderen Motiven Sport und wählen eigene Sportarten (Lamprecht et al., 2020). Während bei Männern im Durchschnitt Leistungsmotive wichtiger sind und sie auch deutlich häufiger an Wettkämpfen teilnehmen, schätzen Frauen Motive wie Gesundheit, Körpererfahrung und Bodyshaping als wichtiger ein. Männer sind entsprechend häufiger bei Sportarten anzutreffen, bei denen Leistungsvergleich, Zweikampf, Konkurrenz und Risikobereitschaft dominieren, wie beim Eishockey, Fussball, Unihockey, Basketball oder Mountainbiken. Bei Sportarten, in welchen qualitative Bewegungsaspekte und kreative Bewegungsgestaltung, körperlicher Ausdruck, Rhythmus, Bewegungsgefühl sowie Geschicklichkeit im Vordergrund stehen, sind hingegen die Frauen in der Mehrzahl. So zeichnen sich Sportarten wie Aquafitness, Yoga, Pilates, Reiten, Tanzen, Gymnastik, Turnen und Eislaufen durch einen besonders hohen Frauenanteil aus. Mit Blick auf den Ort und das Setting des sportlichen Engagements sind Männer deutlich häufiger im Sportverein und im öffentlichen Raum beim Sporttreiben anzutreffen, während das weibliche Sportgeschehen häufiger bei informellen Sporttreffs oder privaten Sportanbietern und generell in Innenräumen stattfindet.

Um entscheiden zu können, ob es sich bei den genannten Geschlechterpräferenzen bezüglich Sportmotiven, Sportarten und Sportsettings um Unterschiede oder Ungleichheiten handelt, ist zu prüfen, inwiefern die individuellen Präferenzen und Vorlieben alte Rollenbilder widerspiegeln und diese auf teils subtile Weise reproduzieren. Hierbei zeigen sich Diskriminierungen in der Art und Weise, wie verschiedene Sportformen und Angebote unterstützt und gefördert werden. Beispielsweise spielt der Vereinssport in der öffentlichen Sportförderung eine deutlich grössere Rolle als der informelle Sport. Wie Bedeutung, Rollenbilder und kulturelle Vorurteile aus einer Sportart eine typische Männer- oder Frauensportart machen, lässt sich gut am Beispiel des Fussballs zeigen. Während Fussball im europäischen Raum als typische Männersportart gilt, in welcher die Frauen jahrzehntelang für gleiche Zugangsrechte kämpfen mussten (Meier, 2004) und die Vorurteile gegenüber dem Frauenfussball auch heute noch nicht vollständig aufgelöst sind, geniesst der Fussball in den USA den Ruf einer idealen Frauensportart, die durch Technik, Gewandtheit und Ästhetik besticht und deshalb besonders auf die Frauen zugeschnitten sei. In Europa ist Fussball klar die Sportart Nummer 1; in den USA geniessen die Männersportarten American Football, Baseball, Basketball und Eishockey deutlich mehr Unterstützung und Zuspruch als Fussball.

Mediale Repräsentation des Frauensports

Das Beispiel Fussball führt uns direkt in einen Bereich des Sports, in welchem Ungleichbehandlungen und Diskriminierungen von Frauen nach wie vor an der Tagesordnung sind: dem Mediensport. Bei der Reproduktion, Zementierung und Verstärkung typischer Geschlechterbilder kommt dem Mediensport eine besondere Bedeutung zu, da er wesentlich mitbestimmt, wie Sportler:innen in der Öffentlichkeit wahrgenommen werden (Rulofs & Hartmann-Tews, 2017). In den Kommunikations- und Medienwissenschaften ist seit den 1970er Jahren mit den Gender Media Studies ein Forschungsbereich entstanden, welcher sich mit der Darstellung des Geschlechts in der öffentlichen und medialen Kommunikation befasst (Lünenborg & Maier, 2013). Mehrere nationale und internationale Studien haben seither untersucht, wie häufig und auf welche Weise über Athletinnen im Mediensport berichtet wird (Fink, 2015).

Eine Studie aus dem Jahr 2021 der Forschungsstelle Öffentlichkeit und Gesellschaft (fög) über die Darstellung der Frau in der Schweizer Medienberichterstattung zeigt, dass Frauen in der medialen Berichterstattung generell untervertreten sind (Schwaiger et al., 2021). Auf eine Erwähnung einer Frau kommen rund drei Erwähnungen von Männern, was einem Frauenanteil von knapp einem Viertel entspricht. Im Sport ist der Gender Gap besonders gross: Hier entspricht der Frauenanteil in der Berichterstattung weniger als einem Siebtel. Ähnliche Resultate liefert der International Sport Press Survey (ISPS) aus dem Jahr 2011, welcher einen Frauenanteil in der Sportberichterstattung von rund einem Zehntel ausweist. Der ISPS zeigt zudem, dass nicht nur deutlich häufiger über Männer berichtet wird, sondern auch die Berichterstatter:innen in über 9 von 10 Fällen Männer sind (Horky & Nieland, 2013).

Die fög-Studie belegt zudem, dass das Beitragsformat eine entscheidende Rolle spielt, wie häufig über Frauen berichtet wird. So ist die Präsenz von Sportlerinnen in der auf tagesaktuellen Agenturmeldungen basierenden Berichterstattung besonders tief. Auch in der Fernsehberichterstattung sind Sportlerinnen laut internationalen Studien stark unterrepräsentiert (Rulofs & Hartmann-Tews, 2017). Präsenter als in tagesaktuellen Meldungen und Sendungen sind Sportlerinnen in personenzentrierten Formaten mit Human Touch wie Interviews und Portraits (Schwaiger et al., 2021). Bei Sportgrossveranstaltungen wie den Olympischen Spielen führt der sogenannte Olympic Games Effect dazu, dass überproportional häufig über Athletinnen berichtet wird. Wenn Medienschaffende und entsprechendes Equipment bereits vor Ort sind, so wirkt sich das positiv auf die weibliche Repräsentation in den Medien aus, da ohne grossen Zusatzaufwand auch über die Wettkämpfe der Frauen berichtet werden kann (Rulofs & Hartmann-Tews, 2017).

Nicht nur in der Häufigkeit der Berichterstattung gibt es Unterschiede zwischen dem Männer- und Frauensport, sondern auch in den Inhalten und der Art und Weise, wie über die sportlichen Leistungen berichtet wird (Hartmann-Tews & Rulofs, 2001; Rulofs & Hartmann-Tews, 2017). So werden Sportler:innen häufig in geschlechtsstereotypen Sportarten gezeigt. Während bei der männlichen Sportberichterstattung häufig Risiko- und Kampfsportarten dominieren, stehen bei der Berichterstattung des Frauensports häufig kontaktlose Individualsportarten wie Tennis und Schwimmen oder ästhetische Sportarten wie Turnen im Vordergrund.

Sportliche Events der Frauen werden zudem ausdrücklich als solche bezeichnet. So spricht man von Frauenfussball, Fraueneishockey oder der Frauen-EM, während bei den Männern auf dieses «Gender Marking» verzichtet und schlicht von Fussball oder Eishockey gesprochen wird. Durch das Gender Marking wird der Männersport implizit als Norm suggeriert, wohingegen die Anlässe der Frauen als Sonderfall gekennzeichnet werden (Fink, 2015). Ausserdem wird über Sportlerinnen häufiger auf der Gefühlsebene berichtet und es werden sprachliche Stilelemente wie Trivialisierung, Verniedlichung und Infantilisierung eingesetzt. Athletinnen werden als Girls oder Mädels bezeichnet und mit hübsch oder süss beschrieben, während bei den Sportlern kaum von Jungs oder Boys, sondern von Männern die Rede ist, die als stark und mächtig beschrieben werden (Fink, 2015). In der Berichterstattung über Frauen findet sich zudem häufiger ein Fokus auf das Private und das Liebesleben (Schwaiger et al., 2021).

Auch bei der visuellen Darstellung lassen sich Unterschiede finden: Sind Athleten häufig aktiv bei der Sportausübung abgebildet, werden Athletinnen eher in passiven Situationen ohne Sportbezug abgelichtet. Im Vergleich zu Athleten sind auch sexualisierte oder erotische Visualisierungen bei Athletinnen häufiger. Bettina Rulofs und Ilse Hartmann-Tews (2017) weisen darauf hin, dass die erwähnten Geschlechterunterschiede in der sprachlichen und bildlichen Darstellung in ihren eigenen Erhebungen der deutschen Presseberichterstattung zwar in den letzten Jahren seltener vorkommen. Noch immer scheint aber bei Sportlerinnen das Aussehen eine zentralere Rolle zu spielen als bei Sportlern. Attraktive, dem weiblichen Schönheitsideal entsprechende Athletinnen können auch ohne herausragende sportliche Leistung ihren Beachtungsgrad in den (sozialen) Medien und damit ihren Marktwert deutlich steigern, wie dies die Tennisspielerin Anna Kournikova schon vor Jahren vormachte.

Die Unterrepräsentation der Frauen in der Sportberichterstattung findet ihre Entsprechung im medialen Sportkonsum. Frauen schauen nicht nur weniger Sport am Fernsehen und informieren sich seltener über Sport in den Tageszeitungen, Sportzeitschriften oder im Internet, sie besuchen auch weniger Sportveranstaltungen als Männer (Lamprecht et al., 2020). Über die Gründe dafür kann an dieser Stelle nur gemutmasst werden. Die tiefe mediale Repräsentation des Frauensports dürfte aber durchaus ein Faktor sein. Dass die in den Sportmedien dominierenden Sportarten, insbesondere der professionelle Teamsport wie Fussball, bei Frauen deutlich weniger beliebt sind, dürfte ebenfalls einen Teil zum tieferen Sportkonsum der Frauen beitragen.

Gender Pay Gap im Sport: Unterschiede bei der Lohnstruktur und den Preisgeldern

Die quantitativen und qualitativen Unterschiede, wie über Frauen- und Männersport in den Medien berichtet wird, führen nicht nur zu einer Reproduktion und Zementierung von Geschlechterstereotypen, sondern haben auch tiefergreifende soziale, politische und ökonomische Konsequenzen für die Athletinnen und den Frauensport im Allgemeinen. Eine hohe Attraktivität von Frauen-Sportevents generiert mehr TV- und Sponsorengelder und führt dazu, dass mehr monetäre Ressourcen ins System Frauensport fliessen, womit auch die Entlohnung der Sportlerinnen und damit verbunden die Professionalität verbessert werden kann. Eine erhöhte Professionalität hat wiederum zur Folge, dass das Niveau der sportlichen Leistungen der Athletinnen gesteigert werden kann, womit sich automatisch ein erneuter Attraktivitätsgewinn des Frauensports erzielen lässt.

In Anbetracht der unterschiedlichen Medienrepräsentation des Männer- und Frauensports erstaunt es wenig, dass im Profisport ein geschlechtsspezifisches Lohngefälle existiert. Dies betrifft einerseits den direkten Lohn, andererseits aber auch Preisgelder. Zwar haben sich laut einer regelmässig durchgeführten Studie von BBC Sport (2021) bei den meisten internationalen Verbänden die ausgeschütteten Preisgelder zwischen Frauen und Männern etwas angeglichen, noch immer finden sich aber beträchtliche Unterschiede. Im Fussball erhalten Frauen für ihre Erfolge in der Champions League oder an den Weltmeisterschaften nur einen Bruchteil der Summen der Männer. Der Weltmeistertitel der französischen Männer 2018 war der FIFA zwölfmal mehr Preisgeld Wert als der Weltmeistertitel der US-Amerikanerinnen 2019 (BBC Sport, 2021).

Selbst im Tennissport, welcher neben dem Skisport als Vorreiter in Sachen Gleichberechtigung gilt, sind die Unterschiede zwischen Männern und Frauen teilweise frappant. An den Grand Slam Turnieren werden zwar seit 2007 die gleichen Summen bei den Frauen und Männern ausgeschüttet, an vielen anderen Turnieren gibt es jedoch nach wie vor Unterschiede (Flake et al., 2013). Werden neben den Preisgeldern auch die Gehälter und zusätzlichen Lohneinnahmen (z.B. durch Sponsorengelder) in den Blick genommen, so wird schnell klar, dass Frauen ihren Lebensunterhalt weit weniger mit dem Sport verdienen können als Männer. Dies bestätigen aktuelle Zahlen aus der Schweiz: Während ein Drittel der Frauen im Leistungssport Vollzeitsportlerinnen sind, ist es bei den Männern rund die Hälfte (Kempf et al., 2021). Ein Blick auf die Forbes-Liste der bestverdienenden Sportler:innen macht zudem deutlich, dass es für Frauen viel schwieriger ist, zu den Topverdiener:innen zu gehören. Unter den 50 bestverdienenden Sportler:innen des Jahres 2021 finden sich mit Naomi Osaka (60 Mio. $, Platz 12) und Serena Williams (41.5 Mio. $, Platz 28) nur zwei Frauen (Forbes, 2021).

In jüngster Zeit sind Athletinnen zunehmend weniger bereit, sich mit diesem Gender Pay Gap zufrieden zu geben. Das US Women Soccer Team wollte zum Beispiel nicht mehr akzeptieren, dass ihre deutlich weniger erfolgreichen männlichen Kollegen viel mehr Geld für gewonnene Spiele und Turniere vom US-Fussballverband erhalten und starteten die Kampagne «Equal Play Equal Pay». Für gleichen Aufwand, gleiche Leistung und gleichen Erfolg soll es auch gleich viel Lohn geben. Der Kampf von Megan Rapinoe und ihren Mitstreiterinnen war schliesslich erfolgreich und der US-Fussballverband lenkte 2022 ein.

Zur Rechtfertigung des Gender Pay Gap wird jeweils auf das grössere Zuschauerinteresse, die höhere Medienpräsenz und die entsprechend höheren Sponsoreneinnahmen verwiesen (Heckemeyer, 2018). Mit dem Männersport liesse sich schlicht und einfach mehr Geld verdienen, er habe einen höheren Marktwert. Allerdings ist dies auch eine Folge jahrzehntelanger Benachteiligung und der noch immer anhaltenden stereotypen Geschlechterbilder im Mediensport. Frauen ist es deutlich weniger lange erlaubt, am System Leistungssport zu partizipieren und sich so eine gleichberechtigte Stellung in diesem zu erarbeiten. Wir dürfen gespannt sein, inwieweit Medien und Unternehmen Gender-Diversity in der Berichterstattung bzw. im Sponsoring als Chance sehen, um zukünftig nicht zuletzt für weibliche Zielgruppen noch attraktiver zu sein und Sportverbände durch die gezielte Förderung des Frauensports diesem zu mehr Sichtbarkeit und Attraktivität verhelfen.

Gender Data Gap

Der Gender Pay Gap ist nicht die einzige Geschlechterdifferenz, welche sich im Sportbereich auftut. Auch bei der Erhebung von wissenschaftlichen Daten gibt es geschlechterspezifische Unterschiede. So sammelt die Sportwissenschaft mehr Daten über Männer als über Frauen, was eine Wissenslücke zur

Folge hat, die sich auf das alltägliche Leben und die Chancengleichheit der Frauen auswirkt. Wie Caroline Criado-Perez (2020) in ihrem Buch «Unsichtbare Frauen» erläutert, beruhe dieser Gender Data Gap nicht auf bewussten oder bösartigen Absichten, sondern sei das Resultat eines jahrtausendalten Weltbildes, in welchem der Mann als Prototyp und die Frau als Abweichung angesehen wurden. Die Gestaltung der Welt orientiert sich überwiegend an den Eigenschaften eines durchschnittlichen weissen Mannes, da wissenschaftliche Studien vermehrt auf «männlichen» Daten basieren. So sind beispielsweise die Raumtemperaturen in einem Standardbüro, die Regalanordnung im Supermarkt oder auch die Sicherheitsvorkehrungen im Auto auf die Masse eines Durchschnittsmannes ausgerichtet (Criado-Perez, 2020).

Die wissenschaftliche Unterrepräsentation von weiblichen Daten wird auch im Sport deutlich. Laut Swiss Olympic befassen sich nur 4 Prozent der sportwissenschaftlichen Studien mit dem Training, der Erholung und dem generellen Wohlbefinden von Sportlerinnen (Swiss Olympic, 2021). Da entsprechendes Fachwissen über Trainingsmethoden der Frauen häufig fehlt, trainieren selbst Spitzenathletinnen noch immer so, wie es für den männlichen Körper optimal wäre. Themen wie Menstruationszyklus, Schwangerschaft und Verhütung, welche spezifisch Frauen betreffen und für deren Trainingssteuerung zentral wären, waren jahrzehntelang ein Tabuthema im Sport. Erst in jüngster Zeit wächst das Interesse an frauenspezifischen Themen, welche für das Training, die Ernährung oder die Erholung leistungsrelevant sind.

Frauen in Führungspositionen im organisierten Sport

Obwohl Frauen heute ein vergleichbares Sportengagement wie Männer aufweisen, sind sie im Vereinssport nach wie vor untervertreten. In der Schweiz machen die Frauen einen guten Drittel aller Aktivmitglieder in den Sportvereinen aus (Lamprecht et al., 2017). Im Vergleich zur allgemeinen Sportaktivität ist das Sportvereinsengagement der Frauen in den letzten zwanzig Jahren nur wenig gewachsen. Mit zunehmendem Alter reduziert sich der Frauenanteil in den Sportvereinen zusätzlich, aber bereits bei Kindern und Jugendlichen finden wir mehr männliche als weibliche Vereinsmitglieder. Der langjährige Ausschluss der Frauen aus dem Vereinssport in der Vergangenheit wirkt also bis heute nach. Zudem scheinen für Frauen Sportvereine mit ihren engeren, traditionelleren Strukturen, den fixen Trainingszeiten und der starken Ausrichtung auf den Leistungs- und Wettkampfsport weniger attraktiv zu sein.

Nicht nur an der Basis des organisierten Vereins- und Verbandssports sind Frauen unterrepräsentiert, auch in Führungspositionen und den Vereins- und Verbandsvorständen sind sie klar untervertreten. Der Frauenanteil in den Präsidien der Schweizer Sportvereine beträgt weniger als ein Fünftel (Lamprecht et al., 2017). Noch unausgewogener präsentiert sich das Geschlechterverhältnis in den Schweizer Sportverbänden: Nur etwa ein Zehntel wird von einer Frau präsidiert (Schweizer Sportobservatorium, 2021). Die Zahlen aus den europäischen und internationalen Sportverbänden weisen in eine ähnliche Richtung: Eine Untersuchung von Schoch und Clausen (2019) zeigt, dass der Frauenanteil in den Führungsgremien der 28 olympischen Sommersportverbände 2018 im Mittel etwa ein Sechstel betrug. Nur bei einem Verband stand eine Präsidentin an der Spitze, immerhin vier Verbände verfügen über eine Generalsekretärin (vgl. auch EIGE, 2015). Damit sich daran etwas ändert, beginnt die Politik den eigentlich autonomen Sportverbänden Quoten vorzugeben und versucht, diese über die Vergabe von Subventionen zu steuern. Von den Schweizer Sportverbänden wird beispielsweise erwartet, dass sie bis Ende 2024 in ihren Führungsgremien einen Frauenanteil von 40 Prozent erreichen.

Dass Frauen in Führungspositionen im Sport untervertreten sind, zeigt sich auch bei Trainer:innen. Zwar liegt der Frauenanteil bei den Trainerämtern in den Schweizer Sportvereinen bei rund einem Drittel und in den deutschen Vereinen sogar bei zwei Fünfteln (Lamprecht et al., 2017; Breuer & Feiler, 2021). Je höher und prestigeträchtiger das Amt, desto kleiner wird jedoch der Frauenanteil. So weist die Studie «Leistungssport Schweiz» darauf hin, dass bei den vollzeitbeschäftigten Trainer:innen eine ausgeglichene Geschlechterquote und gleicher Lohn noch in weiter Ferne liegen (Kempf et al., 2021).

Nach Sinning und Hofmann (2017) ist der Mangel an Trainerinnen insbesondere im Spitzensport auch in Deutschland kein unbekanntes Phänomen, wobei Frauen vor allem im Spielsportbereich stark unterrepräsentiert sind. Selbst Frauenteams werden nur selten von einer Frau trainiert. Für einmal stellt der männerdominierte Fussball in Deutschland jedoch eine Ausnahme dar: Von 1996 bis heute wurde die Deutsche Frauen-Nationalmannschaft stets von einer Frau gecoacht und auch sämtliche Juniorinnen-Nationalmannschaften werden aktuell von weiblichen Cheftrainerinnen trainiert. Anders sieht es auf Clubebene im Frauenfussball aus: Dort sind Trainerinnen immer noch klar in der Unterzahl. Dabei wirken geschlechterstereotype Erwartungen und subtile Exklusionsmechanismen als Barrieren für das Absolvieren einer Ausbildung und einer Tätigkeit als Trainerin im Fussball (Weigelt-Schlesinger, 2008).

3 Die binäre Geschlechterordnung im Sport und ihre Folgen

In den bisherigen Überlegungen sind wir von der im Sport vorherrschenden binären Geschlechterordnung ausgegangen und haben beleuchtet, welche Ungleichheiten und Diskriminierungen sich daraus ergeben, dass die Geschlechterordnung im Sport nicht nur strikt binär, sondern auch klar hierarchisch strukturiert ist. In der hierarchischen Geschlechterordnung kommt dem Mann die Rolle des starken Geschlechts zu. Noch heute herrscht die alltagsweltliche Überzeugung, dass Männer von Natur aus physisch leistungsfähiger sind als Frauen und bei einem direkten Leistungsvergleich der Mann als Sieger vom Platz geht. Regelanpassungen und abgeänderte Disziplinen verdeutlichen und verstärken das Bild der schwachen Frau. So gibt es bei den Frauen keinen Zehnkampf, sondern es werden lediglich sieben Disziplinen ausgetragen, das Gewicht der Kugel beim Kugelstossen ist bei den Frauen geringer, und im Eishockey ist es den Frauen nicht erlaubt, den für das Eishockey typischen körperbetonten Check auszuführen (Müller, 2006).

Da im modernen Sport Chancengleichheit herrschen soll und ein spannender Wettkampf die gleichen Voraussetzungen für alle Teilnehmer:innen verlangt (vgl. Kapitel 2), scheint es «natürlich», dass die Geschlechter im Wettkampfsport getrennt werden. Erst eine klare Geschlechtersegregation ermöglicht den Frauen eine faire Wettkampfbeteiligung «on a level playing field», also gegen ebenbürtige Gegnerinnen anzutreten und um den Sieg zu kämpfen (Heckemeyer, 2018). Geschlecht als Leistungsklasse erscheint unter diesem Aspekt nur als folgerichtig. Nichtsdestotrotz stellt sich die Frage, weshalb gewisse Faktoren als Leistungsklassen eingesetzt werden und andere nicht. So wird strikt nach Geschlecht getrennt und auch das Gewicht wird in vielen Kampfsportarten oder etwa im Rudern als Einteilungskriterium einbezogen, während die Körpergrösse nicht berücksichtigt wird, obwohl grosse Menschen bei Sportarten wie Basketball, Volleyball oder Hochsprung doch einen klaren Vorteil haben (Müller, 2006).

Das Geschlecht als «natürliche» Leistungsklasse ist nicht nur deshalb zu diskutieren, weil es auf stereotypen Geschlechterbildern beruht und diese reproduziert und legitimiert, sondern weil die ausschliessliche Zweiteilung neue Probleme schafft. So gibt die binäre Geschlechterordnung vor, dass sich alle Menschen eindeutig in die Klassen «Mann» oder «Frau» einordnen lassen. In der Realität ist die klare Zuteilung jedoch nicht immer möglich, da das biologische Geschlecht verschiedene Zwischenstufen und Sonderfälle kennt (Fausto-Sterling, 1993). Wie die frühere Praxis der Geschlechterverifikation («gender verifications») zeigt, führt die im Sport vorherrschende, strikt geschlechterbinäre Klassifizierung dazu, dass trans- oder intersexuelle Menschen faktisch vom Leistungssport ausgeschlossen werden (Heckemeyer, 2018).

Geschlechterverifikationen wurden vom Internationalen Leichtathletikverband (IAAF) und vom Internationalen Olympischen Komitee (IOC) 1960 eingeführt, um von Athletinnen bei internationalen Wettkämpfen einen Geschlechtsnachweis zu erhalten und so regelkonform in der Leistungsklasse der Frauen starten zu dürfen. Hintergrund der Einführung dieser Geschlechtertests war die zunehmende Popularität und Professionalisierung des Frauensports und die damit zusammenhängende Angst, Männer könnten als Frauen verkleidet in den weiblichen Kategorien starten und dort Medaillen gewinnen. Anfänglich wurden im Rahmen dieser Geschlechtertests die äusseren Geschlechtermerkmale der Athletinnen überprüft. Da sich aber schnell Widerstand gegen diese sogenannte «Nacktparade» breit machte, wurde mit unterschiedlichen chromosomalen und genetischen Tests zu labortechnischen Verfahren übergegangen (Müller, 2006). Trotz unterschiedlicher Geschlechtsmarker hatten die verschiedenen Verfahren gemeinsam, dass sie keine verkleideten Männer ans Licht brachten. Vielmehr wurden zahlreiche Athletinnen, welche als Frauen geboren wurden, sich als solche identifizierten und als solche ihr Leben lang Sport getrieben hatten, als intersexuell eingestuft. Als Folge dessen wurde diesen Athletinnen die Weiblichkeit abgesprochen, man schloss sie von Wettkämpfen bei den Frauen aus und erkannte ihnen bereits gewonnene Medaillen ab (Heckemeyer, 2020). Beispiele für solche Fälle sind die spanische Hürdenläuferin Maria Martinez-Patino, die indische Sprinterin Dutee Chand oder die südafrikanische Läuferin Caster Semenya, bei denen durch Geschlechtertests ein zu hoher natürlicher Testosteronwert festgestellt wurde. Zwar ist es entsprechenden Athletinnen erlaubt, durch eine Hormontherapie das Testosteronlevel künstlich zu senken und damit wieder in ihren ursprünglichen Disziplinen zu starten (Heckemeyer, 2018). Die Frauen verlieren durch diesen künstlichen Eingriff in den Hormonhaushalt aber ihren natürlichen biologischen Vorteil und sind mit entsprechenden Leistungseinbussen konfrontiert. Neben den Leistungseinbussen oder dem Ausschluss vom Leistungssport führt die Absprache des Frauseins bei den betroffenen Athletinnen auch zu Stigmatisierungen und erheblichem psychischen Leid. Zudem ist der Testosteronwert als alleiniges Kriterium für die Leistungsfähigkeit in der Wissenschaft umstritten (Heckemeyer, 2020). Ebenso ist unklar, welcher Grenzwert für den Einschluss von inter- und transsexuellen Athletinnen verwendet werden soll.

Obwohl die Geschlechtersegregation im Sport eingeführt wurde, um Chancengleichheit für Frauen herzustellen, führt genau diese Einteilung zu neuen Diskriminierungen. Frauen, die sich nicht eindeutig in das binäre Konstrukt des Sports einordnen lassen, bleibt die Inklusion in den Leistungssport verwehrt (Heckemeyer, 2018). Auf Chancengleichheit berufen sich aber auch die Stimmen, welche solche Ausschlüsse als gerechtfertigt betrachten, da inter- und insbesondere auch transsexuelle Athletinnen einen unfairen Vorteil gegenüber biologischen Frauen hätten und somit eine Gefahr für den Frauensport darstellen (Heckemeyer, 2020).

Da die Geschlechtertests ihren Zweck nicht erfüllten und zu erheblichen Diskriminierungen weiblicher Athletinnen führten, wurden sie vom IAAF und IOC zwar wieder abgeschafft, die Verbände nahmen sich aber das Recht heraus, im Verdachtsfall weiterhin weibliche Athletinnen auf ihre Weiblichkeit zu überprüfen. Laut den Medical Guidelines der IAAF können neben aussergewöhnlichen sportlichen Leistungen auch äussere Merkmale wie die Muskelmasse, Körperbehaarung oder eine tiefe Stimme zu einem solchen Verdachtsfall führen (Heckemeyer, 2018). Die bei Verdachtsfällen durchgeführten Geschlechtertests führen somit dazu, dass weibliche Athletinnen einen extrem schwierigen Spagat zu bewältigen haben: Einerseits sollten sie als Athletin erfolgreich sein, wofür ein athletischer Körper unabdingbar ist, andererseits müssen sie, um nicht unter Generalverdacht zu fallen, aber weiterhin das typische äussere Weiblichkeitsideal erfüllen, bei welchem körperliche Stärke, zu viele Muskeln und burschikose Züge keinen Platz haben.

Bei Athleten findet zwar keine Geschlechterverifikation statt, aber auch Männer müssen innerhalb des Sports das männliche Bild des starken Mannes erfüllen. Besonders in den typisch männlichen Sportarten wie Fussball sind praktisch keine homosexuellen Spitzenathleten bekannt. Das Coming-Out eines aktiven Fussballers kommt immer noch einem sportlichen Erdbeben gleich. Schwulsein wird im Spitzensport oft mit Schwäche und fehlender Männlichkeit in Verbindung gebracht und dementsprechend als Beleidigung eingesetzt. Auch hier werden durch den Sport die typischen stereotypen Rollenbilder gefördert. Diese zeigen sich ebenso im Frauensport, wo Fussballerinnen jahrzehntelang als Mannsweiber und Lesben beschimpft wurden. Im Vergleich zu den Männern und zu anderen Sportarten scheint heute für lesbische Fussballerinnen ein Coming-Out aber eher einfacher zu sein (Rufli et al., 2020).

Neuste Entwicklung in der Genderfrage ist das Rahmenkonzept zu «Fairness, Inklusion und Nicht-Diskriminierung auf der Basis von Geschlechtsidentität und Geschlechter-Variationen», welches das IOC Ende 2021 vorgelegt hat. Neu wird seitens IOC kein einheitliches Testosteronlevel mehr definiert, welches von inter- und transsexuellen Athletinnen unterschritten werden muss, um zu weiblichen Wettkämpfen zugelassen zu werden. Dieser Entscheid soll neu den jeweiligen Fachverbänden übertragen und wissenschaftlich belegt werden. Auch sollen Athletinnen in Verdachtsfällen nicht mehr zu medizinischen Untersuchungen oder Eingriffen gezwungen werden. Obwohl das neue Rahmenkonzept nicht rechtlich bindend ist, kann es als klares Zeichen seitens des IOC verstanden werden, Diskriminierungen und psychische Verletzungen gegenüber inter- und transsexuellen Menschen vorzubeugen und diese so weit wie möglich in das Sportsystem zu inkludieren. Die Debatte um die hierarchische zweigeschlechtliche Ordnung im Sport und das damit verbundene Dilemma zwischen Chancengleichheit von Frauen und der Inklusion von inter- und transsexuellen Athletinnen werden damit aber nicht vom Tisch sein.

4 Fazit

Am Thema «Sport und Geschlecht» lässt sich die Wechselwirkung von Gesellschaft und Sport besonders gut darstellen. Der Sport entwickelte sich in Abhängigkeit der jeweils geltenden Normen und Werte und der herrschenden Machtverhältnisse. Die Entwicklung des Frauensports verläuft parallel zur Gleichstellung der Frau in der Gesellschaft. Die Stellung der Frauen im Sport ist aber nicht einfach das Abbild der Stellung der Frau in der Gesellschaft. Im Sport widerspiegeln sich die jeweiligen Geschlechternormen nicht nur, der Sport ist vielmehr der Ort, wo solche Geschlechterstereotypen geschaffen und verstärkt werden. Das Verhältnis zwischen den Geschlechtern fand – und findet – im Sport nicht nur seine Fortsetzung sondern auch seine Rechtfertigung.

Die vermeintliche körperliche Überlegenheit von Männern – gemessen an den olympischen Idealen «schneller, höher, weiter» – bekräftigte jahrzehntelang den Gegensatz vom «starken» und «schwachen» Geschlecht. Bei dieser Bewertung gab der Mann den Massstab vor, während die Frau über ihre Besonderheiten, Abweichungen und «Defizite» definiert wurde. Unterschiede in der körperlichen Leistungsfähigkeit stützten die Annahme, Mann und Frau seien von Natur aus verschiedene Wesen und deshalb für unterschiedliche Aufgaben und Arbeiten bestimmt. Auf der Basis medizinischer, moralischer oder ästhetischer Bedenken wurde der Bewegungsraum der Frauen eingeengt. Frauensport wurde verboten, ausgegrenzt oder lächerlich gemacht, aber kaum gefördert. Über viele Jahrzehnte wurde so verhindert, dass die Frauen zeigen konnten, dass sie im Sport (und in der Gesellschaft) ebenso leistungsbereit und leistungsfähig sind wie Männer.

Inwieweit sich Rollenbilder, Wert- und Deutungssysteme, Orientierungen und Vorstellungen hinsichtlich des Geschlechts über die Zeit verändern können, wurde anhand eines Rückblicks auf die Geschichte des Frauensports illustriert. Seither hat sich vieles verändert. Frauen treiben heute etwa gleich viel Sport wie Männer und auch im Leistungs- und Wettkampfsport sind sie angekommen. Einige Ungleichheiten, Vorurteile und Diskriminierungen haben jedoch bis heute überlebt und halten sich hartnäckig. Frauen und Männer sind unterschiedlich im Mediensport und in Führungspositionen repräsentiert, es gibt einen Gender Pay Gap und einen Gender Data Gap und es stellt sich die Frage, inwieweit die binäre Geschlechterunterteilung selbst Ursache von Ungleichheiten ist. Der Weg zur Gleichberechtigung im Sport ist weit und steinig und noch lange nicht zu Ende.

Kapitel 8: Sport, Gesundheit, Körperkult

Markus Lamprecht, Angela Gebert & Siegfried Nagel

«Sport ist gesund.» Diese Devise beherzigen immer mehr Menschen. Egal, ob im Kraftraum Gewichte gestemmt oder in den Bergen Höhenmeter gesammelt werden, ob in der Turnhalle gespielt oder das Tanzbein geschwungen wird, immer schwingt das Gesundheitsmotiv mit. Gesundheit gehört zu den wichtigsten und unbestrittensten Werten und Zielvorstellungen der modernen Welt und ist zum Sportmotiv Nummer 1 aufgestiegen. Sportvereine und Fitnesscenter punkten mit Gesundheitssport und Slogans wie «fit und gesund» oder «ein starker Rücken kennt keine Schmerzen». Krankenkassen entwickeln sportliche Präventionsangebote wie Walking-Trails oder Vita-Parcours. Wenn Schulen, Gemeinden oder Betriebe neue Bewegungs- und Sportangebote einführen und fördern, betonen sie die positiven Gesundheitseffekte. Umgekehrt sind Gesundheit und ein funktionsfähiger Körper zentrale Voraussetzungen für Sportaktivitäten. Denn Sporttreiben ist massgeblich durch körperliche Bewegungen geprägt. Und indem wir unseren Körper – mit unserem Körper – bewegen, verändern und formen wir unseren Körper und halten ihn dadurch gesund.

Und was ist mit Winston Churchill? «No sports» soll der passionierte Zigarrenraucher und Whiskytrinker auf die Frage eines Reporters nach seinem Geheimnis für ein langes und gesundes Leben geantwortet haben. Der berühmte britische Staatsmann wurde damit zur gewichtigsten Referenz für alle Sportmuffel. Allerdings mit dem Schönheitsfehler, dass das Zitat mit grösster Wahrscheinlichkeit erfunden ist. Erstens hat Winston Churchill in jungen Jahren durchaus Sport getrieben – er soll als Fechter, Schütze und Reiter aktiv gewesen sein. Zweitens hat Churchills Vorstellung von Sport wenig mit unserem heutigen Sportverständnis gemeinsam und beschränkte sich auf körperbetonten Wettkampfsport wie Fussball oder Rugby. Drittens soll es um die Gesundheit des ehemaligen Premierministers im Alter nicht allzu gut bestellt gewesen sein. Und viertens scheint das Zitat ausserhalb des deutschen Sprachraums unbekannt zu sein. Das «Oxford Dictionary of Quotations» führt es jedenfalls nicht auf.

Damit wird die Zahl der notorischen Sportverächter:innen nicht nur immer kleiner, sie verlieren auch ihren bedeutendsten Fürsprecher. Sportmuffel scheinen im «Zeitalter der Fitness» eine aussterbende Spezies zu sein. Man kann sich darüber durchaus freuen, obwohl – wie wir später sehen werden – der Sport- und Fitnessboom und die zunehmende Instrumentalisierung des Sports auch Probleme und Risiken beinhaltet. Zunächst ist aber unbestritten, dass Sport gut für die Gesundheit ist, lebenslanges Sporttreiben vor Krankheit und Gebrechen schützt und sportliche Aktivitäten die Lebensqualität und das Wohlbefinden steigern. Viele Zusammenhänge sind gut untersucht und bestens dokumentiert. Trotzdem erweist es sich als lehrreich, das Power-Tandem einmal auf den Prüfstand zu stellen.

Wir beginnen mit der gesundheitlichen Bilanz des Sporttreibens und nehmen seine gesundheitlichen Vorteile, aber auch seine Risiken etwas näher unter die Lupe. Welche Zusammenhänge zwischen Sport und Gesundheit sind belegt? Wieviel Sport ist gesund und machen wir das Richtige? Danach richten wir den Fokus auf die Gesundheitsvorstellungen. Unser Verständnis von Gesundheit und Krankheit unterliegt einem steten Wandel und ist abhängig von gesellschaftlichen Entwicklungen und den Fortschritten in der Medizin. Die Vorstellung von Gesundheit und Krankheit hat sich über die Zeit stark verändert. Erst ab Mitte des 18. Jahrhunderts wurden Krankheiten nicht mehr einfach als Schicksal oder göttliche Fügung gedeutet und erst ab Mitte des 20. Jahrhunderts wurde die individuelle Gesundheitsvorsorge zu einem zentralen gesellschaftlichen Anliegen. Im Zuge der Gesundheitsförderung betritt das «präventive Selbst» die Bühne. Das «Zeitalter der Fitness» bricht an und verändert unsere Sicht auf den Körper. Fitness wird zum gesellschaftlichen Imperativ, wer nicht mitmacht, gehört irgendwie nicht mehr dazu. Mit dem Training wird Zugehörigkeit demonstriert. Der gesunde, sportliche Körper wird zum Statussymbol und zum Sinnbild für Disziplin, Leistung, Attraktivität, Individualität und Erfolg. Körper- und Selbstoptimierung werden zum Pflichtprogramm. Die Folge davon ist nicht nur ein zwanghaftes Gesundheitsstreben, sondern auch eine zunehmende Normierung bei gleichzeitiger Stigmatisierung des Körpers.

1 Wie gesund ist Sport?

Sport ist Medizin

Die Gesundheitswirkungen des Sports sind gut untersucht und belegt. In zahlreichen Untersuchungen konnte nachgewiesen werden: Regelmässige sportliche Aktivitäten haben eine gesundheitsfördernde Wirkung und besitzen eine langfristige Schutzwirkung gegenüber verschiedenen chronisch-degenerativen Krankheiten. Sporttreiben wirkt sich positiv auf Herz, Kreislauf, Ausdauer, Muskelkraft, Knochengesundheit und ein gesundes Körpergewicht aus. Zudem vermindern Sport- und Bewegungsaktivitäten nachweislich das Risiko von Herz-Kreislauf-Erkrankungen, Hirnschlag, Bluthochdruck, Osteoporose, Übergewicht, Diabetes Typ II sowie Darm- und Brustkrebs.

Dazu zeigen sich positive Effekte auf das psychische Wohlbefinden, die Schlafqualität und die allgemeine Lebensqualität. Sporttreiben hilft gegen psychische Befindlichkeitsstörungen, beim Stressabbau und bei depressiven Verstimmungen. Sport stärkt das Immunsystem und bietet viele Gelegenheiten für Begegnungen und soziale Kontakte. Bei älteren Menschen kommt dazu, dass sportliche Aktivitäten die Denkfähigkeit erhalten und einen grossen Beitrag zur Sturzprophylaxe liefern können. Die positiven Gesundheitseffekte des Sporttreibens wurden in einer Vielzahl von Studien nachgewiesen. Eine gute Übersicht über den Forschungsstand findet sich bei Bös und Brehm (2006), Lippke und Vögele (2006), Malm et al. (2019), Miko et al. (2020) sowie im vom Bundesamt für Sport et al. (2013) herausgegebenen Grundlagendokument «Gesundheitswirksame Bewegung». Dass Sport auch Stress reguliert und reduziert, zeigen Fuchs und Gerber (2018).

Wie Sport genau wirkt und heilt, ist im Detail zwar noch häufig ungeklärt, dass Sport und Bewegung wirken und heilen, ist aber unbestritten. Dabei wirken sportliche Aktivitäten primär präventiv und erweisen sich als probates Mittel gegen die sogenannten Zivilisationskrankheiten. Gesellschaftliche Entwicklungen und technische Errungenschaften haben dazu geführt, dass uns körperlich anstrengende Arbeiten zunehmend abgenommen und uns der Alltag erleichtert wurde. Die Befreiung mühseliger körperlicher Arbeit hat aber ihre Kehrseite. Das viele Sitzen bei der Arbeit, in der Schule oder unterwegs im Auto oder Zug schadet unserer Gesundheit (Ekelund et al., 2016). Stoffwechsel und Herz-Kreislaufsystem sind beim Sitzen unterfordert und müssen durch aktive Bewegung in Schwung gebracht werden. Damit die Muskulatur nicht verkümmert, muss sie gebraucht, Dysbalancen müssen ausgeglichen, Fehlhaltungen korrigiert und Verspannungen gelöst werden. Diese Aufgaben kann der Sport übernehmen. Er bildet so die Grundlage für ein gesundes und bewegtes Leben.

Nebenwirkungen und Risiken

Gleichzeitig kennt der Sport auch seine Schattenseiten und Risiken. Wer es mit Sporttreiben übertreibt, zu viel oder das Falsche tut, hat nur einen geringen oder sogar einen negativen Effekt. Zu hohe oder falsche Belastungen und geringe Regeneration können nicht nur zu einem harmlosen Muskelkater führen, sondern zu Sportverletzungen und Sportschäden. «Je mehr, desto besser» ist mit Blick auf den Gesundheitsgewinn nicht richtig (Lippke & Vögele, 2006). Die Beziehung zwischen Sportaktivität und Gesundheitsnutzen ist nicht linear. Wird der Trainingsumfang zu hoch, die Regeneration zu knapp, kann sich der Gesundheitsgewinn sogar ins Gegenteil verkehren. Bei jeder Sportart zeigt sich eine Grenze, an der statt des individuellen Wohlbefindens nur noch die Abnutzungserscheinungen und das Verletzungsrisiko ansteigen. Bei exzessivem Sporttreiben nehmen zudem die psychischen Risiken zu. Es drohen Depressionen, Essstörungen oder eine Sportabhängigkeit, die in Einzelfällen krankhaft werden kann (Niedermeier et al., 2019). Auch beim Sport bewahrheitet sich also die vielzitierte Weisheit von Paracelsus: Allein die Dosis macht das Gift.

Im richtigen Mass ist Sport gesund und schützt vor Krankheiten. Wer es übertreibt, schadet sich und riskiert gar sein Leben wie der griechische Laufbote und Pate des Marathonlaufs Pheidippides, der angeblich von Marathon nach Athen rannte, um den Sieg der Perser zu verkünden, und danach vor Erschöpfung zusammenbrach. Die Diagnose aus heutiger Sicht würde wohl «plötzlicher Herztod» heissen. Der plötzliche Herztod ist im Sport glücklicherweise sehr selten. Es geschehen aber viele Unfälle und einige davon enden auch tödlich. Insgesamt verletzen sich in der Schweiz jedes Jahr über 400'000 Personen beim Sport, etwa ein Viertel davon zählt zu den mittelschweren und schweren Unfällen (Niemann et al., 2021). In der Europäischen Union werden jedes Jahr gut 6 Millionen Sportverletzungen gezählt, die in einem Krankenhaus behandelt werden müssen (Niedermeier et al., 2019). Sowohl in der Schweiz wie in der EU liegt die Zahl der Sportunfälle damit an zweiter Stelle hinter Verletzungen in «Haus und Freizeit», aber vor den Unfällen im Strassenverkehr. Besonders häufig geschehen Sportunfälle in den Ballsportarten, namentlich im Fussball, sowie in den Alpenländern beim Skifahren und Bergwandern, was auch daran liegt, dass sich diese Sportarten grosser Beliebtheit erfreuen. Unfälle mit Todesfolge kommen vergleichsweise selten vor. Die meisten Unfalltoten werden beim Schwimmen, im Bergsport und beim Radfahren gezählt (Niedermeier et al., 2019).

Bewegungsmangel und Bewegungsempfehlungen

Die Verletzungen, Sportschäden oder psychischen Risiken sind allenfalls ein Argument gegen zu exzessives Sporttreiben, falschen Ehrgeiz und Übermut, ein Argument gegen sportliche Aktivitäten sind sie aber nicht. Die Folgen und Kosten von Bewegungsmangel sind vielfach höher als die Gefahren durch Unfälle oder Fehlbelastungen (Melzer et al., 2004). Das Hauptproblem ist nicht zu viel, sondern immer noch zu wenig sportliche Bewegung. Körperliche Inaktivität wird weltweit als eines der grössten Gesundheitsprobleme unserer Zeit gesehen (Trost et al., 2014). Dem Problem nimmt sich auch die Weltgesundheitsorganisation (WHO) an und gibt Mindestempfehlungen für körperliche Aktivitäten heraus, an denen sich die Empfehlungen in Deutschland, Österreich und der Schweiz orientieren (vgl. WHO, 2020; Bundesamt für Sport, 2013; Rütten & Pfeifer, 2017).

Die Aktivitätsempfehlungen für gesundheitswirksame Bewegung gehen von mindestens 150 bis 300 Minuten Sport oder Bewegung pro Woche bei wenigstens mittlerer Intensität aus. Alternativ dazu können es auch 75 bis 150 Minuten mit hoher Intensität sein (WHO, 2018, 2020). Eine hohe Intensität erreicht man bei Bewegungs- und Sportaktivitäten, die einem ins Schwitzen bringen. Für eine mittlere Intensität muss man nicht zwingend ins Schwitzen aber doch etwas ausser Atem kommen. Zusätzlich empfiehlt die Weltgesundheitsorganisation ein gezieltes Krafttraining für alle wichtigen Muskelgruppen an mindestens zwei Tagen pro Woche. Letzteres wird insbesondere älteren Menschen geraten, deren Fokus verstärkt auf Gleichgewicht, Koordination und Stärkung der Muskelkraft liegen sollte. Deutlich höhere Empfehlungen gelten für die Kinder und Jugendlichen. Sie sollten sich gemäss den Richtlinien jeden Tag mindestens 60 Minuten mit moderater oder hoher Intensität bewegen.

Gesundheitssport als instrumenteller Sport

Um die Bewegungsempfehlungen einzuhalten, braucht es nicht zwingend Sportaktivitäten, auch Bewegung im Alltag und auf dem Arbeitsweg oder Aktivitäten im Garten und Haus erfüllen ihren Zweck. Dennoch scheint Sporttreiben zum Königsweg für ein gesundes und bewegtes Leben geworden zu sein. Als Folge davon hat sich mit dem Gesundheitssport ein eigener Sportbereich mit eigenen Zielen und Zielgruppen, Angebots- und Organisationsformen sowie Formen der Institutionalisierung entwickelt. Im Gesundheitssport gilt es, mit speziellen Gesundheitsprogrammen spezifische Gesundheitsziele zu erreichen. Thiel et al. (2013) unterscheiden vier Felder von Gesundheitssport: Gesundheitsförderung, Präventionssport, Sporttherapie und Rehabilitationssport. Während es bei der Gesundheitsförderung um die Stärkung von Gesundheits- und Widerstandsressourcen geht, richtet sich der Präventionssport an Personen mit spezifischen gesundheitlichen Risiken oder Vorerkrankungen. Bei der ärztlich verordneten Sport- und Bewegungstherapie sollen körperliche aber auch psychische oder soziale Beeinträchtigungen (z.B. mit Physiotherapie) ausgeglichen oder geheilt werden. Beim Rehabilitationssport schliesslich geht es um die Behebung von Beeinträchtigungen, die infolge einer Erkrankung oder eines Unfalls aufgetreten sind (z.B. in der Herzsportgruppe). Alle diese Formen von Gesundheitssport gehören zum instrumentellen Sport (vgl. das differenzierte Sportmodell in Kapitel 3). Sport wird als Mittel zum Zweck gesehen mit dem Ziel der Förderung, Aufrechterhaltung und Wiederherstellung von Gesundheit (Bös & Brehm, 2006; Burrmann, 2008).

2 Gesundheitsvorstellungen im gesellschaftlichen Wandel

Die Entstehung der modernen Medizin

Gesundheit ist heute zu einem so zentralen und unbestrittenen Wert geworden, dass leicht vergessen geht, wie sehr unser Verständnis von Gesundheit und Krankheit gesellschaftlich geprägt ist. In den Gesundheitsvorstellungen widerspiegeln sich die Strukturen und die Werte einer Gesellschaft, aber auch der Stand der Technik und Medizin.

Jahrhundertelang war Krankheit ein Schicksal, das einen willkürlich traf und gegen das man sich kaum wirksam schützen konnte. Den verschiedenen Krankheitserregern war man hilflos ausgesetzt; Krankheitsursachen waren noch nahezu unbekannt. Im Kampf gegen Krankheiten konnte man einzig auf göttlichen Beistand hoffen oder bestenfalls auf die Kraft bewährter Hausmittel vertrauen. Gegen die hochansteckenden Infektionskrankheiten wie Pocken, Cholera oder Pest, aber auch Masern oder Grippe war allerdings kein Kraut gewachsen. Sie trafen die Menschen ohne Vorwarnung und Schutz, brachten Elend und Tod über ganze Landstriche und veränderten die Machtverhältnisse und Ungleichheitsstrukturen Europas (Scheidel, 2018). Die grossen Seuchenzüge wurden als Strafe Gottes gesehen, was jedoch nicht davon abhielt, nach Schuldigen zu suchen. Dies führte zur Verfolgung von Jüd:innen, Hexen oder Andersdenkenden und brachte noch mehr Elend und Tod.

Erst in der zweiten Hälfte des 18. Jahrhunderts wurde Gesundheit gestaltbar. Das «Goldene Zeitalter der Medizin» brach an (Gerste, 2021; Cachay, 1988). Die Medizin machte Fortschritte und der Ärztestand gewann an Ansehen und Einfluss. Wissenschaftler und Ärzte wie Ignaz Semmelweis, Louis Pasteur oder Robert Koch tauchten in die Welt der Mikrobiologie ein und entdeckten die Rolle von Krankheitserregern. Sie erkannten die Bedeutung der Körperpflege, führten Hygienevorschriften ein und entwickelten die ersten Impfstoffe. Damit war Gesundheit nicht mehr allein das Ergebnis von göttlicher Fügung oder Schicksal, sondern konnte durch die Menschen beeinflusst und mitgestaltet werden. Anstelle religiöser Welterklärung trat die Vernunft und eine mathematisch-rationale Sicht der Welt. Die Ausbreitung einer aufgeklärten Weltsicht, welche die religiösen und dogmatischen Welterklärungen hinterfragte und zurückdrängte, bereitete den Boden für medizinischen Fortschritt. Gesundheit wurde eine durch Vernunft geregelte, gestaltbare und beeinflussbare Grösse (Ruckstuhl & Ryter, 2017).

Gleichzeitig veränderten sich die Machtverhältnisse und der Staat gewann an Einfluss. Das aufstrebende Bürgertum forderte den alten Adel heraus. Der Bürger beanspruchte seinen Platz in der Gesellschaft aufgrund von Fleiss, Leistung und sittlicher Lebensführung und nicht aufgrund von Geburt und vererbten Privilegien. Wohlstand und Macht sollen einem nicht in die Wiege gelegt, sondern selbst erarbeitet werden. Jeder ist seines Glückes Schmied. Diese Sichtweise liess sich zunehmend auf die Gesundheit anwenden. Gesundheit wurde für das aufstrebende Bürgertum eine Voraussetzung für sozialen Aufstieg und verband sich eng mit den bürgerlichen Tugenden wie Mässigkeit oder Reinlichkeit. Insbesondere die Hygienemassnahmen, die im Kampf gegen Cholera, Typhus oder Pocken erfolgreich angewendet wurden, verbreiteten sich in den rasch wachsenden Städten und erforderten zu ihrer Durchsetzung mehr staatliche Einrichtungen und Gesetzgebungen. Der Staat fing an, sich um die Gesundheit der Menschen zu kümmern, mit dem Wissen, dass Glückseligkeit, Erwerbsfleiss und Wohlstand der Bevölkerung auch von ihrer Gesundheit abhing (Ruckstuhl & Ryter, 2017). Gleichzeitig entstanden zivilgesellschaftliche Organisationen, die sich um Probleme wie Alkoholismus, Säuglingssterblichkeit oder Tuberkulose kümmerten.

Prävention und Gesundheitsförderung

Der medizinische Fortschritt, eine aufgeklärte Weltsicht, das aufstrebende Bürgertum und vermehrte staatliche Eingriffe ebneten den Weg für eine öffentliche Gesundheitspflege (Public Health), auf deren Boden sich die moderne Prävention entwickeln konnte. Die Idee der Krankheitsvorbeugung war zwar nicht gänzlich neu, finden wir doch bereits in der Antike Ansätze, durch gymnastische Übungen die körperliche Leistungsfähigkeit und das Wohlbefinden zu verbessern. Der Leitspruch «Mens sano in corpore sano» («ein gesunder Geist in einem gesunden Körper») des römischen Dichters Juvenal war allerdings als Gebet und Fürbitte gedacht und wurde bezeichnenderweise erst anfangs des 19. Jahrhunderts zum Slogan der deutschen Turnerbewegung. Die Vorstellung, für seine Gesundheit selbst Verantwortung zu übernehmen und etwas dafür zu tun, setzte medizinisches Wissen voraus und bedingte einen Kulturwandel, der erst ab Mitte des 18. Jahrhunderts in Gang kam.

Philosophen und Pädagogen wie Jean-Jacques Rousseau, Heinrich Pestalozzi oder Johann Christoph Friedrich GutsMuths erarbeiteten die Grundsätze der ganzheitlichen Erziehungslehre und betonten die Bedeutung der körperlichen Erziehung für die Gesundheit des Menschen. Während Turnvater Jahn bei der Stärkung von Körper und Geist eher nationale und militärische Anliegen und die Wehrtüchtigkeit des Volkes im Blick hatte, legte Wilhelm Hufeland Ende des 18. Jahrhunderts ein Regelwerk zur «Verlängerung des Lebens» vor, das sich erstaunlich modern liest: Regelmässige körperliche Bewegung, genügend Ruhe und eine ausgewogene Diät finden sich hier ebenso wie die Forderung nach Hygiene und seelischer Ausgeglichenheit (van Spijk, 1991). Diesen verdienstvollen Pionieren zum Trotz gewannen Prävention und Gesundheitsförderung erst ab Mitte des 20. Jahrhunderts den Stellenwert, den sie heute haben.

Etwa Mitte des 20. Jahrhunderts lässt sich eine klare Verschiebung von einer kurativen Medizin zu einer präventiven Medizin beobachten. Der Grund für diese Verschiebung waren einerseits die massiven Kostensteigerungen im Gesundheitssystem, andererseits die Veränderungen im Krankheitspanorama. Dank den Erfolgen medizinischer und hygienischer Massnahmen nahmen die akuten bzw. Infektionskrankheiten in hochentwickelten Industrieländern generell ab, während die chronisch-degenerativen Krankheiten stark zunahmen. Die gesteigerte Lebenserwartung führte zu einer Zunahme von chronischen Krankheiten wie Krebs, Herzkreislaufkrankheiten oder Diabetes. Der Blick auf Krankheit und Krankheitsvorsorge änderte sich erneut. Indem die Weltgesundheitsorganisation 1946 Gesundheit nicht mehr länger als Abwesenheit von Krankheit definierte, sondern neu als körperliches, geistiges und soziales Wohlbefinden im Sinne eines bio-psycho-sozialen Gesundheitsmodells verstand, legte sie den Grundstein für eine schrittweise Auflösung der Grenze zwischen Krankheit und Gesundheit und für eine zunehmende Individualisierung von präventiven Praktiken (Lengwiler & Madarasz, 2010).

Vierzig Jahre später lieferte die sogenannte Ottawa-Charta die Standarddefinition für Gesundheitsförderung und Prävention, indem sie auch die sozialen Bedingungen und die ungleiche Verteilung von Ressourcen für Gesundheit in die Diskussion einbrachte: «Gesundheitsförderung zielt auf einen Prozess, allen Menschen ein höheres Mass an Selbstbestimmung über ihre Gesundheit zu ermöglichen und sie damit zur Stärkung ihrer Gesundheit zu befähigen» (WHO, 1986). Die Ottawa-Charta wurde in der Jakarta Erklärung von 1997 nochmals bekräftigt und weiterentwickelt: «Gesundheit ist ein grundlegendes Menschenrecht und für unsere soziale und ökonomische Entwicklung unabdingbar. Gesundheitsförderung wird zunehmend als wesentlicher Bestandteil der Gesundheitsentwicklung anerkannt. Gesundheitsförderung ist ein Prozess, der Menschen befähigen soll, mehr Kontrolle über ihre Gesundheit zu erlangen und sie zu verbessern» (WHO, 1997). Etwas später wurde in der Bangkok-Charta (WHO, 2005) zusätzlich betont, dass das Konzept der Gesundheitsförderung die Gesundheit als einen Bestimmungsfaktor für Lebensqualität – einschliesslich des psychischen und geistigen Wohlbefindens – begreift.

3 Das präventive Selbst

Gesundheitsbewusstes Verhalten als gesellschaftliche Pflicht

Die verschiedenen WHO-Definitionen von Gesundheit legen einen starken Fokus auf gesundheitliche und soziale Ungleichheiten und zielen auf mehr gesundheitliche Chancengleichheit. Die skizzierte Verschiebung von der Krankheitsbekämpfung zur öffentlichen Gesundheitsförderung erweckt aber auch das «präventive Selbst» zum Leben (Lengwiler & Madarasz, 2010), das mehr auf individuelles Verhalten zielt und strukturelle Faktoren und Ungleichheiten gerne aus den Augen verliert.

Heute sind die weitaus meisten Menschen der Ansicht, es hinge vor allem von ihrer individuellen Lebensgestaltung ab, ob sie gesund oder krank seien. Gesundheit ist für sie nicht mehr länger Schicksal, sondern kann durch eine aktive, «gesundheitsbewusste» Lebensweise erarbeitet und verdient werden. Wenn sich aber Gesundheit aktiv beeinflussen lässt, trägt man für seinen Gesundheitszustand auch selbst Verantwortung. Umgekehrt heisst dies: Krankheiten sind in vielen Fällen nicht etwas, was einen unvorhergesehen und unvermeidlich trifft, sondern etwas, was sich langsam ankündigt und durch richtiges Verhalten abgewendet werden kann. Weder Schicksal oder Zufall noch Konstitution oder Vererbung, sondern das eigene Verhalten wird primär dafür verantwortlich gemacht, wenn jemand erkrankt. Krankheit kann damit das Stigma von Schuld bekommen (Crawford, 1980).

Die Veränderungen in der Wahrnehmung von Krankheit und Gesundheit lassen sich nicht allein durch die Veränderungen bei den Krankheitsursachen und eine verbesserte medizinische Versorgung erklären. Die Metamorphose der Gesundheit von einem passiven zu einem aktiven Status passt perfekt zu den Grundwerten einer individualisierten Leistungsgesellschaft (vgl. Kapitel 3). Kontrolle und Beherrschung haben sich heutzutage nicht nur auf die Umwelt, sondern auch auf den eigenen Körper zu richten. Selbstverantwortung, Selbstdisziplin und ein vernünftiges Gesundheitshandeln sind zu wichtigen Bedingungen für das Funktionieren moderner Gesellschaften geworden.

Die Verknüpfung von gesundheitlichem Wohlbefinden und gesamtgesellschaftlichem Wohlergehen geschieht auch über volkswirtschaftliche Überlegungen. «Volksgesundheit» gehört seit Jahrzehnten nicht nur aus humanistischen und sozialen, sondern auch aus volkswirtschaftlichen Gründen zu den wichtigen Anliegen staatlicher Politik. Gesunde, leistungsfähige Menschen sind eine Voraussetzung für den Erhalt und das Wachstum moderner Gesellschaften. Aus ökonomischer Sicht stellt Krankheit nicht nur ein individuelles Leid dar. Arbeitsunfähige Menschen schmälern zugleich die «Leistungsfähigkeit» der Wirtschaft als Ganzes bzw. «belasten» die Gesellschaft. Produktivitätsargumente standen sowohl hinter den ersten Bestrebungen zur Humanisierung der Arbeit als auch hinter der Schaffung von Kranken- und Unfallversicherungen, die in Europa seit dem späten 19. Jahrhundert entstanden (Alber, 1982).

Durch den ständigen Anstieg der Gesundheitskosten hat die ökonomische Argumentation zusätzlichen Auftrieb erhalten. Gesundheitsbewusste Verhaltensweisen dienen nicht nur dem persönlichen Wohlergehen, sondern auch der Kostensenkung im Gesundheitswesen und sind somit im Interesse von uns allen. Die persönliche Verantwortung für die eigene Gesundheit wird zu einer gesellschaftlichen Verantwortung. Wer sich nicht regelmässig bewegt und Sport treibt, raucht, übermässig Alkohol konsumiert oder sich ungesund ernährt, schädigt nicht nur sich selbst, sondern verhält sich unsozial.

Das moderne Gesundheitsverständnis ist ein Beispiel dafür, wie sich die institutionellen Anforderungen, Regulierungen, Kontrollen und Zwänge in der individualisierten Leistungsgesellschaft nicht abgebaut, sondern vielmehr verschoben haben. Die alten Pflicht- und Akzeptanzwerte sind nicht verschwunden, sie haben nur ihre Gestalt gewechselt. Aus rigiden Handlungsbeschränkungen und Verboten sind flexible Handlungsanreize und Anforderungen geworden, welche das Verhalten der Individuen nicht weniger, sondern nur subtiler steuern. Die äusseren und unhinterfragten Regeln sind der Selbstverantwortung und Selbstkontrolle gewichen. Fremdzwänge wurden zu Selbstzwängen (vgl. Elias, 1976 sowie unsere Ausführungen dazu in Kapitel 2). Wie Zwang und Gewalt seit der Aufklärung durch wirksamere Verhaltensregulierungen abgelöst wurden, lässt sich beim französischen Soziologen Michel

Foucault (1971, 1973) nachlesen. Weit mehr als früher hat sich das aus eindeutigen Regulierungen befreite Individuum heute selbst herzustellen. Früher wurde man in die Gesellschaft hineingeboren und musste sich ihren Vorgaben und Zwängen unterordnen. Die heutigen Vorgaben sind Appelle. Es wird einem weniger gesagt, was man nicht tun darf, als vielmehr was man zu tun hat.

Ratschläge für die richtige Lebensweise

Was man zu tun hat, darüber gibt eine stetig wachsende Beratungsindustrie bereitwillig Auskunft. Die Ratschläge für die richtige Lebensweise sind mit moralischen Appellen verknüpft. Werte wie Training, Selbstdisziplin und Selbstkontrolle können durchaus im Rahmen einer Art Neuauflage der «protestantischen Ethik» gesehen werden, die ihre Rechtfertigung nicht mehr aus dem späteren Seelenheil, sondern in säkularisierter Form aus dem Wohlbefinden im Hier und Jetzt bezieht. Eine wichtige Rolle in diesem Normsetzungsprozess spielen die Casting-Shows und die sozialen Medien. Unter der Oberfläche harmloser Gesangs- oder Tanzwettbewerbe und bangloser Selbstdarstellung auf Instagram und Co. werden reihenweise Klischees und Stereotypen bedient sowie Normen und Rollen zementiert. Besonders deutlich wird dies in der Fernsehshow «The Biggest Loser», in der stark übergewichtige Menschen in allerlei sportiven Wettbewerben gegeneinander antreten, mit dem übergeordneten Ziel, mehr Körpergewicht zu verlieren als die anderen. Wer zu wenig «abspeckt», scheidet – als wäre es ein sportlicher Wettkampf – aus. Dabei steht dieser Wettstreit um Kilos und Körpermasse unter dem sinnigen Motto «Leben leicht gemacht».

Mit der Verknüpfung von gesundheitsbewusstem, diszipliniertem Verhalten und Wohlbefinden sind aber nicht nur moralische Appelle und ein hoher Druck auf das Individuum verbunden, die Verknüpfung kann auch dazu dienen, Gesundheitsprobleme zu individualisieren und strukturelle Faktoren und Belastungen wie Arbeitslosigkeit, Armut, gefährliche Arbeitsbedingungen oder Umweltverschmutzung auszublenden. Ursachen für die chronischen Nackenverspannungen, Rücken- und Kopfschmerzen sind dann nicht mehr das lange Sitzen vor dem Computerbildschirm, die schweren Lasten oder die giftigen Dämpfe, sondern das fehlende Kraft-, Beweglichkeits-, Ausdauer- oder Atemtraining nach Arbeitsschluss.

Die Vorstellung vom «präventiven Selbst» geht von einer Gleichheit aus, die es so nicht gibt. Stillschweigend wird übersehen, dass sich sowohl die Risiken und Belastungen als auch das Verständnis von Gesundheit und Körper schichtspezifisch unterscheiden (vgl. Kapitel 4). In den verschiedenen sozialen Schichten bestehen andere Vorstellungen über den Umgang mit dem Körper, und weder die infrastrukturellen Angebote des Gesundheitssystems noch die gesundheitlichen Risiken sind gleichmässig verteilt. Bauarbeiter:innen tragen ein deutlich höheres Krankheitsrisiko als Architekt:innen, und die Lebenserwartung von Fabrikarbeiter:innen ist klar tiefer als diejenige von Büroangestellten. Bei allen gutgemeinten Appellen an die Selbstverantwortung des Individuums gilt es, neben den biologischen auch die strukturellen Faktoren von Gesundheit und Krankheit zu berücksichtigen. Will die Gesundheitsförderung die Empfehlungen der WHO ernst nehmen, so darf sie nie die gesundheitlichen und sozialen Ungleichheiten aus dem Blick verlieren.

4 Fitness als gesellschaftlicher Imperativ
Fitness als Wundermittel

Von allen gesundheitsfördernden Verhaltensweisen kommen sportlichen Aktivitäten eine besondere Bedeutung zu. Sport verbindet in geradezu idealer Weise körperliches Wohlergehen mit Leistungsstreben und Individualität. Im Gegensatz zur Ernährung, dem Alkoholkonsum oder Rauchen, wo Mass halten und Verzicht als wichtige Verhaltensregeln gelten, ist im Sport Hingabe und Einsatz gefragt. Sportaktivitäten werden insbesondere von den Protagonist:innen der modernen Fitnessindustrie als «Wundermittel» gegen körperliche und seelische Beschwerden angepriesen. Unzählige Sport- und Fitnessratgeber leuchten uns den Weg zum richtigen Leben und versprechen Gesundheit, Glück und ewige Jugend.

So lässt sich in den einschlägigen Fitnessmagazinen nachlesen, dass Jogging nicht nur die Ausdauer, sondern auch das Lebens- und Selbstwertgefühl steigere und dabei Stress, Unruhe, Langeweile und Gewichtsprobleme verringere. Durch Krafttraining soll man nicht nur besser aussehen und sich besser fühlen, sondern sich vor Unfällen schützen, nach Krankheiten schneller wieder einsatzfähig sein und selbstsicherer werden. Und über Yoga lässt sich lesen: Es fördere neben der Beweglichkeit auch das Wohlbefinden, entgifte den Körper, reduziere Stress, Übergewicht und Schmerzen und mache happy und selbstbewusst. Mit Jogging, Krafttraining oder Yoga ersparen wir uns offensichtlich nicht nur die Ärztin, sondern auch den Psychotherapeuten und die Seelsorgerin: Sporttreiben als Königsweg für physisches, psychisches und soziales Wohlbefinden – ganz im Sinne der oben zitierten Definition der Weltgesundheitsorganisation.

Nun haben wir eingangs des Kapitels dargelegt, dass der Sport zweifellos eine vielfältige Schutzwirkung aufweist, das individuelle Wohlbefinden steigert, soziale Kontakte schafft und einen hervorragenden Ausgleich zum täglichen Stress, zur Arbeit oder zur sitzenden Lebensweise bildet. Bislang war es aber so, dass der Sport diese Effekte zeigt, ohne dass diese Effekte das primäre Ziel des Sports gewesen wären. Man bestieg den Berg wegen des Erlebnisses und der schönen Aussicht und nicht auf die Empfehlung hin, jeden Tag 10'000 Schritte zu gehen und 1000 kcal extra zu verbrennen. Man traf sich auf dem Fussball- oder Tennisplatz, weil man Lust auf ein Spiel hatte, sich messen wollte und nicht um sich vor Darmkrebs zu schützen oder seinen Körper zu entgiften. Natürlich kann es nicht schaden, wenn man über die nicht-intendierten Folgen seines Handelns besser Bescheid weiss und in vielen Fällen kann das Wissen um all die positiven Nebenfolgen eine zusätzliche Motivation sein.

Bedenkenswert wird es aber, wenn der sekundäre Nutzen zum primären Ziel wird. Es gehörte zu den Wesensmerkmalen des Sports, dass er unter keinen expliziten Nützlichkeitserwägungen stand, weitgehend folgenlos blieb und wie jedes Spiel seinen Sinn primär in sich selbst trug. Sport war eine Nebensache, aber deshalb nicht weniger lust- und wertvoll. «Richtiger» Sport sei zwar nutzlos, nicht aber wert- und sinnlos (vgl. die klassische Sportdefinition in Kapitel 3). Der Sport entsprang der Musse und richtete sich gegen das Diktat der Arbeit, gegen gesellschaftliche Vereinnahmung und Verplanung. Gerade das Fehlen eines klar definierten Nutzens erlaubte es dem Sport, die unterschiedlichsten Funktionen zu erfüllen, machte ihn dabei aber schon immer anfällig für Vereinnahmungen. Sport wurde im 19. Jahrhundert in den englischen Eliteschulen auch deshalb eingeführt und gefördert, weil er sich als hervorragendes Erziehungs- und Disziplinierungsmittel erwies, und bei Turnvater Jahn wurde fürs Vaterland und nicht zum Spass geturnt (vgl. Kapitel 2 und Krüger, 2020a).

Sportlichkeit als neue Leitwährung

Die Instrumentalisierung des Sports ist also nichts Neues. Indem der Sport für eine bestimmte Aufgabe zugeschnitten wird, verliert er aber eine seiner grossen Stärken – seine Multifunktionalität. Die Ausrichtung auf ein klares aussersportliches Ziel führt letztlich zu einer Verarmung der sportlichen Tätigkeit. Klar definierte Erwartungshaltungen verändern nicht nur den Sport, sie können die positiven Effekte sogar auf den Kopf stellen. Dies lässt sich auch am Beispiel des modernen Fitnesssports zeigen: Im «Zeitalter der Fitness» (Martschukat, 2019) ist ein neuer Sporttyp entstanden. Dieser Sport ist nicht mehr spielerische Bewegung oder körperliche Herausforderung, die ihren Sinn primär in sich selbst trägt, sondern der Sinn und Zweck des Sporttreibens liegt ausserhalb der Tätigkeit. Ich jogge, ich rudere, ich gehe ins Fitnesscenter nicht aus Freude an der Bewegung, am Wettkampf oder am Erlebnis, sondern weil ich leistungsfähiger werden und meinen Körper stählern will. Gegenüber dem herkömmlichen Wettkampfsport haben im modernen Fitnesssport Mittel und Zweck den Platz getauscht. Der Körper wird nicht mehr in den Sport investiert, sondern der Sport in den Körper.

Sporttreiben wird so zu einer Verpflichtung, zur Arbeit im Dienst der eigenen Gesundheit. Geprägt von den Imperativen der Gesundheits- und Fitnesswelle akzeptieren wir den Körper als etwas, das der ständigen Bearbeitung bedarf.

Sport als Gesundheitsarbeit braucht nicht notwendigerweise freudlos zu sein. Wenn aber die moralische Pflicht und der Zwangscharakter überhandnehmen, wenn Fitnesstracker, soziale Netzwerke und Influencer:innen permanent zum Training und zum Vergleich mit anderen aufrufen, so können sich die vielfältigen positiven Effekte des Sporttreibens bezüglich physisches, psychisches und soziales Wohlbefinden in ihr Gegenteil verkehren. Sind nicht gerade ehrgeizige, gewissenhafte und leistungsorientierte Personen, welche die Werte der Leistungsgesellschaft völlig verinnerlicht haben, einem besonders hohen Infarkt- oder Burnout-Risiko ausgesetzt?

So ist Fitness zu einem Kernbegriff für das Selbstverständnis des modernen Menschen geworden. Fitness steht nicht nur für körperliche Leistungsfähigkeit und sportlichen Erfolg. Sportlich, fit und gesund bedeutet leistungsbereit, diszipliniert und belastbar, und dies wiederum bedeutet beruflich und gesellschaftlich erfolgreich, anerkannt und integriert. Über die Verknüpfung von persönlicher und sozialer Verantwortung seiner Gesundheit gegenüber wird der trainierte, sportliche Körper nicht nur zu einer Metapher für Disziplin und Selbstkontrolle, sondern auch für den tadellosen Charakter und die Integrität einer Person. Sportlichkeit und damit verbundene körperliche Attraktivität sind zur neuen Leitwährung geworden.

5 Die Wiederkehr des Körpers

Körperverdrängung und Körperaufwertung

Im Fitnesssport geht es nicht um Medaillen, nicht um Spass und Spiel, nicht um Kameradschaft und Geselligkeit und auch nicht um Erlebnis oder Nervenkitzel. Fitnesstraining hat den eigenen Körper im Blick. Es geht um Leistungsfähigkeit, um Selbstoptimierung, Muskeln, Potenz und Aussehen. Im «Zeitalter der Fitness» wird der sportliche Körper zum Statussymbol und zur Projektionsfläche für Hoffnungen, Wünsche und Ideale. Der Körper muss gepflegt, gestylt, optimiert und präsentiert werden (Martschukat, 2019; Thiel et al., 2013).

Diese Fokussierung auf den Körper mag zunächst etwas seltsam erscheinen. Ist der Körper in unserem Alltag, bei unserer Arbeit doch weitgehend stillgelegt. Körperarbeit wurde durch Kopfarbeit ersetzt. In Bewegung sind allenfalls noch die Finger, welche Tastatur und Touchscreens bedienen. Je mehr der Körper bei der Arbeit und im Alltag allerdings in den Hintergrund gedrängt wird, und wir viele Tätigkeiten ohne grosse Anstrengung im Sitzen ausführen, desto mehr rückt der Körper als Objekt der Stilisierung und Optimierung in den Vordergrund. Diese bemerkenswerte Verschiebung der Wahrnehmung des menschlichen Körpers, welche sich im Übergang von der Industrie- zur Dienstleistungsgesellschaft vollzog, wurde in verschiedenen Studien analysiert und als «Wiederkehr des Körpers» (Kamper & Wulf, 1982), als «Aufwertung des Körpers» (Bette, 2005) oder als «body turn» (Gugutzer, 2006) beschrieben.

In der Arbeits- und Industriegesellschaft wurde der Körper zunächst funktionalisiert, der Mensch in die Produktionsprozesse eingepasst (Klein, 2008). Eine schöne Allegorie dieser Einpassung findet sich in Charlie Chaplins berühmter Tragikomödie «Modern Times». Charlie, der Tramp, kann als Fliessbandarbeiter das unmenschliche Arbeitstempo nicht mithalten und gerät ins Räderwerk der übermächtigen Maschine. Es ist der ungleiche Kampf des Individuums gegen die Imperative der modernen Industriegesellschaft. Die Maschinen geben den Takt vor und verlangen den vollen Körpereinsatz in den Fabriken, beim Eisenbahnbau, bei der Kohleförderung und der Stahlproduktion. Norbert Elias (1976) beschreibt im Prozess der Zivilisation, wie der Körper in der modernen Gesellschaft immer mehr kontrolliert, diszipliniert und instrumentalisiert wird.

In der Dienstleistungs- und Konsumgesellschaft wird die grosse Mehrheit der Bevölkerung zu «Kopfarbeiter:innen». Gefordert ist eine hohe mentale Arbeitsleistung bei gleichzeitiger Bewegungsarmut. Es kommt zu einer Abwertung der Körperarbeit, die sich in einem geringen Prestige und schlechter Bezahlung äussert. Die arbeitsintensive Produktion wird in Billiglohnländer ausgelagert. Erstaunlicherweise geht die Herabsetzung der Körperarbeit und die damit verbundene Körperverdrängung und Körperdistanzierung in der heutigen Gesellschaft aber nicht mit einer Abwertung, sondern mit einer Aufwertung des Körpers einher (Bette, 2005; Shilling, 1993). Es kommt zu einem Aufstieg des Körpers zum Statussymbol und zur Projektionsfläche (Gugutzer et al., 2017). Der Körper wird zum Objekt von Stilisierungs- und Distinktionsprozessen (Bourdieu, 2003). Der Mensch inszeniert und positioniert sich über seinen Körper als erfolgreiches und unverwechselbares Individuum.

Der idealisierte Normkörper

Als Selbstobjekt verändert der Körper auch seine Gestalt. Mit dem Übergang von der Industrie- zur Dienstleistungsgesellschaft findet ein schleichender Statusverlust von Dickleibigkeit statt. Fettpolster wurden nicht mehr als nützliche und willkommene Reserven für schlechtere Zeiten gesehen, sondern als medizinisches und ästhetisches Problem, als persönliches Handicap und ein «sichtbares Resultat vieler kleiner Ernährungssünden» (Tanner, 2010, S. 34).

In einer Knappheitsgesellschaft ist Körperfülle ein Zeichen von Wohlstand, Reichtum und Überfluss. Auf Bildern von erfolgreichen Unternehmern des 19. und frühen 20. Jahrhunderts sehen wir stattliche, beleibte und häufig zigarrenrauchende Männer. Erfolg und Wohlstand musste demonstriert und verkörpert werden. Korpulenz verlieh Prestige. Den bürgerlichen Frauen des

19. Jahrhunderts wurden sportliche Aktivitäten wie Radfahren oder Laufen mit dem Argument untersagt, dass diese «dürr und eckig» machten und den «sanften Linienfluss und die gefälligen Rundungen» zerstörten (vgl. Maierhof & Schröder, 1992, S. 42 sowie Kapitel 7).

In der Überflussgesellschaft wird Körperfülle von einem Symbol von Reichtum, Macht und Ansehen zu einer Signatur von Armut und mangelnder Disziplin. Wenn kaloriendichte Nahrungsmittel jederzeit und überall zur Verfügung stehen, wird Verzicht zum Imperativ. Fitness und Schlankheit sind die Gebote der Stunde. Die schlanke Produktion verlangt den schlanken Manager. Der stattliche Bauch als Zeichen für Wohlstand und Erfolg hat ausgedient. Der Bauch hat heute flach zu sein. Ein Waschbrettbauch symbolisiert Wille, Disziplin, Durchsetzungsvermögen. Übergewicht dagegen steht für Haltlosigkeit, mangelnde Selbstkontrolle und Willensschwäche. Schlaffe Muskeln und fettes Gewebe sind Verstösse gegen die Moral der Fitnessindustrie. Weil sie nicht der gesellschaftlichen Norm entsprechen, müssen sie trainiert oder abgesaugt werden. Die Fitnessindustrie hat mit den Oberschenkeln, dem Bauch und dem Gesäss eigentliche «Problemzonen» identifiziert und hält auch gleich deren Lösung bereit: Squats, Lunges, Crunches sollen die Kilos purzeln und die Muskeln wachsen lassen. Übergewichtige Körper und welke Haut erscheinen – wie der Soziologe Karl-Heinrich Bette (1999) schreibt – eben nicht nur als Beleidigung für das Auge, sondern als Bedrohung von Effizienz und Funktionalität.

Die Werbeindustrie setzt, verbreitet und multipliziert die neuen Standards tausendfach. In den sozialen Netzwerken finden sich Unmengen von Bildern von schönen und fitten Körpern, die erschreckend starr und standardisiert erscheinen (Götz & Becker, 2019). Influencer:innen und andere Nutzer:innen sozialer Netzwerke verwenden mit beängstigender Selbstverständlichkeit Filter, um ihre Bilder und Selfies zu manipulieren und ihre Körper zu perfektionieren. Das Sammeln von Likes und der Kampf um Follower:innen erhöhen zusätzlich den Druck, insbesondere bei jungen Menschen.

Der idealisierte Normkörper ist jugendlich, schlank, fit und makellos. Für Übergewicht, Falten, Pickel oder Haarausfall ist kein Platz. Gegen diese Form von Körperaufwertung einerseits und Körperverdrängung andererseits formiert sich in jüngerer Zeit auch Widerstand. «Body Positivity» setzt sich für das Wohlfühlen und die Akzeptanz des eigenen Körpers ein. Während «Body Positivity» die Überzeugung vertritt, dass man sich schön fühlen muss, um glücklich zu sein, geht es bei der «Body Neutrality» darum, dem Aussehen weniger Bedeutung beizumessen und den Stellenwert der Schönheit in der Gesellschaft zu reduzieren. Die Botschaften dieser Bewegungen werden kontrovers diskutiert und teilweise als heuchlerisch empfunden. Letztlich geht es wiederum um den Verkauf von Produkten und dem Sammeln von Likes und

Follower:innen und an den Schönheitsidealen scheint sich dabei wenig zu ändern. Dass attraktive Menschen klare Vorteile im Alltag geniessen, konnte eine amerikanische Studie am Beispiel von Lohnunterschieden belegen (Monk et al., 2021).

Das Neue am aktuellen Schönheitsideal ist nicht nur seine Absolutheit, sondern auch seine egalitäre Pseudovision. In einer Zeit, in der Macht- und Einkommensunterschiede zunehmen, verspricht zumindest die Körperarbeit Selbstbestimmung und Gleichheit. Einen sportlichen, schlanken Körper kann jeder erwerben, der bereit ist, Zeit und Mühe in dessen Vervollkommnung zu investieren. Beim Training sind alle gleich, bei der Arbeit am eigenen Körper verrichten alle Körperarbeit. Anders als bei teuren Konsumgütern und Statussymbolen scheint ein sportlicher Körper allen zugänglich zu sein. Durch reine Körperarbeit erworben enthält Sportlichkeit etwas Unverfälschtes und Authentisches: Hier ist alles echt, hier sieht man, was man hat.

Die Fitnessbewegung verspricht gesteigerte Zufriedenheit; erreicht wird aber oft das Gegenteil: Über den Zwang zur ständigen Verbesserung wird dem Körper eine neue Art der Unvollkommenheit zugeschrieben. Der eigene Körper wird nicht als gegeben akzeptiert, sondern muss durch Körperarbeit und Disziplinierung aktiv gestaltet werden. Gemessen am Idealkörper ist der eigene Körper immer unvollkommen und bedarf der ständigen Verbesserung. Durch das Programm der Körperoptimierung wird der reale Körper zu einem verworfenen, abgelehnten. Schamgrenzen beziehen sich weniger auf Nacktheit, sondern auf die Unvollkommenheit des eigenen Körpers.

Die Folge davon ist, dass viele und vor allem junge Leute mit ihrem Aussehen unzufrieden sind (Delgrande et al., 2020). Auf der Suche nach dem überhöhten Idealkörper werden auch gesundheitsschädigende Folgen in Kauf genommen. Die Norm der schlanken und sportlichen Körper ist der Auslöser vieler Essstörungen und führt zu einer Entfremdung vom Essen, zu übertriebenen Sorgen über eine mögliche Gewichtszunahme und permanente gedankliche Beschäftigung mit dem Essen (Ardelt-Gattinger et al., 2019). Gleichzeitig wird auf der Jagd nach einem sportlichen und muskulösen Körper auch vor Dopingmittel nicht Halt gemacht.

6 Fazit

«Sport ist gesund.» Dieser Satz stand am Anfang des Kapitels. Auf die positiven Effekte von Gesundheit sind wir ausführlich eingegangen. Auf unserem Rundgang von den veränderten Gesundheitsvorstellungen über Gesundheitsförderung und Fitnessboom bis hin zum Körperkult sind wir aber auch auf die Schattenseite des Sportbooms gestossen. Die Steigerungs- und Optimierungszwänge, die uns die Welt zum «Aggressionspunkt» werden lassen (Rosa, 2016, 2020), zeigen sich auch im Sport und in unserem Verhältnis zu unserem

Körper. Unablässig sind wir konfrontiert mit neuen Anforderungen und unerbittlichen Aufforderungen, uns sportlich zu betätigen und damit unseren Körper und unsere Fitness den gesellschaftlichen Idealen entsprechend zu formen. Falls unser Körper nicht der gesellschaftlichen Norm entspricht, laufen wir Gefahr, stigmatisiert zu werden. Selbst der Vorsatz, entspannter und gelassener zu werden, kommt als Appell daher. Aber ist das alles noch gesund? Oder produzieren wir dadurch nicht gerade den Stress, den wir mit Sport abbauen möchten? Offensichtlich ist das Thema Sport und Gesundheit mit mehr Ambivalenzen verbunden, als es auf den ersten Blick scheinen mag. Das Allheilmittel Sport und Bewegung hat auch seine Nebenwirkungen.

Kapitel 9: Sport im Verein

Siegfried Nagel & Markus Lamprecht

Sportvereine bieten zahlreiche Gelegenheiten für sportliche Freizeitaktivitäten der gesamten Bevölkerung. Viele Kinder kommen zum ersten Mal im Eltern-Kind-Turnen, in der Kindersportschule oder im Mini-Fussball mit Sport in Berührung und machen dort vielfältige Bewegungserfahrungen. Anschliessend sind sie Mitglied einer Trainingsgruppe und bestreiten vielfach in einer der weit über 100 Sportarten Wettkämpfe für ihren Verein. Und für Erwachsene bieten Sportvereine eine breite Palette an Angeboten im Breiten- und Gesundheitssport, die von Aerobic und Altersturnen, über Fitness-Training und Nordic Walking bis hin zu Wandern und Yoga reichen. Der Vereinssport bietet für alle Altersgruppen generationenübergreifend und flächendeckend in städtischen und vor allem ländlichen Regionen vielfältige Optionen zum Sporttreiben in Gruppen und Teams. Sportvereine sind nach wie vor die wichtigsten Träger für organisierte Sportaktivitäten – trotz des starken Zuwachses an kommerziellen Anbietern im Fitness- und Gesundheitssport. In vielen klassischen Wettkampfsportarten haben sie eine Monopolstellung inne und der Kinder- und Jugendsport wäre ohne Sportvereine kaum denkbar. Nicht nur im deutschsprachigen Raum, sondern in vielen europäischen Ländern weist der Vereinssport relativ stabile zweistellige Mitgliederquoten auf (Breuer et al., 2015). In Deutschland und der Schweiz ist etwa ein Drittel bzw. ein Viertel der Bevölkerung Mitglied in einem der rund 90'000 bzw. 19'000 Sportvereine. Die traditionelle Organisationsform Sportverein scheint offensichtlich auch in der modernen Gesellschaft ein Erfolgsmodell zu sein.

Aber ist der Vereinssport tatsächlich zukunftsfähig oder doch eher ein Auslaufmodell? Die Verantwortlichen artikulieren in den regelmässig durchgeführten Sportvereinsstudien vielfältige Herausforderungen. Die entsprechenden Sorgenbarometer zeigen, dass vor allem die Gewinnung und Bindung von Ehrenamtlichen und Mitgliedern sowie zum Teil auch der Bereich Finanzen viele Sportvereine vor existenzbedrohende Probleme stellt. Im Zuge des Wertewandels in der Gesellschaft hat der Wettkampfsport relativ betrachtet an Bedeutung verloren und der Vereinssport im Vergleich zum kommerziellen und informellen Sport Marktanteile eingebüsst. Gesellschaftliche Entwicklungen (vgl. Kapitel 3), wie Individualisierung und Lifestyle-Orientierung, und die gewachsene Dienstleistungsorientierung und Kundenmentalität im Sport passen offensichtlich nur bedingt zum traditionellen Organisationsmodell Sportverein.

Nichtsdestotrotz geniessen Sportvereine eine hohe Wertschätzung in der Bevölkerung und werden durch sportpolitische Förderprogramme in vielfältiger Weise unterstützt. Dabei wird Sportvereinen – neben der Möglichkeit einer sinnvollen Freizeitgestaltung – zugeschrieben, wichtige wohlfahrtsrelevante

Leistungen zu erbringen, insbesondere hinsichtlich Zusammenhalt in der Gesellschaft und Demokratieverständnis, Werte- und Persönlichkeitsentwicklung sowie Gesundheitsförderung. Sportvereinen wird ein hohes Integrationspotenzial nachgesagt und sie gelten als wichtige Sozialisationsinstanz für Kinder und Jugendliche. Aufgrund dieser vielfältigen gemeinwohlorientierten Funktionen, die gerade in einer individualisierten und digitalisierten Gesellschaft von zentraler Bedeutung sind, werden Sportvereine auch als «gesellschaftliche Hoffnungsträger» bezeichnet. Inwieweit können Sportvereine diesen Erwartungen gerecht werden?

In diesem Spannungsfeld zwischen «Auslaufmodell und Hoffnungsträger» werden wir nachfolgend die Organisationsform Sportverein genauer beleuchten. Was zeichnet Sportvereine aus? Wie funktionieren sie? Davon ausgehend diskutieren wir die skizzierten gesellschaftlichen Funktionen von Sportvereinen und betrachten auf der Grundlage aktueller Studien die Situation, zentrale Entwicklungen und Herausforderungen von Sportvereinen. Wie stark sind sie mit bestimmten Problemen konfrontiert und welche Veränderungen und Perspektiven sind zu beobachten? Abschliessend analysieren wir, wie sich Sportvereine verändern. Welche Faktoren sind hierbei relevant und welche Barrieren können eine strukturelle Weiterentwicklung behindern?

Sportvereine stellen ein wichtiges sportsoziologisches Forschungsfeld dar. Seit den 1970er Jahren entstand vor allem im deutschsprachigen Raum eine Vielzahl an konzeptionellen Beiträgen und empirischen Untersuchungen (vgl. dazu den Band von Thieme, 2017; insbesondere den Überblicksartikel von Anders, 2017). Wir werden im Rahmen dieses einführenden Kapitels zur Sportvereinsforschung zentrale Konzepte und ausgewählte Studien präsentieren und einordnen.

1 Sportvereine als Interessenorganisationen und Solidargemeinschaften

Sportvereine lassen sich wie Vereine im Allgemeinen, z.B. Kulturvereine oder Selbsthilfeorganisationen, durch folgende konstitutiven Merkmale kennzeichnen (vgl. Heinemann & Horch, 1981; Horch, 1992): (1) Orientierung an den Interessen der Mitglieder, (2) freiwillige Mitgliedschaft, (3) demokratische Entscheidungsstrukturen, (4) ehrenamtliches Engagement der Mitglieder, (5) Autonomie und Unabhängigkeit von Dritten, (6) keine Gewinnorientierung. Diese idealtypischen Charakteristika und Organisationsprinzipien freiwilliger Interessenorganisationen haben sich im 19. Jahrhundert entwickelt und prägten bereits die ersten Turnvereine und Sportclubs.

Orientierung an den Interessen der Mitglieder

Das Zusammenwirken der Mitglieder in Sportvereinen ist primär dadurch gekennzeichnet, dass sie ihre Ressourcen in Form von Mitgliedsbeiträgen und Freiwilligenarbeit zusammenlegen, um kollektive Interessen zu verwirklichen. Statt individuell Sport zu treiben, werden Sportaktivitäten in Vereinsgruppen organisiert und dafür gemeinsam Sportinfrastruktur und -ausrüstung sowie Trainingspersonal finanziert und bereitgestellt. Vor allem im Teamsport wird auf Sportanlagen, die der Verein erstellt oder gemietet hat, gemeinsam gespielt. Im Zusammenhang mit diesem Modell der Ressourcenzusammenlegung zur Realisierung der Mitgliederinteressen durch gemeinsame Strukturen werden Sportvereine als Interessenorganisationen charakterisiert (Schimank, 2010; Nagel, 2006). Hierbei werden die Ziele des Vereins, die aus den Interessen der Mitglieder resultieren, vielfach in Vereinssatzungen und Leitbildern schriftlich festgehalten, zum Teil aber auch lediglich informell ausgehandelt und implizit kommuniziert. Die Ziele von Sportvereinen beziehen sich in der Regel unmittelbar auf die sportlichen Interessen der Mitglieder und damit auf die Förderung und Durchführung von gemeinsamen Sportaktivitäten, vielfach in einer bestimmten Sportart. Neben formalen Regeln sind Sportvereine auch sehr stark durch informelle Normen und Umgangsformen geprägt. Die für Sportvereine typische familiäre Atmosphäre, die partnerschaftliche Zusammenarbeit, die hohe Verbundenheit und Identifikation sowie das gemeinschaftliche Interesse und Engagement der Mitglieder sind für ein funktionierendes Vereinsleben von zentraler Bedeutung und werden als solidargemeinschaftliche Vereinskultur gekennzeichnet (Nagel, 2006). Diese äussert sich z.B. darin, dass Vereinsmitglieder nicht nur von den Sportangeboten und Leistungen des Vereins profitieren, sondern sich vielfach auch ehrenamtlich im Verein engagieren.

Freiwillige Mitgliedschaft

Die Mitglieder in Sportvereinen entscheiden selbständig und unabhängig über die Zugehörigkeit und vor allem den möglichen Austritt. Im Gegensatz zum Schulsport ist die Vereinsmitgliedschaft keine Pflicht und auch nicht durch andere rechtliche oder politische Regelungen obligatorisch. Das Prinzip der freiwilligen Mitgliedschaft bildet einen wichtigen Mechanismus, damit sich der Verein mit seinen Zielen und dem damit verbundenen Sportangebot an den Mitgliederinteressen orientiert. Denn unzufriedene Mitglieder, die ihre Interessen nicht mehr erfüllt sehen, haben jederzeit die Möglichkeit aus dem Verein auszutreten.

Demokratische Entscheidungsstrukturen

Daneben gewährt die demokratische Entscheidungsstruktur und das damit verbundene Bottom-Up-Prinzip allen Mitgliedern ein Mitspracherecht. Die

Mitgliederversammlung wählt den Vorstand, der den Verein nach aussen vertritt, genehmigt das Finanzbudget und entscheidet über weitreichende Veränderungen und Projekte im Verein. Mit der Mitgliedschaft und dem damit verbundenen Mitgliedsbeitrag ergibt sich die Möglichkeit, die Vereinspolitik zu beeinflussen und dabei die persönlichen Vorstellungen und Interessen einzubringen. Das Prinzip der Mitbestimmung aller Mitglieder im Rahmen der Mitgliederversammlung ist im Vereinsrecht gesetzlich vorgegeben. Dieses basiert auf dem Grundsatz der Vereinigungsfreiheit in modernen Gesellschaften und lässt sehr viel Spielraum zur Ausgestaltung der Organisationsform Sportverein. Dementsprechend ist die Gründung eines Vereins relativ einfach möglich, indem wenige Gründungsmitglieder Statuten verabschieden, die den Zweck und die Organisationsstruktur sowie Entscheidungsgremien (z.B. Mitgliederversammlung, Vorstand) festlegen. Im Gegensatz zum informellen Sport bietet ein Verein mehr Handlungssicherheit beim gemeinsamen Sporttreiben, rechtliche Vorteile in Haftungsfragen und die Möglichkeit, als juristische Person Verträge abzuschliessen.

Ehrenamtliches Engagement der Mitglieder

Neben dem Mitbestimmungsrecht haben die Mitglieder vor allem über ihr ehrenamtliches Engagement die Möglichkeit, die Vereinsarbeit in ihrem Sinne mitzugestalten. Trotz der Tendenz bezahlte Stellen einzurichten, erfolgt die Erstellung von Leistungen in den meisten Sportvereinen weitgehend oder vollständig durch freiwillige Mitarbeit, die nicht oder nur in sehr geringem Masse, z.B. in Form von Spesen, entschädigt wird. Umgekehrt bildet freiwilliges Engagement in der Regel keine verbindlich geregelte Mitgliedschaftsanforderung. Trotzdem sind in Sportvereinen nach wie vor viele Mitglieder regelmässig ehrenamtlich tätig. Die Engagementbereitschaft hängt zum Teil mit der Verwirklichung eigener Interessen zusammen, z.B. der Erweiterung des persönlichen Netzwerks und sozialer Anerkennung. Die Motive von Ehrenamtlichen zeigen, dass sie vor allem zur Realisierung des gemeinsamen Sportangebots und zum sozialen Miteinander beitragen sowie dem Verein etwas zurückgeben möchten. Wenn das Engagement dann noch Spass macht, man damit etwas bewegen und die eigenen Kenntnisse und Erfahrungen erweitern kann, dann braucht es weder Entschädigungen noch Anstecknadeln und Ehrungen (Lamprecht et al., 2020).

Autonomie und Unabhängigkeit von Dritten

Sportvereine als freiwillige Vereinigungen sind im Sinne des Prinzips der Vereinigungsfreiheit unabhängig von Dritten, insbesondere von staatlichen Institutionen und der Wirtschaft. Sie entscheiden autonom über ihre Ziele sowie über Gründung und Auflösung und finanzieren sich vorwiegend durch interne Geldquellen, vor allem über Mitgliedsbeiträge. Dabei spielen öffentliche

Mittel, die nach dem Subsidiaritätsprinzip als Hilfe zur Selbsthilfe vergeben werden, in vielen Sportvereinen ebenfalls eine wichtige Rolle. Sportvereine sind zwar in Sportverbände eingebunden, jedoch sind sie auch in diesem Kontext autonom. Denn der organisierte Sport mit Vereinen und Verbänden basiert insgesamt auf dem Bottom-Up-Prinzip. Sportvereine sind in Sportverbänden Mitglied und gründen diese, um gemeinsame Ziele zu verfolgen, z.b. Wettkämpfe und Meisterschaften zu organisieren sowie ihre Interessen, z.b. gegenüber der Politik, zu vertreten. Dabei sind Verbände aus juristischer Sicht Vereine, die ebenfalls auf der Basis der hier dargestellten konstitutiven Merkmale funktionieren (Klenk, 2011). Der freiwillig organisierte Sport umfasst neben Sportvereinen Fachverbände, die Sportarten vertreten und für das Wettkampfsystem verantwortlich sind, und Dachverbände mit übergeordneten Aufgaben, wie die Schaffung von guten Rahmenbedingungen und die Bearbeitung von allgemeinen Fragen, z.B. zur Ethik und Nachhaltigkeit im Sport. Darüber hinaus übernehmen Verbände auch zunehmend die Rolle eines Dienstleisters, der die Vereine in vielfältiger Hinsicht in ihrer Arbeit zu unterstützen und zu beraten versucht. Nationale Sportverbände sind vor allem im Kontext kontinentaler und globaler Sportwettkämpfe wiederum Mitglied in internationalen Sportverbänden. Hierbei ist es bemerkenswert, dass z.B. das Internationale Olympische Komitee (IOC) und der Weltfussballverband (FIFA) nach wie vor als Vereine nach Schweizer Recht konstituiert sind, obwohl sie im Kontext von Partnerschaften mit Unternehmen und Medien Budgets in Milliardenhöhe ausweisen. Zumindest müssen sie auch als Verein ihre finanzielle Situation transparent kommunizieren.

Keine Gewinnorientierung

Abgesehen von wenigen Ausnahmen, z.B. in Form von Kapitalgesellschaften in professionellen Sportligen, sind Sportvereine aus juristischer Perspektive als Non-Profit-Organisationen konstituiert. Aufgrund der rechtlichen Vorgaben haben sich Vereine an einem ideellen Zweck zu orientieren und dürfen damit keine monetären Ziele im Sinne der Erwirtschaftung von Gewinnen verfolgen. Sportvereine sind Non-Profit-Organisationen, die zwar finanzielle Überschüsse erzielen können, aber diese in die gemeinschaftliche Erreichung der Vereinsziele, in der Regel die Förderung der Sportaktivitäten der Mitglieder, zu reinvestieren haben. Damit unterscheiden sich Sportvereine grundlegend von kommerziellen Sportanbietern, wie Fitness-Studios oder Sport- und Bewegungszentren, die zwar vielfach auch ein Mitgliedschaftssystem haben und Sportaktivitäten anbieten, aber übergeordnete und primär wirtschaftliche Ziele der Eigentümer oder Kapitalgeber verfolgen.

In Verbindung mit den bereits dargestellten charakteristischen Merkmalen ergeben sich für das Non-Profit-Organisationsmodell Sportverein im Vergleich zu gewinnorientierten Sportanbietern sowohl Stärken als auch Schwächen

(Horch, 1990). Durch unbezahlte Freiwilligenarbeit gelingt es Sportvereinen in der Regel, finanziell günstige Sportangebote zu moderaten Mitgliedsbeiträgen zu offerieren, was insbesondere für Kinder und Jugendliche sowie Personen mit geringem Einkommen wichtig ist. Ein weiterer Vorteil der Ehrenamtlichkeit sind die vielfältigen Qualifikationen, Kompetenzen, Ressourcen und Beziehungsnetzwerke, die von den freiwillig engagierten Mitgliedern in den Verein eingebracht werden. Die Freiwilligenarbeit weist jedoch auch Schwächen auf, wie die eingeschränkte zeitliche Verfügbarkeit und die Gebundenheit an die personenbezogenen Fähigkeiten der Ehrenamtlichen, was zu laienhafter Leistungserstellung führen kann. Die demokratischen Entscheidungsstrukturen liefern den Mitgliedern einerseits Kontroll- und Mitbestimmungsmöglichkeiten, was zur Qualität der Vereinsarbeit und zur Umsetzung ihrer Wünsche und Interessen beitragen sowie Vorschläge und Ideen erzeugen kann. Andererseits führen demokratische Entscheidungswege und die Interessenorientierung vielfach dazu, dass Sportvereine wenig innovativ sind und nur dann Veränderungen angehen, wenn sie Probleme in einem bestimmten Bereich haben. Sie haben nicht zuletzt deshalb das Image einer traditionellen Organisationsform, die zu ineffizientem Handeln neigt. Jedoch wird Vereinen aufgrund der nicht vorhandenen Gewinnorientierung in der Regel ein hohes Vertrauen bezüglich der Leistungserbringung und damit öffentliche Wertschätzung entgegengebracht.

Vielfalt an Sportvereinen

Trotz der gemeinsamen konstitutiven Merkmale zeichnen sich Sportvereine durch grosse strukturelle Unterschiede und eine hohe Vielfalt aus. Mit Blick auf aktuelle Studien, die jeweils eine breit angelegte Stichprobe an Sportvereinen untersuchen (Deutschland: Breuer & Feiler, 2019; Breuer et al., 2020; Schweiz: Lamprecht et al., 2012, 2017; für Österreich siehe Weiss & Norden, 2015), sind dabei folgende Aspekte hervorzuheben.

Die Mehrzahl der Sportvereine vereinigt weniger als 100 Mitglieder. Daneben gibt es jedoch auch viele Vereine mit einigen 100 Mitgliedern, während Vereine mit über 1000 Mitgliedern eher selten sind. Allerdings sind in den grösseren Sportvereinen vergleichsweise viele Mitglieder organisiert. Im Vergleich zu Deutschland gibt es in der Schweiz viel mehr kleine Sportvereine mit weniger als 100 Mitgliedern.

Die Mehrheit der Sportvereine konzentriert sich im Wesentlichen auf Angebote in einer Sportart. Es gibt jedoch auch Vereine mit mehreren Sportabteilungen, in denen die Mitglieder eine breite Palette an Sportaktivitäten ausüben können. Insgesamt betrachtet bietet der Vereinssport eine kaum überschaubare Zahl an Sportarten und Bewegungsaktivitäten zu vergleichsweise günstigen Mitgliedsbeiträgen. Die Mehrzahl der Vereine fokussiert dabei nicht nur auf den traditionellen Wettkampfsport, sondern macht auch

Angebote im Breiten- und Gesundheitssport und verfolgt dementsprechend mehrere Ziele, um den vielfältigen Sportinteressen der Mitglieder gerecht zu werden. Für die Durchführung der Sportangebote werden entweder vereinseigene Anlagen oder die Sportinfrastruktur der Gemeinde genutzt. Die meisten Sportvereine organisieren auch gesellige Veranstaltungen, die den Mitgliedern die Möglichkeit bieten, soziale Kontakte und Freundschaften zu pflegen, und besitzen teilweise entsprechende Infrastruktur (z.B. Vereinsheim).

Sportvereine haben eine lange Tradition und existieren seit über 100 Jahren. Viele Vereine wurden zwischen dem 2. Weltkrieg und den 1980er Jahren gegründet, wobei nach wie vor jedes Jahr zahlreiche Sportvereine neu entstehen. Insgesamt ist die Vereinsdichte und der relative Mitgliederanteil in ländlichen Regionen höher als in urbanen Siedlungsräumen.

2 Funktionen von Sportvereinen

Sportvereine orientieren sich nicht nur an den Interessen der Mitglieder, sondern leisten auch einen Beitrag zu öffentlichen Interessen, wie Public Health und Zusammenhalt der Gesellschaft, und erbringen damit Leistungen für das Gemeinwohl. Die Idee, dass sich Vereine im Feld des Sports für die Gesellschaft engagieren, war bereits in den Anfängen der Turn- und Sportbewegung ein prägendes Element (vgl. Kapitel 2). Vor allem Turn- und Schützenvereine im 19. Jahrhundert verstanden sich als Instanzen ganzheitlicher Erziehung und Förderer der Volksgesundheit und militärischen Tüchtigkeit, was sich z.B. in dem programmatischen Satz «Die Turner und die Schützen sind des Staates Stützen» manifestierte. Somit spielte der freiwillig organisierte Sport nicht nur eine zentrale Rolle bei der Verbreitung des Sports im 19. und anfangs des 20. Jahrhunderts, sondern er trug und trägt nach wie vor auch zur Erfüllung gesellschaftspolitisch relevanter Aufgaben bei (Stamm et al., 2015). In diesem Zusammenhang wird davon ausgegangen, dass Sportvereine im Vergleich zu staatlichen Initiativen vergleichsweise kostengünstig und effizient wohlfahrtsrelevante Leistungen, z.B. im Bereich des Kinder- und Jugendsports, erbringen. Hierbei sind die folgenden sozialen und politischen Funktionen von Sportvereinen hervorzuheben (Jaitner & Körner, 2018; Nagel et al., 2020; Rittner & Breuer, 2004):

Sozialer Zusammenhalt und Integration: Sportvereine ermöglichen Menschen aus allen Bevölkerungsgruppen im Rahmen der gemeinsamen sportlichen Aktivitäten soziale Netzwerke aufzubauen und freundschaftliche Beziehungen zu pflegen. Durch das kollektive Engagement für die Ziele und Aufgaben des Vereins entsteht in der Regel ein besonderer Zusammenhalt unter den Mitgliedern und Identifikation mit dem Verein. In diesem Kontext werden Vereine vielfach als «sozialer Kitt der Gesellschaft» bezeichnet.

Wertevermittlung und Sozialisation: Die aktive Mitgliedschaft und der Sport in Vereinsgruppen und Teams trägt zur Vermittlung von Regeln, Normen und Werten bei (z.B. Fair Play) und kann vor allem bei Kindern und Jugendlichen identitätsstiftende Wirkung haben. Durch ihre hohe Attraktivität gelten Sportvereine damit als wichtige Sozialisationsinstanzen im Freizeitkontext (vgl. Kapitel 5).

Demokratieverständnis und bürgerschaftliches Engagement: Aufgrund der demokratischen Entscheidungsstrukturen bieten Sportvereine vielfältige Möglichkeiten, sich in einem überschaubaren sozialen Kontext an Entscheidungsprozessen zu beteiligen. Im Rahmen von ehrenamtlichen Tätigkeiten können Mitglieder Verantwortung übernehmen und den Verein aktiv mitgestalten. Damit können Sportvereine zur Entwicklung demokratischer Werte und zivilgesellschaftlichem Engagement beitragen und werden deshalb auch als «Schulen der Demokratie» bezeichnet.

Gesundheitsförderung: Bewegung und Sport tragen in vielfältiger Weise zur physischen, psychischen und sozialen Gesundheit der Menschen bei. Auch wenn Sportvereine vielfach keine spezifischen Gesundheitssportangebote machen, spielen sie aufgrund der Regelmässigkeit der sportlichen Aktivitäten und der Langfristigkeit der Mitgliedschaften eine nicht zu vernachlässigende Rolle für die öffentliche Gesundheitsförderung.

Ökonomische und beschäftigungspolitische Bedeutung: Sportvereine sind für die Wertschöpfung im Sportsektor einerseits durch die eigenen wirtschaftlichen Tätigkeiten und Investitionen sowie andererseits indirekt durch die Konsumaktivitäten der Mitglieder (z.B. für Sportartikel) von Bedeutung. Aufgrund der Professionalisierung und der damit verbundenen Schaffung von hauptamtlichen Stellen sind Sportvereine auch für den sportbezogenen Arbeitsmarkt zunehmend relevant.

Sportvereine als «gesellschaftliche Hoffnungsträger»?

Diese Leistungen sind zwar nur zum Teil in entsprechenden Untersuchungen geprüft, jedoch zeigen spezifische Analysen im Rahmen aktueller Sportvereinsstudien im europäischen Kontext (Nagel et al., 2020), dass viele Sportvereine die zugeschriebenen Erwartungen durchaus erfüllen können (z.B. für Deutschland: Feiler & Breuer, 2020; für die Schweiz: Nagel et al., 2020). Allerdings macht die vergleichende Untersuchung auch deutlich, dass die dargestellten Funktionen meist nicht explizit als Vereinsziel formuliert sind, sondern eher als positive Nebeneffekte zu betrachten sind. Im Mittelpunkt der Vereinsarbeit stehen in der Regel die Förderung sportartspezifischer Aktivitäten, sportliche Erfolge und gesellige Aktivitäten. Vereine sehen ihre Kernaufgabe in der Organisation von Sportangeboten für die Mitglieder, während die damit verbundenen gesellschaftspolitischen Leistungen eher beiläufig mitverfolgt werden. Im Kinder- und Jugendsport steht die sportliche Förderung im Mittelpunkt, erzieherische Aufgaben werden eher implizit wahrgenommen. Trotz demokratischer Entscheidungsstrukturen beteiligt sich nur ein Teil der Mitglieder aktiv an den vereinspolitischen Entscheidungen und engagiert sich freiwillig im Verein. Regelmässiges Sporttreiben in Gruppen wirkt zwar gesundheitsförderlich für die Mitglieder, aber viele Vereine haben kein spezifisches Gesundheitssportangebot. Vereine artikulieren zwar, offen für alle Bevölkerungsgruppen zu sein, aber bei weitem nicht allen gelingt es, Menschen mit Migrationshintergrund oder mit Beeinträchtigungen zu integrieren. Sportvereine tragen in vielfältiger Weise zum Gemeinwohl bei, aber könnten dabei noch zielorientierter und aktiver sein, z.B. durch spezifische Angebote im Bereich Gesundheitssport oder mit Programmen zur Integration von Menschen mit Migrationshintergrund.

3 Sportvereine: Entwicklungen und Herausforderungen

Die aktuellen Studien und Arbeiten zur Sportvereinsforschung zeigen, dass die Mehrzahl der Vereine nach wie vor im traditionellen Sinne organisiert ist, jedoch teilweise auch interessante strukturelle Veränderungen zu beobachten sind. Nachfolgend werden entlang der konstitutiven Merkmale freiwilliger Vereinigungen zentrale Entwicklungen und damit verbundene Probleme und Herausforderungen von Sportvereinen dargestellt (Breuer et al., 2020; Lamprecht et al., 2012; Nagel & Schlesinger, 2012).

Sportvereine zwischen Solidargemeinschaft und Dienstleistungsorientierung: Sportvereine sind trotz gesellschaftlicher Veränderungen als solidargemeinschaftliche Interessenorganisationen zu kennzeichnen, die durch eine hohe Identifikation der Mitglieder mit dem Verein und gemeinschaftliche Zusammenarbeit für den Verein geprägt sind. Allerdings haben die Ansprüche an die Vielfalt und Qualität des Sportangebots zugenommen und teilweise sehen sich die Mitglieder als Kund:innen, die eine Gegenleistung für die eingebrachten Mittel erwarten. Insbesondere wenn Vereine Sportkurse (z.B. im Bereich Fitness- und Gesundheitssport) anbieten und sich für Personen ohne feste Mitgliedschaft öffnen, geht dies vielfach mit einer verstärkten Dienstleistungs- und Kundenmentalität einher. Die Mitgliederbindung ist in dienstleistungsorientierten Angebotsgruppen, die zwar attraktiv für neue Mitglieder sind, in der Regel geringer als etwa in Wettkampfsportgruppen.

Gewinnung und Bindung von Mitgliedern: Aufgrund des Prinzips der freiwilligen Mitgliedschaft stellt die Mitgliederbindung und vor allem deren Gewinnung für viele Vereine eine generelle Herausforderung dar. Dementsprechend artikulieren sie bei entsprechenden Sportvereinsbefragungen einen hohen Problemdruck, vor allem bei der Gewinnung und Bindung von Kindern und Jugendlichen und im Nachwuchsleistungssport. Allerdings ist der Organisationsgrad im Vergleich zu anderen Altersgruppen im Kinder- und Jugendbereich deutlich höher und zum Teil erfahren Sportvereine in diesem Altersbereich einen Zuwachs. Die aktuellen Mitgliederstatistiken zeigen, dass in vielen Vereinen und insgesamt betrachtet die Mitgliederentwicklung stabil ist, wobei es Vereine gibt, die einen Mitgliederverlust zu verkraften haben, während andere einen Mitgliederzuwachs verzeichnen. Es überrascht in diesem Kontext, dass der demographische Wandel kaum als Herausforderung gesehen wird, obwohl ältere Menschen nach wie vor vergleichsweise wenig in Vereinen sportlich aktiv sind. Auch bei anderen unterrepräsentierten Bevölkerungsgruppen (z.B. Frauen und Menschen mit Migrationshintergrund) ist es dem Vereinssport bislang nicht gelungen, das Potenzial an neuen Mitgliedschaften auszuschöpfen.

Ehrenamtlichkeit: Das ehrenamtliche Engagement der Mitglieder in bestimmten Funktionsaufgaben wird als dringlichster Problembereich betrachtet. Viele Vereine geben bei entsprechenden Befragungen regelmässig an, dass die Gewinnung und Bindung von Vorstandsmitgliedern sowie Trainer:innen ein grosses und zum Teil sogar existenzbedrohendes Problem darstelle. Diese Wahrnehmung der Ehrenamtlichkeit in Sportvereinen als ständiges Problem hängt zumindest teilweise immanent mit dem Prinzip der Freiwilligkeit zusammen. Es gelingt jedoch auch vielen Vereinen relativ erfolgreich, genügend Mitglieder für die verschiedenen ehrenamtlichen Tätigkeitsfelder in der Führung und Verwaltung, im Sportbereich und bei der Organisation von Veranstaltungen zu gewinnen. Vergleichsweise wenige berichten von einem stärkeren Rückgang der Zahl der freiwillig engagierten Mitglieder. Im Gegenteil, vielfach ist es durch die Aufteilung von Ämtern und Aufgaben sowie durch Job-Sharing gelungen, die Vereinsarbeit weiterhin auf ehrenamtlicher Basis erfolgreich zu gestalten (Lamprecht et al., 2017). Hierbei zeigen entsprechende Untersuchungen, dass die dauerhafte Bereitschaft sich ehrenamtlich einzubringen mit der Verbundenheit und Identifikation der Mitglieder sowie mit der Zufriedenheit mit der freiwilligen Tätigkeit zusammenhängt (Schlesinger et al., 2014). Die Mitarbeitszufriedenheit hängt dabei weniger von materiellen Anreizen ab, sondern die Ehrenamtlichen erwarten vielmehr, dass ihre Arbeit wertgeschätzt wird, die Aufgaben interessant sind und sie einerseits Unterstützung erfahren und andererseits eigenständig tätig sein können (Breuer & Feiler 2020a, 2020b; Lamprecht et al., 2020). Mit entsprechenden Massnahmen des Freiwilligenmanagements gelingt es Vereinen, ausreichend Ressourcen in Form von Freiwilligenarbeit zu generieren.

Eine andere Strategie, mögliche Probleme im Bereich Ehrenamt zu lösen, besteht in der Professionalisierung der Vereinsarbeit (vgl. Kapitel 10) und in der Beschäftigung von bezahltem Personal, wobei die Anstellungsformen von Honorarverträgen über Teilzeit- bis hin zu Vollzeitanstellungen reichen. Trotz der Transformation der für Vereine charakteristischen Freiwilligenarbeit in entschädigte Stellen ist der Grad der Verberuflichung insgesamt relativ gering und der Grossteil der Arbeit wird nach wie vor in unbezahlter Form erbracht. Dabei gilt, dass die Zahl der bezahlten Beschäftigten positiv mit der Zahl der Mitglieder und dem Finanzvolumen zusammenhängt.

Zunehmend externe Finanzierung: Im Gegensatz zur Freiwilligenarbeit ist das idealtypische Merkmal der finanziellen Unabhängigkeit bei vielen Sportvereinen nur noch bedingt gegeben. Auch wenn die rechtliche Autonomie nach wie vor gegeben ist, stellen die Mitgliedsbeiträge nur noch eine von mehreren Einnahmequellen dar. Darüber hinaus finanzieren sich Sportvereine zunehmend aus Spenden von Dritten, öffentlichen Zuschüssen, Einnahmen aus Sponsoring-Partnerschaften und aus der Organisation von Veranstaltungen im sportlichen, aber auch aussersportlichen Bereich. Dabei helfen die externen Geldquellen die zum Teil bestehenden Finanzprobleme zu reduzieren. Sie können jedoch auch zur Abhängigkeit von externen Ressourcengeber:innen führen und sind mit der Herausforderung verbunden, dauerhaft genügend externe Finanzmittel einzuwerben.

4 Sportverein, quo vadis?

Neben den gewachsenen Erwartungen der Mitglieder und den zentralen Problembereichen Ehrenamt, Mitglieder, Finanzen und Infrastruktur sind Sportvereine mit vielfältigen externen Herausforderungen konfrontiert. Hierbei legen u.a. die Ausdifferenzierung des Sports und das veränderte Sportverhalten, der demographische Wandel sowie die gewachsenen Erwartungen und Aufgaben im Kontext der öffentlichen Sportförderung nahe, dass sich Sportvereine aktiv mit der Weiterentwicklung ihrer Angebote und Strukturen befassen. In diesem Zusammenhang werden unter anderem folgende Handlungsfelder der Sportvereinsentwicklung diskutiert (Nagel & Schlesinger, 2012): Weiterentwicklung des Sportangebots (z.B. neue Sportarten, Gesundheitssport), stärkere Öffnung für unterrepräsentierte Mitgliedergruppen (z.B. ältere Menschen, Geflüchtete, Menschen mit Beeinträchtigung), Förderung des ehrenamtlichen Engagements, gezielter Einsatz bezahlter Mitarbeit, moderne Kommunikationsformen (z.B. Social Media) sowie die Kooperation und Vernetzung mit externen Partnern (z.B. Schulen, kommerziellen Sportanbietern). Hierbei gibt es Sportvereine, die entlang dieser Themen bereits weitreichende Entwicklungs- und Anpassungsprozesse durchlaufen haben, während andere ihre Vereinsarbeit kaum verändert haben.

Wie verändern sich Sportvereine?

Vorliegende Konzepte der Sportvereinsforschung und die Ergebnisse entsprechender Studien zeigen, dass für Veränderungen in Sportvereinen vielfältige Ursachen relevant sind. In Anlehnung an das Mehrebenen-Modell zur Analyse der Sportvereinsentwicklung (Nagel, 2006), das auf akteurtheoretischen Konzepten (Schimank, 2010) und dem Grundmodell soziologischer Erklärung (Esser, 1993) basiert, sind für das Verständnis von Veränderungen (z.B. hinsichtlich der Einrichtung einer Fitnessgruppe für Mädchen und junge Frauen) vor allem folgende Aspekte zu beachten.

(1) Umwelt des Vereins: Allgemeine Entwicklungen im Sport (z.B. der Fitness-Trend) und spezifische Programme von Seiten Sportpolitik oder Sportverbänden (z.B. Initiativen zur Mädchenförderung) können die Einrichtung entsprechender Angebote im Verein auslösen. Darüber hinaus können gesellschaftlich-kulturelle Rahmenbedingungen, wie ein verändertes Gesundheits- und Körperbewusstsein oder der Wandel von Werten, Normen und Geschlechterrollen, relevant sein. Diese Umweltfaktoren führen jedoch nicht automatisch zu Anpassungsprozessen – im Gegenteil: Viele Sportvereine haben sich trotz des weitreichenden gesellschaftlichen Wandels in den vergangenen Jahrzehnten kaum verändert.

(2) Strukturelle Gegebenheiten des Vereins: Häufig dürften die vereinsinterne Situation und entsprechende Strukturbedingungen dafür verantwortlich sein, ob sich ein Sportverein verändert oder nicht. Hierbei sind neben allgemeinen Merkmalen, wie die Mitgliederzahl, insbesondere Art und Umfang des bestehenden Angebots, die personellen Ressourcen, die existierende Infrastruktur und die finanziellen Möglichkeiten zu beachten. Ein Verein, der bereits viele weibliche Mitglieder und entsprechende Sportgruppen hat und der über ausreichend Trainingspersonal und geeignete Sportinfrastruktur verfügt, wird eher ein neues Fitness-Angebot für Mädchen einrichten als wenn in diesen Bereichen Probleme existieren. Eine wichtige Rolle spielen auch die Vereinsziele und die Vereinskultur. Ein Verein, der offen ist für neue Entwicklungen und Zielgruppen und eine breitensportorientierte Philosophie verfolgt, ist eher bereit zu Veränderungen als ein traditionell orientierter Club, der vor allem Ziele im Wettkampfsport im Blick hat.

(3) Vereinsmitglieder: Im Kontext der strukturellen Rahmenbedingungen sind es häufig einzelne Mitglieder oder Gruppen im Verein, die einen Veränderungsprozess anstossen und vorantreiben. Dementsprechend kann z.B. die Einrichtung einer Mädchensportgruppe massgeblich von der Initiative bestimmter Mitglieder abhängen, die daran ein spezifisches Interesse haben. Dabei handelt es sich häufig um Mitglieder, die sich in Vereinsgremien engagieren. Denn trotz der demokratischen Entscheidungsstrukturen beteiligt sich in der Regel nur ein Teil der Mitglieder aktiv bei wichtigen Entscheidungen zur Weiterentwicklung der Vereinsarbeit.

Entscheidungsprozesse und Veränderungsbarrieren

Ein genauerer Blick auf die Entscheidungslogik in Sportvereinen zeigt (Nagel & Schlesinger, 2012), dass nicht nur relativ wenige Mitglieder eine aktive Rolle bei weitreichenden Entscheidungen spielen, sondern viele Vereine traditionsorientiert handeln, d.h. Bewährtes und Gewohntes wird nicht hinterfragt und Veränderungen werden vielfach kritisch gesehen (Thiel & Meier, 2004). Diese «Trägheit» bezüglich strukturellen Veränderungen hängt auch damit zusammen, dass in Sportvereinen strukturelle Anpassungen erst bei dringlichen Problemen zu deren Lösung und weniger im Sinne der Verfolgung strategischer Ziele vorgenommen werden. Hierbei ist hervorzuheben, dass primär die Interessen der Mitglieder für das Handeln von Sportvereinen zentral sind, während ein möglicher «Veränderungsdruck» von aussen bedingt relevant ist. Wenn ein Sportverband eine Initiative zur Förderung des Mädchensports startet, dann ist damit noch lange nicht garantiert, dass ein Mitgliedsverein diese auch umsetzt. Vielmehr braucht es dafür Vereinsmitglieder, die sich für ein neues Sportangebot für Mädchen engagieren. Hierbei ist zu beachten, dass für wichtige Entscheidungen ein mehrheitlicher Konsens unter den Mitgliedern notwendig ist, wobei die Mitgliederversammlung mögliche Veränderungen blockieren kann. Neben den demokratischen Entscheidungsstrukturen trägt die Ehrenamtlichkeit dazu bei, dass die Einführung neuer Angebote und Strukturen vielfach nur über einen langen Zeitraum erfolgen kann und diese nicht mit dem notwendigen Fachwissen zielgerichtet geplant, klar kommuniziert und erfolgreich umgesetzt werden. Schliesslich können zu geringe personelle Ressourcen, fehlende Sportanlagen und knappe Finanzen als Veränderungsbarrieren wirken.

Trotz der Vielzahl an Hindernissen gelingt es Sportvereinen jedoch vielfach, aktuelle Herausforderungen erfolgreich zu bewältigen und sich zukunftsorientiert weiterzuentwickeln. Dazu ist es notwendig, dass eine Gruppe engagierter Mitglieder ein innovatives Projekt langfristig plant sowie zielgerichtet umsetzt und dabei auch die anderen Mitglieder überzeugen kann (vgl. dazu den Leitfaden Sportvereinsentwicklung: Nagel & Schlesinger, 2012).

5 Fazit

Sportvereine sind mit einer Reihe von Problemen konfrontiert, vor allem die Gewinnung und Bindung von Mitgliedern sowie deren freiwilliges Engagement für den Verein. Dennoch scheint diese Organisationform, die ihre Wurzeln in der Turn- und Sportbewegung des 19. Jahrhunderts hat, auch im 21. Jahrhundert ein tragfähiges Modell für gemeinsame Sport- und Freizeitaktivitäten zu sein. Die dargestellten Entwicklungen machen deutlich, dass der Vereinssport auch in der modernen Gesellschaft als «Zukunftsmodell» charakterisiert werden kann und sich gerade während der Covid-19-Pandemie mit seiner ehrenamtlichen Personalstruktur als vergleichsweise krisenresistent erwiesen hat. Vermutlich werden Sportvereine auch in Zukunft ein wichtiger Träger des Sports sein – trotz oder vielleicht gerade wegen des gesellschaftlichen Wertewandels. Denn in einer zunehmend individualisierten und digitalisierten Gesellschaft dürften Sportvereine von wichtiger Bedeutung sein, weil sie Menschen die Möglichkeit zur dauerhaften Pflege von freundschaftlichen Beziehungen und sozialen Kontakten bieten. Dabei nimmt ein Teil der Sporttreibenden die soziale Gemeinschaft als «Vereinsmeierei» wahr und lehnt diese ab, während viele andere die soziale und emotionale Verbundenheit, das Engagement für die gemeinsamen Interessen und das regelmässige Sportangebot in Gruppen besonders schätzen – dies lehrt ebenfalls die Corona-Krise. In diesem Zusammenhang können eine traditionelle Vereinskultur und die geringe Innovationsbereitschaft auch Vorteile bringen, weil Vereine dadurch über vergleichsweise dauerhafte und stabile Strukturen verfügen (Thiel & Meier, 2004). Allerdings sollten Sportvereine zu einem gewissen Mass flexibel sein und die Sportangebote und Organisationsstrukturen in zeitgemässer Form anpassen. Denn nur durch die aktive Weiterentwicklung der Vereinsarbeit kann es gelingen, den Sport mit seinen vielfältigen gesellschaftlichen Leistungen mitzugestalten und als «Hoffnungsträger» für die Gesellschaft zu wirken. Dabei bedarf es einer sinnvollen Verknüpfung von Tradition und Innovation (Nagel et al., 2004), indem Sportvereine einerseits die Interessen der Mitglieder verwirklichen und die Solidargemeinschaft pflegen und andererseits offen sind für neue Entwicklungen im Feld des Sports und mit spezifischen Angeboten und Initiativen, z.B. in den Bereichen Integration und Gesundheitsförderung, einen Beitrag zum Gemeinwohl leisten.

Kapitel 10: Sport und Wirtschaft

Grazia Lang, Siegfried Nagel & Markus Lamprecht

Geld regiert die Welt, und zunehmend auch die Welt des Sports! Die erfolgreichsten Sportstars verdienen über 100 Millionen Euro im Jahr. Aufgrund ihrer hohen Bekanntheit und medialen Reichweite sind sie als Werbeträger:innen für Unternehmen hochattraktiv. Im Profi-Teamsport wurden die Clubs in Kapitalgesellschaften überführt, die für Investor:innen und Aktionär:innen attraktiv sind. Durch den Sportboom hat sich ein kommerzieller Sportsektor etabliert, der seinen Kund:innen für gutes Geld Dienstleistungen im Bereich von Fitness, Gesundheit und Wellness offeriert. Sportartikelfirmen haben sich zu globalen Unternehmen entwickelt, die nicht nur Turnschuhe, Trainingsanzüge und Sportausrüstung, sondern auch modische Kleidung, Freizeitschuhe und Lifestyle-Accessoires verkaufen.

Der Sport hat sich in den vergangenen Jahrzehnten stark kommerzialisiert und ist inzwischen eng mit dem Wirtschaftssystem verflochten. In vielen Bereichen ist Sport als Marktgut zu charakterisieren, das heisst, er funktioniert über die Koordination von Angebot und Nachfrage und wird über ökonomische Preismechanismen reguliert (Breuer et al., 2010; Deutscher et al., 2016; Heinemann, 1995). Menschen organisieren Sport nicht mehr nur selbständig in informellen Gruppen oder ehrenamtlich in Sportvereinen, sondern sind bereit, für ihre Sportaktivitäten oder den Besuch von Sportveranstaltungen eine monetäre Gegenleistung zu entrichten. Die Nachfrage nach sportbezogenen Dienstleistungen wird dabei durch eine Vielfalt an kommerziellen Sportanbietern abgedeckt. Auch Sportvereine modernisieren und professionalisieren ihre Strukturen und öffnen ihre Angebote für Nicht-Mitglieder. Der Besuch von attraktiven sportlichen Wettkämpfen in Arenen und Stadien ist mit dem Kauf von Eintrittstickets verbunden und für die Teilnahme an Breitensportveranstaltungen, wie City-Marathons oder Triathlon-Events, sind zum Teil hohe Startgelder zu bezahlen; insbesondere wenn die Nachfrage die Zahl der angebotenen Startplätze übersteigt. Besonders stark ausgeprägt ist die Ökonomisierung im Bereich des Olympischen Spitzensports und im professionellen Teamsport. Hier werden Sponsoring-, Medien- und Merchandisingrechte in Marktkonstellationen zwischen den jeweiligen Partnern verhandelt und in finanziell hoch dotierten Verträgen fixiert.

Die Kommerzialisierung in nahezu allen Feldern des Sports hat zur Konsequenz, dass neben den Nonprofit-Organisationen und dem öffentlich-rechtlichen Sektor ein dritter Sportbereich mit Unternehmen und profitorientierten Organisationen zu unterscheiden ist (Kempf & Lichtsteiner, 2015; Laine & Vehmas, 2017). Dieser Marktsektor trägt massgeblich dazu bei, dass der moderne Sport in nennenswertem Umfang Wertschöpfung generiert sowie Arbeitsplätze schafft und damit eine volkswirtschaftliche Bedeutung hat. Durch die Kommerzialisierung und Professionalisierung des Sports hat sich so eine Vielzahl an Berufsfeldern ausdifferenziert.

Wir werden in diesem Kapitel die vielfältigen Phänomene und Entwicklungen im Kontext der zunehmenden Verflechtung des Sports mit dem Wirtschaftssystem näher beleuchten. Die wachsende Marktlogik im Feld des Sports trägt jedoch nicht nur zur Wirtschaftsleistung, Schaffung von Arbeitsplätzen, Vielfalt und Qualität im Breiten-, Fitness- und Gesundheitssport sowie zur Finanzierung des Spitzensports bei, sondern kennt auch Kehrseiten. Wir werden deshalb nicht nur Chancen, sondern auch Risiken der Kommerzialisierung im Sport beleuchten.

1 Sport als Wirtschaftsfaktor und Berufsfeld

Sport ist nicht nur eine der beliebtesten Freizeitaktivitäten und mit Blick auf Gesundheitsförderung, ganzheitliche Bildung und sozialen Zusammenhalt gesellschaftlich relevant, sondern hat auch eine volkswirtschaftliche Bedeutung. Die breitensportlichen Aktivitäten der Bevölkerung und das Zuschauerinteresse am Spitzensport induzieren Wertschöpfungseffekte und generieren Arbeitsplätze.

Satellitenkonto Sport zur Erfassung der wirtschaftlichen Bedeutung des Sports

Aufgrund seiner Vielfalt handelt es sich beim Sport um eine Querschnittsbranche, die sich aus Teilen verschiedener Wirtschaftszweige zusammensetzt. Das Baugewerbe ist beispielsweise bei der Schaffung von Sportinfrastruktur beteiligt, errichtet jedoch bei weitem nicht nur Sportstätten. Wegen der vielschichtigen Verflechtung der Sportbranche mit anderen Wirtschaftsbereichen kann der Wertschöpfungs- und Beschäftigungsbeitrag nicht direkt aus den amtlichen Statistiken ermittelt werden, sondern es sind sogenannte Satellitenkonten zu erstellen. Diese erfassen mit einem standardisierten Verfahren die ökonomische Bedeutung verschiedener Teilbereiche des Sports und führen sie dann zu einem Gesamtwert zusammen (für Deutschland: Ahlert et al., 2021; für die Schweiz: Hoff et al., 2020). Bei der Analyse der Sportwirtschaft wird in der Regel von einer weiten Sportdefinition ausgegangen, die nicht nur die gesamte Bandbreite an Sportanbietern und alle für die Sportausübung notwendigen Produkte und Dienstleistungen, wie Sportgeräte und -kurse einschliesst, sondern auch wirtschaftliche Aktivitäten, die einen direkten Bezug zum Sport haben – wie der Sporttourismus, Sportmedien oder Sportnahrung – berücksichtigt.

Im Jahr 2007 wurde von der EU ein Europäisches Satellitenkonto für den Sport verabschiedet, das für die Abgrenzung, Berechnung und Schätzung der Wirtschaftsleistung des Sports in einzelnen Ländern ein einheitliches

Vorgehen vorgibt. Trotzdem sind die jeweiligen Zahlen nur eingeschränkt vergleichbar und bislang liegen erst Ergebnisse für Österreich, Zypern, Polen, das Vereinigte Königreich, die Niederlande, Portugal und Deutschland vor (Ahlert et al., 2021; Ahlert & an der Heiden, 2017). Über diese sieben Länder hinweg liegt die Bruttowertschöpfung (BWS) des Sports bei Werten zwischen 1.0% und 4.1% der gesamten BWS des jeweiligen Landes. Zwischen 1.5% und 5.6% aller Erwerbstätigen sind im Feld des Sports oder eng verknüpfter Wirtschaftsbereiche angestellt. In Deutschland und Österreich lag die BWS des Sports in den Jahren 2018 (D) bzw. 2016 (A) bei 2.2% respektive 4.1% der Gesamtwirtschaftsleistung und die Beschäftigung bei 2.6% respektive 5.6% der Gesamtbeschäftigung. Die vergleichsweise hohen Werte für Österreich sind wahrscheinlich auf die hohe Bedeutung des Sporttourismus zurückzuführen – verbunden mit vielen Gästen aus dem Ausland, die für ihre alpinen Winter- und Sommersportaktivitäten ins Land kommen (Vejchoda, 2017). In der Schweiz ist der Sport im Vergleich zu Österreich ökonomisch etwas weniger relevant, denn hier lag die BWS bei 1.7% der gesamten Schweizer Wirtschaftsleistung und die Beschäftigung bei 2.4% der Gesamtbeschäftigung (Hoff et al., 2020). Die wirtschaftliche Gesamtleistung gemessen als BWS ist in der Schweiz mit dem Wirtschaftszweig des Maschinenbaus vergleichbar und die Zahl der Beschäftigten entspricht in etwa dem in der Land- und Forstwirtschaft. In Deutschland ist die Sportwirtschaft bezüglich BWS mit dem Wirtschaftszweig Verkehr vergleichbar. Schliesslich ist hervorzuheben, dass sowohl in der Schweiz als auch in Deutschland die Sportwirtschaft mit ihrer stark dienstleistungsorientierten Ausrichtung im vergangenen Jahrzehnt etwas weniger dynamisch gewachsen ist als die Gesamtwirtschaft.

Die wirtschaftlich relevanten Sportbereiche im Überblick

Auch wenn das Satellitenkonto Sport für die Erfassung der Sportwirtschaft in der Schweiz ebenfalls von einem breiten Sportverständnis ausgeht und ähnliche Bemessungsgrundlagen verwendet (Berwert et al., 2007; Hoff et al., 2020), sind die Ergebnisse mit den Zahlen aus Deutschland (Ahlert et al., 2021) nur bedingt vergleichbar. Insbesondere die Darstellung der ökonomischen Bedeutung bestimmter Teilbereiche des Sports unterscheidet sich. Für Deutschland werden auf der Nachfrageseite die sportbezogenen Konsumausgaben privater Haushalte, von Sportvereinen und -verbänden sowie des Staates und die Investitionen im Bereich Sport ermittelt. Dabei spielt der private Konsum mit fast drei Viertel der sportbezogenen Ausgaben eine zentrale Rolle. Ein Blick auf die Güterstruktur des gesamten Sportkonsums zeigt, dass unter anderem folgende Bereiche von wichtiger Bedeutung sind: das produzierende Gewerbe, der Dienstleistungssektor im Freizeitbereich sowie Dienstleistungen im Verkehrs- und Gastgewerbe. Damit ergibt sich zwar ein differenziertes Bild, welche Wirtschaftszweige zur Querschnittsbranche Sport einen Beitrag leisten, jedoch wird nicht deutlich, welche Sportbereiche in welchem Mass zur Wertschöpfung und Beschäftigung beitragen. Hierfür liefert das Satellitenkonto für die Schweizer Sportwirtschaft differenzierte Informationen, indem es neun Bereiche unterscheidet (Berwert et al., 2007; Hoff et al., 2020), die nachfolgend im Überblick skizziert werden. Die Wertschöpfungsquoten der einzelnen Sportbereiche haben sich seit der ersten Erfassung im Jahr 2005 nur um wenige Prozentpunkte verändert, weshalb die Zahlen zur relativen Bedeutung von 2017 – also von vor der Covid-19-Pandemie – ein aussagekräftiges Bild liefern.

Im Bereich *Sportanlagen*, welche fast ein Viertel (23%) der gesamten BWS des Sports in der Schweiz erbringen, sind neben den vielen kommunalen Sportanlagen, wie Turnhallen und Sportplätzen, die Bergbahnen sowie gewerbliche Sportanlagen, wie Tennishallen, von zentraler Bedeutung.

Beim Bereich *Sportvereine und -verbände*, welche 19% der BWS des Sports ausmachen, sind auf nationaler Ebene besonders die professionellen Fussball- und Eishockeyclubs relevant, die sich mehrheitlich in Kapitalgesellschaften umgewandelt haben. Eine vergleichsweise geringe wirtschaftliche Bedeutung haben die nationalen Sportverbände und die etwa 19'000 Sportvereine. Hierbei ist jedoch zu beachten, dass in den Satellitenkonten nur monetäre Leistungen und damit keine ehrenamtlichen Tätigkeiten berücksichtigt werden. Hingegen resultiert fast die Hälfte der BWS durch viele in der Schweiz ansässige internationale Sportverbände. Allein FIFA, UEFA und IOC erzielen durch die in jüngster Zeit gestiegenen Erträge aus Sponsoring-, Event- und Medienrechten etwa einen Drittel der Wertschöpfung der Sportvereine und -verbände. Die Schweiz hat sich über Jahrzehnte als bevorzugter Standort für internationale Sportorganisationen etabliert. Sie beheimatet etwa 40 internationale Sportverbände (z.B. FIFA, FIS) und über 20 weitere internationale Sportorganisationen, wie zum Beispiel das IOC, das Tribunal Arbitral du Sport (TAS) oder die europäische Niederlassung der Welt-Anti-Doping Agentur (WADA). Die Entwicklung des Standorts Schweiz für internationale Sportverbände nahm im Jahr 1915 mit dem Umzug des IOC nach Lausanne ihren Anfang und gründet unter anderem auf den attraktiven rechtlichen und ökonomischen Rahmenbedingungen sowie auf seiner Rolle als politisch neutrales Land im Herzen Europas mit einer hohen Lebensqualität (Chappelet, 2021; Hoff et al., 2020).

Der Bereich *Sporttourismus* ist mit einem Anteil von 18% an der BWS des Sports ebenfalls bedeutsam und berücksichtigt die Ausgaben für Unterkunft und Verpflegung von Gästen in Hotels und in der Parahotellerie sowie für sportrelevante Ausgaben in Reisebüros und Tourismusorganisationen. Dabei werden alle touristischen Aktivitäten einbezogen, bei denen der Sport ein wichtiges Reise- und Ferienmotiv darstellt.

Zu den *Sportdienstleistungen* (BWS: 11%) zählen neben den kommerziellen Anbietern im Bereich des Breiten- und Gesundheitssports – wie Fitness-Studios, Bewegungszentren und Tanzschulen – auch privatwirtschaftliche Veranstalter von Sportveranstaltungen und Sportmessen sowie Anbieter von Sportwetten.

Sportunfälle sind zwar eine unerwünschte Schattenseite des Sports und vermindern die gesellschaftliche Wohlfahrt. Sie tragen jedoch durch die damit verbundenen Heilungskosten bei Verletzungen und körperlichen Schädigungen 9% zur BWS des Sports bei.

Der *Sporthandel* macht in der Schweiz durch den Verkauf von Sportgeräten, Sportkleidung und weiteren Artikeln, die einen direkten Bezug zum Sport aufweisen, 8% der sportbezogenen BWS aus. Hingegen leistet die *Produktion von Sportgeräten, Sportartikeln und Sportkleidung* nur einen marginalen Beitrag von 2% der BWS, denn diese werden vor allem in Billiglohnländern und in Fernost hergestellt.

Die wirtschaftlichen Aktivitäten des Bereichs *Öffentliche Verwaltung, Sportunterricht und -ausbildung* sowie *Forschung & Entwicklung* werden hauptsächlich durch die öffentliche Hand finanziert (Anteil BWS: 8%). Die *Sportmedien* mit ihrem geringen Anteil von 2% an der BWS umfassen öffentliche und private Printmedien sowie Fernseh- und Radioanstalten.

Abschliessend ist festzuhalten, dass diese Differenzierung in neun Wirtschaftsbereiche auch für andere Länder einen guten Überblick zur ökonomischen Bedeutung des Sports liefert. Während internationale Sportverbände vor allem in der Schweiz eine Rolle spielen, dürften in Deutschland die Sportartikelbrache und in Österreich der Sporttourismus besonders relevant sein.

Arbeitsmarkt und Berufsfelder im Sport

Die dargestellten neun Wirtschaftsbereiche tragen nicht nur zur Wertschöpfung, sondern mit ähnlichen Anteilen auch zur Beschäftigung bei. Allerdings sind nicht in allen Bereichen gleichermassen sportbezogene Kompetenzen für die jeweiligen beruflichen Tätigkeiten notwendig. Während es für den Bau und den Unterhalt von Sportanlagen keine sportspezifischen Qualifikationen braucht, ist für die Lehrtätigkeit an Schulen, für die Arbeit als Trainer:in im Verein oder Verband und für die Betreuung der Kund:innen in einem Fitnesscenter eine Ausbildung im Bereich Sport unerlässlich. Durch die Kommerzialisierung, Professionalisierung und Dienstleistungsorientierung des Sports umfassen die Stellenprofile in den verschiedenen Berufsfeldern nicht mehr nur Tätigkeiten wie Vermittlung, Betreuung und Beratung, sondern auch Administration, Organisation und Management. Dementsprechend hat sich neben den klassischen Studiengängen für Sportlehrkräfte in den vergangenen Jahrzehnten eine grosse Vielfalt an beruflichen Ausbildungsgängen und Studienprofilen ausdifferenziert, die von der Lehre im Bereich Fitnesssport oder als Sportartikelverkäufer:in bis hin zu Studiengängen mit Schwerpunkten Gesundheit, Spitzensport oder Management reichen.

Vor allem im Hochschulbereich hat nicht nur die Vielfalt der Studienprogramme, sondern auch die Zahl der Studierenden deutlich zugenommen. Den entsprechenden Absolvent:innen bieten sich vor allem in folgenden Bereichen Beschäftigungsmöglichkeiten (Schlesinger et al., 2015; Ursprung & Matter, 2005): als Lehrkraft an Schulen; bei Sportämtern im Bereich der Sportförderung; an Universitäten in der Lehre, Forschung oder im Hochschulsport; im Vereins- und Verbandssport als Trainer:in oder in der Organisation; bei kommerziellen Sportanbietern im Management oder als Fitnesstrainer:in; bei Einrichtungen des Gesundheitswesen in der Therapie oder Rehabilitation; in der Sportartikelbranche; bei Agenturen im Sportmarketing oder der Organisation von Sportevents; im Sporttourismus; bei Medien als Sportjournalist:in; oder in selbständiger Tätigkeit, z.B. als Personal Trainer:in.

Damit sind die Berufsfelder im Sport ähnlich vielfältig und breit wie die Bereiche, die zur Wertschöpfung beitragen. Trotz der Ausdifferenzierung zahlreicher Tätigkeitsfelder im Zuge der Pluralisierung des Sports finden nicht alle Absolvent:innen direkt nach dem Studium eine passende Stelle. Entsprechende Studien (z.B. Schlesinger et al., 2015) zeichnen zwar insgesamt ein positives Bild, wonach die Mehrzahl mit einer gewissen Flexibilität in einem überschaubaren Zeitraum eine qualifikationsadäquate Stelle mit angemessener Bezahlung findet und damit auch zufrieden ist. Allerdings ist hervorzuheben, dass am sportbezogenen Arbeitsmarkt eine vielschichtige Konkurrenzsituation herrscht und viele befristete Stellen in Teilzeit angeboten werden. Mit einem Abschluss im Bereich Sport- und Bewegungstherapie ergibt sich das Problem, dass es im Gesundheitsbereich neben der Ärzteschaft bereits anerkannte Berufe wie die Physiotherapie gibt (Cachay & Thiel, 1999). Bei Stellen im Sportmanagement stehen die sportwissenschaftlichen Absolvent:innen in Konkurrenz zu anderen Fachrichtungen wie z.B. der Betriebswirtschaftslehre, und in manchen Berufsfeldern, wie dem Trainerjob, ist ein akademischer Abschluss nicht unbedingt erforderlich.

2 Kommerzielle Sportanbieter im Freizeit-, Fitness- und Gesundheitssport

Das Sportangebot wurde ursprünglich in vielen europäischen Ländern weitgehend durch die Sportvereine organisiert. Diese spielen im Breiten- und Freizeitsport auch heute noch eine wichtige Rolle (vgl. Kapitel 9). Daneben haben sich im Zuge des zunehmenden Interesses am aktiven Sporttreiben – vor allem durch den Boom im Fitness- und Gesundheitssport – in allen Ländern Europas kommerzielle Anbieter etabliert (Laine & Vehmas, 2017; Robinson, 2008; Scheerder et al., 2020). Diese erwerbswirtschaftlichen Unternehmen verfolgen mit ihrem bezahlten Personal das Ziel, durch den Verkauf ihrer Dienstleistungen und zugehörigen Produkten – wie Sportkleidung und Sportnahrung – einen finanziellen Gewinn zu erzielen. Die wirtschaftliche Bedeutung dieser For-profit-Anbieter im Sport hat in den letzten Jahrzehnten stark zugenommen, wobei der Schwerpunkt auf dem Angebot von Dienstleistungen im Gesundheits-, Fitness-, Freizeit- und Individualsport und auf den dafür notwendigen Sportanlagen liegt. Dieser Bereich gilt als «Motor» der Ausdifferenzierung und Pluralisierung des modernen Sports und hat die Entwicklung des Sports in den vergangenen Jahrzehnten stark mitgeprägt (vgl. Kapitel 3).

Vielfalt der Dienstleistungsanbieter im privatwirtschaftlichen Sportsektor

Der kommerzielle Sektor für sportbezogene Dienstleistungen zeichnet sich durch eine grosse Heterogenität an Unternehmsformen aus, die von beruflicher Selbständigkeit über mittelständische Betriebe bis hin zu Aktiengesellschaften reicht. Es liegt bislang keine einheitliche Systematisierung und Abgrenzung der kommerziellen Anbieter vor. Die wichtigsten Anbietertypen und Angebotsformen lassen sich wie folgt zusammenfassen (Heinemann, 1995; Schubert, 2008): (1) Anbieter von Sportdienstleistungen: z.B. Fitnesscenter und Bewegungszentren, Tanz- und Gymnastikstudios; (2) gewerblich betriebene Sportanlagen: z.B. Tennis-, Kletter- oder Trampolinhallen; (3) Schulen für die Vermittlung von Techniken, Beratung und Betreuung in einzelnen Sportarten: z.B. Tanz-, Kampfsport-, Schwimm-, Bike- oder Skischulen; (4) Einzelunternehmer:innen, welche Sportaktivitäten anbieten und diese anleiten: z.B. Personaltrainer:in, Bergführer:in; (5) Anbieter von Sportcamps und -reisen; (6) kommerzielle Veranstalter von Sportevents; (7) Sportagenturen.

Entwicklungen im kommerziellen Fitness- und Gesundheitssport

In den meisten Ländern Europas ist der Fitness- und Gesundheitssport heute ein bedeutendes Geschäftsfeld des kommerziellen Sportsektors (Laine & Vehmas, 2017). In den 1980er und vor allem 1990er Jahren erlebten Fitnessstudios und Gesundheitszentren durch die Fitnesswelle und das gestiegene Gesundheitsbewusstsein (vgl. Kapitel 8) einen regelrechten Boom mit hohen Zuwachsraten an Mitgliedern. Auch nach der Jahrtausendwende stieg die Nachfrage weiter an (Laine & Vehmas, 2017; Scheerder et al., 2020). Im Zuge dieses Nachfragezuwachses haben sich die Räumlichkeiten der Fitnesseinrichtungen zu trendigen Gesundheits- und Wellnesscentern entwickelt. Sie weisen neben Kraft- und Fitnessgeräten eine breite Angebotspalette mit Group-Fitness-Kursen, Massagen und Saunalandschaften auf und sind mit den neusten Technologien ausgestattet, wie die Messung und Steuerung der individuellen Herzfrequenz oder der Belastung beim Krafttraining. Die Fitnesscenter setzen auf sportive Trends und ständige Innovationen und haben ihr Angebot zunehmend differenziert. So existieren heutzutage sehr kostengünstige Fitnesscenter, welche auf persönliche Betreuung der Kund:innen verzichten, Fitnesscenter mit Zugang rund um die Uhr, Fitnesscenter nur für Frauen oder Fitnessketten, die mit Franchisekonzepten auftreten. Dadurch hat sich die Fitnessindustrie den veränderten Bedürfnissen der sportaktiven Bevölkerung angepasst und neue Zielgruppen erschlossen (Scheerder et al., 2020). Durch flexible Öffnungszeiten, die innovative und kundenorientierte Angebotsgestaltung, attraktive Anlagen und hochwertige Ausstattung sowie qualifiziertes Personal ist es den privaten Fitnesscentern im Gegensatz zu Sportvereinen gelungen, die Mitgliederzahlen in den vergangenen Jahrzehnten – abgesehen von pandemiebedingten Einschränkungen – stetig zu steigern. Inzwischen nähert sich der Mitgliederanteil des Fitnesssektors zunehmend dem Anteil der im Vereinssport aktiven Bevölkerung an (Dallmeyer et al., 2020; Klostermann et al., 2020; Lamprecht et al., 2020). Während der Frauenanteil in Fitnesscentern etwas höher ist als der Anteil der Männer, sind Menschen mit geringem Einkommen unterrepräsentiert.

Trotz der stetig gestiegenen Nachfrage ist es auch im Fitnesssektor durch die interne Konkurrenz und die zunehmende Dienstleistungsorientierung von Sportvereinen zu einer Marktsättigung und zu einem Verteilungs- und Verdrängungswettbewerb gekommen (Schubert, 2008). Ein zentrales Problem stellt dabei die hohe Kundenfluktuation dar, die mit der generellen Schwierigkeit der dauerhaften Bindung im Fitness- und Gesundheitssport zusammenhängen dürfte. Im Gegensatz zum Vereinssport sind Mitglieder von Fitnesscentern aufgrund der vorwiegend instrumentellen Sportmotive und der höheren finanziellen Kosten vermutlich sensibler hinsichtlich der Qualität der sportbezogenen Dienstleistung. Insofern unterliegen Fitnesscenter einem hohen Innovationsdruck.

3 Kommerzialisierung des Spitzensports

Der Spitzensport hat sich durch seine hohe Attraktivität für ein breites Publikum und das damit verbundene Interesse der Medien (vgl. Kapitel 11) in den vergangenen Jahrzehnten stark kommerzialisiert. Vor allem in professionalisierten Teamsport-Ligen versuchen die Clubs neben sportlichen Zielen zunehmend auch den finanziellen Gewinn zu maximieren, um diesen wiederum in ein sportlich leistungsfähiges Team zu reinvestieren. Diese Profi-Clubs sind nicht nur bestrebt, mit geeigneten Massnahmen die Attraktivität und damit die Einnahmen auf dem Zuschauermarkt zu optimieren, sondern sie agieren zusammen mit den entsprechenden Liga-Organisationen auf verschiedenen anderen Märkten. Beim Verkauf von Sponsoring-Paketen, Medienrechten und Merchandisingartikeln geht es vorwiegend um die Profitmaximierung. Die entsprechenden Marktkonstellationen im professionellen Teamsport werden in sportökonomischen Arbeiten mit wirtschaftswissenschaftlichen Konzepten analysiert (z.B. Daumann, 2011; Deutscher et al., 2016). Die Kommerzialisierung von populären Teamsportarten hat vor allem im Fussball zu teilweise sehr hohen Spielergehältern und Ablösesummen auf dem Transfermarkt geführt (Robinson, 2008). Es hat sich ein Spielermarkt entwickelt, bei dem Agenten mit den Verantwortlichen der Profi-Clubs hochdotierte Transfer- und Arbeitsverträge aushandeln, die zu einer finanziellen Schieflage führen können. Weil die Ausgaben im sportlichen Bereich die Einnahmen aus der Vermarktung übersteigen, gelingt es den Clubs den Konkurs vielfach nur durch externe Geldgeber:innen abzuwenden. Diese investieren häufig nicht primär mit wirtschaftlichen Zielen in einen Profi-Club, sondern um soziale Wertschätzung zu erlangen.

Auch internationale Sportverbände, wie das IOC oder die FIFA, haben mit dem Verkauf von Sponsoring-, Medien- und Merchandisingrechten für ihre globalen Sportevents ein zunehmend profitables Geschäftsmodell entwickelt. Die Kommerzialisierung ermöglicht auch international erfolgreichen Athlet:innen in Einzelsportarten, unter professionellen Bedingungen zu trainieren und den Sport zum Beruf zu machen. Dies erhöht das internationale Leistungsniveau und die Leistungsdichte und damit die Attraktivität des Spitzensports, wodurch sich dieser wiederum besser vermarkten lässt. Die Einnahmen aus Sponsorengeldern ermöglichen beispielsweise im Skisport den nationalen Verbänden eine zielgerichtete Betreuung ihrer Kaderteams im Training und Wettkampf. Im Tennis agieren die Topathlet:innen quasi in Form von «Ich-AGs» und finanzieren aus Preisgeldern und Sponsoreneinnahmen nicht nur sich selber, sondern auch ein persönliches Team für Training und Betreuung.

Sportsponsoring

Im Kontext der Vermarktung des Spitzensports hat insbesondere das Sportsponsoring als Finanzierungsinstrument eine wichtige Bedeutung erlangt (z.B. Preuss, 2009; Walzel & Schubert, 2018). Dabei investieren Unternehmen, deren Geschäftsfelder und Kernkompetenzen oftmals keine Berührungspunkte zum Sport aufweisen, Geld ins Sponsoring von Sportler:innen, Teams, Wettkampfserien, Ligen, Sportorganisationen oder Sportstadien. Damit betreiben sie Marketing durch den Sport und erhalten im Gegensatz zum Mäzenatentum eine direkte Gegenleistung in Form von Sichtbarkeit auf Kleidung und Sportgeräten, bei Events in Sporthallen und -arenen oder beim Webauftritt von Sportorganisationen. Das gewachsene Zuschauerinteresse und die hohe Resonanz des Spitzensports in den Medien hat die Nachfrage nach Sportsponsoring in vielen Sportarten stetig steigen lassen. Im Vergleich zur traditionellen Werbung wird Sportsponsoring als wirksameres Marketing- und Kommunikationstool angesehen. Während bei traditioneller TV-Werbung die

Aufmerksamkeit der Rezipient:innen gering ist, bietet das Sportsponsoring eine alternative Werbemöglichkeit, durch die mehr Sichtbarkeit und vor allem eine höhere emotionale Bindung und Betroffenheit der Rezipient:innen generiert werden kann. So kann durch Sportsponsoring zielgerichtet die Bekanntheit eines Unternehmens gesteigert werden. Vielfach ist damit das Ziel verbunden, dass es zu einer Übertragung positiver Imagewerte des Sports – wie Leistungsfähigkeit, Erfolg oder Dynamik – auf die Sponsoren und ihre Marken kommt (Robinson, 2008; Walzel & Schubert, 2018). Zudem wird Sportsponsoring von Unternehmen zur Kundenpflege und zur Bindung von Mitarbeiter:innen eingesetzt.

In den 1970er Jahren war Trikotsponsoring in der Fussball-Bundesliga noch verboten und der Likörhersteller Günter Mast musste im Vereinswappen von Eintracht Braunschweig den Löwen durch einen Hirschkopf ersetzen, um für seine Marke «Jägermeister» Werbung machen zu können (Preuss, 2009). Während dieses Vorgehen damals noch kontroverse Diskussionen auslöste und zu einem Rechtsstreit mit dem Deutschen Fussballbund führte, ist Sportsponsoring im Spitzensport heute omnipräsent. In manchen Sportarten sind die Athlet:innen quasi «lebende Litfass-Säulen» und vermarkten bei Fernsehinterviews neben dem Kopfsponsor auf dem Stirnband auch den Sport-Drink, der nach der sportlichen Höchstleistung Energie zurückgeben soll. Bemerkenswert ist in diesem Zusammenhang das Beispiel des britischen Sprint-Olympiasiegers Linford Christie, der im Rahmen der Olympischen Spiele 1996 in Atlanta bei einer Pressekonferenz Augenlinsen mit einem Puma, seinem Schuhausrüster, trug. Diese Marketing-Aktion sorgte für besonderes Aufsehen, da sich ein anderer Sportartikelkonzern die Exklusivrechte für diesen Event gesichert hatte. Ein solcher Auftritt von Sponsoren ohne die entsprechenden Vermarktungsrechte zu besitzen, gilt als illegal und wird als Ambush-Marketing bezeichnet (Nufer & Bühler, 2013). Diese unzulässige Form von Sportmarketing war auch im WM-Final der Männer-Fussballweltmeisterschaft 1994 zu beobachten, als Nike den Zuschauer:innen vor dem Spiel Gratismützen abgab, die zum Ärger von Adidas ständig im Blickfeld der Fernsehkameras waren.

Aufgrund seiner zunehmenden Kommerzialisierung, aber auch wegen Dopingaffären, Millionengehältern sowie Korruptions- und Missbrauchsskandalen hat der Spitzensport in jüngster Zeit an Glaubwürdigkeit eingebüsst, was sich auch hinsichtlich der Bereitschaft von Unternehmen für Sponsoring-Partnerschaften bemerkbar macht. Nicht zuletzt deshalb hat Sponsoring im Breitensport, vor allem in Vereinen und bei Events, an Popularität gewonnen, obwohl die Medienabdeckung deutlich geringer ist. Dafür können Menschen im Rahmen der eigenen sportlichen Aktivitäten direkter und persönlicher mit Sponsoring-Botschaften angesprochen werden. Zudem wird das Sportsponsoring im Breitensport, insbesondere im Kontext der Nachwuchsförderung von Sportvereinen, verstärkt mit einem Fördergedanken und der gesellschaftlichen Verantwortung von Unternehmen im Sinne der Corporate Social Responsibility in Verbindung gebracht (vgl. Kapitel 14). Der Breitensport bietet insbesondere für kleinere Unternehmen Möglichkeiten zum Sportsponsoring (Walzel & Schubert, 2018).

Umwandlung von Sportclubs in Kapitalgesellschaften

Im Kontext der zunehmenden Vermarktung von Eintrittstickets, Sponsoring-Plattformen, Merchandisingartikeln sowie TV-Übertragungsrechten wurde der Profibetrieb von Vereinen in Teamsportligen vermehrt in Kapitalgesellschaften ausgelagert (Lopatta et al., 2014). In der Schweiz, in Deutschland und in Österreich ist dies insbesondere im Fussball und Eishockey zu beobachten. Diese Ausgliederung soll mit Blick auf die enorm gewachsenen finanziellen Umsätze und Verpflichtungen einerseits eine Rechtsformverfehlung verhindern. Andererseits haben Kapitalgesellschaften gegenüber der Rechtsform Verein den Vorteil klarerer Führungsstrukturen und einer einfacheren Kapitalbeschaffung. Der mögliche Einfluss von Investor:innen und Aktionär:innen auf die Vereinspolitik wird vor allem im deutschsprachigen Raum aber auch kritisiert, weil die Interessen der Geldgeber:innen nicht über den sportlichen Zielen stehen sollen. Mit dieser Problematik gehen die europäischen Fussball-Ligen unterschiedlich um. In der Schweizer Super-League erhalten nur Aktiengesellschaften eine Lizenz und der Investorenanteil an der jeweiligen Aktiengesellschaft ist nicht eingeschränkt. In der Österreichischen Bundesliga wird die Lizenz nur an Vereine vergeben, wobei allerdings vorgeschrieben wird, dass der Profibetrieb in eine Kapitalgesellschaft auszulagern ist. Dabei muss der Verein gemäss der sogenannten 50+1 Regel die Mehrheit an der Kapitalgesellschaft besitzen, das heisst mindestens 50% der Stimmrechte plus eine Stimme. Letzteres gilt auch für die Deutsche Bundesliga, wobei es in Deutschland keine Pflicht zur Auslagerung des Profibetriebs in eine Kapitalgesellschaft gibt (Bauers et al., 2015). Die weiteren europäischen Ligen, welche zusammen mit der Deutschen Bundesliga zu den Big Five gehören – Premier League, Ligue 1, Serie A und Primera División – vergeben ihre Lizenzen nahezu ausschliesslich an Kapitalgesellschaften und kennen keine Einschränkungen beim Stimm- und Kapitalanteil von Investor:innen. Dies führt zu unterschiedlichen finanziellen Voraussetzungen in den europäischen Wettbewerben, was beispielsweise für die sportliche Chancengleichheit von Clubs aus unterschiedlichen Ländern in der UEFA Champions League eine Herausforderung darstellt (Lopatta et al., 2014). Clubs der Bundesliga haben aufgrund der 50+1 Regel weniger Möglichkeiten, externe Mittel durch finanzkräftige Investor:innen zu generieren als beispielsweise Clubs der englischen Premier League. Allerdings sind sie auch weniger mit öffentlicher Kritik und Legitimationsproblemen konfrontiert als europäische Fussballclubs, die im Besitz von Oligarchen aus Osteuropa oder Aristokraten aus dem arabischen

Raum sind, deren persönliche und wirtschaftliche Integrität zunehmend in Frage gestellt wird.

4 Professionalisierung von Sportvereinen und -verbänden

Die Kommerzialisierung hat auch im Nonprofit-Sektor des Sports ihre Spuren hinterlassen und zu einer Professionalisierung geführt. Die gewachsenen Vermarktungsmöglichkeiten in vielen Feldern des Sports haben zur Folge, dass auch in Sportverbände und -vereine mehr Gelder fliessen. Gleichzeitig steigen die Anforderungen und Erwartungen der Vermarktungspartner – wie Sponsoren oder Medien – an die Umsetzung der vereinbarten Massnahmen und das Management in Verbänden und Vereinen. Dank der zusätzlichen Vermarktungseinnahmen kann bezahltes Personal eingestellt werden, um die Ehrenamtlichkeit zu entlasten und die Arbeit effektiver und effizienter zu gestalten. Dabei passen sich Nonprofit-Sportorganisationen im Sinne eines «more business-like» zunehmend an die Strukturen und Prozesse von Wirtschaftsunternehmen an, was als Professionalisierung verstanden wird. Neben der Einstellung von bezahlten Mitarbeiter:innen zeigt sich dies in der strategischen Ausrichtung und Planung sowie bei der Verwendung von Management-Tools aus dem Unternehmensbereich, wie Marketingkonzepte, Qualitätsmanagement oder Controlling (Lang et al., 2021; Robinson, 2008). Dabei kommt es zwar zu einer schrittweisen Transformation von Sportvereinen und -verbänden, es erfolgt in der Regel aber keine Umwandlung der Rechtsform und die Nonprofit-Orientierung bleibt erhalten.

Während die beschriebenen Entwicklungen auf der Ebene der Sportverbände bereits weit fortgeschritten sind, ist die Professionalisierung von Sportvereinen noch sehr unterschiedlich ausgeprägt, je nach Vereinsgrösse, Bedeutung des Spitzensports im Verein und den finanziellen Ressourcen (Breuer, 2017; Lamprecht et al., 2012, 2017). Viele Sportvereine erfüllen ihre Vereinsziele und Aufgaben nach wie vor ausschliesslich mit Ehrenamtlichen und ohne Konzepte aus dem Unternehmensbereich. Neben Anforderungen von Geschäftspartnern und der Innovationsbereitschaft der Verantwortlichen in den Führungsgremien nehmen auch die Sportpolitik und Dachverbände mit ihren Unterstützungsleistungen, Beratungsangeboten, finanziellen Subventionen und damit verbundenen Vorgaben Einfluss auf die Professionalisierung von Verbänden und Vereinen (Lang et al., 2020).

Die Professionalisierung ist in der Regel mit dem Ziel verbunden, als Sportorganisation leistungsfähiger und im sportlichen Bereich erfolgreicher zu werden und die Interessen der Mitglieder noch besser verwirklichen zu können. Allerdings können sich auch unbeabsichtigte Konsequenzen ergeben, die mit negativen Folgen verbunden sein können (Lang et al., 2021). Es kann zu einer Bürokratisierung der Vereins- oder Verbandsarbeit kommen und administrative Prozesse überlagern die eigentlichen Ziele im Bereich des Sports. Aufgrund veränderter Führungsstrukturen mit hauptamtlicher Geschäftsführung können sich Probleme bei der Zuordnung und Abgrenzung operativer und strategischer Aufgaben ergeben. Dies kann zu Konflikten zwischen bezahlten Mitarbeiter:innen und Ehrenamtlichen und zu nachlassender Bereitschaft zu freiwilliger Mitarbeit führen. In diesem Zusammenhang ist der mögliche Verlust von solidargemeinschaftlichen Werten zu beachten, die für die Erfüllung gemeinwohlorientierter Funktionen, wie soziale Integration, von wichtiger Bedeutung sind.

5 Fazit

Durch die Kommerzialisierung des modernen Sports leistet dieser einen nennenswerten Beitrag zur wirtschaftlichen Wertschöpfung und bietet durch die Ausdifferenzierung vielfältiger Berufsfelder gleichzeitig Arbeitsplätze. Aufgrund der zunehmenden Verflechtung des Sports mit dem Wirtschaftssystem ergeben sich vielfältige Begleiterscheinungen, wie die Steigerung der Qualität im Breiten- und Gesundheitssport, die erhöhte Attraktivität des Spitzensports für das Publikum, die Athlet:innen und die beteiligten Stakeholder sowie die gewachsene Leistungsfähigkeit von Sportorganisationen mit Nonprofit-Orientierung. Diese positiv zu bewertenden Effekte haben dazu geführt, dass sich die Kommerzialisierung des Sports in den vergangenen Jahrzehnten in einem dynamischen Prozess stetig weiterentwickelt hat. Ist der moderne Sport dadurch automatisch «besser» geworden?

Die Ausführungen in diesem Kapitel haben gezeigt, dass die Kommerzialisierung im Sport auch Schattenseiten hat. Daher überrascht es nicht, dass die Mehrheit der Schweizer Bevölkerung es als Problem ansieht, dass im Sport immer mehr Geld im Spiel ist (Lamprecht et al., 2020). Die Kommerzialisierung des Sports kann dazu führen, dass wirtschaftliche Interessen so stark an Bedeutung gewinnen, dass die ursprünglichen Ideen, Ideale und Werte des Sports gefährdet sind. Es ist jedoch nicht nur utopisch, sondern auch nicht sinnvoll zum Amateurprinzip zurückzukehren. Denn dieses war mit dem Ausschluss nicht-elitärer Bevölkerungsgruppen verbunden, die sich den Sport als reine Freizeitbeschäftigung nicht leisten konnten (vgl. Kapitel 2). Allerdings scheint es angezeigt, nicht nur die Chancen, sondern auch mögliche Risiken der Kommerzialisierung im Blick zu haben.

Die Marktorientierung im Fitness- und Gesundheitssport ist mit dem Vorteil verbunden, dass kommerzielle Anbieter ein hohes Innovationspotenzial haben und durch bezahlte Beschäftigte mit entsprechender Qualifikation in der Regel Dienstleistungen mit hoher Qualität anbieten. Dadurch gelingt es ihnen, Mitglieder zu gewinnen und zu binden und nicht zuletzt den Unternehmensgewinn zu steigern und zu maximieren. Die Gewinnorientierung kann aber aus Sicht der Kund:innen auch zu Problemen führen, wie Angebotsmängel, überhöhte Preise und Verträge mit langen Laufzeiten (Horch et al.,

2014). Ausserdem haben Sportvereine gerade durch die Ehrenamtlichkeit und demokratischen Entscheidungsstrukturen auch Leistungsvorteile, wie kostengünstige Sportangebote und Potenziale zur Vermittlung demokratischer Wertvorstellungen.

Im Olympischen Spitzensport und professionalisierten Zuschauersport haben die zusätzlichen Finanzierungsmöglichkeiten durch Sponsoren und Medien nicht nur zu einer Leistungs- und Attraktivitätssteigerung geführt. Die Kommerzialisierung ist zugleich mit einem Verlust an Glaubwürdigkeit und Legitimation in der Öffentlichkeit verbunden, z.B. durch die Millionengehälter von Spielern oder den Gigantismus bei internationalen Sportevents. Die Bestrebungen im internationalen Fussball, die Zahl der Wettbewerbe und Meisterschaften stetig zu erhöhen, um aus deren Vermarktung noch mehr Geld zu generieren, erhöht nicht nur die Verletzungsgefahr, sondern entwertet auch die einzelnen Wettkampfformate. Insgesamt besteht das Risiko, dass wirtschaftliche und finanzielle Interessen grundlegende sportliche Werte, wie Chancengleichheit und Fairness, gefährden (Horch et al., 2014).

Die ungleiche Verteilung finanzieller Mittel birgt das Problem, dass der sportliche Wettbewerb durch zu grosse Leistungsunterschiede nicht mehr hinreichend gegeben ist. Dies ist beispielsweise im europäischen Club-Fussball zu beobachten, wo Teams aus weniger finanzstarken nationalen Ligen häufig chancenlos sind. Auch im Skisport oder im Eiskanal zeigt sich die Tendenz, dass einige wenige, ressourcenstarke Nationalteams internationale Meisterschaften dominieren.

Probleme hinsichtlich der Gewährleistung eines fairen Wettbewerbs werden auch im Zusammenhang mit Doping-Missbrauch (vgl. Kapitel 13), Korruption und Spielmanipulation im Kontext von Sportwetten sichtbar. Vor allem die Wettspielmanipulation durch «Match-Fixing» stellt eine Gefahr für den Sport dar, weil sie die Ergebnisoffenheit und Spannung des sportlichen Wettbewerbs und damit die besondere Faszination des Sports gefährdet. Der internationale Markt für Sportwetten stellt mit seiner grossen Zahl an Spieler:innen und den hohen Wetteinsätzen eine Bedrohung der Integrität des Sports dar (Chappelet & Verschuuren, 2019).

Diese Beispiele zeigen, dass der moderne Spitzensport durch seine Kommerzialisierung das Risiko eingeht, gerade jene Werte – wie Glaubwürdigkeit und Fairness – aufs Spiel zu setzen, die für seine erfolgreiche Vermarktung von grosser Bedeutung sind. Es stellt sich deshalb abschliessend die Frage, wie es Sportverbänden und -vereinen sowie anderen relevanten Stakeholdern, wie Sponsoren und Medien, in Zukunft gelingt, im Spannungsfeld zwischen ökonomischen Interessen und sportlichen Werten so verantwortungsvoll zu handeln, dass die Attraktivität für das Publikum und die öffentliche Akzeptanz erhalten bleiben.

Kapitel 11: Sport und Medien

Markus Lamprecht, Rahel Bürgi, Angela Gebert & Siegfried Nagel

Die ersten Olympischen Spiele der Neuzeit 1896 in Athen wurden von der Öffentlichkeit kaum zur Kenntnis genommen. Im Zürcher Tages-Anzeiger findet sich nur eine kurze Notiz: Der griechische König hätte den Schluss des Festes verkündet und die Sieger gekrönt, war da zu lesen (Eichenberger, 2000). Seither hat sich viel verändert. Sport und Medien haben sich stark entwickelt und sind zu einem äusserst erfolgreichen Tandem geworden. Die Männer-Fussballweltmeisterschaft 2018 verfolgten weltweit über 3.6 Milliarden Menschen, allein beim Final waren 1.1 Milliarden zugeschaltet (Bertling & Schierl, 2020). Sportübertragungen gehören in Deutschland genauso wie in der Schweiz oder in Österreich zu den beliebtesten Fernsehsendungen. Die grösste Medienöffentlichkeit erhält der Fussball. Unter den 50 meistgeschauten Fernsehsendungen im Schweizer Fernsehen der letzten zehn Jahre befinden sich 30 Fussballspiele (Germann, 2022). Über zwei Drittel der Bevölkerung interessieren sich für den Sport in den Medien, darunter auch viele Nichtsportler:innen (Lamprecht et al., 2020).

Aus dem erfolgreichen Zusammenspiel von Sport und Medien ist ein neues Sportmodell entstanden, das wir in Kapitel 3 als Mediensport bezeichnet haben. Beim Mediensport geht es um Unterhaltung und Spannung, um Spektakel und Emotionen und um sehr viel Geld. Der Erfolg des Mediensports misst sich daran, wie viele Zuschauer:innen erreicht werden und wie viel Geld umgesetzt wird. Je höher die Auflagezahlen und Einschaltquoten, je höher die Zahl der Abonnent:innen und Pay-TV-Kund:innen und je höher die Einnahmen durch Werbung und Sponsoring, desto höher der Gewinn. Für die Fernsehrechte von Olympischen Spielen und Fussballweltmeisterschaften werden Milliardenbeiträge bezahlt.

Unsere Ausführungen zum Mediensport beginnen mit seinen Ursprüngen und zeigen, wie die Entwicklung von Sport und Medien Hand in Hand verläuft. Der Sport spielte bei der Entwicklung neuer Medien häufig eine Vorreiterrolle und beschleunigte ihre Verbreitung und ihr Wachstum, umgekehrt profitierte der Sport von der hohen medialen Aufmerksamkeit. Zum grossen Geschäft wurde der Mediensport mit dem Fortschreiten der Globalisierung und der Liberalisierung des Fernsehmarktes. In einem zweiten Abschnitt beschäftigen wir uns mit der Frage, weshalb der Sport so viele Menschen zu faszinieren vermag, um daran anschliessend zu zeigen, wie der Mediensport immer zielgerichteter auf die Bedürfnisse der Rezipient:innen ausgerichtet wurde. Spannung und Dramatik, Höhepunkte und Rekorde, eine perfekte Inszenierung sowie Heldengeschichten mit Human Touch sind das Erfolgsrezept des Mediensports. In jüngster Zeit ist einiges in Bewegung gekommen. Die neuen Medien sind im Begriff, den Mediensport grundlegend zu ändern.

Wie die Kommunikationsflüsse noch schneller, direkter und interaktiver werden und welche Konsequenzen das für den Sport und seine Berichterstattung hat, ist das Thema des letzten Abschnittes.

1 Die Entwicklung des Mediensports

Der Sport als attraktiver Inhalt und Vorreiter für neue Medien und Technologien

Im Jahr 1903 erfand die französische Sportzeitung L'Auto – die Vorläuferin der heutigen L'Équipe – die Tour de France. Mit der Einführung einer Radrundfahrt wollte die Zeitung Aufmerksamkeit und neue Leser:innen gewinnen. Die Rechnung ging auf: L'Auto berichtete mit jedem Tag ausführlicher über das 2428 Kilometer lange Rennen, das häufig über ungepflasterte Strassen führte und in sechs mehrtägige Etappen eingeteilt war. Als der «kleine Schornsteinfeger» Maurice Garin mit rund drei Stunden Vorsprung Paris erreichte, wurde er von Zehntausenden empfangen und die Auflage von L'Auto war von 20'000 auf 65'000 Exemplare gestiegen (Maso, 2011). Der eigentliche Favorit Hippolyte Aucouturier wurde disqualifiziert, weil er sich zwischendurch von einem Auto ziehen liess. Bei der nächsten Ausgabe 1904 wurde auch Maurice Garin disqualifiziert. Er soll Abkürzungen und zum Teil die Eisenbahn genommen haben (Schröder & Dahlkamp, 2003). Zu seiner Verteidigung lässt sich sagen, dass die Veranstalter die Tour von Beginn weg als Tortur inszenierten. Die Geschichte zeigt: Mediensport wurde schon immer als Spektakel verkauft und Betrügereien im Sport sind genauso wenig neu wie die enge Verbindung von Sport und Medien.

Nicht nur im Radsport, auch im Fussball oder im Autosport entstanden Wettkämpfe, Serien und Ligen aus einem erfolgreichen Zusammenspiel von Sport und Medien. Die erste Sportzeitschrift erschien 1792 in England. Das «Sporting Magazine» widmete sich vornehmlich dem Pferdesport und der Jagd und richtete sich an die englische Oberschicht. Ab 1823 berichtete «Sporting Life» täglich über Pferdesport und Kricket und war vor allem als Informationsplattform für Sportwetten gefragt. In den darauffolgenden Jahrzehnten führten die ersten Tageszeitungen einen eigenen Sportteil ein. Über die Sportberichterstattung sollten mehr Leute angesprochen werden. Sport als verkaufsförderndes und publikumswirksames Thema öffnete so den Weg von der Partei- und Gesinnungspresse zur Massenpresse. 1886 führte erstmals eine deutsche Tageszeitung ein Sportressort ein (Loosen, 2008).

Bei der Verbreitung neuer Medien und Technologien kam dem Sport von Anfang an eine Schlüsselrolle zu. Die Rundfunktechnik ermöglichte ab den 1920er Jahren Live-Übertragungen und Sport erwies sich als idealer Inhalt. Der Boxkampf von Jack Dempsey gegen George Carpentier 1921 gilt als Geburtsstunde der drahtlosen Sportübertragung. Die Zuhörer:innen versammelten sich in Kinos, Theatern und Gemeinderäumen an der Ostküste der USA, um das Ereignis in Echtzeit mitzuerleben. In sogenannten Fernsehstuben wurden von den Olympischen Spielen 1936 in Berlin erstmals auch bewegte Bilder live übertragen (Burk & Digel, 2002). Für die eigenen vier Wände waren Fernsehgeräte vorerst noch zu teuer. Dies änderte sich aber nach dem Zweiten Weltkrieg. Der Fernsehmarkt begann zu wachsen und wiederum erwies sich der Sport als kraftvolle Triebfeder. Bei Fussball-Weltmeisterschaften oder Olympischen Spielen schnellten die Verkaufszahlen von TV-Geräten jeweils nach oben. Ein Effekt, der sich bis heute etwa bei der Verbreitung von HDTV-Geräten beobachten lässt. Und auch andere technologische und gesellschaftliche Entwicklungen wirkten sich schnell auf die Beziehung von Medien und Sport aus. Die Einführung des Privatfernsehens in Deutschland Ende der 1980er Jahre sowie die Einführung des Bezahlfernsehens anfangs der 1990er Jahre erhöhte den Wettbewerb um Sportrechte und führte zu einer Zunahme von Sportsendern und schliesslich zu einer Splittung in Free-TV und Pay-TV. Einen grossen Einfluss auf den Mediensport haben – wie wir am Schluss dieses Kapitels sehen werden – auch das Internet und die sozialen Medien.

Mediensport als Geldmaschine: Das Geschäft mit den Fernsehrechten

Sport im Fernsehen entwickelte sich in den letzten Jahrzehnten von einem günstigen zu einem teuren Unterhaltungsangebot. Im Gegensatz zu anderen Unterhaltungsprogrammen waren Sportsendungen für die Fernsehanstalten zunächst sehr kostengünstig. In der Schweiz kostete eine Sendeminute Sport in den 1980er Jahren nur etwa die Hälfte von Bildungsprogrammen und etwa einen Sechstel von Unterhaltungs- oder Nachrichtensendungen (Masafret, 1990). Die Fernsehanstalten mussten sich kaum um Übertragungsrechte bemühen, da die Veranstalter das Fernsehen unbedingt dabeihaben wollten. Selbst internationale Sportgrossveranstaltungen bemühten sich aktiv um Fernsehpräsenz.

Dies änderte sich anfangs der 1990er Jahre grundlegend. Während kleinere Sportveranstaltungen und weniger attraktive Sportarten mehr denn je um jede Minute Fernsehpräsenz kämpfen mussten, wurden für die Übertragungsrechte von internationalen Grossevents und für Sportarten wie Fussball immer höhere Summen bezahlt. Die Globalisierung und die Liberalisierung des Fernsehmarktes machten aus dem Sport – oder präziser: aus wenigen ausgewählten Sportevents und Sportarten – ein Milliardengeschäft. So stiegen die Gelder, welche die Fernsehanstalten dem IOC für die Übertragungsrechte der Olympischen Spiele zu entrichten hatten, sprunghaft an. Für die Rechte an den Olympischen Sommerspielen 1960 in Rom bezahlte der amerikanische Fernsehsender CBS 660'000 US-Dollar. Vier Jahre später in Tokio war es bereits das Doppelte, heute sind es Milliarden. Allein für die Europarechte der Sommer- und Winterspiele zwischen 2018 und 2024 bezahlte der amerikanische Discovery-Konzern 1.3 Milliarden Euro (Kreuzer, 2016). Insgesamt soll der Verkauf der Fernsehrechte für die Spiele 2018 in Pyeongchang und 2020/21 in Tokio dem IOC rund 4 Milliarden Euro eingebracht haben.

Dass sich Übertragungsrechte teuer verkaufen lassen, bewies ab den 1990er Jahren auch der Weltfussballverband FIFA. Noch 1987 verkaufte die FIFA die weltweiten Fernsehrechte für die drei Fussballweltmeisterschaften in Italien (1990), in den USA (1994) und in Frankreich (1998) für insgesamt 345 Millionen Franken, was der vergleichsweise bescheidenen Summe von 115 Millionen Franken pro Weltmeisterschaft entspricht. Während damals kritische Stimmen meinten, die Rechte seien gleichsam verschenkt worden, kam die Kritik beim nächsten Verhandlungspoker von der anderen Seite: 1996 liess sich die Münchner Kirch-Gruppe gemeinsam mit der Zuger Sportmarketingfirma ISL die TV- und Vermarktungsrechte für die beiden Fussballweltmeisterschaften von 2002 und 2006 2.8 Milliarden Franken kosten (Lamprecht & Stamm, 2002). Die Fernsehrechte für eine Weltmeisterschaft hatten sich innerhalb von zehn Jahren damit mehr als verzehnfacht. Aufstieg und Absturz liegen bei diesen gigantischen Summen nahe beieinander: Der langjährige FIFA-Marketingpartner ISL musste im Mai 2001 Insolvenz anmelden, ein Jahr später traf es die Kirch-Gruppe. An den steigenden Preisen für Übertragungsrechte änderte sich dadurch aber nichts.

Aufgrund der verschiedenen Anbieter, die sich die Rechte untereinander teilen, wird es zusehends schwieriger, die Übersicht zu behalten. Gemäss den FIFA-Finanz- bzw. Jahresberichten von 2018 und 2020 nahm die FIFA im WM-Jahr 2018 allein durch Fernsehrechte gut 2.5 Milliarden US-Dollar ein, 2022 sollen es 2.6 Milliarden werden. Auch in den grossen europäischen Fussball-Ligen werden mit dem Verkauf von Fernsehrechten Milliardeneinnahmen generiert. Insbesondere die englische Premier League wird seit den späten 1990er Jahren mit Geld geradezu «überschwemmt». Noch 1990 zahlten BBC und ITV 12 Millionen Franken für einen Zweijahresvertrag (Lamprecht & Stamm, 2002). Heute führt der Benchmark-Bericht der UEFA (2022) die englische Premier League mit jährlichen TV-Einnahmen von über 3.5 Milliarden Euro als Spitzenreiter auf. Hohe Summen für die Fernsehrechte werden auch in Spanien (2 Milliarden Euro pro Jahr), Deutschland (1.3 Milliarden) und Italien (1.1 Milliarden) bezahlt. Bescheidener geht es in der Schweizer Super League und der österreichischen Bundesliga zu; in beiden Ligen belaufen sich die jährlichen TV-Einnahmen mittlerweile auf 30 bis 40 Millionen Euro.

Die riesigen Summen für Fernsehrechte lassen sich nur noch über Pay-TV-Modelle – neuerdings auch durch Streaming-Plattformen von finanzstarken internationalen Anbietern wie Amazon oder Disney – einigermassen refinanzieren. Dies hat zur Folge, dass Topevents wie beispielsweise die UEFA Champions League immer weniger frei zugänglich sind und nicht mehr ohne zusätzliche Gebühren geschaut werden können. Im Interesse der Vielfaltssicherung und wegen der gesellschaftlichen Bedeutung von Sportereignissen haben verschiedene Länder Schutzlisten für Sportereignisse erlassen. Im Medienstaatsvertrag sind in Deutschland Grossereignisse aufgeführt, die weiterhin frei empfangbar sein müssen. Dazu gehören die Olympischen Sommer- und Winterspiele sowie die Halbfinal- und Finalspiele der Fussball-Europa- und Weltmeisterschaften plus alle WM- und EM-Spiele mit deutscher Beteiligung.

Sport und Medien: eine Beziehung zu beiderseitigem Nutzen

Warum aber sind Medienunternehmen bereit, Milliarden für Sportrechte zu bezahlen, und warum wünschen sich alle Sportarten mehr Medienbeachtung? Was haben die Medien vom Sport und was hat der Sport von den Medien?

Die Wechselbeziehung zwischen Sport und Medien ist vielschichtig und basiert auf der gemeinsamen Verwirklichung je spezifischer Interessen und Ziele (z.B. Schierl, 2007; Schwier & Schauerte, 2008). Der Sport liefert den «Rohstoff», den die Medien in die ganze Welt hinaustragen und zu einem Ereignis machen. Sportevents sind Quotenrenner, mit denen sich nicht nur ein grosses, sondern auch ein breites Publikum begeistern lässt. Der Sportkonsum von Männern ist zwar deutlich höher als derjenige von Frauen, bezüglich Bildungsniveau, Berufsstatus, Einkommen, Alter oder Nationalität gibt es aber vergleichsweise wenig Unterschiede. Im Gegensatz zu Kulturbeiträgen, Unterhaltungssendungen oder Serien lassen sich mit Live-Sport die unterschiedlichsten Personengruppen und Milieus ansprechen (Bertling & Schierl, 2020) und zu einem vorgegebenen Zeitpunkt vor den Empfangsgeräten versammeln. Sportübertragungen sind nicht nur ein Zuschauermagnet, sondern die letzte Bastion des linearen Fernsehens. Die Reichweiten sind planbar und zuverlässig. Die Mehrheit der meistgesehenen Sendungen im deutschsprachigen Raum sind Sportevents. Sportrechte werden von den Fernsehanstalten deshalb als «Zugpferde» gekauft. Sender mit attraktiven Sportsendungen rutschen bei der Programmwahl nach vorne und gewinnen an Bekanntheit, Profil und Attraktivität. Hohe Auflagen und Einschaltquoten zahlen sich schliesslich mit Blick auf den Verkauf von Werbung und Sponsoring aus. Ein kurzer Werbespot beispielsweise am Super Bowl kostet viele Millionen US-Dollar und Werbeunterbrechungen gibt es im American Football viele. Kurzum: Die Medien gewinnen durch den Sport ein attraktives Programmangebot, hohe Zuschauerzahlen, Bekanntheit, Marktanteile sowie Werbe- und Sponsoringeinnahmen.

Umgekehrt versprechen sich Sportarten durch die Medien mehr Geldmittel durch Werbung und Sponsoring sowie eine Steigerung ihrer Popularität und ihres Images. Wer in den Medien erscheint, wird wahrgenommen und wer wahrgenommen wird, wird attraktiv als Plattform für Werbung und

Sponsoring. Im besten Fall lassen sich sogar die Übertragungsrechte verkaufen. Je grösser die Bekanntheit, desto höher die Werbeeinnahmen und die Einnahmen für Sportrechte. Dies wirkt sich auch auf die Athlet:innen aus: Erst die mediale Vermittlung macht Spitzensportler:innen zu hochbezahlten Sportstars und Werbeträger:innen. Der Mediensport verspricht zudem Wachstum ohne grosse Mehrkosten: Während beim Live-Publikum mit den Zuschauerzahlen auch die Kosten wachsen – etwa durch mehr Plätze oder Sicherheitspersonal – kann über den Mediensport ein Millionenpublikum ohne Kostenzuwachs erreicht werden. Die Zuschauer:innen vor Ort werden so bei Mega-Events häufig zu einer zweitrangigen Einnahmequelle, bleiben als stimmungsvolle Kulisse jedoch weiterhin wichtig.

Die Medien sorgen also dafür, dass die Bekanntheit und das Interesse an einer Sportart steigen und die Erlöse aus Werbung und Übertragungsrechten wachsen. Ob die Medien auch zu einer Erhöhung der Aktiven im Breitensport führen, ist dagegen umstritten. Die internationalen Topstars und die sportlichen Erfolge des eigenen Teams mögen durchaus einen Einfluss darauf haben, dass mehr Kinder zum Fussball kommen. Ein eigentlicher Federer-Effekt lässt sich dagegen bei der Entwicklung der Mitgliederzahlen des Schweizer Tennisverbands nicht beobachten und Olympiasiegerin Malaika Mihambo wird in Deutschland nicht mit einem Weitsprung-Boom in Verbindung gebracht. Für die Entwicklung einer Sportart muss die fehlende Medienpräsenz also nicht zwingend ein Nachteil sein. In einer Nische lässt es sich nicht schlecht leben.

2 Gründe für die Attraktivität des Mediensports

Angesichts der hohen Zuschauerquoten stellt sich die Frage, warum der Mediensport so beliebt ist. Bei der Suche nach Antworten kann zunächst darauf verwiesen werden, dass die Leute heute über genügend freie Zeit verfügen und gleichzeitig die technischen Möglichkeiten für eine globale Verbreitung von Sportereignissen bestehen. Diese grundsätzlichen Bedingungen reichen aber als Erklärung nicht aus. Sie erklären nämlich nicht, weshalb viele Millionen Fernsehzuschauer:innen am Sonntagnachmittag ein Tennisspiel in Wimbledon verfolgen und nicht ein Buch lesen oder selber Sport treiben – für beides wären die strukturellen Möglichkeiten ja zweifellos auch vorhanden. Für die Popularität des Zuschauersports können vier weitere zentrale Gründe aufgeführt werden (Digel & Burk, 2001; Bette & Schimank, 2006; Lamprecht & Stamm, 2002; Weiss & Norden, 2013).

Der Mediensport spricht eine einfache, universell verständliche Sprache

Der Sport bündelt die Vorstellungen und Werte der modernen Leistungsgesellschaft und bringt sie auf den Punkt. Die Ziele, Werte und Normen des Sports sind deshalb so leicht verständlich, weil sie mit den gesellschaftlichen Zielen, Werten und Normen im Einklang stehen. Im Gegensatz etwa zur Kunst ist Sport ein System mit einem einfachen Code, der von allen entschlüsselt werden kann. Es geht um Sieg oder Niederlage (vgl. Kapitel 2): entweder im direkten Vergleich oder quantifiziert in Metern, Sekunden, Toren, Punkten oder Wertungsnoten. Die Sprache des Sports ist einfach und universell und die Klassifikation sportlicher Leistungsunterschiede kann auf ein breites Verständnis bauen. Wo sonst in der unübersichtlichen und abstrakten Leistungsgesellschaft herrscht diese eindeutige und unmittelbare Klarheit von Erfolg und Misserfolg? Oder wie es der englische Schriftsteller und Fussballfan Nick Hornby (1996, S. 283) auf den Punkt bringt: «Eines der tollen Dinge am Sport ist seine grausame Klarheit.»

Der Mediensport sorgt für Spannung und Emotionen

Der Mediensport bringt Aufregung und Spannung in einen durch Routinen geprägten Alltag. Als Sportzuschauer:innen sind wir Zeug:innen eines geregelten sozialen Konflikts, in dem sich zum Schluss der oder die Stärkere, Geschicktere, Glücklichere durchsetzt. Die Dramatik ergibt sich aus der Offenheit des Ausgangs. Jederzeit kann etwas Überraschendes und Unvorhergesehenes passieren. Beim Fussballspiel ist die Zukunft – zumindest für 90 Minuten – ungewiss. Wir wissen nicht, was uns erwartet: gähnende Langeweile, das Tor des Monats oder das Spiel des Jahres. Es ist nicht zuletzt diese Ungewissheit, die uns ins Stadion oder vor den Fernseher lockt. Viele Faktoren können über Sieg oder Niederlage entscheiden. Es ist nicht nur die Formkurve, Tagesverfassung und Motivation, auch das Wetter, das Wettkampfglück oder das vielzitierte «Momentum» können den Ausschlag geben.

Das Schöne dabei ist, dass das Drama für die Zuschauenden in aller Regel folgenlos bleibt. Wir geniessen den Nervenkitzel, ohne dass für uns selbst etwas auf dem Spiel steht. Einzig durch das Wetten hoher Geldbeträge oder durch die totale Identifikation mit einem Team oder mit einem Sportstar kann der Ausgang des Wettkampfs direkte Auswirkungen für die Zuschauenden haben. Für die grosse Mehrheit dagegen ergeben sich aus den Siegen oder Niederlagen keine direkten Konsequenzen. Dies bedeutet aber nicht, dass man als Zuschauer:in nicht voll mitfiebern kann. Im Gegenteil: Mediensport ist der Ort, wo man seine Gefühle ausleben kann. Im Stadion und vor dem Fernseher gelten andere Verhaltensregeln als bei der Arbeit, in der Schule oder der Familie. Schreien, Jubeln, Fluchen, Weinen sind akzeptierte Verhaltensweisen. Als Zuschauer:in kann ich meiner Freude oder meinem Ärger freien Lauf lassen. Kurzum: Mediensport bietet Spannung, aber auch Entspannung, Ablenkung, Zerstreuung und sorgt für Aufregung und Emotionen.

Der Mediensport befriedigt die Schaulust und schafft Idole

Im Mediensport wird dem Publikum Aussergewöhnliches und Spektakuläres geboten. Die Zuschauenden interessieren sich für Rekorde, Sensationen,

Held:innen und Stars (Bertling & Schierl, 2020). Präsentiert werden Dynamik, Kampf, Gefahr und perfekt trainierte Körper. Sportstars sind wie «Hochseilakrobat:innen». Wir wollen sie nicht fallen, sondern triumphieren sehen. Es ist aber die Möglichkeit des Fallens, die uns Schaudern lässt und die den Hochseilakt einzigartig macht. Durch ihre herausragenden Leistungen, die von den Medien als «überirdisch» beschrieben werden, lassen uns die Sportstars an etwas Einzigartigem teilhaben und erfüllen unsere Sehnsucht nach dem Aussergewöhnlichen. Die im Mediensport erbrachten Leistungen sind dem Erfahrungsbereich der Zuschauenden entrückt. Eigene Erfahrungen werden nicht verlangt. Bei Olympischen Höchstleistungen können wir mitfiebern, ohne selbst einen Marathon gelaufen oder gar im Turnen einen Tschussowitina gesprungen zu sein. Viel wichtiger ist eine Gefühlsübertragung, der wir uns kaum entziehen können. Die Tränen beim Olympiasieg nach jahrzehntelangem Training und vielen Entbehrungen berühren uns und lassen uns am Erfolg teilhaben.

Sportheld:innen entstehen dort, wo Athlet:innen über sich hinauswachsen (Bette, 2019). Dabei braucht es nicht immer nur Siege, um als Held:in gefeiert zu werden. Das Kämpfen bis zum Umfallen, das Nicht-Aufgeben oder die Aufopferungsbereitschaft sind Tugenden, die besonders geschätzt werden. Es sind häufig die tragischen Held:innen, denen unsere Sympathie gilt. Der französische Semiotiker und «Mythenjäger» Roland Barthes (1986) hat die Tour de France mit der griechischen Mythologie verglichen. Wie in der Odyssee haben die Rennfahrer auf ihrer Reise durch Frankreich die verschiedensten Prüfungen zu bestehen. Und wie in den grossen Epen der Antike fordert die Tour ihre Opfer und schafft ihre Helden.

Der Mediensport sorgt für Gesprächsstoff und vermittelt Wir-Gefühle

Da die Erfahrung des Zuschauens eine kollektive Erfahrung ist, vermittelt der Mediensport ein Gefühl von Zusammengehörigkeit. Erfahrungen und Emotionen werden mit anderen Zuschauenden geteilt. Wichtige Sportevents vermitteln Gemeinschaft und sorgen für Gesprächsstoff. Sport ist ein wichtiges Gesprächsthema. Das Thema ist weniger langweilig als Gespräche über das Wetter, bleibt aber im Gegensatz zu Gesprächen über Politik unverbindlich und unverdächtig und kennt im Gegensatz zu Gesprächen über Kunst und Musik auch keine Schicht- und Altersgrenzen. Das Reservoir an neuen Ereignissen und Geschichten ist zudem unerschöpflich.

Mediensport bietet so eine Antwort auf den Verlust von Gemeinsamkeiten in einer individualisierten Gesellschaft. Das Thema durchbricht die Anonymität und vermittelt Gemeinschaftserlebnisse. Das zeigen die Freudenfeiern im Anschluss an besondere Sportsiege, wenn sich wildfremde Menschen in den Armen liegen oder lärmend und hupend durch die Strassen ziehen.

3 Die Konstruktionsregeln des Mediensports

Spannung und Dramatik bis zur letzten Sekunde

Das Produkt Mediensport wurde in den letzten Jahrzehnten zunehmend perfektioniert und noch besser auf die oben genannten Bedürfnisse des Publikums abgestimmt. Das Bedürfnis der Zuschauenden nach Spannung und Emotionen verlangt zunächst nach Dramatik. Die Attraktivität eines Fussballspiels besteht nicht darin, eine überlegene Mannschaft mit Sicherheit siegen zu sehen, sondern darin, dass der Ausgang letztlich ergebnisoffen und nicht planbar ist. Zum «Fussballkrimi» wird eine Partie, wenn bis zuletzt alles möglich ist. Wird der Ausgang eines sportlichen Wettbewerbes voraussehbar, verringert sich das Zuschauerinteresse.

Durch die Offenheit des Ausgangs unterscheidet sich der Sport vom Zirkus. Inszenierte «Pseudosportevents» wie Eisrevuen oder Wrestling, deren Dramaturgie festgelegt ist, sind nicht nur keine echten Sportevents, sie verlieren auch schneller an Attraktivität. Ihnen fehlt die Spannung, die darauf beruht, dass das Ende unsicher und offen bleibt und jede Veranstaltung anders abläuft. Eingeführt von den wettverrückten Engländer:innen ist der offene Ausgang ein zentrales Element des modernen Sports (vgl. Kapitel 2). Im Gegensatz zum römischen Zirkus, wo Riesen gegen Zwerge kämpften, sollen die jeweiligen Teams oder die jeweiligen Einzelsportler:innen über ein vergleichbares Leistungsniveau verfügen. Verstösse gegen das Prinzip der Chancengleichheit und Fairness – etwa in Form von Dopinggebrauch oder Bestechung – sind nicht nur Verstösse gegen die Sportmoral, sie gefährden auch die Offenheit des Ausgangs und nehmen dem Wettkampf die Spannung.

Um die Attraktivität des Mediensports zu erhöhen, wird die Dramatik und Dynamik der Wettkämpfe mit verschiedenen Mitteln zugespitzt: Eine bestimmte Wettkampfgestaltung, wie die Startreihenfolge im Skisport oder die Reduktion des Teilnehmerfeldes im zweiten Lauf, ein bestimmter Wettkampfmodus, wie die Finalrunde im Fussball oder Play-off im Eishockey, sowie bestimmte Wettkampfregeln, wie der Tie-Break im Tennis oder der Sudden Death im Golf, sorgen dafür, dass die Spannung bis zum Ende erhalten bleibt. Die Zählweise im Tennis ist deshalb so bestechend, weil ein Spiel bis zum letzten Ballwechsel immer noch kippen kann. Die meisten Regel- und Modusänderungen der letzten Jahre dienen der Spannungsinszenierung. Noch Ende der 1990er Jahre waren Langlauf- und Biathlonwettkämpfe eine recht langweilige Angelegenheit, die nur wenige Zuschauende zu begeistern vermochte. Die Athlet:innen zogen ihre einsamen Runden im Kampf gegen die Uhr. Das einzige Spannungselement bildeten die eingeblendeten Zwischenzeiten. Dies änderte sich in der zweiten Hälfte der 1990er Jahre, als im Biathlon die Verfolgung und der Massenstart eingeführt wurden. Später folgten dann die gemischte Staffel und der Supersprint (Heinecke, 2014). Mit Massenstart-

Rennen, Rennen mit Technikwechsel, Städtesprints oder Etappenrennen hat auch der Langlaufsport das Publikumsinteresse erfolgreich steigern können.

Selbst im Fussball wird mit Blick auf höhere Zuschauerzahlen und lukrativere Fernsehverträge der Meisterschaftsmodus angepasst. Gerade in den kleineren Ligen im europäischen Männer-Fussball wird über die Einführung von Masterround, Hoffnungsrunde oder Play-offs versucht, mehr Spannung zu erzeugen (UEFA, 2022). Noch einen Schritt weiter ist der Schweizerische Unihockeyverband gegangen, der nach schwedischem Vorbild einen Superfinal einführte. Die Meisterschaft wird nicht mehr in einer Best-of-Serie, sondern in einem einzigen Spiel entschieden, womit die Live-Übertragung durch das Fernsehen garantiert ist. Einen anderen Weg, um eine Meisterschaft offen und spannend zu gestalten, gingen die amerikanischen Profiligen im Football, Eishockey oder Basketball. Ausgeklügelte Transferreglemente mit einem Draft-System, das schwächere Teams bevorzugt, und Gehaltsobergrenzen für Clubs, sogenannte Salary Caps, sollen verhindern, dass ein Team mehrere überragende Spieler einkauft und so die Meisterschaft über mehrere Jahre hinweg dominieren kann.

Höhepunkte, Rekorde und die Bedeutung des Anlasses

Die Spannung eines Wettkampfes ist abhängig von seiner Wichtigkeit: Meisterschaftsspiele sind spannender als Freundschaftsspiele, Spiele am Ende der Meisterschaft spannender als Vorrundenspiele, Play-off-Spiele spannender als Spiele der Regular-Season. Ausgehend von dieser Erkenntnis wird versucht, die Bedeutung eines Wettkampfes zusätzlich zu erhöhen. So wird beispielsweise die Baseballmeisterschaft in den USA in den World Series entschieden, was den Landesmeister gleichzeitig zum Weltmeister kürt. Der besondere Wert einer Olympiamedaille hängt neben dem weltweiten Beachtungsgrad davon ab, dass die Olympischen Spiele in einem Vierjahreszyklus stattfinden. Gibt es nur alle vier Jahre die Möglichkeit einen Olympiasieg zu erringen, ist der Wert eines Titels deutlich erhöht. Obwohl es aus dieser Perspektive Sinn ergibt, dass Grossereignisse und Titel im Sport ein knappes Gut bleiben, haben viele Sportarten den Zyklus für die Durchführung von internationalen Meisterschaften in den vergangenen Jahrzehnten verkürzt. Dadurch wird versucht, eine regelmässigere und höhere mediale Aufmerksamkeit zu erzielen. Dass eine solche Strategie nicht in jedem Fall sinnvoll und umsetzbar ist, zeigt sich im Fussball. Bislang ist die Idee, die Weltmeisterschaft alle zwei statt alle vier Jahre auszurichten, aufgrund unterschiedlicher Interessen gescheitert.

Einmalige Höhepunkte stellen auch die Rekorde im Sport dar. Der Vergleich mit allen bisher erreichten Leistungen untermauert nicht nur den Fortschrittsglauben, er vermittelt uns zusätzlich das Gefühl, an einem historischen Ereignis teilzuhaben (vgl. Kapitel 2). Das Brechen von Rekorden erweist sich aufgrund der Grenzen menschlicher Leistungsfähigkeit allerdings als immer schwieriger. Diese Schwierigkeit führt jedoch nicht zum Abschied von der Rekordsuche, sondern zur Suche nach neuen Rekorden. Der Fundus möglicher Bestleistungen wird stetig verbreitert. Die Sportstatistik bietet viele Möglichkeiten, aus einem Ligaspiel oder einem Tennismatch ein «historisches» Ereignis zu machen und Sportler:innen «Geschichte schreiben» zu lassen. So gibt es zum Beispiel im Tennis die längste Siegesserie, die meisten Wochen auf Platz 1, die meisten Grand-Slam oder Masters Titel, den Golden Master Rekord, die meisten Finalteilnahmen bei einem Turnier sowie viele weitere Bestmarken wie der längste oder kürzeste Match, die darauf warten, gebrochen zu werden. Und dazu gibt es inoffizielle Rekorde, für die es keine Statistiken braucht, wie der grösste Überraschungssieg oder die bitterste Niederlage.

Ausdehnung des Ereignisses mit Human Interest und Human Touch

Der eigentliche sportliche Wettkampf ist eingebettet in eine Dramaturgie ausgedehnter Vorberichterstattung und unzähliger Nachlesen, bei denen besondere Leistungen oder strittige Schiedsrichterentscheidungen analysiert und diskutiert werden. Für Gesprächsstoff ist auch dann gesorgt, wenn kein Sportevent stattfindet. Durch Kommentare, Analysen und Expertenrunden wird die Berichterstattung ausgedehnt und mit unterhaltsamen Elementen angereichert. Sportstars tauchen in anderen Unterhaltungssendungen auf, sassen bei «Wetten dass...?» auf der Couch, spielen bei «Klein gegen Gross» mit oder nehmen bei «Let's Dance» oder an Kochshows teil. Der Sport mit seinen Stars liefert den Stoff für Geschichten und Erzählungen, die mit sportlichen Leistungen wenig zu tun haben. Frisuren, Autos und Tattoos werden genauso thematisiert und inszeniert wie Liebesglück, Trennungsschmerz oder die Steuererklärung.

Alltägliche und private Lebensumstände prominenter Sportler:innen besitzen einen hohen Nachrichtenwert. Die Sportjournalist:innen werden zu Geschichtenerzähler:innen, die uns mit Hintergrundinformationen aus dem Privatleben versorgen. Die Folge davon ist ein «Human-Touch-Journalismus», dessen Aufgabe darin besteht, Identifikationsmöglichkeiten anzubieten. Wo fehlerlos und störungsfrei funktionierende Hochleistungssportler:innen unglaubliche Leistungen vollbringen, ihr Leiden und Fühlen aber vom Leiden und Fühlen der Zuschauer:innen entkoppelt ist, verliert der Mediensport an Interesse und Wirkung. Der «Human-Touch-Journalismus» schafft Nähe. Er vermittelt die Illusion, der sportliche Star sei eine uns bekannte Person, und macht so aus Hochleistungssportler:innen Identifikationsfiguren. Erst durch die Übersetzungsleistungen der Medien wird der Erfolg der Stars zum Erfolg der Zuschauenden.

Schon seit Beginn des Mediensports unterscheidet sich die Berichterstattung über den Sport von der Berichterstattung über Politik, Wirtschaft oder Kultur. Die Sportberichterstattung ist häufig mehr unterhaltend, emotional und

Kapitel 11: Sport und Medien

euphorisch als informativ, sachlich und neutral (Bertling & Schierl, 2020). Die ersten Ausgaben der Tour de France wurden auch deshalb zu einem Publikumsmagneten, weil die Redakteure der Zeitschrift L'Auto in ihren Berichten nicht einfach sachlich den Rennverlauf schilderten, sondern ein Epos erzählten. Dazu brauchte es Helden wie «den strammen Schmied aus Grisolles» und «den schrecklichen Metzger von Lens» sowie Heldentaten wie der «übermenschliche Kampf gegen schneidende Winde, endlose Anstiege und unwegsame Pfade», auf denen der Mythos «der Giganten der Landstrasse» gebaut wurde (Maso, 2011). Nicht nur der Radsport lebt dabei auch von der medialen Inszenierung von Duellen wie beispielsweise jenes zwischen Lance Armstrong und Jan Ullrich oder aktueller Wout Van Aert und Mathieu van der Poel.

Die verbesserte Wirklichkeit

Eine wesentliche Rolle bei der Steigerung der Attraktivität des Mediensports spielt seine Aufbereitung und Inszenierung, wobei dem Fernsehen eine zentrale Bedeutung zukommt. Das Fernsehen bietet dem Publikum eine Neuinszenierung des Ereignisses. Das Geschehen im Stadion bildet das Rohmaterial, aus dem das Fernsehen seine eigene Medienwirklichkeit gestaltet (Mikos, 2008). Eine bestimmte Kameraführung, die Replays, die Zeitlupe, ergänzende Kommentare, eingeblendete Statements und andere stilistische Mittel lassen ein neues Produkt entstehen: ein auf Sensationen ausgerichteter, weitgehend ästhetisierter und personenzentrierter Mediensport. Der österreichische Sportwissenschafter Otto Penz (1992, S. 33) schrieb dazu: «Der Zuschauer am Ort der Sportveranstaltung sieht fast nichts, der Fernsehzuschauer hingegen alles (und mehr als das, wenn wir an Instant-Replay- und Slow-Motion-Techniken denken). (...) Das Medium Fernsehen bietet dem Zuseher die totale bzw. technisch verbesserte Realität des Sports, eine hyperreale Inszenierung des Sportgeschehens, gegen die die unmittelbare Wirklichkeit des Sports deutlich abfällt.»

Das Fernsehpublikum verfolgt das traditionelle Abfahrtsrennen am Lauberhorn durch 20 Kameras, denen kein Rutschen oder Verkanten der Skier entgeht und das sich beliebig in Super-Slowmotion wiederholen lässt. Die Geräusche beim Eishockey werden mit bis zu 30 Mikrophonen technisch perfekt eingefangen. Das Kratzen der Kufen, der dumpfe Widerhall der Bodychecks, das Keuchen der Spieler:innen, das Fluchen auf der Strafbank, die Anweisungen auf der Spielerbank, und das Schreien der Zuschauer:innen werden alle in bester Tonqualität nach Hause geliefert. Hautnah dabei sind wir auch dort, wo Emotionen gezeigt werden. Enttäuschung und Ärger, Triumph und Freude werden in Grossaufnahme in unsere Wohnzimmer übertragen. Im Fernsehen wird Sport mit allen seinen Facetten möglichst optimal inszeniert und mit Show-Elementen präsentiert.

4 Die neue Medienwelt verändert den Mediensport

In jüngster Zeit ist der Mediensport mit neuen Chancen und Herausforderungen konfrontiert. Die neuen Medien, welche sowohl digitale als auch soziale Medien umfassen, sind im Begriff, die Produktion und Vermittlung von Sportinhalten stark zu verändern (Coakley, 2017). Die Verbreitung von Mobilgeräten und die damit einhergehende globale Vernetzung haben Einfluss darauf, wie wir auf Sportinformationen zugreifen und darauf reagieren. Ausserdem ergibt sich mit den neuen Medien die Möglichkeit, selbst Sportinhalte oder zumindest entsprechende Kommentare zu produzieren und aktiv auf Kommunikationsplattformen zu verbreiten. Dies führt zu grossen Veränderungen, sowohl bei der Mediennutzung als auch bei der Verbreitung, Auswahl und Aufbereitung der Medieninhalte.

Die neue Mediennutzung: Liken und Twittern

Die sozialen Medien – wie Facebook, YouTube, Twitter, Instagram, Snapchat oder TikTok – sind zu einem zentralen Bestandteil der Sportmedienlandschaft geworden und erlauben neue Formen der Kommunikation. Soziale Medien haben einen starken Aufforderungscharakter und eine hohe Sichtbarkeit. Nachrichten können einfach und gleichzeitig an viele Personen verschickt und teilweise auch von aussenstehenden Personen gelesen werden. Damit verwischen die Grenzen zwischen persönlicher und Massenkommunikation. Zudem lassen sich Informationen nicht nur suchen, abrufen und teilen, sie können gleichzeitig bewertet und kommentiert werden (Galen, 2021; Utz, 2019; Sanderson, 2011).

Fans und Sportinteressierte nutzen die sozialen Medien, um Sportevents zu verfolgen, das Gesehene zu diskutieren, Fan-Gemeinschaften zu bilden und detaillierte Informationen über ihre Lieblingssportler:innen und -teams zu erhalten. Soziale Medien ermöglichen es, direkt mit Sportler:innen in Kontakt zu treten. Aktiv Sporttreibende können ihre Aktivitäten zudem in den sozialen Medien mittels Fitnesstracker dokumentieren und auf Plattformen wie Strava teilen. Wie die sozialen Medien beispielsweise im Rahmen einer Fussballweltmeisterschaft eingesetzt werden, zeigt eine Untersuchung von Schallhorn und de Bochdanovits (2020). Während Fussballweltmeisterschaften wurden die sozialen Medien in erster Linie dazu genutzt, sich über das aktuelle WM-Geschehen zu informieren sowie Spielzusammenschnitte und Highlights zu konsumieren. In diesem Zusammenhang dienten die sozialen Medien auch der reinen Unterhaltung, in dem häufig lustige Memes und Beiträge gesucht, geteilt und verlinkt wurden. Dies führt dazu, dass junge Menschen immer weniger lineares Fernsehen nutzen. Sie sind über ihre Smartphones permanent online, erhalten Informationen und konsumieren Sportnachrichten über die sozialen Medien und stehen dabei in direktem Kontakt mit ihren Freund:innen.

Die neuen Kommunikationskanäle und ihre Folgen für den Mediensport

Anstatt sich bei der Verbreitung von Inhalten auf die klassischen Medien verlassen zu müssen, können Sportveranstaltungen, Verbände, Vereine, Teams und Sportler:innen nun direkt mit dem Publikum und den Fans kommunizieren und erhalten von diesen ein unmittelbares Feedback. Dies macht den Kommunikationsprozess interaktiver. Vor allem Sportler:innen erhalten über die sozialen Medien eine grössere Stimme und mehr Einflussmöglichkeiten als über die traditionellen Medien. Sie können ihre Wirkung zudem besser kontrollieren und ihr eigenes Image ausserhalb ihres Teams oder ihrer Sportart pflegen (Galen, 2021). In manchen Fällen übertrifft die Fangemeinde einzelner Sportler:innen in den sozialen Medien sogar diejenige ihrer Teams. So zählt Cristiano Ronaldo auf Twitter fast 100 Millionen Follower:innen, während sein Verein Manchester United «nur» auf knapp 30 Millionen kommt.

Ein Beispiel für einen erfolgreichen Social-Media-Auftritt bietet der Schweizer Freestyle-Skifahrer Andri Ragettli. Mit seinen waghalsigen und originellen Parcours-Videos wurde er in den sozialen Netzwerken über Nacht zum Star. Inzwischen hat er auf Instagram über eine halbe Million Follower:innen. Ragettli wirkt fröhlich und authentisch, gibt Einblicke in sein Leben und Training und filmt witzige Stunts. Die digitale Selbstvermarktung kostet viel Zeit, erzielt aber einen grossen Nutzen. Wer sich auf den Social-Media-Plattformen gut vermarktet, wird gleichzeitig attraktiv für Sponsoren. Jeder Klick auf die Videos, jeder Follower auf Twitter oder Instagram bringt Geld. Somit bieten die sozialen Medien den Veranstaltern, Verbänden, Vereinen, Teams und vor allem Sportler:innen eine Möglichkeit, sich selbst zu vermarkten und Sponsoren zu akquirieren. Sie können dabei nicht nur mehr Aufmerksamkeit erlangen, sondern auch ihre Wirkung und ihr Image selbst steuern. Andererseits laufen sie durch die ungefilterten Nachrichten und Botschaften Gefahr, in Fettnäpfchen zu treten und negative Kritiken in Form sogenannter Shitstorms zu ernten (Sanderson, 2011).

Neue Kommunikationskanäle ausserhalb der etablierten Medien bieten auch die sogenannten Livestreams, welche kostengünstige Live-Übertragungen erlauben. Livestreaming ermöglicht medialen Randsportarten, die im Fernsehen eine geringe Beachtung erfahren, eine Übertragung ihrer sportlichen Wettkämpfe (Bourquin & Beck, 2018), womit Zielgruppen über das Publikum in Sportstätten erreicht werden können. Die Vielzahl neuer Kamerasysteme sorgt für eine erstaunliche Qualität; Geld damit zu verdienen, bleibt allerdings ein schwieriges Unterfangen. Das Beispiel des Unihockeysports in der Schweiz, der jahrelang Livestreams der Meisterschaftsspiele anbot, zeigt aber, dass mit viel Ausdauer und einem guten Sponsor schliesslich der Sprung ins öffentliche Fernsehen gelingen kann. Die neuen Medien werden zunehmend auch von den Sponsoren selbst für Sportübertragungen genutzt. So kreiert und inszeniert Red Bull seit Jahren eigene Sportarten und Sportevents, die eine hohe Beachtung finden. In diesem Zusammenhang ist bereits von einer Red-Bullisierung des Sports die Rede.

Während früher die Sportredaktionen darüber entschieden, welche Informationen in welcher Form ans Publikum weitergegeben werden, so sind sie heute nicht mehr die einzigen Informationssammler und -verbreiter. Die Bedingungen in den Sportredaktionen haben sich dadurch in den vergangenen Jahren geändert und die klassischen journalistischen Qualitätskriterien stehen mehr denn je auf dem Prüfstand (Bertling & Schierl, 2020). Die Sportberichterstattung unterschied sich schon immer von den anderen Ressorts. Eine neutrale oder gar kritische Sportberichterstattung war die Ausnahme. Sport und Medienvertreter:innen begegneten sich – quasi im gleichen Boot sitzend – freundschaftlich und kritische Fragen hatten kaum Platz. Das Ziel der Medien war es, Sport als Unterhaltungsprodukt medial zu vermarkten. Dies gilt insbesondere für das Fernsehen, das schliesslich einen hohen Preis in Form von hohen Übertragungsrechten und Produktionskosten gezahlt hatte. Die Sportberichterstattung war deshalb immer auch Marketing-Journalismus.

Aufgrund der Konkurrenz durch die neuen Medien und kritischer Stimmen in der Öffentlichkeit besinnen sich die Sportredaktionen vermehrt auf investigativen Journalismus und benutzen dazu Big Data-Analysen oder gehackte Dokumente, wie bei sportsleaks.com und Football Leaks. Daraus entstehen Enthüllungsgeschichten über Dopingmissbrauch, Wettmanipulation, Steuerbetrug oder Korruption. Die ARD-Dopingredaktion um den Dopingexperten Hajo Seppelt hat mit entsprechenden Recherchen und Reportagen unter anderem das Staatsdoping in Russland aufgedeckt. Oder aber der Sportjournalismus wendet sich vermehrt anderen Sportsegmenten zu und berichtet über die vergebliche Suche der Sportvereine nach Freiwilligen, über lokale Sportfeste oder gibt eine Übersicht über Yoga-Angebote und Tipps für effizienteres Schwimmen. Solche Geschichten generieren teilweise mehr Leser:innen als die klassischen Berichte über Fussball- oder Eishockeyspiele. Spielberichte und Analysen, die am Folgetag den Spielverlauf nacherzählen und kommentieren, sind heute von deutlich geringerer Bedeutung. Die interessierten Personen haben sich schon längst über das Internet informiert. Dies hat beträchtliche Folgen für die Sportberichterstattung. Nachdem die Sportteile in den Tageszeitungen vor der Jahrtausendwende stark ausgebaut wurden, kann heute ein Rückgang festgestellt werden.

5 Fazit

Das Erfolgsgeheimnis ist einfach: Die Medien suchen nach attraktiven Inhalten – der Sport liefert sie. Im Sinne einer Win-Win-Situation sorgt der Sport für schier unerschöpfliche, attraktive Unterhaltungsinhalte und die Medien bieten im Gegenzug öffentliche Aufmerksamkeit und Reichweite. Dies bringt dem Sport zahlungsbereite Kundschaft, Werbung und Sponsoren.

Es stehen jedoch nicht alle Sportarten und deren Verbände und Vereine auf der Sonnenseite des Mediensports. Während vor allem der Männer-Fussball wie ein gewaltiger Magnet die Aufmerksamkeit auf sich zieht, werden viele andere, durchaus populäre Sportarten zu «Randsportarten» degradiert (Bertling & Schierl, 2020). Während die grossen Megaevents zu Geldmaschinen geworden sind, gleichzeitig aber immer weniger in frei zugänglichen Medien ohne zusätzliche Gebühren verfolgt werden können, sitzen die medialen «Randsportarten» auf der Ersatzbank und rücken bestenfalls alle vier Jahre anlässlich der Olympischen Spiele etwas in den Fokus der Öffentlichkeit. Dabei nützt es in der Regel wenig, die «Konstruktionsregeln des Mediensports» zu verinnerlichen und die Wettkampfgestaltung und die Wettkampfregeln noch stärker der Medienlogik anzupassen, um damit mehr Aufmerksamkeit, Spannung, Höhepunkte oder Gesprächsstoff zu generieren. Der Mediensport ist eine geteilte Gesellschaft und die Schere zwischen arm und reich droht immer mehr auseinander zu gehen.

Die neuen Medien scheinen auf den ersten Blick Abhilfe zu schaffen. Viele Sportarten, Sportveranstaltungen oder Sportverbände wittern die Chance, ihre eigenen Kommunikationskanäle und -plattformen aufzubauen. Soziale Medien und Livestreaming bieten die Möglichkeit, ausserhalb der herkömmlichen Kanäle mit seinem Publikum in Kontakt zu treten: schnell, direkt und interaktiv. Inwiefern sich daraus ein erfolgreiches und gewinnbringendes Geschäftsmodell entwickeln lässt, bleibt allerdings offen. Denn auch in der neuen Medienwelt herrschen die alten Gesetze. Die grossen Sportstars sind auch die Stars und Grossverdiener:innen in den neuen Medienwelten. Die grossen Verbände und Clubs bringen sich in Stellung und schaffen ihre eigenen werbefinanzierten Angebote. Sie gründen eigene Fernsehkanäle und Medienplattformen. Die grössten internationalen Sportverbände wie FIFA und IOC haben eigene Produktionsfirmen geschaffen, welche die Kommunikation für ihr Werbe- und Sponsoringumfeld optimieren. Und schliesslich macht sich auch die Werbe- und Sponsoringindustrie unabhängig und versucht mit eigenen Sportevents und Sportstars zu punkten. Es scheint deshalb offen und wird mit Spannung zu beobachten sein, wie sich die Beziehung zwischen Sport und Medien in den verschiedenen Sportarten in den kommenden Jahrzehnten weiterentwickeln wird.

Kapitel 12: Sport und Politik

Markus Lamprecht, Hanspeter Stamm & Siegfried Nagel

Sport und Politik scheinen auf den ersten Blick nicht viel gemeinsam zu haben. Sportliche Entscheidungen sind öffentlich und transparent, sie werden nach klaren Regeln ausgetragen, sie sind spannend und passieren innerhalb von Sekunden, Minuten oder Stunden. Politische Entscheidungen fallen häufig hinter verschlossenen Türen, sind manchmal wenig eindeutig und einsichtig und dauern Tage, Wochen oder Jahre. Sportliche Entscheidungen können im Moment unglaublich wichtig sein, bleiben aber letztlich belanglos. Politische Entscheidungen stossen häufig nur auf mässiges Interesse, haben aber weitreichende Folgen – vielfach auch für den Sport. Der Sport betont gerne seine Unabhängigkeit und verweist auf seine Eigenwelt, in der Politik nichts zu suchen hat. «Sport und Politik sind nicht miteinander zu vermischen», heisst es. Oder: «Im Sport soll die Politik draussen bleiben.»

Grosse Sportevents waren allerdings schon immer eine Bühne für die Politik. Eine Regierung, eine Stadt, eine Nation will sich der Welt präsentieren, will ihre Offenheit, ihre Leistungsfähigkeit und manchmal ihre Überlegenheit durch den Sport zur Schau stellen. Auch Politiker:innen geben sich gerne sportlich. Sie zeigen sich bei Sportveranstaltungen, beim Joggen, Skifahren oder Bergsteigen. Sportler:innen tun sich dagegen schwerer mit der Politik. Sie vermeiden politische Äusserungen, und wenn sie es doch tun, drohen Kritik, Bussen und sogar Ausschlüsse. Ein deutscher Nationaltorhüter, der eine Regenbogen-Kapitänsbinde trägt, Schweizer Fussballspieler, die beim Jubeln ihre Hände zum kosovarischen Doppeladler formen, Sportler:innen, die bei der Nationalhymne niederknien. Sie alle wollten ein politisches Zeichen setzen: gegen Homophobie, für die Verbundenheit mit ihrem Herkunftsland, für die «Black Lives Matter»-Bewegung. Sie alle erregten Aufsehen, ernteten Kritik und manchmal auch Anerkennung.

Die Beispiele zeigen: Sport und Politik verbindet keine einfache Beziehung. Dabei scheint es zunächst doch so einfach. Definiert man Politik sehr allgemein als diejenigen Prozesse, welche in einem Gemeinwesen oder einer Organisation versuchen, Einfluss auf Strategie und Programme und die Umsetzung von Zielen und Massnahmen auszuüben, so wird klar, dass Politik auch zum Sport gehört. Wenn es um die Wahl eines Verbandspräsidiums geht, spielt Politik ebenso eine Rolle wie im Zusammenhang mit der Zielformulierung von Vereinen oder bei der Festsetzung von Spielplänen oder Regeln. Bei allen diesen Fragen geht es darum, eigene oder gruppenspezifische Ziele und Interessen mittels Macht und Einfluss umzusetzen. Dabei ist immer Politik im Spiel.

Im vorliegenden Kapitel wollen wir das Verhältnis von Sport und Politik etwas entschlüsseln. Wir beginnen mit der politischen Bedeutung und Vereinnahmung von sportlichen Grossveranstaltungen und fragen uns, was passiert, wenn Sportler:innen sich politisch äussern. Danach zeigen wir, warum die Politik überhaupt in den Sport eingreift. Der Frage, wie die Politik eingreift, wenden wir uns am Schluss des Kapitels zu.

1 Sport als Spielball der Politik oder das Olympische Dilemma

Die Olympische Idee

Die Widersprüche und Probleme, aber auch die Möglichkeiten und Chancen, die im Feld «Sport und Politik» auftreten, lassen sich besonders anschaulich an den Olympischen Spielen illustrieren. Als Baron Pierre de Coubertin Ende des 19. Jahrhunderts die antiken Festspiele von Olympia wiederbelebte, geschah dies aus einer pädagogischen Idee heraus, die auf fünf Prinzipien gründete: (1) ganzheitliche Erziehung, (2) Streben nach Selbstvervollkommnung, (3) Amateurismus, (4) Gebot der Fairness, (5) Friedensidee und Völkerverständigung (Grupe, 2013).

Die Ziele von Pierre de Coubertin bilden bis heute die grundlegenden Prinzipien der Olympischen Charta, dem mehrfach überarbeiteten Regelwerk der Olympischen Bewegung. Dort heisst es in Punkt 2: «Ziel des Olympismus ist es, den Sport in den Dienst der harmonischen Entwicklung der Menschheit zu stellen, um eine friedliche Gesellschaft zu fördern, die der Wahrung der Menschenwürde verpflichtet ist.» Und in Punkt 6 steht: «Jede Form von Diskriminierung eines Landes oder einer Person aufgrund von Rasse, Religion, Politik, Geschlecht oder aus sonstigen Gründen ist mit der Zugehörigkeit zur Olympischen Bewegung unvereinbar» (Olympische Charta 2014 in der Übersetzung von Vedder & Lämmer, 2013).

Olympische Spiele wollten also schon immer mehr sein als ein simpler Sportevent. Wenn sich die «Jugend der Welt» im friedlichen Sportwettkampf misst, geschieht dies im Namen von Fortschritt, Frieden und Menschenwürde. Die Spiele verfolgen hehre politische Ziele, an denen sie auch gemessen werden sollen. Anspruch und Wirklichkeit können aber weit auseinanderklaffen. Zur Geschichte der Olympischen Spiele gehören Skandale, Boykotte und Korruption sowie vor allem der politische Missbrauch ihrer Ideale (Digel, 2008a). Wir wollen dies an einigen Beispielen verdeutlichen.

Die Amateurregel

Es begann schon bei den ersten Olympischen Spielen der Neuzeit 1896 in Athen. Die weibliche «Jugend der Welt» war zu den Spielen nicht zugelassen. «Olympische Spiele sind ein Ausbund männlicher Athletik, und der Beifall der Frauen sind deren Lohn» meinte Baron Pierre de Coubertin (vgl. Kapitel 7). Die Olympischen Spiele schlossen aber nicht nur die Frauen aus, sondern die ganze arbeitende Bevölkerung. Die frühen Olympischen Spiele waren ein Sportfest für Adelige und Angehörige der oberen Klassen, häufig Offiziere und Studenten. Diese hatten wenig Lust auf Konkurrenz aus der Arbeiterschaft. Mit der im 3. Prinzip festgehaltenen Amateurregel sollte der Teilnehmerkreis auf Personen eingeschränkt werden, die sich den Sport «einfach so» leisten konnten und nicht auf entsprechende Verdienstmöglichkeiten angewiesen waren. So diente die Amateurregel vor allem dem Schutz der Elite vor der Konkurrenz aus der Unterschicht (Dunning & Sheard, 1998; McIntosh, 1987). Sportlern war es untersagt, Geld «aus welcher Quelle auch immer» anzunehmen. Die sozialistische Arbeiterbewegung führte zwischen den beiden Weltkriegen deshalb ihre eigenen Arbeiter-Olympiaden durch, und in den frühen 1920er Jahren gab es eine eigene «Frauen-Olympiade».

Das Amateurstatut führte zu Ausschlüssen von erfolgreichen und populären Sportlern. Dem US-Zehnkämpfer Jim Thorpe, der an den Olympischen Spielen 1912 in Stockholm zwei Goldmedaillen gewann, wurden diese später aberkannt, weil er Jahre vor seinen olympischen Erfolgen für Geld Baseball gespielt hatte. Noch 1972 wurde der österreichische Skistar Karl Schranz von den Olympischen Spielen in Sapporo ausgeschlossen, weil er auf einem Foto ein Leibchen mit Kaffee-Werbung trug. Ende der 1970er Jahre wurde die Amateurregel gelockert und 1981 ganz abgeschafft. Immer zahlreicher waren die Versuche geworden, den Amateurstatus zu umgehen. Während die kommunistischen Länder im Osten dazu übergingen, die immer professioneller trainierenden Athlet:innen als Staatsangestellte – sogenannte «Staatsamateure» – zu deklarieren, wurden sie im Westen vom Militär angestellt. Indem sich die Olympischen Spiele für alle öffneten, wurden sie allerdings auch immer kommerzieller und profitorientierter. Im Gegensatz zu allen anderen Sportgrossveranstaltungen ist in den olympischen Wettkampfstätten aber bis heute keine Werbung erlaubt.

Berlin, München, Mexiko

Es gab und gibt zahlreiche Versuche, Olympische Spiele politisch zu vereinnahmen. Als besonders eindrückliches Beispiel für den Verrat der Olympischen Ideale gelten die Olympischen Spiele 1936 in Berlin. Mit Friedensförderung und Völkerverständigung hatten diese wenig zu tun (Deininger & Ritzer, 2021). An Berlin vergeben wurden sie 1931, also noch vor der Machtübernahme der Nationalsozialisten und der Ernennung Adolf Hitlers zum Reichskanzler. Nach anfänglichem Zögern wurden sie zur gigantischen Propagandaschau für das nationalsozialistische Deutschland umgebaut. Die Nationalsozialisten wollten sich weltoffen zeigen. Judenfeindliche Schilder wurden für die Zeit der Spiele kurzfristig abmontiert und entsprechende Ausdrücke verboten. Die Spiele sollten das nationalsozialistische Deutschland als offenes und gastfreundliches Land darstellen, das in Frieden mit anderen Völkern und Nationen leben wollte, während im Hintergrund für den 2.

Weltkrieg aufgerüstet wurde und Zwangsarbeiter:innen das erste Konzentrationslager Sachsenhausen bauten. Die perfekte Organisation und die erfolgreichen deutschen Sportler:innen – Deutschland gewann die meisten Medaillen und schlug in der Medaillenwertung die favorisierten Amerikaner:innen – sollten die Bevölkerung auf den Kampf fürs Vaterland einstimmen, vorerst sportlich, dann blutig militärisch. Die Olympische Symbolik wurde in einen nationalsozialistischen Toten- und Opferkult umgewandelt (Krüger, 2020b). Filmisch eingefangen wurde das Ganze von Leni Riefenstahl, die mit ihren Olympia-Filmen «Fest der Völker» und «Fest der Schönheit» die Standards der Sportfotografie und des Dokumentarfilms neu definierte und ein Schulbeispiel für nationalsozialistische Propaganda-Filmkunst und die Ästhetik des Körperkults schuf.

Auch die nächsten Olympischen Sommerspiele in Deutschland, die 1972 in München stattfanden, wurden Schauplatz eines brutalen politischen Missbrauchs. Es sollten heitere Spiele werden, frei von politischer Vereinnahmung und Propaganda. Nichts sollte an Berlin 1936 erinnern. Das neue Olympiastadion mit seinem atemberaubenden Zeltdach symbolisierte die Offenheit und Leichtigkeit, die man in der ersten Woche überall gespürt haben soll. Doch dann wurde das Sportfest jäh unterbrochen. Das palästinensische Terror-Kommando «Schwarzer September» drang in den frühen Morgenstunden des 5. September ins Olympische Dorf ein, nahm israelische Sportler als Geiseln und drohte mit deren Erschiessung, sollten nicht 200 in Israel inhaftierte Araber freigelassen werden. Die Forderung wurde abgelehnt. Der Befreiungsversuch auf dem Militärflugplatz Fürstenfeld misslang und endete in einem Blutbad. Die Wettkämpfe wurden danach fortgesetzt. «The Games must go on!», erklärte der IOC-Präsident Avery Brundage (Deininger & Ritzer, 2021).

Weniger bekannt als das Attentat von München 1972 ist der hohe Blutzoll, der vier Jahre vorher anlässlich der Olympischen Spiele in Mexiko bezahlt wurde (Mellmann, 2018). Erstmals fanden die Olympischen Spiele in einem sogenannten Schwellenland statt und erstmals in Lateinamerika. Mexiko wollte sich der Welt als erfolgreiche und leistungsstarke Nation präsentieren. Dieses Bild störten die Student:innen, die wie in vielen anderen Ländern auch in Mexiko für mehr Demokratie, Freiheit und Gerechtigkeit auf die Strasse gingen. Zehn Tage vor den Spielen setzte das Regime der jungen Studentenbewegung ein brutales Ende. Der Platz mit den etwa 8000 friedlich protestierenden Studierenden wurde umstellt und von allen Seiten beschossen. Gegen 300 Menschen starben bei diesem Massaker, viele weitere wurden verwundet und verhaftet. Die Spiele fanden danach wie geplant statt, eine Reaktion der internationalen Gemeinschaft blieb weitgehend aus und erst 2018 verurteilte der mexikanische Staat das Massaker als «Staatsverbrechen».

Die Olympiaboykotte

Wie die Olympischen Spiele zum Spielball der Politik wurden, lässt sich auch an den verschiedenen Olympiaboykotten verdeutlichen. Bereits 1936 wurde ein Boykott der Spiele seitens der USA erwogen. Zwanzig Jahre später bei den Spielen in Melbourne kam es dann zum ersten echten Olympiaboykott durch die Niederlande, Spanien und die Schweiz aus Protest gegen die sowjetische Niederschlagung des Volksaufstandes in Ungarn wenige Wochen vor der Eröffnung der Spiele. Dass sich die Schweiz, die sich in solchen Fällen gerne auf ihre Neutralität beruft, am Boykott beteiligte, mag erstaunen, und tatsächlich muss man eher von einem verpassten Flug als von einem Boykott sprechen (Koller, 2016). Die Schweiz konnte sich lange Zeit nicht auf eine gemeinsame Position einigen. Auf der einen Seite stand der antikommunistische Turnverband, der für einen Boykott votierte, auf der anderen Seite befanden sich die Uhrenindustrie, welche für die olympische Zeitmessung verantwortlich war, sowie Sportkreise, die es sich nicht mit dem in Lausanne ansässigen IOC verderben wollten. IOC-Präsident Avery Brundage intervenierte höchstpersönlich. Als sich die Sport- und Politikfunktionär:innen schliesslich zu einer Teilnahme durchringen konnten, hatte die Swissair das gebuchte Flugzeug aber bereits der UNO für andere Zwecke zur Verfügung gestellt (Buomberger, 2018). Während die Schweizer den Flug verpassten, haben die Ungaren teilgenommen und in einem Wasserballspiel, das als «Blutspiel von Melbourne» in die Sportgeschichte eingegangen ist, ihre Besatzungsmacht die Sowjetunion mit 4-0 besiegt.

Nach den Spielen von 1956 mehrten sich die Boykotte. 1968, 1972 und 1976 boykottierten verschiedene afrikanische Länder die Spiele aus Protest gegen die Apartheid in Südafrika. Wegen des sowjetischen Einmarsches in Afghanistan blieben viele westliche Nationen den Olympischen Spielen 1980 in Moskau fern. Vier Jahre später folgte die Retourkutsche in Los Angeles: Die Sowjetunion, die DDR und weitere sozialistische Staaten fehlten bei den Spielen in den USA. Auch wenn es später immer mal wieder zu einzelnen Boykotten kam, waren die Olympischen Spiele 1984 in Los Angeles die letzten, die von einem grösseren Boykott betroffen waren. Es gab in den vergangenen Jahren aber kaum Spiele, die nicht von politischen Diskussionen begleitet wurden. 2010 in Vancouver ging es unter anderem um den Umgang der kanadischen Regierung mit den indigenen Völkern, 2012 in London um missbräuchliche Mieterhöhung, 2014 in Sotschi um den Umgang mit Homosexuellen und 2016 in Rio de Janeiro um Umweltschutz und Korruption (vgl. Deutscher Bundestag, 2021).

Besonders heftig waren die Diskussionen und Boykottdrohungen im Zusammenhang mit den Olympischen Winterspielen in Peking und den Fussballweltmeisterschaften in Katar 2022. Beiden Ländern werden grosse Menschenrechtsverstösse vorgeworfen. Da die Erfahrungen von 1980 und 1984 zeigten, dass Boykotte eher zu einer Verhärtung der Fronten führten, werden zumindest von den jeweiligen Sportverbänden eine klare Haltung und allfällige Konsequenzen erwartet. Die grossen Sportverbände wie IOC, FIFA oder UEFA übten sich aber schon immer in Zurückhaltung, wenn es um politische Stellungnahmen ging. Positiv lässt sich sagen: weil sie die Grenzen ihrer Macht kennen. Kritisch ist anzufügen: weil Aussagen zu Menschenrechten, Umweltschutz oder Diskriminierung ihr Geschäftsmodell gefährden könnten. Der IOC-Präsident Thomas Bach verweist jeweils darauf, dass das Anprangern von Missständen die Aufgabe der Politik und nicht des Sports sei. Der Sport müsse strikt neutral bleiben. Angesichts der oben zitierten Ansprüche der Olympischen Spiele kann es nicht erstaunen, dass diese Haltung immer wieder Kopfschütteln und bissige Medienkommentare provoziert. Der Graben zwischen Anspruch und Wirklichkeit markierte schon immer das Olympische Dilemma. Güldenpfennig (2008b) spricht von der Lebenslüge der olympischen Bewegung und von der selbstverschuldeten Glaubwürdigkeitslücke. Das Versprechen auf Weltverbesserung müsse einen Sportanlass zwangsläufig überfordern.

Und wenn Sportler:innen aus Protest niederknien?

Strikte Neutralität wird auch von den Sportler:innen verlangt. Olympionik:innen sollen sich nicht zu politischen Themen äussern. So steht es in der Regel 50.3 der Olympischen Charta: «Jede Demonstration oder politische, religiöse oder rassische Propaganda ist an den olympischen Stätten, Austragungsorten oder in anderen olympischen Bereichen untersagt» (Olympische Charta 2014 in der Übersetzung von Vedder & Lämmer, 2013). Was passiert, wenn Sportler:innen ihre politische Meinung mit kleinen, aber wirkungsvollen Protestaktionen kundtun, zeigte sich bereits 1968 in Mexiko, wo vor allem ein Bild im kollektiven Gedächtnis geblieben ist: Die beiden schwarzen US-Sprinter Tommie Smith und John Carlos, die bei der Siegerehrung während der Hymne die Köpfe senkten und ihre schwarz behandschuhte Hand in die Höhe reckten – das Zeichen der «Black-Power»-Bewegung. Die Strafe folgte auf dem Fuss: Sofortiger Ausschluss von den Olympischen Spielen und aus dem US-Team. Die beiden Medaillengewinner kämpften nach ihrer Rückkehr in die USA um ihre Existenz. Die Anerkennung kam erst Jahrzehnte später in Form einer Statue an der Universität von San Jose in Kalifornien und eines Empfangs bei Barack Obama im Weissen Haus.

2016 kniete der Quarterback der San Francisco 49ers – Colin Kaepernick – ebenfalls während der US-Hymne und drückte damit seinen Protest gegen Polizeigewalt und Rassismus aus. Danach wollte ihn kein Football-Team mehr unter Vertrag nehmen, Kaepernick klagte aber erfolgreich dagegen und wurde später zu einer Nike-Werbeikone. Seinem Protest schlossen sich immer mehr Teamkollegen an. Kaepernick erhielt zudem Unterstützung aus anderen Sportarten. 2017 kniete auch die US-Fussballerin Megan Rapinoe während der Hymne. Danach kam es zu einer eigentlichen Welle, welche durch die Sportverbände kaum mehr aufzuhalten war. Die Protestaktionen können mittlerweile mit beträchtlicher Zustimmung rechnen. Allerdings nur so lange wie sie Anliegen vertreten, die wenig kontrovers sind. Anders sieht es aus, wenn etwa ein italienischer Fussballer den faschistischen Gruss zeigt, türkische Nationalspieler mit militärischem Gruss ihre Streitkräfte in Syrien grüssen oder türkischstämmige deutsche Nationalspieler ihre Sympathien mit Recep Tayyip Erdogan kundtun.

2 Warum die Politik in den Sport eingreift

Warum aber mischt sich die Politik überhaupt in den Sport ein und überlässt ihn nicht einfach sich selbst? Der Sportsoziologe Jay Coakley (2016) nennt in seinem Grundlagenbuch «Sport in Society» acht Gründe, weshalb der Staat Interesse am Sport hat.

Schutz der öffentlichen Ordnung

Eine der wichtigsten Aufgaben des Staates ist die Herstellung und Aufrechterhaltung von Sicherheit und Ordnung. Dies geschieht über Gesetze, Verordnungen und Rechtsinstitutionen sowie über die Androhung oder den Einsatz von Gewaltmitteln und Sanktionen. Besonders offensichtlich wird die Ordnungsfunktion des Staates, wenn Polizeikräfte zum Einsatz gelangen, um etwa die Sicherheit bei Sportveranstaltungen zu gewährleisten, oder wenn Dopingfahnder:innen Hausdurchsuchungen bei Sportler:innen und Ärzt:innen durchführen. Die staatlichen Eingriffe können so weit gehen, dass Sportaktivitäten und Sportveranstaltungen verboten werden. Dies betrifft in der Schweiz beispielsweise die Formel 1-Rennen. Das Verbot geht auf die bislang schlimmste Katastrophe im Motorsport im Jahr 1955 zurück. 84 Menschen verloren beim 24-Stunden-Rennen von Le Mans ihr Leben, als ein Rennwagen nach einer Kollision in die Zuschauertribüne raste. Im Gegensatz zu Deutschland, Italien und Spanien, wo die Politik zunächst ebenfalls einschritt, gilt das Verbot für öffentliche Rundstreckenrennen mit Motorfahrzeugen in der Schweiz bis heute. In jüngster Zeit führten verschiedene politische Vorstösse dazu, dass das Verbot 2016 zumindest für Elektroautos gelockert wurde.

Gerade die Massnahmen gegen die Covid-19-Pandemie 2020 und 2021 machten sichtbar, wie der Sport durch die Politik geregelt wird. Zeitweise war das gemeinsame Sporttreiben in Innenräumen ganz untersagt, dann für Sportarten mit Körperkontakt, später nur mit Maske oder nur geimpft, genesen oder getestet. Gleichzeitig wurden für Sportvereine und Sportveranstaltungen Hilfsgelder gesprochen und Entschädigungen ausbezahlt.

Kapitel 12: Sport und Politik

Sicherung von Fairplay und Schutz von Menschenrechten

In aller Regel geht es bei staatlichen Eingriffen weniger um das Verbieten von Sportarten, sondern um die Festlegung des Rahmens, in dem Sportarten ausgeübt und gefördert werden sollen. So sind etwa die Art und der Umfang der Werbung in den Sportstadien durch Verordnungen geregelt. Sportler:innen können bei Vertragsverletzungen oder groben Fouls die Gerichte anrufen, der Umfang und der Inhalt des Sportunterrichts in den Schulen ist durch Gesetze und Verordnungen festgelegt, und nicht nur die Bergbahnen, sondern auch viele Sportgeräte müssen Minimalanforderungen bezüglich Sicherheit und Qualität erfüllen. Bedeutsam sind zudem gesetzliche Vorgaben sowie staatliche Unterstützungsleistungen und Sanktionsmechanismen in Zusammenhang mit der Dopingbekämpfung, die nicht mehr allein den Sportorganisationen überlassen wird (vgl. Kapitel 13).

Aber auch sehr allgemeine gesetzliche Regelungen, die auf den ersten Blick nichts mit dem Sport zu tun haben, sind für diesen von Bedeutung: So erlaubt die verfassungsmässig garantierte Vereinigungsfreiheit überhaupt erst die gemeinsame Sportausübung und die Gründung von Sportvereinen. Dasselbe gilt für die Forderung nach Gleichberechtigung, die im Sport dazu führte, dass Frauen zunehmend in den Sport integriert wurden und gegenwärtig verstärkt Anstrengungen unternommen werden, um Menschen mit Behinderungen den Zugang zum Sport zu ermöglichen.

Förderung von Gesundheit und Fitness

Bereits in Kapitel 2 wurde auf das Interesse des Staates an körperlich trainierten und disziplinierten Wehrmännern hingewiesen. Sportpolitik war häufig Militärpolitik, und es erstaunt daher wenig, dass der Sport in vielen Ländern den Verteidigungsministerien angegliedert war bzw. ist. Zugleich ist es in diesem Kontext einleuchtend, dass sich die staatliche Sportförderung stark auf den Jugend- und Schulsport konzentrierte, denn es sind vor allem junge Menschen, die Militärdienst leisten.

Schul- und Jugendsport sind aber nicht nur für das Militär von Bedeutung: Die militärischen Interessen wurden schon früh von pädagogischen Überlegungen überlagert und mit der Zeit wurde auch die Gesundheitsförderung immer wichtiger (vgl. dazu Kapitel 8). Da sportlich trainierte, gesunde Bürger:innen auch leistungsfähig sind, dient das Interesse an der Gesundheit implizit dem allgemeineren Ziel einer effizienten und funktionierenden Gesellschaft und Wirtschaft. Und das ist wiederum im Interesse der Politik. Die Erhaltung und Förderung der Gesundheit der Bevölkerung ist das wichtigste Argument, wenn der Staat mit Direktzahlungen, Ausbildungsleistungen oder Infrastruktur den Sport fördert, und dies selbst dann, wenn es um die Spitzensportförderung geht, sollen doch Spitzenathlet:innen – ganz im Sinne des Pyramidenmodells – Vorbilder für die Breitensportler:innen sein.

Förderung des Prestiges und der Macht

Mit der Durchführung von internationalen Sportwettkämpfen verbindet sich immer auch der Wunsch der Ausrichterländer, sich der Welt in einem positiven Licht zu präsentieren. Sportveranstaltungen können als Bühne der nationalen Selbstdarstellung genutzt werden, in denen sich politische, wirtschaftliche und sportliche Aspekte in einer besonderen Form verbinden. Gerade Olympische Spiele und Fussballweltmeisterschaften bieten immer wieder Anlass für nationale Selbstdarstellungen. Dies gilt nicht nur für die weiter vorne erwähnten Beispiele der Spiele in Berlin 1936 und Mexiko 1968, bei denen die politische Vereinnahmung besonders sichtbar wurde, sondern ebenso für alle anderen Austragungen von sportlichen Grossveranstaltungen. Für den Image- und Werbeeffekt sind die Austragungsstädte und -länder bereit, einen hohen Preis zu bezahlen. Regelmässig erweisen sich die geplanten Budgets für Organisation und Infrastruktur als viel zu gering und das Versprechen der Nachhaltigkeit als leeres Wort. Besonders augenfällig wurde dies in Sotschi 2014 und Rio de Janeiro 2016, aber auch in Tokyo 2020/21 explodierten die Kosten von ursprünglich geplanten 7.5 Milliarden auf über 25 Milliarden US-Dollar (Müller et al., 2021; Flyvbjerg et al., 2020). Dazu haben auch die Verschiebung und die zusätzlichen Corona-Massnahmen ihren Teil beigetragen. Trotz der hohen Defizite finden sich immer wieder Länder und Städte, die bereit sind, für ihr «Nation Branding» und die Tourismuswerbung sehr viel Geld auszugeben. So möchte beispielsweise Katar mit der Austragung der Fussballweltmeisterschaft 2022 Doha zur «Welthauptstadt des Sports» machen.

Internationale Sportwettkämpfe sind nicht nur für die Austragungsorte von Interesse, sondern auch für die Teilnehmerländer. Im Sport können sich Staaten im friedlichen Wettstreit messen. Die Athlet:innen werden zu Repräsentant:innen von Ländern oder politischen Systemen: Ihr Erfolg oder Misserfolg ist auch der Erfolg oder Misserfolg ihres Herkunftslandes (Lamprecht & Stamm, 2001). Der Medaillenspiegel wird zum Indikator für das Ansehen und die Bedeutung eines Landes und soll Nationalstolz und kollektive Identität fördern. Besonders dramatische Züge nahmen diese Auseinandersetzungen in der Zeit des Kalten Krieges an. Der Weltöffentlichkeit sollte die Überlegenheit des eigenen politischen und ökonomischen Systems gezeigt werden.

Zweifelhaften Ruhm erlangten dabei verschiedene osteuropäische Länder, die ihre Sportler:innen als «Diplomaten im Trainingsanzug» losschickten. Schon im Kindesalter wurden vielversprechende Talente ausgewählt und in speziellen Sportschulen zentralisiert, wo sie besonders betreut und trainiert wurden. Um den Medaillensegen zu optimieren, wurde selbst vor dem Einsatz illegaler medizinischer Mittel mit teilweise verheerenden Spätfolgen nicht zurückgeschreckt. Dabei wurde nicht der Sport in seiner Breite gefördert, sondern nur die sogenannten «medal-maximum sports». Dazu gehörten generell der Frauen-Hochleistungssport sowie im Speziellen Schwimmen, Rudern, Boxen, Gewichtheben, Leichtathletik oder Langlauf. Alles Sportarten, bei denen die Ausrüstungs- und Organisationskosten relativ niedrig waren und die meist die Möglichkeit boten, dass ein und dieselbe Athletin mehrere Medaillen – z.B. über 100 und 200 Meter – gewinnen konnte. In den Top 10 des aggregierten Medaillenspiegels der Sommerspiele von 1964 bis 1996 finden sich mit der Sowjetunion bzw. Russland (auf Platz 1), der DDR (3), Ungarn (6), Rumänien (8), Polen (9) und Bulgarien (10) sechs Länder, die dem sogenannten Ostblock angehörten. Gleichzeitig muss angefügt werden, dass auch die westlichen Länder bei diesem «Wettkampf der Systeme» nach Kräften mitgemacht haben und dabei nicht vor fragwürdigen und verbotenen Mitteln zurückschreckten.

Zumindest bleiben die im Sport ausgetragenen politischen Konflikte in aller Regel friedlich und arten nur selten zu eigentlichen Kampfhandlungen oder gar Kriegen aus. Doch auch das gab es in der Vergangenheit: 1969 führte ein Qualifikationsspiel für die Fussballweltmeisterschaften zwischen Honduras und El Salvador zu einem eigentlichen Krieg, der Hunderte von Toten forderte. Es dauerte schliesslich vier Tage, bis die Organisation amerikanischer Staaten einen Waffenstillstand und den Abzug der salvadorianischen Truppen durchsetzen konnte. Der sogenannte «Fussball-Krieg» blieb glücklicherweise die Ausnahme. Das Aufeinandertreffen von gewalttätigen Fangruppen, die in ihren blutigen Auseinandersetzungen die Ehre ihrer Nation zu verteidigen vorgeben, sind bis heute jedoch eine unerwünschte Begleiterscheinung grosser Länderspiele (vgl. Kapitel 6). In schlechter Erinnerung bleiben etwa die Kämpfe von russischen und englischen Hooligans um die Auszeichnung «Härteste Fans der Welt» an der Fussball-Europameisterschaft 2016 in Frankreich.

Die Beispiele deuten darauf hin, dass internationaler Wettkampfsport nicht zwangsläufig völkerverbindend ist. Aber selbstverständlich finden sich auch Beispiele dafür, dass sportliche Grossevents durchaus zu einer Verbesserung der internationalen Beziehungen und zum Abbau von Vorurteilen beitrugen. Bei der unter dem Begriff «Ping-Pong Diplomatie» in die Geschichte eingegangenen Annäherung zwischen den USA und China 1971 folgte auf die Begegnung zwischen Tischtennisspielern schliesslich der Handschlag zwischen Mao und Nixon. Auch das Fussballspiel Iran gegen die USA an den Weltmeisterschaften 1998 in Frankreich galt als «Brückenschlag» und als Symbol der Annäherung zwischen den beiden Ländern, die seit der Besetzung der US-Botschaft durch radikal-islamische Studenten im Jahr 1979 keine diplomatischen Kontakte mehr pflegten. Heute sind es Fussballer, wie der ägyptische Liverpool-Stürmer Mohamed Salah, die Brücken zwischen verschiedenen Bevölkerungsgruppen schlagen können. Der überaus populäre, praktizierende

Muslim lebt seinen Glauben öffentlich und soll ein Grund dafür sein, dass die islamfeindlichen Kommentare der Fans auf Social Media zurückgingen und die Hassverbrechen in Liverpool abnahmen (Alrababah et al., 2021).

Und auch bei der Ausrichtung von Grossveranstaltungen lassen sich gute Beispiele finden: Norwegen und Australien haben in der Folge der Olympischen Spiele in Lillehammer 1994 bzw. Sydney 2000 sicherlich an internationalem Ansehen gewonnen, und unvergessen bleibt das Sommermärchen, das an der Fussball-Weltmeisterschaft 2006 geschrieben wurde. Unter dem Motto «Die Welt zu Gast bei Freunden» präsentierte sich Deutschland der Welt als ausgezeichneter Gastgeber.

Förderung von Identität und Einheit

Sport wirkt nicht nur gegen aussen, Sport wirkt auch gegen innen. Genauso wie vom Spitzensport eine Steigerung des internationalen Ansehens erwartet wird, erhofft sich die Politik auch eine Verfestigung von nationalen und regionalen Identitäten. Wenn Sportler:innen oder Teams internationale Erfolge verbuchen, so erfüllt das nicht nur die Sportfans, sondern die ganze Nation mit Stolz und Freude (Mutz & Gerke, 2019). Olympia-Medaillen werden nicht nur von der sportinteressierten Öffentlichkeit mit Befriedigung zur Kenntnis genommen. Umgekehrt hat es eine hohe politische Tragweite, wenn die Medaillenbilanz weit unter den Erwartungen geblieben ist.

Wie der Sport genutzt werden kann, um ein Gemeinschaftsgefühl und eine nationale Identität zu schaffen, zeigt sich beispielhaft an der Erfolgsgeschichte des südafrikanischen Rugby-Teams. Die «Springboks» mit ihren ausschliesslich weissen Spielern waren jahrzehntelang ein Symbol für Rassentrennung und Apartheid. Wie Nelson Mandela als erster schwarzer Präsident Südafrikas es schaffte, dem gespaltenen Land durch den Sieg eines gemischten Teams an den Weltmeisterschaften 1995 ein Zusammengehörigkeitsgefühl zu geben, erzählt der Film «Invictus». Dass sportlicher Erfolg eint, funktioniert bis heute. Gross waren die Proteste der Japaner:innen gegen die Durchführung der verschobenen Olympischen Spiele in Tokyo. Sobald die japanischen Athlet:innen aber Erfolge verzeichneten und positive Gefühle weckten, versöhnten sich die meisten Japaner:innen mit den Spielen und den Entscheiden der Regierung.

Wie sportlicher Erfolg eine Nation zu einen vermag, zeigte sich auch als Frankreich 1998 im eigenen Land Fussballweltmeister wurde. Die Mannschaft wurde als Vorbild einer multikulturellen Gesellschaft gesehen und der gebürtige Algerier und FIFA-Weltfussballer Zinedine Zidane als «Ikone der Integration» gefeiert. Ministerpräsident Lionel Jospin sprach von der «perfekten Identifikation Frankreichs mit dem Erfolg der Nationalmannschaft» – einem Erfolg der «dem zusammengeschweissten menschlichen Kollektiv und der Brüderlichkeit» zu verdanken sei. Auch als Deutschland 2014 Weltmeister oder die Schweiz 2009 U17-Weltmeister wurde, war von erfolgreicher Integration und Kohäsion die Rede. «Wir sind Weltmeister» titelte eine Boulevardzeitung dazu, die sonst gerne Geschichten über «kriminelle Migranten» verbreitete. Legendär ist auch der Deutsche WM-Titel 1954, der als «Wunder von Bern» in die Sportgeschichte einging und viel zur Rückgewinnung des Selbstwertgefühls und der kollektiven Identität im Westdeutschland der Nachkriegszeit beitrug. Wie erfolgsabhängig und brüchig die Konstruktion nationaler oder regionaler Identitäten im Sport aber ist, zeigt sich, wenn die sportlichen Erfolge ausbleiben. Dann ist weniger von Integration die Rede als von fehlender Identität, und es wird genau hingeschaut, wer beim Abspielen der Nationalhymne mitsingt und wer nicht. Ohnehin dürften die Tausenden von Sportvereinen, die sich tagtäglich im Breitensport engagieren, deutlich mehr zum gesellschaftlichen Zusammenhalt und zur gelungenen Integration beitragen als die Erfolge einzelner Nationalmannschaften (vgl. Kapitel 5).

Stärkung von dominierenden Werten und Orientierungen

Der Sport spiegelt die individualistischen Leistungs- und Gleichheitswerte unserer Gesellschaft in besonders klarer Form (vgl. Kapitel 2). Auf Verhaltensweisen und Einstellungen, die wir im Sport lernen, können wir im schulischen und beruflichen Alltag zurückgreifen: Fairplay, Rücksicht auf andere, Durchhaltewillen, Leistungsbereitschaft, systematisches Training, kontrollierter Umgang mit Siegen und Niederlagen sind nur einige der Elemente, die den Sport zur «Schule des Lebens» machen sollen (vgl. Kapitel 5).

Der Sport «formt» zuverlässige und berechenbare Gesellschaftsmitglieder und kann damit als wichtiges Instrument der gesellschaftlichen Integration in die moderne Leistungsgesellschaft interpretiert werden. Dass sich mit diesen Eigenschaften des Sports auch politische Interessen verbinden, versteht sich von selbst, denn leistungsbereite und zuverlässige Bürger:innen sind immer gefragt.

Unterstützung von Politiker:innen und Regierungen

Im Rahmen der Fernsehberichterstattung von grossen Sportevents sind immer wieder Bilder von der Ehrentribüne zu sehen, auf der Sportfunktionär:innen, Politiker:innen und Prominente aus Showbusiness und Kultur einträchtig zusammensitzen und dem Treiben auf dem Spielfeld mehr oder weniger interessiert zuschauen. Sportbegeisterung ist nicht der einzige Grund, der sie in die Sportstadien lockt. Vielmehr hoffen viele Politiker:innen und Prominente auf den sogenannten Imagetransfer, der dafür sorgt, dass die positiven Attribute des Sports auf sie selbst übertragen werden. An Sportveranstaltungen können sie ihre menschliche Seite zeigen. Während in der Politik klare Aussagen, gemessenes Auftreten und Selbstkontrolle im Vordergrund stehen, können im Sport Emotionen gezeigt werden. Niemand wird es einem Regierungsmitglied verübeln, wenn es über die Tore seiner Mannschaft jubelt oder die Siegerin eines Wettkampfes vor laufender Kamera umarmt. Solche Verhaltensweisen machen einen Politiker sympathisch und menschlich. Unvergessen ist, wie Bundeskanzlerin Angela Merkel an den Fussballspielen mit der Deutschen Nationalelf mitfieberte und -feierte und sich so in die Herzen ihrer Wähler:innen jubelte.

Viele Mächtige dieser Welt nutzen den Sport als ihre Bühne, besuchen Sportveranstaltungen oder zeigen sich beim Sporttreiben. Bereits Pierre de Coubertin erkannte die Gefahr, dass Politiker:innen den Sport für ihre Zwecke missbrauchen könnten und erlaubte den jeweiligen Regierenden und Repräsentant:innen des Gastgeberlandes im Eröffnungszeremoniell der Olympischen Spiele nur einen einzigen vorgeschriebenen Satz: «Ich erkläre hiermit die Olympischen Spiele (...) für eröffnet.» Sportgrossanlässe sind auch deshalb bei vielen autoritären Regimen und ihren Machthabern beliebt, weil der Sport zumindest vorübergehend von dringenden Problemen ablenken und Herrschaft stabilisieren kann.

Schliesslich gibt es nicht nur Politiker:innen, die den Sport als Plattform brauchen, sondern auch Sportler:innen, die ihre Popularität als Sprungbrett für eine politische Karriere nutzen. Der Bodybuilder Arnold Schwarzenegger brachte es zum Gouverneur Kaliforniens, der Boxweltmeister Witali Klitschko zum Bürgermeister von Kiew und der ehemalige FIFA-Weltfussballer George Weah zum 25. Präsidenten Liberias.

Förderung der wirtschaftlichen und sozialen Entwicklung

Der letzte Punkt fasst verschiedene der vorangehenden Punkte gleichsam zusammen, indem er auf die Hoffnung verweist, mit Sport liessen sich positive wirtschaftliche und gesellschaftliche Effekte erzielen. Coakley (2016, S. 418, Übersetzung durch die Autoren) schreibt hierzu: «Viele Beamte glauben an den grossen Sportmythos und denken, Sport in fast jeder Form führe Menschen zusammen und schaffe Bindungen, die auch in andere Lebensbereiche ausstrahlen und die Vitalität einer Stadt oder Gesellschaft vergrössern.» Mit diesem Argument lässt sich fast jede Investition in den Sport rechtfertigen – nicht zuletzt auch die oben diskutierte Veranstaltung von Sport-Grossevents. Ob die Rechnung dann tatsächlich aufgeht, ist im Lichte der empirischen Evidenz jedoch in vielen Fällen fraglich.

3 Wie die Politik in den Sport eingreift

Den acht Gründen, weshalb sich die Politik mit dem Sport beschäftigt, ist genau genommen noch ein weiterer hinzuzufügen: Die Ansprüche des Sports selbst, der kein machtloser Spielball staatlicher und politischer Interessen ist, sondern seinerseits Einfluss auf die Staatstätigkeit nimmt und die Politik zu politischem Handeln, insbesondere zur finanziellen Unterstützung des Sports, veranlasst. Tatsächlich kommt die Politik selten von sich aus auf die Idee, eine neue Sportanlage zu bauen. Viel häufiger sind es die Sportverbände, die Sportvereine und die Sporttreibenden, die Verbesserungen fordern und politisch aktiv werden.

Die Einflussnahme des Sports auf die Politik bedient sich verschiedener Kanäle. Von Bedeutung ist zunächst die Nutzung demokratischer Rechte. Über die Wahl und Unterstützung von sportfreundlichen Politiker:innen und die Ausarbeitung von Petitionen, Referenden und Volksinitiativen können Sportler:innen, Vereine und Verbände ihre Interessen einbringen. In der Schweiz gelang es beispielsweise der Vorläuferorganisation von Swiss Olympic in den 1990er Jahren, mit einer Volksinitiative genügend Druck aufzubauen, um vorteilhafte Mehrwertsteuersätze für die Sportvereine und -verbände durchzusetzen, ohne dass es zu einer politischen Abstimmung kommen musste. Genauso wie Staaten, Städte und Politiker:innen von Sportveranstaltungen einen Imagetransfer erwarten, kann der Sport diesen Imagetransfer und ganz allgemein die Legitimitätsübertragung auch verweigern – indem gewisse Politiker:innen nicht auf die Ehrentribüne eingeladen werden, öffentlich Unzufriedenheit mit Massnahmen oder Personen geäussert werden oder gewissen Politiker:innen die Wahlunterstützung verweigert wird.

Die wichtigste Form der Einflussnahme des Sports auf die Politik läuft allerdings über ein Netzwerk von formellen und informellen Konsultationen und Kooperationen zwischen politischen Behörden einerseits und Sportorganisationen andererseits, die schlussendlich in Gesetzen und Verordnungen der öffentlichen Sportförderung münden. Ein wichtiges Merkmal dieser Zusammenarbeit ist in Deutschland, der Schweiz und Österreich der Grundsatz der Subsidiarität (vgl. hierzu und zu den folgenden Abschnitten Bayle, 2017; Breuer & Nowy, 2017; Chappelet, 2010; Kempf & Lichtsteiner, 2015; Ibsen et al., 2016). Das heisst: Die Politik misst dem Sport zwar eine wichtige gesellschaftliche Bedeutung bei, räumt aber ein, dass sie weder willens noch fähig ist, den Sport zentral zu steuern und vollständig zu organisieren. Wie schon im 19. Jahrhundert, als der Turnunterricht und das Schützenwesen an die Vereine delegiert wurden, wird der Sport weiterhin primär dem privat-rechtlichen Bereich überlassen, in den die Politik unterstützend und koordinierend eingreift. In der Schweiz etwa übernimmt der Staat nur gerade bezüglich des Schul- und Jugendsports eine leitende Rolle, indem er festlegt, wie viele Lektionen Sportunterricht auf den einzelnen Stufen abgehalten werden müssen, und indem er das Programm «Jugend+Sport» finanziert und leitet. Der Breiten- und Spitzensport liegen dagegen primär in der Kompetenz der Vereine und Verbände, werden von der öffentlichen Hand jedoch unterstützt, indem finanzielle Mittel über den Dachverband Swiss Olympic an die Verbände weiterverteilt werden.

Auf der nationalen Ebene ist der Sport politisch den Innen- (Deutschland), Kultur- (Österreich) oder Verteidigungsministerien (Schweiz) angegliedert, wobei nur die Schweiz mit dem Bundesamt für Sport (BASPO) eine spezialisierte Behörde für den Sportbereich kennt. Auf der anderen, privat-rechtlichen Seite des Verhandlungstischs sind die Sport-Dachverbände die wichtigsten Partner der nationalen Politik. Dem Deutschen Olympischen Sportbund (DOSB) gehören 66, Sport Austria 61 und Swiss Olympic 83 nationale Sportverbände an, die ihrerseits die Sportvereine (Deutschland: rund 90'000; Österreich: rund 15'000; Schweiz: rund 19'000) mit Millionen von Mitgliedern repräsentieren. In den deutschsprachigen Ländern spielen zudem Lotteriegesellschaften und weitere Organisationen wie etwa die «Sporthilfe» eine wichtige Rolle, da sie dem Sport finanzielle Mittel zur Verfügung stellen. Auch hier erfolgt die Verteilung in der Regel aufgrund von Absprachen zwischen öffentlich-rechtlichen und privat-rechtlichen Akteuren und folgen weitgehend dem Prinzip der Subsidiarität, das heisst privat-rechtliche Initiativen stehen im Vordergrund und diese werden im Sinne der «Hilfe zur Selbsthilfe» von staatlicher Seite unterstützt.

Kompliziert wird der Austausch und Interessenabgleich zwischen Politik und Sport durch die föderalistische Organisation der deutschsprachigen Länder. Da die Zentralregierungen nur begrenzte Entscheidungs- und Handlungskompetenz haben, findet die Sportpolitik über weite Strecken auf der regionalen (Bundesländer, Kantone) und insbesondere der lokalen Ebene (Gemeinden) statt. Die Gemeinden sind nicht nur massgeblich für den Bau und Unterhalt von Sportanlagen verantwortlich, auf ihrem Gebiet finden auch die Sportveranstaltungen statt mit allen damit verknüpften Fragen der Verkehrsregelung, Sicherheit und Bewirtung der Teilnehmenden und des Publikums. Entsprechend gibt es auf den tieferen Systemebenen verschiedene spezialisierte Amtsstellen und Behörden wie zum Beispiel lokale oder kantonale Sportämter, die in Kontakt mit regionalen und lokalen Verbänden (z.B. den Landessportbünden) oder auf der kommunalen Ebene in Kontakt mit den Sportvereinen stehen. Beispielsweise stellen Gemeinden ihre Sportstätten, die auch für den Schulsport genutzt werden, den Sportvereinen in der Regel kostenlos oder zu geringen Gebühren zur Verfügung. Insbesondere die Förderung des Kinder- und Jugendsports, aber auch des Gesundheits- und Breitensports erfahren dabei eine hohe Zustimmung in der Bevölkerung (z.B. Lamprecht et al., 2020).

Die Kooperationsstrukturen werden somit auf verschiedenen Systemebenen repliziert und umfassen jeweils öffentliche und privat-rechtliche Akteure und Institutionen. Diese recht komplizierte Struktur wird von Aussenstehenden häufig als undurchsichtig und wenig transparent wahrgenommen. In der Vergangenheit hat sie aber eine relativ reibungslose Koordination der Sportpolitik auf kommunaler, regionaler und nationaler Ebene ermöglicht. Diese

Zweigleisigkeit der Sportförderstrukturen zeigt sich in vielen europäischen Ländern, wobei in Abhängigkeit vom jeweiligen politischen System durchaus Unterschiede zu beobachten sind, Sportvereine aber in der Regel eine zentrale Rolle spielen (Elmose-Østerlund et al., 2020; Houlihan, 1997; Mittag, 2018).

Allerdings werden auch immer wieder Risse sichtbar. Ein Problem betrifft etwa die kommerziellen Anbieter, die in den letzten Jahrzehnten an Bedeutung gewonnen haben und mittlerweile ebenfalls in Fachverbänden und Interessengruppen zusammengeschlossen, aber nur am Rande in die formellen Kooperationsstrukturen integriert sind. Dies zeigte etwa der Umgang mit der Covid-19-Pandemie: Während in der Schweiz für die Sportverbände und -vereine und die Veranstalter von Sportveranstaltungen ein Hilfspaket im Umfang von mehreren hundert Millionen Franken geschnürt (Bundesamt für Sport, 2021) und versucht wurde, den Sportbetrieb so gut wie möglich aufrechtzuerhalten, wurden Fitnesszentren über längere Zeit geschlossen und die Unterstützung beschränkte sich auf die Ausrichtung von Kurzarbeitsentschädigungen, wie sie auch an andere Wirtschaftssektoren gezahlt wurden.

Umgekehrt wird in Zusammenhang mit der Dopingproblematik klar, dass der Sport Probleme hat, die er in einem stark kommerzialisierten und globalisierten Umfeld nicht selbst regulieren kann und für deren Lösung er auf eine stärkere Koordination mit der Politik und dem Rechtswesen angewiesen ist. Mit Blick auf die Globalisierung gilt es in der Schweiz zudem einen weiteren komplizierenden Faktor zu erwähnen: Rund 60 internationale Sportverbände und -organisationen – darunter das IOC, die FIFA und die UEFA – haben ihren Sitz in der Schweiz und stellen ihrerseits Ansprüche an Politik und Gesellschaft. Diese reichen von vorteilhaften Steuerregelungen über gute internationale Verkehrsverbindungen bis hin zu einem ausreichenden Hotelangebot für Funktionär:innen. Dass sich das Schweizer Rechtssystem mit internationalen Verbänden, welche als Vereine nach Schweizer Recht organisiert sind, schwertut, zeigten in den letzten Jahren Ermittlungen rund um die FIFA. Aber nicht nur in der Schweiz nehmen Sportverbände Einfluss: Im Sommer 2021, als sportliche Wettkämpfe aufgrund der Covid-19-Pandemie vielerorts unter Ausschluss der Öffentlichkeit ausgetragen wurden, drängte die UEFA die Veranstaltungsorte der Fussball-Europameisterschaft zur teilweisen Öffnung der Fussballstadien für das Publikum. Wer, wie Bilbao und Dublin, nicht auf diese Forderung eingehen wollte, wurde kurzerhand von der Liste der Veranstalter gestrichen und ersetzt. Dass nur gerade 2 von 13 Städten nicht auf die Forderung der UEFA eingingen, zeigt, dass die Androhung von Aktionen oder des Entzugs der Unterstützung häufig bereits reicht, um die Politik in die gewünschte Richtung zu drängen.

4 Fazit

Obwohl Sport und Politik gerne ihre Unabhängigkeit betonen und sich klar voneinander abgrenzen, sind sie eng miteinander verknüpft. Dabei fällt es schwer festzustellen, wer eigentlich mehr von wem abhängt. Aufgrund des staatlichen Gewaltmonopols und der Regulierungskompetenz scheint die Politik zunächst am längeren Hebel zu sitzen. Warum und wie die Politik in den Sport eingreift, haben wir in diesem Kapitel ausführlich dargestellt. Indem die Politik den Sport im Sinne des Subsidiaritätsprinzips unterstützt und reguliert, tut sie auch etwas für die Sicherheit, für die Gesundheitsförderung, für die Bewegungserziehung, für ganzheitliche Bildung und Persönlichkeitsentwicklung, für die Förderung der Wirtschaft, für den inneren Zusammenhalt und die Aussenwirkung sowie für das Aufrechterhalten von gesellschaftlichen Normen und Werten.

Weil sich die Politik einiges vom Sport verspricht und weil die meisten Politiker:innen in demokratischen Gesellschaften davon abhängen, von der sportinteressierten Öffentlichkeit (wieder-)gewählt zu werden, hat auch der Sport gute Karten im Machtpoker. Der Sport ist nicht nur Befehlsempfänger der Politik, sondern stellt seinerseits politische Forderungen und versteht es durchaus, Druck zu entwickeln. Gerade weil der Sport so viele Anhänger:innen hat – seien es nun aktiv Sporttreibende oder Fans in den Stadien oder vor den Bildschirmen – ist er für die Politik ein ernstzunehmender Partner.

Heikel wird es, wenn der Sport mehr sein will als Spiel und Spass. Am Beispiel der Olympischen Spiele haben wir illustriert, wie leicht der Sport zum Spielball der Politik werden kann. Das Versprechen auf Frieden und Völkerverständigung führt zwangsläufig zur Überforderung und zu Enttäuschungen. Zu gross ist die Kluft zwischen Anspruch und Wirklichkeit.

Kapitel 13: Spitzensport

Christoffer Klenk, Siegfried Nagel & Markus Lamprecht

Der moderne Spitzensport ist ein globales Phänomen, das Menschen aus allen Bevölkerungsgruppen und auf allen Kontinenten fasziniert. Praktisch alle politisch unabhängigen Länder nehmen mit ihren Athlet:innen an Olympischen Spielen teil und ein Millionenpublikum verfolgt internationale Sport-Mega-Events, wie Fussball-Weltmeisterschaften oder die Champions League, Grand Slam Turniere im Tennis, die grossen Radrundfahrten oder die Weltcups im Schneesport, aber auch nationale Wettbewerbe in den professionalisierten Teamsportligen. Dabei werden international erfolgreiche Sportstars, wie Roger Federer und Steffi Graf, von ihren Fans als moderne Held:innen verehrt (Bette, 2019).

Der moderne Spitzensport nimmt einen wichtigen Platz in unserer Gesellschaft ein. Er erfüllt gesellschaftsrelevante Funktionen und bietet allen beteiligten Akteur:innen, die ihn gestalten, nutzen und von ihm profitieren, entsprechende Chancen. Der Spitzensport ist dabei nicht nur für das Sportsystem selbst – d.h. für die Athlet:innen, die Trainer:innen sowie für Sportverbände und Spitzenclubs – von Bedeutung. Im Zuge dynamischer Entwicklungsprozesse, wie der Professionalisierung und Kommerzialisierung, hat sich der Spitzensport zu einem relevanten Arbeitsmarkt entwickelt und dient Unternehmen als Kommunikations- und Marketingplattform (vgl. Kapitel 10). Der Spitzensport hat sich aufgrund seiner Attraktivität für ein breites Publikum zudem zum «Mediensport» entwickelt (vgl. Kapitel 11) und bietet aus politischer Perspektive die Möglichkeit zur Förderung nationaler Identität (vgl. Kapitel 12). Dementsprechend spielt der Spitzensport auch für andere Gesellschaftsbereiche – wie Wirtschaft, Medien und Politik – eine wichtige Rolle.

Doch der moderne Spitzensport ist ein ambivalentes Gesellschaftsphänomen. Einerseits erfüllt er wichtige Funktionen und bietet vielfältige Chancen für die beteiligten Akteur:innen und die Gesellschaft. Andererseits hat er auch Schattenseiten wie Korruption und Machtmissbrauch, explodierende Gehälter und Transfersummen, Rekordsucht, Doping und Gesundheitsrisiken oder Unfairness, Diskriminierung und Gewalt. Angesichts dieser Probleme stellt sich die Frage, ob es noch erstrebenswert und gerechtfertigt ist, dass Spitzensportler:innen alles auf die Karte «Sport» setzen, und wie der moderne Spitzensport mit diesen Herausforderungen umgehen soll.

Der Spitzensport – oder synonym: Hochleistungssport – ist ein wichtiger sportsoziologischer Forschungsbereich. Wir betrachten in diesem Kapitel ausgewählte Themen und Entwicklungen des modernen Spitzensports. Zunächst wird dargestellt, was das System Hochleistungssport im Kern ausmacht und was erfolgreiche nationale Hochleistungssportsysteme auszeichnet. Dann wird der Blick auf die Spitzensportkarrieren gerichtet und dabei auf die biographische Fixierung sowie die Vereinbarkeit von Spitzensport mit Ausbildung und Beruf eingegangen. Im Anschluss daran wird die Dopingproblematik im Spitzensport thematisiert, indem strukturelle Ursachen erklärt und mögliche Lösungsansätze diskutiert werden. Abschliessend werden die Entwicklungsdynamiken im modernen Spitzensport zusammenfassend beleuchtet sowie Chancen und Herausforderungen dargelegt.

1 Kennzeichen und Strukturen des Systems Hochleistungssport

Code Sieg/Niederlage

Der (Hochleistungs-)Sport lässt sich als soziales Teilsystem in einer funktional differenzierten Gesellschaft betrachten (vgl. Kapitel 2). Die verschiedenen gesellschaftlichen Teilsysteme – z.B. Politik, Wirtschaft, Medizin, Medien, Bildung oder Sport – weisen dabei systemtypische Merkmale, Handlungsweisen und Kommunikationsformen auf, die sie kennzeichnen und voneinander abgrenzen und unterscheiden lassen (Cachay & Thiel, 2000). Für den Hochleistungssport ist der binäre Code «Sieg/Niederlage» charakteristisch, was bedeutet, dass es im Kern um Leistung und Erfolge in Wettkämpfen geht, die mit Medaillen, Pokalen und Meisterschaften, aber auch mit Siegprämien und Preisgeldern verbunden sind (Bette & Schimank, 2006).

Im sportlichen Wettkampf zählt primär der Sieg – ganz im Sinne des «The Winner-Take-All»-Prinzips wie es die Ökonomen Robert H. Frank und Philip J. Cook postuliert haben. Der Zweite ist bereits der erste Verlierer und die Viertplatzierte, die gerade keine Medaille und keinen Platz mehr auf dem Siegerpodest erhält, aber ebenso sportliche Höchstleistungen gezeigt hat, erntet höchstens verhaltene Anerkennung für den «undankbaren 4. Rang». Der Code «Sieg/Niederlage» äussert sich in der konsequenten Erfolgslogik des Spitzensports, das heisst im Streben nach ständiger Leistungsverbesserung durch zielgerichtetes und umfangreiches Training und in der Optimierung der entsprechenden Trainings- und Wettkampfbedingungen. Letztlich dreht sich alles um die Steigerung der körperlichen Leistungsfähigkeit mit dem Ziel, bei internationalen Wettkämpfen, insbesondere bei Olympischen Spielen und Weltmeisterschaften, erfolgreich zu sein. Dabei wird nicht nur von den Athlet:innen, sondern von allen Funktionsträger:innen – von der Trainerin, dem Sportpsychologen, der Sportmedizinerin oder dem Leistungssportchef etc. – erwartet, dass sie in ihrer spezifischen Rolle zur Steigerung der sportlichen Leistungsfähigkeit und damit zu Siegen und Rekorden beitragen.

Hierbei ist hervorzuheben, dass Trainingsleistungen zwar Voraussetzung für Erfolge im Wettkampf sind, über Sieg und Niederlage entscheidet aber nur die sportliche Leistung in offiziellen Wettkämpfen am Tag X. Andere Faktoren (z.B. finanzielle Ausstattung, technische Möglichkeiten, sozialer Status, Nationalität) spielen eine untergeordnete Rolle und dürfen höchstens indirekt siegesrelevant sein. Denn der Spitzensport bezieht seine Faszination massgeblich aus den konstitutiven Merkmalen Ergebnisoffenheit, Gleichheit der Ausgangsbedingungen und Transparenz des sportlichen Wettkampfs. Deshalb sind ein international gültiges Regelwerk und sportimmanente Normen, wie das Fairness-Prinzip, von zentraler Bedeutung, um Chancengleichheit und damit einen spannenden Wettbewerb zu gewährleisten.

Verflechtung mit anderen Teilsystemen

Wie eingangs erwähnt ist der moderne Spitzensport durch weitreichende Verflechtungen mit den gesellschaftlichen Teilsystemen Wirtschaft, Medien und Politik gekennzeichnet (vgl. auch Thiel et al., 2013 sowie Kapitel 10, 11 und 12). Wirtschaftsunternehmen gehen mit Verbänden, Clubs und Athlet:innen Sponsoring-Partnerschaften ein, da der Spitzensport attraktive Werbeplattformen bietet. Diese können insbesondere der Steigerung der Bekanntheit und der Imagepflege dienen, was vor allem bei einer hohen medialen Verbreitung einer Sportart gegeben ist. Für die Medien wiederum liefern Sportwettkämpfe und Teamsportligen spannende Programminhalte, die für ein breites Publikum attraktiv sind. Gleichzeitig bietet die Sportberichterstattung Refinanzierungsmöglichkeiten, entweder in Form von Werbebotschaften durch Wirtschaftsunternehmen oder durch die Bezahlung von Gebühren durch die Zuschauer:innen in Form von Pay-TV. Die Politik schliesslich verspricht sich durch den Spitzensport die Steigerung der nationalen Identität, die Förderung des Prestiges des jeweiligen Landes sowie eine Vorbildfunktion für die Bevölkerung. Denn die Mehrheit der Bevölkerung fiebert mit den einheimischen Athlet:innen mit, identifiziert sich mit ihren Erfolgen und ist stolz auf ihre Siege und Medaillen. Im Gegenzug erhält der Spitzensport von den Teilsystemen Wirtschaft, Medien und Politik jeweils vertraglich geregelte finanzielle Gegenleistungen sowie zum Teil auch Sachleistungen und andere Ressourcen, wie nationale Leistungszentren und Fördereinrichtungen. Diese spielen eine zentrale Rolle, um die Professionalisierung der Athlet:innen, aber auch der Teams und des Betreuerstabs (z.B. Sportpsychologin oder Materialverantwortlicher) zu gewährleisten. Diese Professionalisierung ist ein entscheidender Faktor, um im internationalen Wettbewerb des Hochleistungssports erfolgreich sein zu können.

Kennzeichen erfolgreicher Spitzensportsysteme

Die konsequente Fokussierung auf den sportlichen Erfolg erfordert ein spezialisiertes und optimiertes Leistungssportsystem, um dauerhaft internationalen Erfolg zu gewährleisten. Nach Digel (2008b) sind die Ressourcen bzw. Erfolgsfaktoren des Hochleistungssports, die direkt oder indirekt mit dem sportlichen Erfolg eines Landes oder eines Clubs zusammenhängen, auf drei unterschiedlichen Ebenen zu verorten (vgl. Digel et al., 2006; Lamprecht & Stamm, 2001):

Auf der *Ebene der Gesellschaft* ist zu beobachten, dass sich erfolgreiche Hochleistungssportnationen durch ein langjährig gewachsenes Kulturmuster des Sports auszeichnen und Spitzensport eine hohe gesellschaftliche und politische Bedeutung besitzt. Zu den gesellschaftlichen Rahmenbedingungen einer Leistungssportnation gehören das Politiksystem, die Wirtschaftskraft, die Bevölkerungsgrösse und deren Entwicklung sowie die allgemeine Sportpartizipation.

Auf der Ebene der *Organisationen des Hochleistungssports*, namentlich der Fach- und Olympischen Dachverbände, der Fördereinrichtungen und der Leistungszentren, existiert eine Reihe von Faktoren, die für ein erfolgreiches Hochleistungssportsystem von Bedeutung sind. Die differenzierten Vergleiche von erfolgreichen Leistungssportnationen von Digel et al. (2006) sowie De Bosscher et al. (2015) haben folgende Indikatoren herausgearbeitet, die relevant für ein nationales Leistungssportsystem und dessen Erfolg auf internationaler Ebene sind: die Finanzierungsmittel/-formen, das System der Talentsuche und -förderung, die Unterstützung der Athlet:innen während und nach ihrer Spitzensportkarriere, die Qualität des Trainings und die Qualifikation und Sozialkompetenz der Trainer:innen, die Trainingsstätten und Sportinfrastruktur, die internationalen und nationalen Wettkampfangebote sowie die (sport-)wissenschaftliche Forschung und das Wissensmanagement (vgl. auch Borggrefe et al., 2006; Digel et al., 2010). De Bosscher et al. (2015) weisen darauf hin, dass je mehr in das jeweilige Hochleistungssportsystem hinsichtlich dieser Faktoren investiert wird, desto mehr Möglichkeiten werden geschaffen, dass die Athlet:innen unter idealen Bedingungen trainieren und gefördert werden können. Damit kann über diese Faktoren der Hochleistungssport gezielt gesteuert werden und sie geben Auskunft über die Effizienz des Hochleistungssportsystems mit Blick auf internationale Erfolge, insbesondere Medaillen bei Olympischen Spielen und Weltmeisterschaften.

Auf der Ebene der *Umwelt des Hochleistungssportsystems* sind die Beziehungen mit anderen gesellschaftlichen Teilsystemen und der oben kurz diskutierte institutionalisierte Ressourcenaustausch von Bedeutung. Der Hochleistungssport erfährt vor allem Leistungen von der Wirtschaft, den Medien, der Politik, dem Militär, der Wissenschaft sowie von Bildungs- und Erziehungseinrichtungen. Diese Leistungen werden in direkter oder indirekter Form als Input in das Hochleistungssportsystem mit dem Ziel erbracht, die oben genannten Faktoren zu optimieren und damit den sportlichen Erfolg zu verbessern.

Digel et al. (2006) weisen darauf hin, dass sich die Ressourcen bezüglich der drei Ebenen zwischen den Leistungssportnationen unterscheiden und je nach berücksichtigter Sportart und Nation verschiedene Ressourcenmuster bestehen. In den verschiedenen Leistungssportnationen bestehen unterschiedliche Lösungswege und Herangehensweisen, die aber gleichermassen funktional und erfolgreich sein können. So wird vielfach versucht, das Training in wenigen Leistungszentren zu konzentrieren oder sich auf Sportarten zu fokussieren, die eine lange Tradition und hohe Popularität haben, z.B. alpiner Skisport in der Schweiz. Letztendlich existiert aber kein ideales Organisationsmuster und es lässt sich auch nicht die Musterlösung für eine erfolgreiche Leistungssportnation hervorheben. Eine empirische Bestandsaufnahme der Struktur der Leistungssportsysteme im deutschsprachigen Raum findet sich für die Schweiz bei Kempf et al. (2021) und für Deutschland bei Digel et al. (2006).

2 Karrieren im Spitzensport

Von der biographischen Fixierung zur biographischen Falle

Im Sinne des Codes «Sieg/Niederlage» ist der sportliche Erfolg bzw. das Streben nach höchster körperlicher Leistungsfähigkeit und internationalen Erfolgen das zentrale Ziel der Athlet:innen im Spitzensport. Da die Leistungsfähigkeit massgeblich durch physiologische Voraussetzungen des Körpers bestimmt wird, die in der Regel ab der vierten Lebensdekade deutlich abnehmen, ist eine Hochleistungssportkarriere lebenszeitlich von begrenzter Dauer. Da gleichzeitig der internationale Konkurrenzdruck in den vergangenen Jahrzehnten deutlich gestiegen ist, ist es zudem notwendig, sich relativ früh und möglichst konsequent auf die Hochleistungssportkarriere zu fokussieren. Nur wenn der Sport von «der schönsten Nebensache» zur «lebensbestimmenden Hauptsache» wird, sind sportliche Erfolge auf höherer Ebene möglich (Conzelmann et al., 2001). Diese Fokussierung der Athlet:innen auf den Hochleistungssport bezeichnen Bette und Schimank (2006) als «biographische Fixierung», die sich entlang von drei Dimensionen vollzieht. Hinsichtlich der *zeitlichen Dimension* ist die Fixierung durch die hohe zeitliche Beanspruchung durch den Sport gekennzeichnet. Die *sachliche Dimension* äussert sich als Fixierung auf den Sport als sinn- und identitätsstiftendes Zentrum. Bei der *sozialen Dimension* zeigt sich die Fixierung in der Schliessung der Kontaktkreise und sozialen Netzwerke auf das sportliche Umfeld.

Im Kontext der biographischen Fixierung ist ein Engagement im Spitzensport als «Full-Time-Job» zu charakterisieren. Hoffmann et al. (2010) beobachteten in ihrer Untersuchung, dass die reine Trainingszeit an Leistungssportzentren in Deutschland im Durchschnitt etwa 28 Stunden pro Woche beträgt, wobei hier sportartspezifische Unterschiede zu beachten sind. Bei Athlet:innen, die sich gleichzeitig in Ausbildung befinden oder einen Beruf in Teilzeit ausüben, kommen noch bis zu 30 Stunden pro Woche hinzu. Darüber hinaus werden weitere Zeitressourcen für Regeneration, Physiotherapie, Sponsoren-

und Medienkontakte sowie für Trainingslager und Wettkämpfe im In- und Ausland benötigt. Die sozialen Kontakte der Athlet:innen konzentrieren sich deshalb vor allem auf ihr sportliches Umfeld. Für Freizeit mit der Familie oder mit Freund:innen ausserhalb des Sports bleibt meist wenig Zeit; dies gilt insbesondere dann, wenn an Leistungssportzentren trainiert wird, die mit Internaten oder sogar Kasernen vergleichbar sind. Dort dreht sich die Kommunikation weitgehend um den Spitzensport, z.B. um Training, Erfolgsziele und anstehende wichtige Wettkämpfe.

Bette und Schimank (2006) weisen darauf hin, dass sich die Athlet:innen einer konsequenten Leistungsoptimierung unterwerfen, die mit hochemotionalen Erfolgserlebnissen, aber auch mit hohen körperlichen, psychischen und sozialen Belastungen einhergehen kann. Dabei werden eine Stagnation der Leistungsentwicklung oder Niederlagen als Scheitern betrachtet und die Athlet:innen befinden sich in einem Wettlauf mit der eigenen Vergangenheit bezüglich ihrer Erfolge und Bestzeiten. Um die positive Leistungsentwicklung aufrechtzuerhalten, findet vielfach eine Zuspitzung der biographischen Fixierung in zeitlicher, sachlicher und sozialer Dimension statt, die sich unter Umständen zu einer «biographischen Falle» entwickeln kann. Für die Athlet:innen entsteht eine «Hochkostensituation»: Sie müssen sich vollumfänglich auf den Spitzensport einlassen, um eine Chance auf Siege zu haben, jedoch ohne Garantie auf Erfolg. Die biographische Falle führt letztendlich zu einer ausschliesslichen Fokussierung auf den Sport und die vollständige Einbettung in das Hochleistungssportsystem.

Für die Athlet:innen gibt es oftmals kein einfaches und unmittelbares «Zurück» aus dem Spitzensportsystem in das «normale Leben» und sie klammern sich mangels Alternativen an ihrer Karriere im Spitzensport fest. Dies führt insbesondere dann zu negativen Konsequenzen, wenn der sportliche Erfolg ausbleibt. Beispiele dafür sind die Steigerung der Trainingsaktivität mit der Gefahr einer erhöhten Verletzungsanfälligkeit und eines Übertraining, der Einsatz illegitimer Praktiken (z.B. Doping) oder die Veränderung der Antriebsmotive mit einer Orientierung an zurückliegenden Erfolgen. Der Spitzensport kann das Leben und die Identität der Athlet:innen so stark prägen, dass sich daraus eine «Sportsucht» entwickeln kann (Bette & Gugutzer, 2017). Andere Lebensbereiche, vor allem Ausbildung und Beruf, die Pflege von Freundschaften und familiären Beziehungen sowie alternative Lebensentwürfe und Freizeitgestaltungsmöglichkeiten, werden vernachlässigt oder geraten – im Sinne der biographischen Falle – gar vollständig aus dem Blick.

Dabei erfordert eine Spitzensportkarriere nicht nur physische, sondern auch psychische Höchstleistungen. Kühnle (2019) weist darauf hin, dass die Athlet:innen im Spitzensport immer wieder psychische Grenzerfahrungen machen und viele unter starkem psychischen Leidensdruck mit entsprechenden Krankheitssymptomen stehen, was sich in Dauerstress, Depressionen und in

Einzelfällen sogar Suizid äussern kann. Die Konsequenzen bezüglich physischer Gesundheit nehmen Thiel et al. (2010) in den Blick und beschreiben gesundheitliche Risiken, die Akteur:innen im Spitzensport bewusst oder unbewusst im Umgang mit Verletzungen eingehen. Sie zeigen in ihrer Untersuchung, dass die Athlet:innen aufgrund des internen und externen Erfolgsdrucks häufig trotz Verletzungen weiter trainieren und Wettkämpfe bestreiten («playing hurt») und damit längerfristig ihre Gesundheit gefährden (Mayer, 2010). Durch diese Kultur des Risikos wird die entscheidende Ressource, ein gesunder und leistungsfähiger Körper, aufs Spiel gesetzt (Thiel et al., 2013; Young, 2005). Übergreifend finden sich in der Untersuchung von Breuer und Hallmann (2012) Aussagen und Einschätzungen zu Gesundheitsgefährdungen, aber auch zu Doping und Match-Fixing im Hochleistungssport. Hier zeigt sich, dass die Athlet:innen selbst ihre eigene Lage oft sehr viel prekärer und belastender empfinden als die Bevölkerung, die als Publikum Wettkämpfe im Spitzensport verfolgt.

Duale Karrieren im Spitzensport

Um das Risiko der biographischen Falle zu minimieren, sind Alternativoptionen, Unterstützungsleistungen und Ausweichmöglichkeiten gegenüber der einseitigen Fokussierung auf den Hochleistungssport von grosser Bedeutung. Denn nur ein Teil der Spitzensportler:innen kann während der Karriere ihre finanzielle Existenz durch den Sport sichern und nur sehr wenigen Athlet:innen bestimmter professionalisierter Sportarten, wie z.B. Tennis, Fussball, Formel 1, gelingt dies auch über ihre Sportkarriere hinaus. Durch die zeitliche Begrenztheit der Sportkarriere – Spitzensport ist kein «Life-Time-Job» – spielt für die meisten Athlet:innen die Existenzsicherung im Anschluss an die Spitzensportkarriere eine wichtige Rolle. Für ihre nachsportliche Karriere müssen die allermeisten Spitzensportler:innen bereits während ihrer sportlichen Laufbahn ihre Ausbildungs- und Berufskarriere vorantreiben (Borggrefe, 2013). Diese «Doppelkarriere» – die Spitzensportkarriere einerseits und die schulische Ausbildung bzw. Berufsbildung andererseits sowie deren Vereinbarkeit – ist ein entscheidender Erfolgsfaktor im modernen Spitzensport. Durch die daraus entstehenden Alternativoptionen – Aufnahme einer Berufskarriere neben der Spitzensportkarriere – kann einem Drop-out von weniger oder nicht mehr erfolgreichen Athlet:innen entgegengewirkt werden. Dies wirkt sich auch förderlich auf den Nachwuchsbereich und damit auf die Rekrutierungsbasis für den Hochleistungssport aus und erhöht die Attraktivität einer Spitzensportkarriere (Borggrefe, 2013). Um das Schlüsselproblem der dualen Karriere zu lösen, haben sich in den vergangenen Jahrzehnten vielfältige Kooperationsformen und Verbundsysteme zwischen dem Sport- und dem Bildungssystem entwickelt. Die neu geschaffenen Sportschulen, sportfreundlichen Berufsausbildungen oder universitären Studiengänge haben das Ziel, die lebenszeitlich parallelen Anforderungen zu koordinieren und mit spezifischen Strukturen, wie angepassten Stundenplänen und verlängerte Ausbildungszeiten, die Vereinbarkeit von Spitzensportkarriere und beruflichem Werdegang zu ermöglichen (Borggrefe et al., 2009; Teubert et al., 2006).

Letztlich stellt sich die Frage, inwieweit die Karriere im Spitzensport die berufliche Karriere beeinflusst. Nagel und Conzelmann (2006) zeigen in ihren Untersuchungen, dass die hohen zeitlichen Anforderungen des Spitzensports den beruflichen Werdegang nur zu einem kleinen Teil beeinträchtigen. Dies gilt sowohl für erfolgreiche und nicht erfolgreiche Hochleistungssportler:innen als auch für Profis, die besonders intensiv in das System Hochleistungssport eingebunden sind. Institutionelle Unterstützungsmassnahmen während der Schulzeit oder Ausbildungsphase, die Bekanntheit und sozialen Kontakte erfolgreicher Athlet:innen sowie die Chance im Berufsfeld Spitzensport zu arbeiten, wirken sich positiv auf die Berufskarriere nach dem Spitzensport aus und kompensieren in den meisten Fällen die hohen zeitlichen Belastungen. Dabei haben ehemalige Athlet:innen nicht nur die Möglichkeit direkt im Spitzensport beruflich tätig zu werden (z.B. als Trainer:in), sondern auch in den eng verknüpften Teilsystemen Wirtschaft (z.B. im Sportmarketing) und Medien (z.B. als Expert:in in der Berichterstattung). Es wird jedoch deutlich, dass Berufssportler:innen vielfach auf eine duale Karriere verzichten und die damit verbundenen Probleme über die Jahrzehnte eher zugenommen haben. Abschliessend ist hervorzuheben, dass ehemalige Athlet:innen über ein vergleichsweise hohes berufliches Prestige verfügen, wobei hier nicht nur die positiven Effekte einer Spitzensportkarriere relevant sein dürften, beispielsweise durch die Förderung von Zielstrebigkeit oder Leistungsbereitschaft, sondern das System Hochleistungssport auch Talente selektiert, die bereits über entsprechende Persönlichkeitsmerkmale verfügen (Conzelmann et al., 2001; Nagel, 2002; Schmid et al., 2021).

3 Doping im Spitzensport – Ursachen und Lösungsansätze

Doping im Sport ist kein neues Phänomen: Bereits für die Olympischen Spiele in der Antike gibt es Belege, dass die Athleten sich leistungssteigernder Mittel wie Stierblut oder Pilzen bedient haben. Mit der Entwicklung des modernen Spitzensports und der Renaissance der Olympischen Spiele Ende des 19. Jahrhunderts haben sich auch die leistungssteigernden Substanzen weiterentwickelt: von Stimulanzien über Anabolika bis hin zu Hormon- (z.B. EPO) und Blutdoping. Die Strukturen und Regeln des Systems Hochleistungssport begünstigen Dopingpraktiken. Denn im Sinne des «The Winner-Take-All»-Prinzips ist der Sport ein Nullsummenspiel, wobei es in jedem Wettkampf nur wenige Sieger:innen und viele Verlierer:innen gibt und vor allem internationale Erfolge, Bestleistungen und Rekorde zählen. Aufgrund des daraus resultierenden Leistungs- und Optimierungsdrucks haben sich Dopingmethoden und -praktiken quasi strukturimmanent historisch entwickelt und bilden somit ein Wesensmerkmal des modernen Spitzensports (Bette et al., 2012).

Der zunehmende Einsatz leistungssteigernder Substanzen wurde dadurch begünstigt, dass das Sportsystem – vor allem das IOC und die internationalen Sportverbände – erst spät mit Doping-Regeln, Sanktionen und Anti-Doping-Institutionen darauf reagiert hat. Auslöser hierfür war insbesondere der tödliche Zusammenbruch des Radfahrers Tom Simpson 1967 kurz vor der Zielankunft am Mont Ventoux bei der Tour de France, ausgelöst vermutlich durch die Einnahme von Amphetaminen. Aufgrund der mit Doping offensichtlich einhergehenden Gesundheitsrisiken wurden Dopingregeln eingeführt und bei den Olympischen Spielen 1968 in Mexiko die ersten Dopingkontrollen durchgeführt. Zudem wurde die Dopingdefinition des Europarats (1963) 1988 durch eine sportinterne Definition seitens des IOC in Form der bis heute verwendeten Dopingliste (WADA Code) ersetzt. Die systematische Antidoping-Bekämpfung wurde später mit der Gründung der unabhängigen Welt-Antidoping-Agentur (WADA) und seinen angeschlossen nationalen Anti-Dopingbehörden (NADA) intensiviert. Die WADA ist seit 2004 als verantwortliches und offizielles Organ für die weltweite Antidoping-Bekämpfung anerkannt. Eine detaillierte Aufarbeitung der zeithistorischen Entwicklung der Strukturen des Dopings findet sich bei Krüger et al. (2014) und Reinold (2016).

Ursachen von Doping: Doping als Strukturdefekt

In der öffentlichen Diskussion wird Doping, das heisst der Verstoss gegen die im Wettkampfsport gültigen Regeln insbesondere durch den Gebrauch verbotener Substanzen und Methoden, häufig als individuelles Fehlverhalten einer Athletin oder eines Athleten angesehen. Bette et al. (2012) sprechen in diesem Zusammenhang von einer kollektiven Personalisierung von Doping, wobei den Athlet:innen als Antriebsfaktoren der illegalen Leistungssteigerung übersteigerte Erfolgsmotive, Ruhmsucht und Geldgier unterstellt werden. Diese individuelle Ursachenzuschreibung greift aus soziologischer Perspektive allerdings zu kurz. Denn für eine erfolgreiche Spitzensportkarriere zählen entlang des Codes «Sieg/Niederlage» einzig sportliche Erfolge. Die eigenen Erwartungen der Athlet:innen werden dabei durch externen Druck seitens Verband, Sponsoren und Medien verstärkt. Bette und Schimank (2006) verstehen Doping deshalb als Resultat einer «Mehr-Ebenen-Verstrickung», wobei sie die Ursachen und Motive für Doping auf drei Ebenen ansiedeln (Bette et al., 2012):

Person: Doping als «brauchbare Illegalität». Durch den Siegescode stehen die Athlet:innen unter Erfolgsdruck, der von aussen verstärkt wird. Mittels Doping kann die Erfolgswahrscheinlichkeit erhöht, biographische Risiken können reduziert und der Erfolgsdruck bewältigt werden. Die individuellen physiologischen und psychologischen Grenzen der körperlichen Leistungsfähigkeit können dadurch erweitert sowie Verletzungs- und Regenerationszeiten verkürzt werden, so dass Doping als «brauchbare Illegalität» letztlich auf die «Chancenverbesserung» bzw. «Nachteilsvermeidung» abzielt. Durch Leistungssteigerung in Form von Doping erhöhen sich die Chance auf die Qualifikation für wichtige sportliche Wettkämpfe sowie die Aussicht auf Erfolg, während sich die Gefahr des Karriereendes aufgrund der Nichtberücksichtigung in Nationalkadern oder der Nichtverlängerung von Profiverträgen reduziert.

Organisation: Sportverbände in der Beziehungsfalle. Der sportliche Erfolg ist aber nicht nur für die Athlet:innen selbst von existenzieller Bedeutung, sondern auch für ihr unmittelbares Umfeld im Spitzensportsystem (z.B. Trainer:innen, Betreuungspersonen, Verbandsfunktionär:innen), so dass beide Seiten unter Erfolgsdruck stehen. Die Akteur:innen in Sportorganisationen geraten dadurch in ein Dilemma zwischen Erfolgs- und Sauberkeitserwartungen. Bette et al. (2012) sprechen von einer «Beziehungsfalle». Einerseits haben sie grösstes Interesse am sportlichen Erfolg, um das Publikum zu begeistern, Sponsoren anzuziehen und politische Förderinstanzen zufrieden zu stellen. Andererseits müssen sie einen sauberen, dopingfreien Sport gewährleisten und eine konsequente Dopingbekämpfung verfolgen, die aber die Erfolgschancen reduzieren kann.

Gesellschaft: Doping als Konsequenz des entfesselten Siegescodes. Durch die Verflechtung und Interessensverstrickung der Ressourcensysteme des Spitzensportsystems ist die Erhöhung der Erfolgs- und Siegeschancen aber auch für die beteiligten gesellschaftlichen Teilsysteme unverzichtbar. Der sportliche Erfolg ist auch entscheidendes Kriterium für die Wirtschaft, die Politik, die Medien und das Publikum, die ihn entsprechend forcieren und «entfesseln» und die Athlet:innen direkt oder indirekt unter Erfolgsdruck setzen.

Aus den dargestellten Gründen wurde Doping durch Sportverbände und Akteure aus dem Umfeld oftmals stillschweigend toleriert oder teilweise auch aktiv unterstützt bzw. impliziter Druck auf die Athlet:innen ausgeübt. Vor diesem Hintergrund sprechen Bette und Schimank (2006) von «Doping als Strukturdefekt» bzw. der «Dopinglogik des Sports», indem die Strukturen des modernen Hochleistungssportsystems eine nahezu unwiderstehliche «Dopingneigung» schaffen.

Mit der Dopinglogik ist letztlich eine «Kultur des Risikos im Spitzensport» entstanden (Bette et al., 2012). Die Risikobereitschaft der Athlet:innen kann mit Hilfe einer ökonomischen Kosten-Nutzen-Kalkulation beschrieben werden. Hierzu sind dem vermeintlich potenziellen Nutzen von Doping durch Chancenverbesserung bzw. Nachteilsvermeidung die potenziellen Risiken gegenüberzustellen. Ergebnis und Wirkung von Doping ist hierbei nicht eindeutig kalkulierbar, es besteht die Gefahr des Verlusts von körpereigenem

Schutz, des Ausschaltens der Eigenreaktion des Körpers und im Extremfall sogar des Todes. Doping kann zu gesundheitsschädigenden Langzeitwirkungen führen, zu einer Verkürzung der Karriere durch Nebenwirkungen oder der Entdeckung des Dopingvergehens. Zudem sind mögliche Sanktionen und der damit verbundene Ausschluss von Wettkämpfen, die negative Berichterstattung in den Medien und der Rückzug von Sponsoren zu berücksichtigen. In diesem Zusammenhang ist zu betonen, dass die Toleranz gegenüber Doping bei allen beteiligten Akteur:innen des Spitzensportsystems (z.B. Verbände, Zuschauer:innen, Medien, Sponsoren) in den letzten Jahren gesunken ist, während die Sanktionen zugenommen haben. Hierzu beigetragen haben vor allem der investigative Sportjournalismus (z.B. die Dokumentation «Geheimsache Doping» im Kontext des staatlich gelenkten Dopings in Russland), verstärkte Aufklärungsarbeit und Kontrolloptimierungen seitens der Antidopingagenturen und effektivere Sanktionsmöglichkeiten von Dopingvergehen im Rahmen des Zivilrechts, wie der Präzedenzfall des Radfahrers Lance Armstrong zeigte.

Lösungsansätze hinsichtlich der Dopingproblematik

Die Lösung des Dopingproblems ist ein komplexes Unterfangen und gestaltet sich aufgrund der aufgezeigten strukturellen Verflechtungen schwierig. Beispielsweise zeigen Verbote, verstärkte Kontrollen und Strafen nur bedingt Wirkung und die Pädagogisierung und Moralisierung mit Verweis auf Fairness sowie die Regeln und Grundprinzipien des Sports bzw. der Olympischen Idee stossen an ihre Grenzen (Bette & Schimank, 2006). Deshalb sind möglichst Situationen zu schaffen, in denen Doping kein Mittel erster Wahl ist, das heisst, die negativen Folgen den vermeintlichen Nutzen überwiegen. Bette et al. (2012) schlagen in diesem Sinne folgende Lösungsansätze und Handlungsempfehlungen zur Vorbeugung von Doping im Spitzensport vor.

Durch *Kontrolloptimierung* soll die Entdeckungswahrscheinlichkeit erhöht und dadurch präventive Wirkung erzielt werden. Da die bisherigen Dopingkontrollen nur bedingt greifen, weil in einigen Ländern und Sportverbänden die von der Welt-Antidoping-Agentur definierten Mindeststandards bei der Dopingbekämpfung nicht konsequent und vollumfänglich verfolgt werden, ist eine Verbesserung der globalen und nationalen Dopingkontrollregimes und dessen Homogenisierung auf allen Ebenen – WADA, Nationale Antidoping Agenturen, Sportverbände, Strafverfolgungsbehörden – vorzunehmen. Wichtig ist das Zusammenspiel aller Akteure sowie der Einbezug von unabhängigen Institutionen in die Dopingbekämpfung, insbesondere die Anti-Doping Organisationen müssen dabei möglichst autonom handeln können (Kamber & Steffen, 2020).

Um dem Einsatz von Doping zur Leistungssteigerung entgegenzuwirken, ist ausserdem eine *Druckreduktion* vorzunehmen. Auf der Mikroebene können die Athlet:innen vom permanenten Erfolgs- und dem damit verbundenen Zeitdruck zum Teil befreit werden, indem eine Optimierung der Saisonplanung mit Konzentration auf ausgewählte Wettkämpfe und eine Reduktion auf weniger Qualifikationswettbewerbe vorgenommen wird. Zudem können duale Karrierewege in Zusammenarbeit mit Wirtschaft und Bildungseinrichtungen verbessert werden, um sportliche Misserfolge oder Verletzungen abzufedern und Alternativen zur Spitzensportkarriere zu schaffen. Aber auch durch die Entschärfung der «Beziehungsfalle» der Sportverbände mit der Politik, Wirtschaft und Medien ist eine Verminderung des Leistungsdrucks denkbar, indem beispielsweise die entsprechenden Unterstützungsleistungen nicht direkt und nicht ausschliesslich an den sportlichen Erfolg gekoppelt werden.

Zur Dopingprävention ist zudem die *legale Leistungsoptimierung und das Wissensmanagement* systematischer in den Blick zu nehmen. Die Athlet:innen müssen überzeugt sein, auch mit legitimen Mitteln Bestleistungen erzielen zu können und das Vertrauen haben, dass ihr Verband die Möglichkeiten der legalen Leistungsoptimierung kennt und diese für sie nutzt. In diesem Zusammenhang spielt die Verwissenschaftlichung des Leistungssports mit einem intensiveren Einbezug der (Sport-)Wissenschaft eine zentrale Rolle, indem ein umfassenderer und konsequenter Wissenstransfer in die Spitzensportpraxis erfolgt.

Beim Ansatz des *kollektiven Lernens und der «mehrsprachigen» Interventionen* sollen die Ressourcensysteme mehr zu einer effektiven Dopingbekämpfung beitragen. Politik, Wirtschaft und Medien ist bewusst zu machen, dass mit ihnen in Verbindung gebrachtes Doping im Spitzensport auf die Dauer ein Risiko für sie darstellt. Gleichzeitig muss gewährleistet werden, dass die Ressourcensysteme nicht auf ihre Eigeninteressen verzichten müssen und beispielsweise die Medien weiterhin mit hohen Einschaltquoten rechnen können. Damit die Ressourcensysteme auf eine effektive Dopingbekämpfung umgelenkt werden, sind «mehrsprachige» Interventionsmassnahmen erforderlich, das heisst, es sind die «Sprache» bzw. die Bedingungen des jeweiligen Teilsystems zu berücksichtigen. Die Politik kann ihre Fördermittel zum Beispiel an die Dopingbekämpfung koppeln und diese zurückfordern, wenn die Anti-Doping-Richtlinien nicht eingehalten werden. Wirtschaftsunternehmen schliessen ihre Sponsoring-Verträge nur noch mit denjenigen Athlet:innen, Vereinen oder Verbänden ab, die sich konsequent für die Dopingbekämpfung einsetzen und die Dopingbestimmungen einhalten.

Daran anknüpfend wird als aussichtsreichste Massnahme der *intersystemische Diskurs und Global Governance* erachtet. Ausgehend von der Annahme, dass das Dopingproblem durch die Mehr-Ebenen-Verstrickung nur gemeinsam und auf globaler Ebene angegangen und gelöst werden kann, sind die Massnahmen der einzelnen Akteure, Organisationen und Ressourcensysteme zu koordinieren. Beispielsweise kann dies im Rahmen eines «Runden Tisches» erfolgen, bei dem die relevanten Akteure – nationale und internationale Sportorganisationen sowie aussersportliche Institutionen – das Dopingproblem kollektiv und gleichberechtigt bearbeiten und ihren Beitrag zur Gesamtlösung leisten. Voraussetzung hierfür ist die Einsicht aller Akteure, dass Doping nicht nur ein Problem des Sports ist, sondern auch für Politik, Wirtschaft, Medien und Publikum negative Konsequenzen haben kann.

4 Fazit

Die Auseinandersetzung mit der dualen Karriere und der Dopingproblematik zeigt exemplarisch, dass der moderne Hochleistungssport in hohem Masse durch Ambivalenzen gekennzeichnet ist. Die zunehmende Verflechtung mit anderen gesellschaftlichen Teilsystemen und die damit verbundenen Entwicklungsdynamiken, wie die Professionalisierung, Kommerzialisierung und Mediatisierung, sind mit Chancen, aber auch Herausforderungen verknüpft.

Die Athlet:innen können sich im Spitzensport der Beschäftigung widmen, die sie am liebsten ausüben, die sie stark befriedigt und vor allem bei sportlichen Erfolgen zu unvergleichlichen und unvergesslichen emotionalen Erlebnissen führen kann. Gleichzeitig erhalten sie öffentliche Anerkennung, knüpfen vielfältige soziale Netzwerke, werden zum Teil finanziell mit hohen Geldsummen honoriert, können unter Umständen den Sport zum Beruf machen und für den nachsportlichen Berufsverlauf profitieren. Ein Engagement im modernen Spitzensport kann jedoch auch mit negativen Konsequenzen verbunden sein, in Form von hohem Leistungsdruck, langwierigen Verletzungen und dauerhaftem körperlichen Verschleiss sowie der Vernachlässigung von privatem Umfeld, Schul- und Ausbildungslaufbahn und möglichen Problemen beim Übergang in die nachsportliche Karriere.

Aus Sicht der Sportverbände haben die Entwicklungen im Hochleistungssport ebenfalls zwei Seiten: Einerseits können sie durch Marketing und damit verbundene Sponsorenverträge sowie den Verkauf von Medienrechten ihre Attraktivität steigern und zum Teil hohe finanzielle Mittel generieren. Diese sind wiederum für die Professionalisierung der Verbandsstrukturen, die Einstellung von zusätzlichem Personal im Sportbereich und in der Administration sowie für vielfältige Projekte zur Umsetzung der Verbandsziele von wichtiger Bedeutung. Andererseits können die Verbände auch in finanzielle Abhängigkeiten und Handlungsdruck geraten, wenn Medienunternehmen, Sponsoren oder sonstige Geldgeber die Entwicklung einer Sportart oder Verbandspolitik mitbestimmen wollen oder entsprechende Verträge kurzfristig aufgelöst werden.

Schliesslich sind auch auf gesellschaftlicher Ebene ambivalente Entwicklungen zu beobachten. Neben den Chancen, die der Spitzensport als Plattform für Wirtschaft und Medien bietet, trägt er zur Freizeitgestaltung und Unterhaltung der Bevölkerung bei, kann die regionale und nationale Identität stärken und vor allem bei Heranwachsenden zum aktiven Sporttreiben anregen. Allerdings werden für die Förderung des Spitzensports auch öffentliche Gelder in Form von direkter finanzieller Unterstützung der Sportverbände und -clubs, bei der Erstellung kostenintensiver Sportanlagen und für Sicherheitsmassnahmen bei Sportveranstaltungen verwendet. Die Spitzensportförderung mit Steuermitteln stösst vor allem im Kontext des Profi-Teamsports mit seinen zum Teil extrem hohen Spieler-Gehältern und Ablösesummen in Teilen der Bevölkerung auf Ablehnung. Stark professionalisierte Sportarten stehen offensichtlich besonders unter Legitimationsdruck und die Kommerzialisierung wird dafür verantwortlich gemacht, dass sportimmanente Werte, wie Fairness und Chancengleichheit, erodieren.

Auch der Olympische Spitzensport, insbesondere das Internationale Olympische Komitee sieht sich in der öffentlichen Diskussion mit dem Vorwurf konfrontiert, dass wirtschaftliche und politische Interessen wichtiger seien als das Wohl der Athlet:innen und die ursprünglichen pädagogischen Prinzipien der Olympischen Bewegung. Die Kritik äussert sich beispielsweise bei Volksabstimmungen im Zusammenhang mit Bewerbungen für die Ausrichtung Olympischer Spiele, die in vielen demokratischen Ländern durch die Bevölkerung in der jüngeren Vergangenheit abgelehnt wurde. Dies dürfte nicht nur mit den hohen und im Voraus kaum planbaren Kosten zusammenhängen, sondern auch mit der Frage der Nachhaltigkeit von Olympischen Spielen sowie der zunehmenden Vernachlässigung der Olympischen Prinzipien (vgl. Kapitel 14).

Im Kontext von Missbrauchsvorfällen, Dopingskandalen und psychisch wie physisch überlasteten Athlet:innen mehren sich in jüngster Zeit Stimmen von Verantwortlichen aus Politik und Sport, die neben sportlichen Erfolgen das Wohl der Spitzensportler:innen als gleichberechtigte Handlungsmaxime und insgesamt die Rückkehr zu einer stärkeren Wertorientierung einfordern. Dabei werden Trainingskonzepte und die frühe Spezialisierung hinterfragt und gleichzeitig soll ethischen Leitsätzen, partnerschaftlicher Kommunikation, fairer Umgang und Achtsamkeit mehr Bedeutung eingeräumt werden. Die Verbandsziele sollen weniger auf sportliche Erfolge und stärker auf eine Ausbildungs- und Förderorientierung ausgerichtet werden. Wir dürfen ähnlich wie bei der Bekämpfung des Dopingproblems gespannt sein, inwieweit den zentralen Akteur:innen im Spitzensport, der Verbandsführung, den Trainer:innen und Betreuungspersonen, den zahlreichen Umfeldakteur:innen und den Athlet:innen selbst, ein solcher «Kulturwandel» gelingen wird. Denn die Faszination des Spitzensports basiert massgeblich auf sportlichen Höchstleistungen und internationalen Erfolgen in Form von Medaillen und Meistertiteln. Und diese sind gegenwärtig nur durch eine konsequente Fokussierung auf die Spitzensportkarriere, Spezialisierung und hohen Trainingsaufwand möglich.

Kapitel 14: Sport und Nachhaltigkeit

Christian Moesch, Siegfried Nagel & Markus Lamprecht

Das Thema Nachhaltigkeit ist im Sport angekommen. Beim aktiven Sporttreiben, bei der Organisation von Sportangeboten oder bei der Erstellung und dem Betrieb von Sportanlagen ergeben sich vielfältige Wechselwirkungen und Zielkonflikte zwischen den Nachhaltigkeitsdimensionen Umwelt, Gesellschaft und Wirtschaft.

Im Sporttourismus stellt sich beispielsweise die Frage, wie stark die Landschaft als Sportraum genutzt werden soll, ohne durch sportliche Aktivitäten und Sportanlagen die Natur zu gefährden. Gerade in strukturschwachen Bergregionen ist der Sporttourismus ein wichtiger Faktor für die wirtschaftliche Wertschöpfung und das Arbeitsplatzangebot, gleichzeitig beeinträchtigen Mountainbike-Trails und Liftanlagen das Erscheinungsbild der Landschaft. Sportevents entfalten durch hohe Zuschauerzahlen und die mediale Übertragung einen bedeutenden ökonomischen Mehrwert, erzeugen jedoch auch Kosten und Konflikte. Bei Olympischen Spielen oder Fussballweltmeisterschaften ergibt sich ein zentrales Problemfeld aus der Erstellung und Nachnutzung der Sportanlagen und -stadien. Bei Events im Outdoorsport, wie Skiweltmeisterschaften, welche Naturräume als Sportinfrastruktur nutzen und vielfach umgestalten, ergeben sich vermehrt ökologische Konflikte.

Die Kommerzialisierung und Professionalisierung in verschiedenen Bereichen des Sports erhöhen den Legitimationsdruck. Insbesondere internationale Sportverbände wie die FIFA oder das IOC sowie professionelle Clubs in kommerzialisierten Team-Sportarten sind vermehrt mit der Forderung konfrontiert, den Zugang zu öffentlichen Finanzmitteln und Leistungen an einen verantwortungsvollen Umgang mit Mensch und Umwelt zu knüpfen. Unternehmen in der Sportartikelbranche haben zu berücksichtigen, dass die zunehmend sensibilisierte Kundschaft Nachhaltigkeitskriterien für Konsumentenentscheidungen beizieht.

Bevor wir diese Beispiele zur Frage der Nachhaltigkeit im Sporttourismus und bei Sportevents sowie zum verantwortungsvollen Handeln von Sportorganisationen vertieft beleuchten, geben wir einen allgemeinen Überblick zur Entstehung des Konzepts der Nachhaltigen Entwicklung und den damit verbundenen Problemfeldern. Zudem zeigen wir auf, dass der Sport viele Schnittstellen zu den verschiedenen Dimensionen von Nachhaltigkeit aufweist, die nicht nur ökologische Fragen, sondern auch gesellschaftliche und ökonomische Aspekte umfassen. Ein besonderes Augenmerk werden wir auf das Themenfeld Sport und Umwelt und mögliche Beeinträchtigungen durch den Outdoorsport richten. Bei unseren Ausführungen orientieren wir uns an zwei Fragen: Inwieweit kann Sport zu einer nachhaltigen Entwicklung beitragen und inwieweit ist der Sport gleichzeitig Mitverursacher von Problemen?

Kapitel 14: Sport und Nachhaltigkeit

1 Was meint Nachhaltige Entwicklung?

Der Begriff «Nachhaltige Entwicklung» hat seinen Ursprung in der Forstwirtschaft und bedeutet, dass pro Zeit nur so viel Holz geschlagen wird, wie auch nachwachsen kann. Im Jahr 1972 wurde im Auftrag des Club of Rome eine Studie erstellt, die unter dem Titel «The limits to growth» publiziert wurde (Meadows et al., 1972). Darin wurde prognostiziert, dass bei einem unveränderten Lebensstil und einem unbegrenzten Weiterführen der Entwicklungstrends die Grenzen des Wachstums in den nächsten hundert Jahren erreicht würden. Einer breiten Öffentlichkeit bekannt wurden die Begriffe «Nachhaltigkeit» und «Nachhaltige Entwicklung» durch die Veröffentlichung des Berichts «Our Common Future» der Brundtland-Kommission von 1987 (WCED, 1987). Gemäss diesem Bericht ist eine Nachhaltige Entwicklung dann gegeben, wenn «die Bedürfnisse der jetzigen Generationen gedeckt werden, ohne die Möglichkeiten der nächsten Generationen zu beeinträchtigen» (WCED, 1987, S. 15). Dieses Nachhaltigkeitsverständnis wurde 1992 von der United Nations Conference on Environment and Development (UNCD) und später von zahlreichen Regierungen und Organisationen übernommen und ist seither die meistverwendete globale Referenz. Das UN-Verständnis umfasst mit der sogenannten «Triple Bottom Line» eine ökologische, soziale und ökonomische Nachhaltigkeitsdimension. Die drei Dimensionen werden als Kapitalstöcke verstanden, welche zusammen das Nachhaltigkeitskapital ausmachen und im Zeitverlauf in ihrer Substanz erhalten bleiben sollen. Eine Nachhaltige Entwicklung bedeutet demnach unter Berücksichtigung der Erneuerungsfähigkeit der Erde sinngemäss von den Zinsen zu leben und nicht vom Kapital. Die zentrale Herausforderung besteht darin, dass die natürlichen Ressourcen zur Produktion von Nahrungsmitteln und Konsumgütern nur bedingt gesteigert können und deren Einsatz nur bis zu einem bestimmten Grad optimiert werden kann, während die Weltbevölkerung stetig wächst.

Als nächster Meilenstein in der Nachhaltigkeitsdiskussion wurden 2015 nach einem breit angelegten Beteiligungs- und Aushandlungsprozess die Sustainable Development Goals (SDGs) verabschiedet (UNGA, 2015). Es handelt sich dabei um 17 Zielbereiche mit 169 konkreten Zielen. Sie bilden die globale politische Grundlage für Bestrebungen im Kontext von Nachhaltiger Entwicklung bis 2030 und werden auch als «Agenda 2030» bezeichnet. Dabei werden die wichtigsten globalen Probleme aufgegriffen und konkrete Ziele für jeden Bereich formuliert. Die Herausforderungen (z.B. Armut, soziale Gerechtigkeit, Klimawandel) manifestieren sich für die verschiedenen Länder unterschiedlich. Dementsprechend scheint es sinnvoll, die Massnahmen und Akzente zur Erreichung der Ziele auf nationaler Ebene unterschiedlich zu setzen. Allerdings sind bestimmte Herausforderungen, wie der Klimawandel, nur im Rahmen weltweiter Zusammenarbeit zu bewältigen.

In den letzten Jahren hat sich aufgrund der immer sichtbarer werdenden Konsequenzen des Klimawandels für die gesamte Nachhaltigkeitsthematik eine neue Dynamik ergeben. Noch nie waren Nachhaltigkeitsaspekte auf Produzenten- und Konsumentenseite so präsent und relevant. Während auf der Anbieterseite die Nachhaltigkeit von Produkten als Verkaufsargument genutzt wird, zeigt sich auf der Nachfragerseite häufig ein Attitude-Behaviour-Gap (Haubach et al., 2013). Dieser äussert sich darin, dass zwar eine hohe Sensibilisierung für Nachhaltigkeitsthemen vorhanden ist, diese sich aber nicht auf das konkrete Handeln überträgt. Dies hängt auch mit der Komplexität der Thematik zusammen. Häufig ergeben sich Zielkonflikte – so genannte trade-offs – zwischen den Nachhaltigkeitszielen. So können beispielsweise Massnahmen, welche der Bekämpfung des Klimawandels (SDG 13) dienen, anderen Nachhaltigkeitszielen zuwiderlaufen. Ein «sanfter» Sporttourismus, der nicht auf die Steigerung der Zahl internationaler Gäste setzt, um ökologisch verantwortungsvoll zu sein, kann die Wirtschaftskraft schwächen und die Zahl der Arbeitsplätze in einer Region reduzieren.

Nachhaltige Entwicklung wird nicht allein durch technologische Innovationen, wie klimaneutrale Energiegewinnung, herbeigeführt werden können, sondern erfordert auch einen gewissen Verzicht auf liebgewonnene Gewohnheiten und Konsummuster. Viele Menschen sind dazu nur in geringem Masse bereit und ändern das Verhalten lediglich dort, wo es nicht «weh tut». Dadurch besteht die Gefahr eines Rebound-Effekts, indem vor allem Massnahmen umgesetzt werden, die wenig Wirkung erzielen, und nicht-nachhaltiges Handeln in gravierenderen Bereichen weiter gepflegt oder sogar ausgeweitet wird. Beispielsweise wird bei vielen Sportevents inzwischen konsequent Abfall getrennt, so dass dieser recycelt werden kann, während das Mobilitäts- und Reiseverhalten noch kaum in Richtung Klimaneutralität angepasst wird.

2 Nachhaltigkeit im Sport: Dimensionen und Zielkonflikte

Werden die globalen Nachhaltigkeitsziele betrachtet, ist der Sport einerseits Mitverursacher von Problemen, vor allem im Bereich Umwelt und Ökologie, andererseits bietet er Potenzial, um positive Entwicklungen im Sinne der Sustainable Development Goals anzustossen. Die Vollversammlung der Vereinten Nationen hält diesbezüglich fest (UNGA, 2015, S. 10):

> «*Sport is also an important enabler of sustainable development. We recognize the growing contribution of sport to the realization of development and peace in its promotion of tolerance and respect and the contributions it makes to the empowerment of women and of young people, individuals and communities as well as to health, education and social inclusion objectives.*»

Dementsprechend kann Sport gezielt als Instrument eingesetzt werden, um wünschenswerte Entwicklungen zu fördern. Dudfield und Dingwall-Smith

(2015) lokalisieren sieben globale Nachhaltigkeitsziele, zu deren Erreichung der Sport massgeblich beitragen kann: SDG 3: Gesundheit und Wohlergehen; SDG 4: Hochwertige Bildung; SDG 5: Geschlechtergleichheit; SDG 8: Menschenwürdige Arbeit und Wirtschaftswachstum; SDG 11: Nachhaltige Städte und Gemeinden; SDG 16: Frieden, Gerechtigkeit und starke Institutionen; SDG 17: Partnerschaften zur Erreichung der Ziele.

Je nach Rahmenbedingungen und Voraussetzungen in einem Land haben diese Ziele eine andere Bedeutung und müssen mit unterschiedlichen Massnahmen angegangen werden. Während es in Drittweltländern in Bezug auf SDG 3 eher darum geht, den Zugang zu hochwertigen Gesundheitsdiensten und Arzneimitteln für die breite Bevölkerung sicherzustellen, stehen in hochindustrialisierten Ländern Themen wie genügend Bewegung im Alltag oder der Kampf gegen Adipositas und stressbedingte Krankheiten im Vordergrund.

Neben den positiven Wirkungen, die in Form von Freude an der Bewegung, Entspannung und sinnhafter Freizeitgestaltung mit sportlichen Aktivitäten verbunden sind, kann der Sport einen gesellschaftlichen Mehrwert schaffen, indem durch die Sportausübung politisch relevante Effekte erreicht werden (Kapitel 12). Beispiele dafür sind Gesundheitsförderung, sozialer Zusammenhalt oder ganzheitliche Bildung, aber auch der Beitrag zur volkswirtschaftlichen Wertschöpfung. Der Sport bietet eine Plattform, um wichtige Zielgruppen für relevante Themen wie Gesundheitsprävention, Integration, Solidarität oder Toleranz zu sensibilisieren. Wenn sich sowohl die Akteur:innen im Sport als auch die relevanten politischen Institutionen der Möglichkeiten bewusst sind und diese gezielt nutzen, kann der Sport ein effizientes Instrument zur Erreichung der SDGs sein. Allerdings ergeben sich die positiven Effekte nicht automatisch, sondern bedürfen zielgerichteter Programme und Massnahmen. Ansonsten besteht die Gefahr, dass sich auch negative Konsequenzen einstellen, wie Verletzungen und körperliche Überlastung, Diskriminierungserfahrungen, soziale Exklusion und Gewalt. Besonders der Spitzensport und die Olympische Bewegung, die eigentlich das Leitbild verfolgt, einen Beitrag zur Völkerverbindung sowie zur Förderung individueller Charaktermerkmale und sozialer Werte zu leisten, sind in diesem Zusammenhang häufig mit öffentlicher Kritik konfrontiert.

3 Umweltbelastungen durch den Sport

Abweichend zur klassischen Triple Bottom Line, bei der sich die drei Nachhaltigkeitsdimensionen gleichberechtigt gegenüberstehen, gibt es auch Konzepte, welche die zentrale Bedeutung einer intakten Umwelt als Grundlage für menschliches Zusammenleben betonen. Der Sport ist mit Blick auf die ökologische Nachhaltigkeit vor allem mit Belastungen und Gefährdungen konfrontiert. Hierbei lassen sich die folgenden drei Belastungstypen unterscheiden (Schemel & Erbguth, 2000): (1) Belastungen aufgrund zeitlicher und räumlicher Konzentration grosser Menschenmengen vor allem bei Sportveranstaltungen, (2) Belastungen aufgrund zeitlicher und räumlicher Ausbreitung in bisher unberührte Gebiete und Naturräume, (3) indirekte Auswirkungen durch Infrastruktur und Mobilität. Dabei ist genau zu prüfen, welche Aspekte der Umwelt im Einzelfall wie stark betroffen sind. Müller (2007) nennt Landschaft und Boden, Flora und Fauna (Biodiversität), Luft, Wasser, Energie und Abfall als ökologische Schlüsselfaktoren, welche einer Wechselwirkung mit dem Sport ausgesetzt sind.

Praktisch jede sportliche Aktivität hat Auswirkungen auf Umweltaspekte. Um die Effekte besser einordnen zu können, ist es sinnvoll, zwischen Sport im Siedlungsraum und Sport im Naturraum zu unterscheiden. Während Sportaktivitäten im Siedlungsraum in der Regel in künstlich geschaffenen und normierten Anlagen stattfinden, wird beim Sport in der Natur die Landschaft als Bewegungsraum und Kulisse genutzt (Roth et al., 2004). Die Umweltbelastungen der Sportarten im Siedlungsraum entstehen vor allem indirekt durch den Bau und den Betrieb der Infrastruktur, dem damit verbundenen Boden- und Energieverbrauch sowie durch die ausgelöste Mobilität und den induzierten ökologischen Fussabdruck (Loewen & Wicker, 2021). Da die Aktivitäten, wie Hallensport, aber in überbauten Gebieten stattfinden, hält sich die Umweltbelastung meist in Grenzen. Bei Sportaktivitäten in der Natur sind die betroffenen Umweltaspekte vielfältiger und der ökologische Fussabdruck in der Regel grösser (Wicker, 2018).

Das Spektrum an Natursportarten hat sich in den letzten Jahrzehnten deutlich vergrössert, wofür verschiedene gesellschaftliche Trends eine wichtige Rolle spielen (vgl. Kapitel 3). Die Individualisierung und das Bedürfnis nach Selbstverwirklichung haben in Verbindung mit der Zunahme an Ressourcen für Freizeitaktivitäten zu einer vermehrten Nachfrage und flexibleren Ausübung von Natursportarten geführt (Schemel & Erbguth, 2000). Diese Entwicklung wird durch das kommerzielle Interesse von Outdoorsport-Anbietern verstärkt, welche versuchen, sportliche Naturerlebnisse niederschwellig zugänglich zu machen. Zudem zeigt sich seit Jahren eine Verschiebung der Sportmotive weg von der Leistung hin zur Gesundheit und zum Naturerlebnis (Lamprecht et al., 2020).

Mit Blick auf die übergeordneten SDGs kann festgehalten werden, dass die natürliche Umwelt die Grundlage bildet, damit durch Sport ein Beitrag zur Erreichung der gesellschaftlich und wirtschaftlich ausgerichteten Ziele geleistet werden kann. So ermöglicht beispielsweise Sporttreiben in intakter Natur einen namhaften Beitrag zu SDG 3 «Gesundheit und Wohlergehen». Daneben gibt es ökologisch ausgerichtete Ziele wie «Massnahmen zum Klimaschutz» (SDG 13) oder «Leben an Land / Biodiversität» (SDG 15), bei denen es primär darum geht, die durch die Sportausübung und Sportevents verursachten negativen Effekte, wie den Ausstoss von Treibhausgasen, die Veränderung der Landschaft und die Störung des ökologischen Gleichgewichts, zu minimieren und im Idealfall zu eliminieren. Einerseits hat Sport in der Natur eine wichtige Erholungsfunktion mit positiven Wirkungen auf die Gesundheit der Bevölkerung (SDG 3) verbunden mit einem nennenswerten ökonomischen Potenzial (SDG 8). Andererseits gefährdet die Gesellschaft durch ihren aktiven Lebensstil verbunden mit hoher Freizeitmobilität und dem vermehrten Vordringen von Natursportler:innen in bisher ungestörte Gebiete die längerfristige Verfügbarkeit von natürlichen Ressourcen. Unter diesen Beeinträchtigungen leiden letztlich auch die Sporttreibenden selbst, denn sie gefährden mit ihrem Verhalten genau das, was sie eigentlich suchen.

4 Sporttourismus und Nachhaltigkeit

Natursport spielt eine wichtige Rolle für den Tourismus in Bergregionen und ländlichen Gebieten. Jede zweite Reise in den Alpen ist durch sportliche Aktivitäten motiviert (Berwert et al., 2007). Der Sporttourismus in den Berggebieten ist allerdings einem starken Wettbewerb ausgesetzt, unter anderem weil Ferien in Fernreisezielen eine ernstzunehmende Konkurrenz darstellen. Da der Schneesport aufgrund des Klimawandels zunehmend mit Unsicherheiten verbunden ist, richten zahlreiche Tourismusdestinationen in den Bergen ihren Fokus vermehrt auf die Sommersaison. Viele klassische Sommersportarten, wie Wandern oder Bergsteigen, generieren aber nur vergleichsweise wenig Wertschöpfung und lasten die Kapazitäten der Bergbahnen bei weitem nicht aus. In der Schweiz beispielsweise erwirtschaften die Bergbahnen nur 23% ihres Umsatzes im Sommerhalbjahr (Seilbahnen Schweiz, 2021).

Die Herausforderung für die Tourismus-Verantwortlichen besteht nun darin, Angebote zu entwickeln, die den Bedürfnissen von potenziellen Gästen entsprechen und genügend Wertschöpfung erzielen. Im Bestreben die Natur im Rahmen von sportlichen Aktivitäten zugänglich und erlebbar zu machen, besteht jedoch die Gefahr, dass die natürlichen Ressourcen zu stark belastet werden. Entsprechende Untersuchungen zeigen, dass die Landschaft das wichtigste Motiv für die Reise in Berggebiete darstellt (Bandi & Müller, 2019; Fischer et al., 2021). Wenn die Attraktivität des Naturraums durch den Ausbau der sporttouristischen Angebote reduziert wird, besteht die Gefahr eines sogenannten «Kannibalisierungseffekts», indem der Tourismus seine eigene Grundlage zerstört. Gleichzeitig zeigen Tourist:innen aber auch eine zunehmende Sensibilisierung für Nachhaltigkeitsaspekte, wodurch sich Möglichkeiten für eine gezielte Positionierung in diesem Bereich ergeben.

Eine nachhaltige touristische Entwicklung zeichnet sich durch fünf Eckpunkte aus, welche in einem wechselseitigen Abhängigkeitsverhältnis stehen und sich gegenseitig beeinflussen (Bandi & Müller, 2019): (1) Optimale Befriedigung der Gästeerwartungen, (2) Subjektives Wohlbefinden der Einheimischen, (3) Wirtschaftlicher Wohlstand, (4) Intakte Natur und Ressourcenschutz, (5) Intakte Kultur.

Die Befriedigung von Gästeerwartungen stellt die Grundvoraussetzung dar, damit touristische Angebote längerfristig existieren können. Die Angebotsgestaltung sollte in einer Art und Weise erfolgen, dass der wirtschaftliche Wohlstand in der Region erhalten oder gar erhöht wird, die Einheimischen in ihrer Lebensweise und Selbstverantwortung nicht eingeschränkt werden und sowohl die Natur wie auch die lokale Kultur in ihrer Substanz erhalten bleiben. Es liegt auf der Hand, dass sich zwischen diesen fünf Eckpunkten Zielkonflikte ergeben. Im Sporttourismus stellt sich häufig die Frage, wie stark in die Natur eingegriffen werden darf, um wirtschaftlich lukrative Angebote aufzubauen und in welcher Form die Einheimischen in diese Entscheidungsprozesse einbezogen werden. In strukturschwachen Berggebieten ist der Tourismus häufig der wichtigste Wirtschaftszweig. Wenn sich für junge Menschen in diesen Regionen keine attraktiven beruflichen Perspektiven bieten, besteht die Gefahr der Abwanderung. Im Sinne des Generationenvertrags geht es bei der Entwicklung von nachhaltigen Tourismusangeboten also auch darum, die Handlungsoptionen zukünftiger Generationen vor Ort zu erhalten.

Tourismusdestinationen stehen vor der Herausforderung, ein verantwortungsvolles Management zu etablieren, um eine Nachhaltige Entwicklung zu ermöglichen, die zur Befriedigung der Erwartungen der Gäste, zu einer verbesserten Lebensqualität der lokalen Bevölkerung sowie zur Erhaltung der natürlichen Ressourcen beiträgt. Dies ist nur möglich, wenn die Einführung und Förderung neuer Sportarten und damit verbundener Infrastruktur gemeinsam mit allen relevanten Interessengruppen im Hinblick auf ökologische, soziale und langfristige wirtschaftliche Auswirkungen sowie notwendige Kompromisse ausgehandelt werden. Die «wahre» Bilanz des Sporttourismus zeigt sich nur, wenn neben der wirtschaftlichen Wettbewerbsfähigkeit auch die sozialen und ökologischen Kosten und der entsprechende Nutzen angemessen berücksichtigt werden.

Beispiel: Nachhaltigkeit und Bike-Tourismus

Nachfolgend wird anhand der Sportarten Mountainbike (MTB) und E-Mountainbike (E-MTB) exemplarisch aufgezeigt, welche Herausforderungen sich beim Ausbau bzw. bei der Etablierung von Sportarten hinsichtlich der nachhaltigen Entwicklung in Tourismusdestinationen ergeben (vgl. Moesch et al., 2022).

Aufgrund der kontinuierlichen Entwicklung von MTB als attraktive Sportart haben zahlreiche Destinationen in diesem Bereich Anstrengungen unternommen, um vor allem während der Sommersaison zusätzliche Gäste anzuziehen. Zentral ist dabei die Investition in spezifische Infrastruktur für die verschiedenen Disziplinen wie Cross-Country, Enduro, All-Mountain, Freeride und Downhill sowie in jüngster Vergangenheit verstärkt auch in Bikeparks. Je nach Zielgruppe sind speziell angelegte Singletrails, Aufstiegshilfen und/oder Parks mit Sprüngen erforderlich. Mit dem E-Mountainbike ist auch die Elektromobilität in den Tourismusdestinationen angekommen. Mit der gezielten Förderung des Bike-Tourismus werden die Voraussetzungen geschaffen, um den wirtschaftlichen Wohlstand und damit die Lebensqualität der einheimischen Bevölkerung zu erhalten oder gar zu steigern, wobei die notwendigen Investitionen in Infrastruktur und Marketing in Relation zu den zusätzlich erwirtschafteten Gewinnen zu setzen sind.

Aus der Perspektive einer nachhaltigen Entwicklung gilt es zudem, den Blick auf die Faktoren «intakte Natur und Ressourcenschutz» und «intakte Kultur» zu lenken. In Bezug auf die Natur zeigen sich trade-offs, indem durch die zunehmende Popularität des Bike-Tourismus und die damit einhergehende wachsende Zahl an Sporttreibenden negative Auswirkungen auf die Tierwelt und die Vegetation zu erwarten sind. Insbesondere der Bau neuer Strecken erhöht den Druck auf Biosphäre und Wildtiere und führt zu einem zusätzlichen Landschaftsverbrauch. Dieses Problem wird durch die Reichweite der E-MTB-Tourist:innen verschärft. Dabei können negative ökologische Auswirkungen minimiert werden, wenn die Sporttreibenden sensibilisiert sind und bestimmte Regeln einhalten (Marion & Wimpey, 2007). In Bezug auf die intakte Kultur vor Ort stellt sich die Frage, wie stark die Einheimischen bei Entscheidungsprozessen miteinbezogen werden und welche Zu- und Abwanderungsprozesse die Veränderungen im Tourismus-Angebot verursachen. Für die erfolgreiche Implementierung neuer Sportarten liegt es deshalb nahe, alle relevanten Akteure vor Ort einzubeziehen und eine gemeinsame Vision zu entwickeln.

Der (E-)MTB-Boom bietet offensichtlich Potenziale und Risiken für eine Nachhaltige Entwicklung von Bergdestinationen. Positive Effekte ergeben sich aus dem wirtschaftlichen Potenzial und der verbesserten saisonalen Auslastung, da die Sportart fast das ganze Jahr über praktiziert werden kann. Dies ist ein Schlüsselfaktor für einen nachhaltigen Ganzjahrestourismus, welcher die Abhängigkeit vom Schneesporttourismus verringert. Allerdings sind auch ökologische Aspekte und mögliche Beeinträchtigungen der Natur sowie die Akzeptanz der Bevölkerung vor Ort zu berücksichtigen.

5 Nachhaltigkeit und Vermächtnis von Sportevents

Obwohl Sportevents bezüglich Zweck, Dauer, Zyklus, Austragungsort und Grösse sehr unterschiedlich sind, stehen meist Sportgrossveranstaltungen und die von ihnen ausgehenden Wirkungen im Fokus der Öffentlichkeit und der Wissenschaft. Je grösser die mediale Aufmerksamkeit an einem Event und je stärker die Organisatoren auf Unterstützungsleistungen der öffentlichen Hand angewiesen sind, desto mehr Legitimationsbedarf besteht und umso stärker wird verantwortungsvolles Handeln eingefordert. Nachhaltigkeit im Kontext von Events bedeutet, dass wiederum die Wirkungen in den drei Dimensionen Wirtschaft, Umwelt und Gesellschaft ganzheitlich betrachtet und optimiert werden, die relevanten Stakeholder in die Entscheidungsprozesse einbezogen werden und der Austragungsort längerfristig vom Event profitiert.

Auch wenn wirtschaftliche Motive in der Regel nicht im Vordergrund stehen, werden Veranstalter von Sportevents in der Gesamtbetrachtung oft daran gemessen, ob ein Gewinn oder Verlust resultiert. Der Fokus auf die Wirtschaftlichkeit greift aus der Perspektive einer nachhaltigen Entwicklung jedoch zu kurz und ist unter anderem darauf zurückzuführen, dass sich die Effekte auf die Umwelt und die Gesellschaft weniger gut quantifizieren lassen. Bezüglich der Auswirkungen auf gesellschaftliche Faktoren, wie Imagegewinn und Bekanntheitssteigerung oder die Förderung der breitensportlichen Aktivitäten in der Bevölkerung, ist zudem der kausale Zusammenhang zum Event schwierig nachweisbar (Müller et al., 2010).

Um eine differenzierte Aussage zu den ökonomischen Effekten machen zu können, ist im Detail zu analysieren, inwieweit die mit dem Event verbundenen Geldströme tatsächlich in die regionale Wirtschaft fliessen und dort zu einer zusätzlichen Wertschöpfung führen. Gesteigerte Umsätze und eine Zunahme der Arbeitsplätze sind aus Sicht der öffentlichen Hand wünschenswert und schlagen sich unter anderem in zusätzlichen Steuereinnahmen nieder. Es besteht daher in der Regel eine gewisse Bereitschaft, mit öffentlichen Geldern und Leistungen die Durchführung eines Sportevents zu unterstützen. Entsprechende Wertschöpfungsstudien zeigen, dass Beherbergungs-, Verpflegungs- und Transportbetriebe oder auch der Detailhandel im betrachteten Wirtschaftsraum profitieren, ohne sich an den Kosten direkt zu beteiligen (z.B. Preuss et al., 2009; Rütter & Beck, 2011). Auch eine defizitäre Sportveranstaltung kann daher aus Sicht der Regionalwirtschaft lohnenswert sein.

Die Ergebnisse solcher Studien sind aber mit Vorsicht zu interpretieren. Aufgrund des Legitimationsbedarfs besteht die Gefahr, dass im Vorfeld zu optimistische Annahmen betreffend Besucherzahlen und Ausgabeverhalten der Gäste getroffen werden. Auch Verdrängungs- und Verlagerungseffekte werden häufig nicht angemessen berücksichtigt. Wird beispielsweise eine Sportgrossveranstaltung während der Hochsaison durchgeführt, besteht die Gefahr, dass viele Stammgäste während des Events nicht anreisen und womöglich an andere Tourismusdestinationen verloren gehen (Preuss, 1999). Wertschöpfungsstudien liefern zwar hilfreiche Hinweise hinsichtlich der ökonomischen Wirkung im betrachteten Wirtschaftsraum, sie sind aber nicht geeignet, um eine differenzierte Aussage zur Wirkung auf eine Nachhaltige Entwicklung zu machen. Denn ökologische und gesellschaftliche Effekte können zwar erfasst und dokumentiert werden, lassen sich aber nur bedingt in Geldeinheiten ausdrücken und in Relation zu den ökonomischen Effekten stellen. Die trade-offs zwischen den Nachhaltigkeitsdimensionen können daher in solchen Studien kaum angemessen abgebildet werden.

Um eine ganzheitliche Betrachtung aus der Nachhaltigkeitsperspektive vorzunehmen, gilt es den Blick auch auf die längerfristigen Effekte zu lenken. Was passiert, wenn der primäre Nachfrageimpuls verpufft, der angefallene Abfall entsorgt und die Begeisterung verflogen ist? Für den Austragungsort stellt sich dann die Frage, ob der Event einfach ein positives Intermezzo darstellte oder ob sich bleibende Effekte ergaben. Letztere werden unter dem Begriff der Legacy zusammengefasst (Lienhard & Preuss, 2014). Damit ist das Vermächtnis gemeint, welches eine Sportgrossveranstaltung dem Austragungsort langfristig hinterlässt. Dieses umfasst zum Beispiel neue Sport- oder Verkehrsinfrastrukturen, aber auch Innovationen hinsichtlich Sport- und Bewegungsförderung oder die Sensibilisierung für Themen wie Nachhaltigkeit. Die Legacythematik wird vor allem im Kontext von grossen, einmaligen Events diskutiert, da dort im Gegensatz zu wiederkehrenden Veranstaltungen erwünschte Wirkungen nicht immer wieder durch neue Impulse verstärkt werden können. Bei einmaligen Events wird es mit zunehmendem zeitlichen Abstand allerdings immer schwieriger, die Effekte eindeutig zuzuordnen, da Überlagerungen durch andere Einflussfaktoren stattfinden. Es kann einerseits festgehalten werden, dass einmalige Sportgrossveranstaltungen das Potenzial haben, Innovationsfähigkeit zu fördern und sinnvolle Entwicklungen voranzutreiben. Gerade bei Mega-Events besteht andererseits die Gefahr, dass das positive Potenzial zu wenig gezielt aktiviert werden kann und negative Effekte überwiegen. Vor allem Olympische Spiele und andere globale Sportevents wie Fussballweltmeisterschaften werden in Bezug auf Nachhaltigkeit oft ambivalent bewertet (Müller et al., 2021; Preuss et al., 2019). Ein Schlüsselfaktor stellt dabei die Infrastruktur dar. Aufgrund der ausserordentlichen Grösse der Events und dem mit der Durchführung verbundenen Prestige werden häufig Investitionen getätigt, welche weder dem verfügbaren Budget noch dem längerfristigen Bedarf der Austragungsorte entsprechen. Dieses Phänomen lässt sich besonders deutlich an den Olympischen Spielen von Athen 2006, Sotschi 2014 und Rio 2016 beobachten (Müller et al., 2021). Laut dieser Studie hat sich die ohnehin nur mittelmässige Nachhaltigkeitsbilanz von Olympischen Spielen in den letzten 30 Jahren verschlechtert, was in erster Linie auf die zunehmende Grösse der Events sowie auf die stetig wachsende Zahl an Sportarten und Disziplinen und dem damit einhergehenden Infrastrukturbedarf zurückzuführen ist.

Beispiel: Nachhaltigkeit und Skiweltmeisterschaften

In der Folge wird mit der Alpinen Ski WM 2017 in St. Moritz exemplarisch eine Sportgrossveranstaltung betrachtet, welche sich gezielt mit der Aktivierung der eventbedingten Innovationseffekte auseinandergesetzt hat, um in der Region positive Legacy-Effekte zu erzielen. Die Optimierung der kurz- und langfristigen Effekte wurde dabei anhand des so genannten NIV-Projektes (Nachhaltigkeit + Innovation = Vermächtnis) in wegweisender Form gestaltet und dokumentiert (Stettler et al., 2017). Das Ziel des NIV-Projektes war es, einen möglichst hohen und bleibenden Nutzen für die Region und den Skisport aus der Vorbereitung und Durchführung des Events zu generieren und negative Effekte wie Umweltbelastungen zu minimieren und im Idealfall zu verhindern. Im Bereich Umwelt ging es primär darum, den Ressourcenverbrauch so tief wie möglich zu halten. Neben klassischen Themen wie Abfall-, Wasser-, Energie- und Verkehrsmanagement wurde das Organisationskomitee auch vor spezifische Herausforderungen gestellt. Da eine Ski WM die Landschaft als Sportinfrastruktur nutzt, wurde frühzeitig die Zusammenarbeit mit Naturschutzorganisationen angestrebt, um gemeinsam Lösungen zu finden, welche die Natur möglichst wenig beeinträchtigen und die Biodiversität nicht gefährden. Zusätzliche (Sport-)Infrastrukturen wurden nur errichtet, wenn sie über den Event hinaus Nutzen stiften und eine rentable Nachnutzung bereits vorgängig sichergestellt werden konnte. In Zusammenarbeit mit den Umweltverbänden Pro Natura und WWF wurde sichergestellt, dass die Landschaft und die Biosphäre durch die baulichen Massnahmen möglichst wenig beeinträchtigt werden. Auch die Klimathematik ist bei einem Schneesportevent aufgrund der direkten Betroffenheit hochrelevant, weshalb auf eine klimaneutrale Durchführung vor Ort sowie auf erneuerbare Energien gesetzt wurde. Zudem wurden Sponsoren und andere Unternehmen aus der Region ermuntert, die eigenen Treibhausgas-Emissionen dauerhaft zu reduzieren. Innovationspotenzial liess sich vor allem bei der Sensibilisierung für Umweltthemen und der Förderung einer energiesparenden Pistenpräparierung ausmachen.

Bezüglich der Perspektive Gesellschaft war es in der Vorbereitungsphase zentral, im Rahmen von offenen Diskussionsforen umfassend zu informieren und Entscheidungen breit abzustützen, um den Grad der wahrgenommenen Fremdbestimmung für die einheimische Bevölkerung möglichst tief zu halten. Potenzial für längerfristige positive Wirkungen ergab sich vor allem über den Demonstrationseffekt hinsichtlich der Popularisierung der Sportart Ski alpin. Die Anschubwirkung des Events wurde einerseits für ein Impulsprogramm zur Förderung des alpinen Skisports genutzt, andererseits wurde mit dem Projekt «Jugend in den Schnee» versucht, die Basis an wintersportbegeisterten Sporttourist:innen zu stärken. Durch spezifische Projekte wurden die Jugendlichen vor Ort aktiviert, um eine neue Generation zur Freiwilligenarbeit im Vereinssport und bei Sportveranstaltungen zu inspirieren. Dadurch sollte die regionale Identität gestärkt und den jungen Einheimischen aufgezeigt werden, dass das Leben in Bergregionen nach wie vor attraktiv und bereichernd sein kann.

Um die kurzfristigen wirtschaftlichen Effekte zu optimieren, wurde auf eine regionale Beschaffung von Produkten und Dienstleistungen geachtet. Als zweiter zentraler Zielbereich wurde die Tourismusförderung in den Blick genommen. Mit konkreten Projekten versuchten die Organisatoren zusammen mit dem Destinationsmanagement, die Bekanntheit und die Aussagekraft der Marken St. Moritz und Engadin zu stärken sowie die Weltmeisterschaften für die Gäste zu einem bleibenden Erlebnis zu machen. Durch die positiven Erfahrungen vor Ort und die geschärfte Positionierung im globalen Wettbewerb sollte die (sport-)touristische Nachfrage längerfristig gesteigert werden.

Mit Blick auf die Alpine Ski-WM 2017 in St. Moritz kann abschliessend festgehalten werden, dass Sportgrossveranstaltungen kurzfristig fast immer eine Belastung für das Ökosystem und die Bevölkerung vor Ort darstellen. Diese negativen Effekte gilt es zu antizipieren und soweit wie möglich abzufedern. Es besteht aber durchaus Potenzial für bleibende positive Effekte im Sinne der Legacy-Idee. Damit dieses genutzt werden kann, braucht es einen frühzeitigen Einbezug und das Commitment der relevanten Stakeholder sowie zielgerichtete Massnahmen.

6 Corporate Social Responsibility in Sportorganisationen

Während Sportvereinen in breiten Kreisen der Bevölkerung und von der Sportpolitik zugetraut wird, den gesellschaftlichen Zusammenhalt, Werte- und Persönlichkeitsentwicklung sowie die Gesundheit zu fördern (vgl. Kapitel 5 und 9), werden kommerziell orientierte Sportorganisationen vermehrt kritisch hinterfragt (Kapitel 10). Je stärker in der Wahrnehmung der Öffentlichkeit die ökonomischen Interessen einer Organisation überwiegen und je grösser der Legitimitätsdruck ist, desto mehr Augenmerk wird auf Fragen eines verantwortungsvollen Handelns gelegt. Dementsprechend gewinnt das Konzept des Corporate Social Responsibility (CSR) im Sport zunehmend an Popularität (Walzel et al., 2018). Professionelle Sportclubs, nationale und internationale Sportverbände professionalisierter Sportarten sowie Sportunternehmen sollen und wollen ihre Verantwortung gegenüber Gesellschaft und Umwelt besser wahrnehmen und mit ihren Stakeholdern abstimmen. Dabei geht es darum, Massnahmen beispielsweise zur Förderung des Nachwuchs- und Breitensports oder zur Lösung spezifischer gesellschaftlicher Probleme zu implementieren und diese gezielt zu kommunizieren. Im Sinne von: «Tue Gutes und sprich darüber!».

CSR hat sich in den letzten Jahren von einer Diskussion unter Fachleuten zu einem populären und über sämtliche gesellschaftlichen Bereiche hinweg präsenten Thema gewandelt. Einen wichtigen Einfluss hatte dabei die Nachhaltigkeitsdiskussion, welche den Fokus stärker auf die gesellschaftliche Verantwortung von Organisationen lenkte. Analog zu etablierten Nachhaltigkeitskonzepten orientieren sich auch CSR-Strategien häufig an den Dimensionen Ökonomie, Gesellschaft und Ökologie (Schneider, 2015).

Im Sport wurde das Konzept zuerst von Sportartikelunternehmen aufgegriffen, welche aufgrund der problematischen Arbeitsbedingungen in Herstellungsländern, ökologisch fragwürdigen Produktionsverfahren und der Recycling-Problematik bei synthetischer Sportkleidung viel Angriffsfläche für Kritik boten. Grosse Sportartikelhersteller wie Nike haben die Gefahr von negativer Publicity aufgrund von Versäumnissen und Fehlverhalten in Bezug auf Umwelt und Gesellschaft erkannt und bewirtschaften die Thematik mittlerweile proaktiv und mit beachtlichem Aufwand (Cavaleri & Shabana, 2018). Ambitionierte Ziele und innovative Massnahmen, wie das Aufgreifen des Konzepts Kreislaufwirtschaft, werden von einer professionellen Marketingmaschinerie auch häufig zur Imagepflege genutzt.

Etwas später wurde das CSR-Thema von professionellen Clubs im Teamsport und von grossen Sportverbänden aufgegriffen. Einzelne Sportorganisationen und Sportstars generieren mittlerweile sehr hohe Umsätze und bezahlen bzw. beziehen Gehälter, die sich durchaus mit denjenigen in grossen privatwirtschaftlichen Unternehmen vergleichen lassen. Die Veränderung der Rechtsform professioneller Teamsportclubs von Vereinen zu Aktiengesellschaften und die damit einhergehende Ökonomisierung führten dazu, dass CSR vermehrt auch in diesem Umfeld aufgegriffen wurde (Moesch et al., 2018). Die Ausgestaltung von CSR-Initiativen reicht von mehr oder weniger reflektierten Einzelmassnahmen bis hin zu ausgereiften CSR-Konzepten, welche systematisch einen Mehrwert für alle drei Nachhaltigkeitsdimensionen schaffen (Schneider, 2015). Typische Themen, welche von Sportorganisationen im Rahmen eines CSR-Engagements integriert werden, sind körperliche Unversehrtheit, Geschlechtergleichheit, Integration und Inklusion, Doping- und Suchtprävention, Stärkung der Selbst- und Mitverantwortung, schonender Umgang mit nicht erneuerbaren Ressourcen, Sensibilisierung für Umweltverantwortung, Transparenz in Finanzangelegenheiten und Führungsstrukturen, Bekämpfung von Korruption und sorgfältiger Umgang mit finanziellen Mitteln.

Weiterhin wird die kommunikative und unverfängliche Wirkung des Sports auch von Unternehmen ausserhalb der Sportbranche rege genutzt, um beispielsweise im Rahmen eines Sponsorings CSR-Botschaften an relevante Zielgruppen zu kommunizieren. Im Idealfall entstehen dabei Win-Win-Situationen, in denen sowohl die beteiligte Sportorganisation als auch das Unternehmen ausserhalb des Sports profitieren.

Generell gilt es zu vermeiden, dass CSR-Aktivitäten als Greenwashing wahrgenommen werden. Greenwashing bezeichnet Marketingaktivitäten, bei denen Organisationen unberechtigte oder übertriebene Nachhaltigkeitsversprechen für sich in Anspruch nehmen, um Marktanteile zu gewinnen (Heinrich & Schmidpeter, 2018). Mit diesem Verdacht sind besonderes globale Sportunternehmen mit Umsätzen und Gewinnen in Milliardenhöhe konfrontiert. Der Sportartikelhersteller Adidas brachte beispielsweise 2016 einen Schuh auf den Markt, welcher gemäss eigenen Angaben aus Ozean-Plastik hergestellt war. Nachträglich wurde bekannt, dass das verwendete Plastik nie in den Ozeanen gelegen hatte, sondern in den Küstenregionen eingesammelt wurde. Falsche oder fehlerhafte Informationen wie in diesem Beispiel führen zu einem Verlust von Glaubwürdigkeit und können den Nutzen des gesamten CSR-Engagements zunichtemachen und der Reputation des Unternehmens massgeblich schaden. Negative Effekte für Sportorganisationen können sich auch ergeben, wenn Sponsoren in Skandale verwickelt werden. Als 2015 bekannt wurde, dass Volkswagen seine Dieselmotoren so konzipiert hatte, dass sie auf dem Prüfstand weniger Abgas ausstossen als auf der Strasse, hat dies nicht nur dem Image der Firma massiv geschadet, sondern auch dem gesponserten Fussballclub VfL Wolfsburg. Da dieser aber bereits vor dem Skandal als Vorzeigeverein bezüglich CSR bekannt war, konnten die negativen Effekte weitgehend abgefedert werden und Volkswagen verstärkte in der Folge sein Engagement in diesem Bereich, um das eigene Image wieder aufzubessern.

7 Fazit

Der Sport ist in vielfältiger Weise mit Fragen der Nachhaltigkeit verknüpft. Einerseits weist er grosse Potenziale auf, um einen Beitrag zu einer nachhaltigen Entwicklung zu leisten und andererseits gehen auch namhafte Risiken vom Sport aus. Aufgrund der vielfältigen Erscheinungsformen des Sports, der unterschiedlichen Rahmenbedingungen in den verschiedenen Ländern sowie des breiten Verständnisses von Nachhaltigkeit ist es nicht möglich, generelle Aussagen zur Wirkung des Sports auf die Nachhaltige Entwicklung im Sinne der 17 SDGs zu machen. Werden stattdessen die drei Nachhaltigkeitsdimensionen Umwelt, Gesellschaft und Wirtschaft als Referenz verwendet, lassen sich gewisse Muster erkennen.

Im Bereich der ökologischen Nachhaltigkeit ist der Sport tendenziell Mitverursacher von Problemen, etwa durch die ausgelöste Mobilität, den Energiebedarf, das Abfallaufkommen, den Bodenverbrauch für Sportinfrastruktur sowie die Beeinträchtigung der Biodiversität bei Natursportarten. Positive Effekte des Sports auf die Umwelt ergeben sich eher selten. Tendenziell geht es darum, den ökologischen Fussabdruck des Sports durch gezielte Massnahmen und Innovationen zu minimieren.

Das positive Potenzial des Sports scheint sich mehr im gesellschaftlichen Bereich zu entfalten. Während der Breitensport Beiträge zu gesellschaftlich relevanten Zielbereichen, wie beispielsweise Gesundheit, Integration und Persönlichkeitsentwicklung, leisten kann, bietet der Spitzensport Plattformen, um wichtige Themen breiten Bevölkerungsschichten zugänglich zu machen. Allerdings zeigen sich auch in dieser Nachhaltigkeitsdimension negative Effekte, wenn beispielsweise die Fremdbestimmung in Tourismusdestinationen aufgrund von auswärtigen Investor:innen zunimmt. Ausserdem ist festzuhalten, dass sich die Nutzeneffekte für die Gesellschaft nicht automatisch einstellen, sondern hierfür unterstützende Massnahmen notwendig sind. Umgekehrt gilt es entsprechende Vorkehrungen zu treffen, dass sich durch den Sport keine negativen sozialen Begleiterscheinungen ergeben.

Einerseits ist die Sportbranche am Wachsen und leistet durch ihre Wertschöpfung und die bereitgestellten Arbeitsplätze einen wichtigen volkswirtschaftlichen Beitrag. Anderseits ist der Sport in vielen Bereichen nicht kostendeckend und stark von öffentlichen und privaten Subventionen abhängig. Je mehr Geld im Spiel ist und je stärker Steuergelder in Anspruch genommen werden, desto wichtiger ist die Legitimation des meist ökonomisch fokussierten Handelns durch potenziell positive Wirkungen im gesellschaftlichen Bereich und durch einen verantwortungsvollen Umgang mit den natürlichen Ressourcen.

Die Nachhaltigkeitsthematik hat im Sport in den letzten Jahren an Bedeutung gewonnen und alles deutet darauf hin, dass diese Entwicklung weiter anhält. Zukünftig dürfte es für Organisationen und Unternehmen im Sport nicht mehr genügen, auf positive sportimmanente Wirkungen zu verweisen. Stattdessen sind die Wirkungen des eigenen Handelns auf die Nachhaltige Entwicklung aktiv anzugehen und dabei Potenziale zu optimieren sowie mögliche Risiken zu minimieren. Denn die Unterstützung durch die öffentliche Hand und das Commitment von Mitgliedern sowie Konsument:innen wird in Zukunft noch stärker an Glaubwürdigkeit und Verantwortungsbewusstsein sowie den Mehrwert des Sports für die Gesellschaft geknüpft werden.

Literatur

Abrams, M. (2010). *Anger management in sport: Understanding and controlling violence in athletes.* Champaign: Human Kinetics.

Adler Zwahlen, J., Nagel, S., & Schlesinger, T. (2018). Analyzing social integration of young immigrants in sports clubs. *European Journal for Sport and Society, 15*(1), 22-42. DOI: 10.1080/16138171.2018.1440950

Adler, K. (2012). *Bewegung, Spiel und Sport im Vorschulalter. Bedingungen und Barrieren körperlich-sportlicher Aktivität junger Kinder* [Dissertation]. Chemnitz: Universitätsverlag.

Agergaard, S. (2018). *Rethinking Sports and Integration. Developing a Transnational Perspective on Migrants and Descendants in Sports.* London: Routledge.

Ahlert, G., & an der Heiden, I. (2017). Das Sportsatellitenkonto – Entstehungsgeschichte, methodische Grundsätze, Berechnungsgrundlagen und ausgewählte Ergebnisse für Deutschland. In G. Hovemann & L. Lammert (Hrsg.), *Sport im Spannungsfeld unterschiedlicher Sektoren* (S. 69-85). Schorndorf: Hofmann.

Ahlert, G., Repenning, S., & an der Heiden, I. (2021). *Die ökonomische Bedeutung des Sports in Deutschland – Sportsatellitenkonto (SKK) 2018.* Osnabrück: GWS Themenreport 2021/1.

Alber, J. (1982). *Vom Armenhaus zum Wohlfahrtsstaat. Analysen zur Entwicklung der Sozialversicherung in Westeuropa.* Frankfurt a. M.: Campus.

Albrecht, J., Elmose-Østerlund, K., Klenk, C., & Nagel, S. (2019). Sports clubs as a medium for integrating people with disabilities. *European Journal for Sport and Society, 16*, 88-110. DOI: 10.1080/16138171.2019.1607468

Alemu, B. B., Vehmas, H. C., & Nagel, S. (2021). Social integration of Ethiopian and Eritrean women in Switzerland through informal sport. *European Journal for Sport and Society, 18*, 365-384. doi.org/10.1080/16138171.2021.1878435

Alkemeyer, T. (2006). Lernen und seine Körper. Habitusformungen und -umformungen in Bildungspraktiken. In B. Friebertshäuser, M. Rieger-Ladich, & L. Wigger (Hrsg.), *Reflexive Erziehungswissenschaft. Forschungsperspektiven im Anschluss an Pierre Bourdieu* (S. 119-141). Wiesbaden: Springer.

Alkemeyer, T. (2008). Sport als soziale Praxis. In K. Weis & R. Gugutzer (Hrsg.), *Handbuch Sportsoziologie* (S. 220-229). Schorndorf: Hofmann.

Alrabbah, A., Marble, W., Mousa, S., & Siege, A. (2021). Can Exposure to Celebrities Reduce Prejudice? The Effect of Mohamed Salah on Islamophobic Behaviors and Attitudes. *American Political Science Review, 115*(4), 1111-1128. doi:10.1017/S0003055421000423

Anders, G. (2017). Die Sportvereinsforschung in Deutschland bis heute. In L. Thieme (Hrsg.), *Der Sportverein – Versuch einer Bilanz* (S. 15-44). Schorndorf: Hofmann.

Ardelt-Gattinger, E., Steger, N., & Ring-Dimitriou, S. (2019). Der Körper zwischen Adipositas und Essstörungen. In M. Minas Dimitriou & S. Ring-Dimitriou (Hrsg.), *Der Körper in der Postmoderne: Zwischen Entkörperlichung und Körperwahn* (S. 29-50). Wiesbaden: Springer.

Bachleitner, R. (1988). Soziale Schichtung im Sport. Eine Problemanalyse. *Sportwissenschaft, 18*(3), 237-253.

Bandi, M., & Müller, H. R. (2019). *Grundkenntnisse Tourismus – Eine Einführung in Theorie, Markt und Politik.* Bern: Forschungsstelle Tourismus (CRED-T).

Bannwart, J., Ludwig, A. L., Moser, N., & Schäfer, R. (2021). Ein neuer Geist des Kapitalismus? Quantitative Analyse von Deutschschweizer Print-Stellenanzeigen

(1955-2005) und ihre zeitdiagnostische Bedeutung. *Schweizerische Zeitschrift für Soziologie, 47*(2), 335-367.

Barthes, R. (1986). Die Tour de France als Epos. In G. Hortleder & G. Gebauer (Hrsg.), *Sport – Eros – Tod* (S. 25-36). Frankfurt a. M.: Suhrkamp.

Bauers, S., Lammert, J., & Hovemann, G. (2015). Beherrschender Einfluss von Investoren im deutschen Profifussball – Eine Bestandsaufnahme und Analyse bestehender Umgehungen der 50+1 Regel. *Sciamus – Sport und Management, 6*(3), 1-17.

Baur, J. (1989). *Körper- und Bewegungskarrieren. Dialektische Analysen zur Entwicklung von Körper und Bewegung im Kindes- und Jugendalter*. Schorndorf: Hofmann.

Baur, J., & Braun, S. (Hrsg.). (2003). *Integrationsleistungen von Sportvereinen als Freiwilligenorganisationen*. Aachen: Meyer & Meyer.

Baur, J., & Burrmann, U. (2008). Sozialisation zum und durch Sport. In K. Weis & R. Gugutzer (Hrsg.), *Handbuch Sportsoziologie* (S. 230-238). Schorndorf: Hofmann.

Bayle, E. (2017). Switzerland: The Organisation of Sport and Policy Towards Sport Federations. In J. Scheerder, A. Willem, & E. Claes (Hrsg.), *Sport Policy Systems and Sport Federations* (S. 263-282). London: Palgrave Macmillan.

BBC Sport. (2021, 8. März). *Prize money in sports – BBC Sport Study*. BBC. www.bbc.com/sport/56266693

Beck, U. (1986). *Risikogesellschaft. Auf dem Weg in eine andere Moderne*. Frankfurt a.M.: Suhrkamp.

Behn, S., & Bergert, M. (2018). *Sport und Gewaltprävention, Konzepte – Befunde – Handlungsansätze, Abschlussbericht der Arbeitsstelle Jugendgewaltprävention (2013-2018)*. Berlin: Berliner Forum Gewaltprävention Heft 4.

Behringer, W. (2012). *Kulturgeschichte des Sports. Vom antiken Olympia bis ins 21. Jahrhundert*. München: C.H. Beck.

Bertling, C., & Schierl, T. (2020). *Sport und Medien*. Wiesbaden: Springer.

Berwert, A., Rütter, H., Nathani, C., Holzhey, M., & Zehnder, M. (2007). *Wirtschaftliche Bedeutung des Sports in der Schweiz*. Magglingen: Bundesamt für Sport BASPO.

Bette, K.-H. (1999). *Systemtheorie und Sport*. Frankfurt a. M.: Suhrkamp.

Bette, K.-H. (2005). *Körperspuren: Zur Semantik und Paradoxie moderner Körperlichkeit*. Bielefeld: transcript.

Bette, K.-H. (2010). *Sportsoziologie*. Bielefeld: transcript.

Bette, K.-H. (2019). *Sporthelden: Spitzensport in postheroischen Zeiten*. Bielefeld: transcript.

Bette, K.-H., & Gugutzer, R. (2017). Sport als Sucht: Soziologische Annäherungen. In K.-H. Bette & F. Kühnle (Hrsg.), *28. Darmstädter Sport-Forum: die dunkle Seite des Sports* (S. 69-97). Aachen: Shaker-Verlag.

Bette, K.-H., Kühnle, F., & Thiel, A. (2012). *Dopingprävention. Eine soziologische Expertise*. Bielefeld: transcript.

Bette, K.-H., & Schimank, U. (2006). *Doping im Hochleistungssport*. Frankfurt: Suhrkamp.

Bindel, T. (2008). *Soziale Regulierung in informellen Sportgruppen*. Hamburg: Czwalina.

Borggrefe, C. (2013). *Spitzensport und Beruf: Eine qualitative Studie zur dualen Karriere in funktional differenzierter Gesellschaft*. Schorndorf: Hofmann.

Borggrefe, C. (2018). *Stellungnahme im Rahmen der Anhörung zum Thema «Entwicklung des E-Sports in Deutschland»*. Stuttgart: Institut für Sport und Bewegungswissenschaften.

Borggrefe, C., & Cachay, K. (2021). «Wir kriegen die Vereine nicht über das Thema Integration». Möglichkeiten und Grenzen der Steuerung interkultureller Öffnung im organisierten Sport. *Sport und Gesellschaft, 18*(3), 281-310.
Borggrefe, C., Cachay, K., & Riedl, L. (2009). *Spitzensport und Studium: Eine organisationssoziologische Studie zum Problem dualer Karrieren.* Schorndorf: Hofmann.
Borggrefe, C., Thiel, A., & Cachay, K. (2006). *Sozialkompetenz von Trainerinnen und Trainern im Spitzensport.* Schorndorf: Hofmann.
Bös, K., & Brehm, W. (Hrsg.). (2006). *Handbuch Gesundheitssport.* Schorndorf: Hofmann.
Bourdieu, P. (1987). *Die feinen Unterschiede. Kritik der gesellschaftlichen Urteilskraft.* Frankfurt/M.: Suhrkamp.
Bourdieu, P. (2003). *Die feinen Unterschiede: Kritik der gesellschaftlichen Urteilskraft.* Frankfurt a. M.: Suhrkamp.
Bourquin, L., & Beck, D. (2018). Livestreams als neue Chance für Randsportarten? Die Nutzung von Livestream-Angeboten der Schweizer Basketball-, Handball-, Volleyball- und Unihockey-Ligen. *Journal für Sportkommunikation und Mediensport, 3*(2), 109-120. DOI: https://doi.org/10.25968/JSkMs.2018.2
Braun, S., & Nobis, T. (Hrsg.). (2011). *Migration, Integration und Sport. Zivilgesellschaft vor Ort.* Wiesbaden: Springer VS.
Brechbühl, A. (2016). *Eskalation versus Nicht-Eskalation von Fangewalt im Fussball. Auslöser und Dynamiken aus verschiedenen Perspektiven* [Dissertation, Universität Bern]. Selbstverlag.
Brechbühl, A., Schumacher Dimech, A., Schmid, O., & Seiler, R. (2017). Escalation versus Non-Escalation of Fan Violence in Football? Narratives from Ultra Fans, Police Officers and Security Employees. *Sport in Society, 20*(7), 861-879. DOI: 10.1080/17430437.2015.1133597
Brettschneider, W.-D., & Kleine, T. (2002). *Jugendarbeit im Sportverein. Anspruch und Wirklichkeit.* Schorndorf: Hofmann.
Breuer, C. (2017). *Sportentwicklungsbericht 2015/2016. Analyse zur Situation der Sportvereine in Deutschland.* Hellenthal: Sportverlag Strauss.
Breuer, C., & Feiler, S. (2019). *Sportvereine in Deutschland. Organisationen und Personen. Sportentwicklungsbericht für Deutschland 2017/2018 – Teil 1.* Bonn: Bundesinstitut für Sportwissenschaft.
Breuer, C., & Feiler, S. (2020a). *TrainerInnen und ÜbungsleiterInnen in Sportvereinen in Deutschland. Sportentwicklungsbericht für Deutschland 2017/2018 – Teil 2.* Bonn: Bundesinstitut für Sportwissenschaft.
Breuer, C., & Feiler, S. (2020b). *Vorstandsmitglieder in Sportvereinen in Deutschland. Sportentwicklungsbericht für Deutschland 2017/2018 – Teil 3.* Bonn: Bundesinstitut für Sportwissenschaft.
Breuer, C., & Feiler, S. (2021). *Sportvereine in Deutschland: Ergebnisse aus der 8. Welle des Sportentwicklungsberichts. Sportentwicklungsbericht für Deutschland 2020-2022 - Teil 1.* Bonn: Bundesinstitut für Sportwissenschaft.
Breuer, C., Feiler, S., & Rossi, L. (2020). *Sportvereine in Deutschland: Mehr als nur Bewegung.* Bonn: Bundesinstitut für Sportwissenschaft.
Breuer, C., & Hallmann, K. (2012). *Dysfunktionen des Spitzensports: Doping, Match-Fixing und Gesundheitsgefährdungen aus Sicht von Bevölkerung und Athleten.* Köln: Bundesinstitut für Sportwissenschaft.

Literatur

Breuer, C., Hallmann, K., & Wicker, P. (2014). Angebotsinduzierte Sportnachfrage. In A. Rütten, S. Nagel, & R. Kähler (Hrsg.), *Handbuch Sportentwicklungsplanung* (S. 217-224). Schorndorf: Hofmann.

Breuer, C., Hoekman, R., Nagel, S., & van der Werff, H. (Eds.). (2015). *Sport clubs in Europe. A cross-national comparative perspective*. New York, Heidelberg, London: Springer.

Breuer, C., & Michels, H. (Hrsg.). (2003). *Trendsport. Modelle, Orientierungen und Konsequenzen*. Aachen: Meyer & Meyer.

Breuer, C., & Nowy, T. (2017). Germany: Autonomy, Partnership and Subsidiarity. In J. Scheerder, A. Willem, & E. Claes (Hrsg.), *Sport Policy Systems and Sport Federations* (S. 157-178). London: Palgrave Macmillan.

Breuer, C., Wicker, P., & Pawlowski, T. (2010). Der Wirtschafts- und Wachstumsmarkt Sport. In G. Nufer & A. Bühler (Hrsg.), *Management im Sport. Betriebswirtschaftliche Grundlagen und Anwendungen der modernen Sportökonomie* (S. 27-52). Berlin: Erich Schmidt Verlag.

Bundesamt für Sport. (2021). *Übersicht Covid-19 Hilfspakete Sport*. https://www.baspo.admin.ch/de/aktuell/covid-19-sport.html

Bundesamt für Sport, Bundesamt für Gesundheit, Gesundheitsförderung Schweiz, bfu – Beratungsstelle für Unfallverhütung, Suva, & Netzwerk Gesundheit und Bewegung Schweiz. (2013). *Gesundheitswirksame Bewegung*. Magglingen: BASPO.

Buomberger, T. (2018, 6. Februar). Wie das Schweizer Team die Olympischen Spiele verpasste. *Tages-Anzeiger*. https://blog.tagesanzeiger.ch/historyreloaded/index.php/2347/wie-das-schweizer-team-die-olympischen-spiele-verpasste/

Burk, V., & Digel, H. (2002). Die Entwicklung des Fernsehsports in Deutschland. In J. Schwier (Hrsg.), *Mediensport: Ein einführendes Handbuch* (S. 101-124). Baltmannsweiler: Schneider Hohengehren.

Burrmann, U. (Hrsg.). (2005a). *Sport im Kontext von Freizeitengagements Jugendlicher. Aus dem Brandburgischen Längsschnitt 1998-2002*. Köln: Sport & Buch Strauss.

Burrmann, U. (2005b). Zur Vermittlung und intergenerationalen „Vererbung" von Sport(vereins)engagements in der Herkunftsfamilie. *Sport und Gesellschaft – Sport and Society, 2*, 125-154.

Burrmann, U. (2008). Soziologie des Gesundheitssports. In K. Weis & R. Gugutzer (Hrsg.), *Handbuch Sportsoziologie* (S. 368-378). Schorndorf: Hofmann.

Burrmann, U. (2018). Sozialisation im Vereinssport am Beispiel der Förderung soziomoralischer Kompetenzen. In D. Jaitner & S. Körner (Hrsg.), *Soziale Funktionen von Sportvereinen: revisited. Reflexive Sportwissenschaft Band 9* (S. 195-216). Berlin: Lehmanns Media.

Burrmann, U. (2021). Sportbezogene Sozialisation. In A. Güllich & M. Krüger (Hrsg.), *Sport in Kultur und Gesellschaft. Handbuch Sport und Sportwissenschaft* (S. 197-216). Berlin: Springer.

Burrmann, U., Mutz, M., & Zender, U. (2015). *Jugend, Migration und Sport*. Wiesbaden: Springer VS.

Buser, M., Adler Zwahlen, J., Schlesinger, T., & Nagel, S. (2021). Social integration of people with a migration background in Swiss sport clubs: A cross-level analysis. *International Review for the Sociology of Sport (online-first)*. DOI: 10.1177/10126902211022921

Busset, T., Jucker, M., & Koller, C. (Hrsg.). (2019). *Sportgeschichte in der Schweiz: Stand und Perspektiven*. Neuchâtel: Editions CIES.

Cachay, K. (1978). *Sportspiel und Sozialisation*. Schorndorf: Hofmann.

Cachay, K. (1988). *Sport und Gesellschaft: Zur Ausdifferenzierung einer Funktion und ihrer Folgen*. Schorndorf: Hofmann.
Cachay, K., & Thiel, A. (1999). *Ausbildung ins Ungewisse? Beschäftigungschancen für Sportwissenschaftlerinnen und Sportwissenschaftler im Gesundheitssystem*. Aachen: Meyer & Meyer Verlag.
Cachay, K., & Thiel, A. (2000). *Soziologie des Sports: Zur Ausdifferenzierung und Entwicklungsdynamik des Sports der modernen Gesellschaft*. Weinheim: Juventa.
Cardone, P. (2019). The gym as intercultural meeting point? Binding effects and boundaries in gym interaction. *European Journal for Sport and Society*, 16(2), 111-127.
Cavaleri, S., & Shabana, K. (2018). Rethinking sustainable strategies. *Journal of Strategy and Management*, 11(1), 2-17.
Chappelet, J.-L. (2010). Switzerland. *International Journal of Sport Policy*, 2(1), 99-110. DOI: 10.1080/19406941003634065
Chappelet, J.-L. (2021). Switzerland's century-long rise as the hub of global sport administration. *The International Journal of the History of Sport*, 38(6), 569-590.
Chappelet, J.-L., & Verschuuren, P. (2019). International sports and match fixing. In J. A. Maguire, M. Falcous, & K. Liston (Hrsg.), *The business and culture of sports: society, politcs, economy, environment* (S. 429-441). Michigan: Macmillan Reference USA.
Coakley, J. (2016). *Sport in Society: Issues and Controversies*. New York: McGraw-Hill.
Coakley, J. (2017). *Sports in Society: Issues and Controversies – 13th Edition*. New York: McGraw-Hill Education.
Conzelmann, A. (2001). *Sport und Persönlichkeitsentwicklung. Möglichkeiten und Grenzen von Lebenslaufanalysen*. Schorndorf: Hofmann.
Conzelmann, A., Gabler, H., & Nagel, S. (2001). *Hochleistungssport – Persönlicher Gewinn oder Verlust? Lebensläufe von Olympioniken (Sport in der heutigen Zeit 1)*. Tübingen: Attempto.
Conzelmann, A., Schmidt, M., & Valkanover, S. (2011). *Persönlichkeitsentwicklung durch Schulsport. Theorie, Empirie und Praxisbausteine der Berner Interventionsstudie Schulsport (BISS)*. Bern: Huber.
Crawford, R. (1980). Healthism and the medicalization of everyday life. *International Journal of Health Services*, 10(3), 365-388.
Criado-Perez, C. (2020). *Unsichtbare Frauen: wie eine von Daten beherrschte Welt die Hälfte der Bevölkerung ignoriert*. München: btb Verlag.
Dahrendorf, R. (1972). *Konflikt und Freizeit*. München: Piper.
Dallmeyer, S., Hallmann, K., & Breuer, C. (2020). Development of the Fitness Industry in Germany. In S. Scheerder, H. Vehmas, & K. Helsen (Hrsg.), *The Rise and Size of the Fitness Industry in Europe: Fit for the future?* (S. 221-240). Cham: Springer Nature Switzerland.
Daumann, F. (2011). *Grundlagen der Sportökonomie*. Konstanz: UVK.
De Bosscher, V., Shibli, S., Westerbeek, H., & van Bottenburg, M. (2015). *Successful elite sport policies: An international comparison of the Sports Policy Factors Leading to International Sporting Success (SPLISS 2.0) in 15 nations* (1. Aufl.). Berkshire: Meyer & Meyer.
Deininger, R., & Ritzer, U. (2021). *Die Spiele des Jahrhunderts: Olympia 1972, der Terror und das neue Deutschland*. München: dtv.
Delgrande, J. M., Schneider, E., Eichenberger, Y., Kretschmann, A., Schmidhauser, V., & Masseroni, S. (2020). *Habitudes alimentaires, activité physique, statut pondéral et image du corps chez les élèves de 11 à 15 ans en Suisse – Résultats de l'enquête «Health Be-*

haviour in School-aged Children» (HBSC) 2018 et évolution au fil du temps. Lausanne: Addiction Suisse.
Delto, H. (2022). *Vorurteile und Stereotype im Vereinssport. Eine Analyse im Kontext von Sozialisation und Antidiskriminierung*. Bielefeld: transcript.
Dermutz, K. (2019). *Kleine Geschichte des österreichischen Fußballs in 90 Minuten: Die Höhepunkte aus 125 Jahren Fussball in Österreich*. Graz: Molden.
Deutscher, C., Hovemann, G., Pawlowski, T., & Thieme, L. (Hrsg.). (2016). *Handbuch Sportökonomik*. Schorndorf: Hofmann.
Deutscher Bundestag. (Hrsg.). (2021). Boykott und Protestmassnahmen anlässlich internationaler Sportveranstaltungen. *Wissenschaftliche Dienste*, WD 10-3000-3/21. https://www.bundestag.de/resource/blob/840014/6e4de3e033a99a0209b15daa365e00b9/WD-10-003-21-pdf-data.pdf
Deutscher Olympischer Sportbund. (2018, 1. Dezember). *Aufnahmeordnung des DOSB*. https://cdn.dosb.de/user_upload/www.dosb.de/uber_uns/Satzungen_und_Ordnungen/aktuell_Aufnahmeordnung_2018_.pdf
Digel«, H. (1986). »Über den Wandel der Werte in Gesellschaft, Freizeit und Sport«. In K. Heinemann & H. Becker (Hrsg.), *Die Zukunft des Sports: Materialien zum Kongress Menschen im Sport 2000* (S. 14-43). Schorndorf: Hofmann.
Digel, H. (2008a). Chinas Nutzen aus den Olympischen Spielen. *Aus Politik und Zeitgeschichte*, 29-30, 18-24.
Digel, H. (2008b). Sportsysteme im internationalen Vergleich. In K. Weiss & R. Gugutzer (Hrsg.), *Handbuch Sportsoziologie* (S. 200-207). Münster: Hofmann.
Digel, H., & Burk, V. (2001). Sport und Medien: Entwicklungstendenzen und Probleme einer lukrativen Beziehung. In G. Roters, W. Klingler, & M. Gerhards (Hrsg.), *Sport und Sportrezeption* (S. 15-31). Baden-Baden: Nomos.
Digel, H., Burk, V., & Fahrner, M. (2006). *Die Organisation des Hochleistungssports – ein internationaler Vergleich*. Schorndorf: Hofmann.
Digel, H., Thiel, A., Schreiner, R., & Waigel, S. (2010). *Berufsfeld Trainer im olymischen Spitzensport*. Schorndorf: Hofmann.
Dudfield, O., & Dingwall-Smith, M. (2015). *Sport for Development and Peace and the 2030 Agenda for sustainable development*. London: Commonwealth Secretariat.
Dunning, E. (1998). Die Entstehung des Fussballsports. In W. Hopf (Hrsg.), *Fussball: Soziologie und Sozialgeschichte einer populären Sportart* (S. 42-53). Münster: Lit-Verlag.
Dunning, E., & Sheard, K. G. (1979). *Barbarians, Gentlemen and Players: A Sociological Study of the Development of Rugby Football*. New York: New York University Press.
Dunning, E., & Sheard, K. G. (1998). Die Entstehung des Amateurideals - dargestellt am Beispiel Rugbyfussball. In W. Hopf (Hrsg.), *Fussball: Soziologie und Sozialgeschichte einer populären Sportart* (S. 82-92). Münster: Lit-Verlag.
Eichenberger, C. (2000). *Entwicklung der Presseberichterstattung an Olympischen Spielen von 1896 bis 1996 anhand ausgewählter Schweizer Tageszeitungen* (Diplomarbeit). Freiburg: Institut für Journalistik und Kommunikationswissenschaft der Universität Freiburg.
Eichenberger, L. (1998). *Die Eidgenössische Sportkommission 1874-1997: Ein Beitrag zur Sportpolitik des Bundes*. Bern: ESK.
Eisenberg, C. (1997). *Fussball, Soccer, Calcio: Ein englischer Sport auf seinem Weg um die Welt*. München: Deutscher Taschenbuch Verlag (dtv).
Eisenberg, C. (1999). *«English sports» und deutsche Bürger: Eine Gesellschaftsgeschichte 1800-1939*. Paderborn: Schöningh.

Ekelund, U., Steene-Johannessen, J., Brown, W. J., Fagerland, M. W., Owen, N., Powell, K. E., Bauman, A., & Lee, I.-M. (2016). Does physical activity attenuate, or even eliminate, the detrimental association of sitting time with mortality? A harmonised meta-analysis of data from more than 1 million men and women. *The Lancet, 388*(10051), 1302-1310. doi.org/10.1016/S0140-6736(16)30370-1

Elias, N. (1976). *Über den Prozess der Zivilisation: Soziogenetische und psychogenetische Untersuchungen*. Frankfurt a. M.: Suhrkamp.

Elias, N. (1979). Die Genese des Sports als soziologisches Problem. In K. Hammerich & K. Heinemann (Hrsg.), *Texte zur Soziologie des Sports: Sammlung fremdsprachiger Beiträge* (S. 81-109). Schorndorf: Hofmann.

Elias, N., & Dunning, E. (1986). *Quest for Excitement. Sport and Leisure in the Civilizing Process*. Oxford: Basil Blackwell.

Elmose-Østerlund, K., Ibsen, B., Nagel, S., & Scheerder, J. (2020). The Contribution of Sports Clubs to Public Welfare in European Societies: A Cross-National Comparative Perspective. In S. Nagel, K. Elmose-Østerlund, B. Ibsen, & J. Scheerder (Hrsg.), *Functions of Sports Clubs in European Societies. A Cross-National Comparative Study* (S. 345-385). Cham: Springer.

Elmose-Østerlund, K., Seippel, Ø., Llopis-Goig, R., Van der Roest, J.-W., Adler Zwahlen, J., & Nagel, S. (2019). Social integration in sports clubs: individual and organisational factors in a European context. *European Journal for Sport and Society, 16*, 268-290. DOI: 10.1080/16138171.2019.1652382

Esser, H. (1993). *Soziologie. Allgemeine Grundlagen*. Frankfurt am Main: Campus.

Esser, H. (2009). Pluralisierung oder Assimilation? Effekte der multiplen Inklusion auf die Integration von Migranten. *Zeitschrift für Soziologie, 38*, 358-378.

European Commission. (2018). *Special Eurobarometer 472. Report. Sport and physical activity*. Letzter Zugriff am 11. August 2021 unter https://data.europa.eu/data/datasets/s2164_88_4_472_eng?locale=en

European Institute for Gender Equality. (2015). *Gender equality in power and decision-making*. Luxembourg: European Institute for Gender Equality, Council of Europe.

Fasting, K., & Brackenridge, C. (2009). Coaches, sexual harassment and education. *Sport, Education and Society, 14*(1), 21-35.

Fausto-Sterling, A. (1993). The five sexes: Why male and female are not enough. *The Sciences, 33*(2), 20-24.

Fédération Internationale de Football Association. (2018). *FIFA Finanzbericht 2018*. https://digitalhub.fifa.com/m/6d9e9da6d596f2d9/original/njb2t3t0dw5qqywam0ij-pdf.pdf

Fédération Internationale de Football Association. (2020). *Jahresbericht 2020*. https://publications.fifa.com/de/annual-report-2020/

Feiler, S., & Breuer, C. (2020). Germany: Sports Clubs as Important Players of Civil Society. In S. Nagel, K. Elmose-Østerlund, B. Ibsen, & J. Scheerder (Eds.), *Functions of Sports Clubs in European Societies. A Cross-National Comparative Study* (pp. 121-149). Cham: Springer.

Fields, S. K., Collins, C. L., & Comstock, R. D. (2007). Conflict on the courts – A Review of Sports-Related Violence Literature. *Trauma, Violence, & Abuse, 8*(4), 359-369. doi: 10.1177/1524838007307293

Fink, J. S. (2015). Female athletes, women's sport, and the sport media commercial complex: Have we really "come a long way, baby"?. *Sport Management Review, 18*(3), 331-342.

Fischer, A., Lamprecht, M., & Bürgi, R. (2021). *Wandern in der Schweiz 2020*. Bern: Bundesamt für Strassen ASTRA und Schweizer Wanderwege.

Flake, C. R., Dufur, M. J., & Moore, E. L. (2013). Advantage men: The sex pay gap in professional tennis. *International Review for the Sociology of Sport, 48*(3), 366-376.

Flyvbjerg, B., Budzier, A., & Lunn, D. (2020). Regression to the Tail: Why the Olympics Blow Up. *Environment and Planning A: Economy and Space, 53*(2), 233-260. doi.org/10.1177/0308518X20958724

Forbes. (2021). *The World's Highest-Paid Athletes*. Forbes. www.forbes.com/athletes/list

Foucault, M. (1971). *Die Ordnung der Dinge: Eine Archäologie der Humanwissenschaften*. Frankfurt: Suhrkamp.

Foucault, M. (1973). *Wahnsinn und Gesellschaft: Eine Geschichte des Wahns im Zeitalter der Vernunft*. Frankfurt: Suhrkamp.

Fuchs, R., & Gerber, M. (Hrsg.). (2018). *Handbuch Stressregulation und Sport*. Berlin: Springer.

Gabler, J. (2013). *Die Ultras. Fußballfans und Fußballkulturen in Deutschland* (5. Auflage). Köln: PapyRossa Verlag.

Galen, C. (2021). *Social Media and Sports*. Champaign: Human Kinetics.

Galtung, J. (1990). Cultural Violence. *Journal of Peace Research, 27*(3), 291-305.

Gebauer, G. (2017). Habitus. In R. Gugutzer, G. Klein, & M. Meuser (Hrsg.), *Handbuch Körpersoziologie. Band 1: Grundbegriffe und theoretische Perspektiven* (S. 27-32). Wiesbaden: Springer.

Gebauer, G., & Wulf, C. (1998). *Spiel - Ritual - Geste: Mimetisches Handeln in der sozialen Welt*. Reinbek bei Hamburg: Rowohlt.

Gebert, A., Gerber, M., Pühse, U., Gassmann, P., Stamm, H., & Lamprecht, M. (2018). Injuries in formal and informal non-professional soccer – an overview of injury context, causes, and characteristics. *European Journal of Sport Science, 18*(8), 1168-1176. doi: 10.1080/17461391.2018.1475507

Gerber, M., & Pühse, U. (Hrsg.). (2017). *Sport, Migration und soziale Integration. Eine empirische Studie zur Bedeutung des Sports bei Jugendlichen*. Zürich: Seismo.

Gerlach, E., & Brettschneider, W.-D. (2013). *Aufwachsen mit Sport*. Aachen: Meyer & Meyer.

Gerlach, E., & Brettschneider, W.-D. (2018). Sportvereine und Persönlichkeitsentwicklung. In D. Jaitner & S. Körner (Hrsg.), *Soziale Funktionen von Sportvereinen: revisited* (S. 195-215). Berlin: Lehmanns Media.

Germann, D. (2022, 23. Februar). Achtungserfolg für SRF: Peking bringt dem Sender dringend nötige Beachtung. *Neue Zürcher Zeitung*.

Gertsch, C., & Krogerus, M. (2021, 2. Januar). Die Magglingen-Protokolle. Im Kunstturnen und in der Rhythmischen Gymnastik gehören Einschüchterungen und Erniedrigungen zum Alltag. Acht Frauen erzählen. *Das Magazin*. https://www.tagesanzeiger.ch/wie-turnerinnen-in-magglingen-gebrochen-werden-170525604713

Geste, R. D. (2021). *Die Heilung der Welt: Das goldene Zeitalter der Medizin 1840–1914*. Stuttgart: Klett-Cotta.

Giddens, A. (1984). *The constitution of society: Outline of the theory of structuration*. Cambridge: Polity Press.

Giddens, A. (1990). *The Consequences of Modernity*. Stanford, Ca.: Stanford University Press.

Giulianotti, R., & Robertson, R. (Eds.). (2008). *Globalisation and Sport*. Oxford: Blackwell.

Götz, M., & Becker, J. (2019). Das «zufällig» überkreuzte Bein: Selbstinszenierungsmuster von Influencerinnen auf Instagram. *TelevIZIon digital, 2019*(1), 21-32.
Grieswelle, D. (1978). *Sportsoziologie*. Stuttgart: Kohlhammer.
Gropper, H., John, J. M., Sudeck, G., & Thiel, A. (2020). The impact of life events and transitions on physical activity: a scoping review. *PloS One, 15*(6), Article e0234794. https://doi.org/10.1371/journal. pone.0234794
Grundmann, M. (2006). *Sozialisation*. Konstanz: UVK Verlagsgesellschaft mbH.
Grupe, O. (1988). Menschen im Sport 2000. Von der Verantwortung der Person und der Verpflichtung der Organisation. In K. Gieseler, O. Grupe, & K. Heinemann (Hrsg.), *Menschen im Sport 2000. Dokumentation des Kongresses „Menschen im Sport 2000"* (S. 44-67). Schorndorf: Hofmann.
Grupe, O. (2013). Die Olympische Idee ist eine „Erziehungsidee". In A. R. Hofmann & M. Krüger (Hrsg.), *Olympia als Bildungsidee: Beiträge zur olympischen Geschichte und Pädagogik* (S. 9-22). Wiesbaden: Springer.
Gugutzer, R. (2006). *Body turn: Perspektiven der Soziologie des Körpers und des Sports*. Bielefeld: transcript.
Gugutzer, R. (2008). Sport im Prozess gesellschaftlicher Differenzierung. In K. Weis & R. Gugutzer (Hrsg.), *Handbuch Individualisierung* (S. 88-99). Schorndorf: Hofmann.
Gugutzer, R., Klein, G., & Meuser, M. (Hrsg.). (2017). *Handbuch Körpersoziologie. Band 2: Forschungsfelder und methodische Zugänge*. Wiesbaden: Springer.
Güldenpfennig, S. (2008a). Olympische Spiele als Vorläufer des modernen Sports. In K. Weis & R. Gugutzer (Hrsg.), *Handbuch Sportsoziologie* (S. 46-56). Schorndorf: Hofmann.
Güldenpfennig, S. (2008b). Olympische Spiele und Politik. *Aus Politik und Zeitgeschichte, 29-30*, 6-12.
Günther, M. (2006). Die Rolle und Wirkung des Sports in der Kinder- und Jugendgewaltprävention. Ein erster Überblick über Modelle und Erkenntnisse aus Deutschland. *Forum Kriminalprävention, 2*, 3-7.
Guttmann, A. (1979). *Vom Ritual zum Rekord: Das Wesen des modernen Sports*. Schorndorf: Hofmann.
Hallmann, K., Wicker, P., Breuer, C., & Schönherr, L. (2012). Understanding the importance of sport infrastructure for participation in different sports – Findings from multi-level modeling. *European Sport Management Quarterly, 12*(5), 525-544.
Hartmann-Tews, I. (1996). *Sport für alle!? Strukturwandel europäischer Sportsysteme im Vergleich: Bundesrepublik Deutschland, Frankreich, Grossbritannien*. Schorndorf: Hofmann.
Hartmann-Tews, I., & Rulofs, B. (2001). International Media Coverage of Women's Sport. In K. Christensen, A. Guttmann, & G. Pfister (Hrsg.), *International Encyclopedia of Women and Sport* (S. 717-722). London: Macmillan.
Haubach, C., Moser, A., Schmidt, M., & Wehner, C. (2013). Die Lücke schliessen – Konsumenten zwischen ökologischer Einstellung und nicht-ökologischem Verhalten. *Wirtschaftspsychologie, 13*(2/3), 43-57.
Haut, J. (2011). *Soziale Ungleichheiten im Sportverhalten und kulturellem Geschmack. Eine empirische Aktualisierung der Bourdieu`schen Theorie symbolischer Differenzierung*. Münster: Waxmann.
Haut, J. (2021). Sport und soziale Ungleichheit. In A. Güllich & M. Krüger (Hrsg.), *Sport in Kultur und Gesellschaft. Handbuch Sport und Sportwissenschaft* (S. 237-247). Berlin: Springer.

Literatur

Hayoz, C., Klostermann, C., Schlesinger, T., & Nagel, S. (2016). Zur Bedeutung sportbezogener Orientierungs- und Verhaltensmuster in der Familie für das Sportengagement Jugendlicher. *Sport und Gesellschaft – Sport and Society, 13*(3), 251-280.

Hayoz, C., Klostermann, C., Schlesinger, T., & Nagel, S. (2018). Orientation patterns of sport and physical activity among young people in Switzerland. *European Journal for Sport and Society, 15*(1), 43-57. doi: 10.1080/16138171.2018.1440947

Heckemeyer, K. (2018). *Leistungsklassen und Geschlechtertests: die heteronormative Logik des Sports*. Bielefeld: transcript Verlag.

Heckemeyer, K. (2020). Inter und trans Athletinnen* im Wettkampfsport. *GenderStudies – Zeitschrift des Interdisziplinären Zentrums für Geschlechterforschung (IZFG), 36*, 8-10.

Heinecke, S. (2014). *Fit fürs Fernsehen? Die Medialisierung des Spitzensports als Kampf um Gold und Sendezeit*. Köln: Halem.

Heinemann, K. (1986). »Zum Problem der Einheit des Sports und des Verlusts seiner Autonomie«. In K. Heinemann & B. Hartmut (Hrsg.), *Die Zukunft des Sports: Materialien zum Kongress Menschen im Sport 2000* (S. 112-128). Schorndorf: Hofmann.

Heinemann, K. (1995). *Einführung in die Ökonomie des Sports*. Schorndorf: Hofmann.

Heinemann, K. (1998). *Einführung in die Soziologie des Sports*. Schorndorf: Hofmann.

Heinemann, K. (2007). *Einführung in die Soziologie des Sports* (3. vollständig überarbeitete Auflage). Schorndorf: Hofmann.

Heinemann, K., & Horch, H.-D. (1981). Soziologie der Sportorganisation. *Sportwissenschaft, 11*, 123-150.

Heinrich, P., & Schmidpeter, R. (2018). Wirkungsvolle CSR-Kommunikation – Grundlagen [Elektronische Version]. In P. Heinrich (Hrsg.), *CSR und Kommunikation: Unternehmerische Verantwortung überzeugend vermitteln* (2. Aufl., S. 1-25). Berlin: Springer Gabler.

Heitmeyer, W. (2002). *Internationales Handbuch der Gewaltforschung*. Wiesenbaden: Westdeutscher Verlag.

Herzog, E. (1995). *Frisch, frank, fröhlich, frei*. Liestal: Verlag des Kantons Basel-Landschaft.

Hitzler, R., & Niederbacher, A. (2010). *Leben in Szenen: Formen juveniler Vergemeinschaftung heute* (5. überarbeitete und aktualisierte Auflage). Wiesbaden: VS Verlag für Sozialwissenschaften.

Hoff, O., Schwehr, T., Hellmüller, P., Clausen, J., & Nathani, C. (2020). *Sport und Wirtschaft Schweiz. Wirtschaftliche Bedeutung des Sports in der Schweiz*. Rüschlikon: Rütter Soceco.

Hoffmann, K., Sallen, J., Albert, K., & Richartz, A. (2010). Zeitaufwendungen von Spitzensportlern in Leistungssport und Bildungs-/Berufskarriere: Eine empirische Studie zum Zusammenhang mit chronischem Belastungserleben. *Leipziger Sportwissenschaftliche Beiträge, 52*(2), 76-94.

Holderbach, E. (1998). Das IOC als Instanz globaler Sportvermarktung. In G. Trosien (Hrsg.), *Globalisierung und Sport: Business, Entertainment, Trends* (S. 47-57). Aachen: Meyer & Meyer.

Horch, H.-D. (1990). Vereinigungsversagen. Ein „Institutional-choice"-Vergleich zwischen Sportverein und kommerzieller Sportorganisation. *Sportwissenschaft, 20*, 162-182.

Horch, H.-D. (1992). *Geld, Macht und Engagement in freiwilligen Vereinigungen. Grundlage einer Wirtschaftssoziologie von Non-Profit-Organisationen*. Berlin: Duncker & Humblot.

Horch, H.-D., Schubert, M., & Walzel, S. (2014). *Besonderheiten der Sportbetriebslehre*. Berlin: Springer.
Horky, T., & Nieland, J. U. (Hrsg.). (2013). *International sports press survey 2011* (Vol. 5). Norderstedt: BoD–Books on Demand.
Hornby, N. (1996). *Ballfieber: Die Geschichte eines Fans*. Frankfurt a. M.: Zweitausendeins.
Houlihan, B. (1997). *Sport, policy, and politics: A comparative analysis*. London: Routledge.
Hradil, S. (1987). *Sozialstrukturanalyse in einer fortgeschrittenen Gesellschaft – Von Klassen und Schichten zu Lagen und Milieus*. Opladen: Leske+Budrich.
Hradil, S. (2005). *Soziale Ungleichheit in Deutschland* (8. Auflage). Wiesbaden: VS Verlag.
Hurrelmann, K. (1998). *Einführung in die Sozialisationstheorie* (6. Aufl.). Weinheim: Beltz.
Ibsen, B., Nichols, G., & Elmose-Østerlund, K. (Hrsg.). (2016). *Sport Club Policies in Europe*. Odense: University of Southern Denmark.
Illi, M. (2005). Du musst einen Gegner nicht hassen, um zu boxen! Hooligans - rohe Gewalttäter oder unverstandene Extremsportler? *Soz:mag, das Soziologie Magazin, 7*, 6-10.
Inglehart, R. (1977). *The Silent Revolution. Changing Values and Political Styles Among Western Publics*. Princeton, New Jersey: Princeton University Press.
International Olympic Committee. (2021). *Women in the olympic movement: Factsheet*. https://stillmed.olympics.com/media/Documents/Olympic-Movement/Factsheets/Women-in-the-Olympic-Movement.pdf
Jaarsma, E. A., Dijkstra, P. U., Geertzen, J. H. B., & Dekker, R. (2014). Barriers to and facilitators of sports participation for people with physical disabilities: A systematic review. *Scandinavian Journal of Medicine & Science in Sports, 24*(6), 871-881.
Jaitner, D., & Körner, S. (Hrsg.). (2018). *Soziale Funktionen von Sportvereinen: Revisited*. Berlin: Lehmanns Media.
Jarvie, G., & Maguire, J. (1994). *Sport and Leisure in Social Thought*. London: Routledge.
Jütting, D. H. (2001). Olympischer Sport und kulturelle Hegemonie. Zur globalen Expansion eines europäischen Kulturmusters. In H. Digel (Hrsg.), *Spitzensport. Chancen und Probleme* (S. 80-97). Schorndorf: Hofmann.
Kalter, F. (2005). Reduziert Wettbewerb tatsächlich Diskriminierungen? Situation von Migranten im Ligensystem des deutschen Fussballs. *Sport und Gesellschaft, 2*(1), 39-66.
Kamber, M., & Steffen, B. (2020). *Der vergiftete Sport. Siege und Niederlagen im Kampf gegen Doping*. Zürich: Orell Füssli.
Kamper, D., & Wulf, C. (Hrsg.). (1982). *Die Wiederkehr des Körpers*. Frankfurt a. M.: Suhrkamp.
Kempf, H., & Lichtsteiner, H. (2015). *Das System Sport – in der Schweiz und international*. Magglingen: Bundesamt für Sport BASPO.
Kempf, H., Weber, A. C., Zurmühle, C., Bosshard, B., Mrkonjic, M., Weber, A., Pillet, F., & Sutter, S. (2021). *Leistungssport Schweiz – Momentaufnahme SPLISS-CH 2019*. Magglingen: Bundesamt für Sport BASPO.
Kimble, N. B., Russo, S. A., Bergman, B. G., & Galindo, V. H. (2010). Revealing an empirical understanding of aggression and violent behavior in athletics. *Aggression and Violent Behavior, 15*, 446-462. Doi: 10.1016/j.avb.2010.08.001
Klages, H., & Gensicke, T. (2006). Wertesynthese – funktional oder dysfunktional. *Kölner Zeitschrift für Soziologie und Sozialpsychologie, 58*, 332-351.

Klein, G. (2008). Körper- und Bewegungspraktiken im Sport der Moderne. In K. Weis & R. Gugutzer (Hrsg.), *Handbuch Sportsoziologie* (S. 257-265). Schorndorf: Hofmann.

Klein, T. (2009). Determinanten der Sportaktivität und der Sportart im Lebenslauf. *Kölner Zeitschrift für Soziologie und Sozialpsychologie, 61*, 1-32.

Kleindienst-Cachay, C. (2007). *Mädchen und Frauen mit Migrationshintergrund im organisierten Sport: Ergebnisse zur Sportsozialisation - Analyse ausgewählter Massnahmen zur Integration in den Sport*. Baltmannsweiler: Schneider Verlag Hohengehren.

Kleindienst-Cachay, C., Cachay, K., & Bahlke, S. (2012). *Inklusion und Integration. Eine empirische Studie zur Integration von Migrantinnen und Migranten im organisierten Sport*. Schorndorf: Hofmann.

Kleindienst-Cachay, C., & Kunzendorf, A. (2003). «Männlicher» Sport – «weibliche» Identität? Hochleistungssportlerinnen in männlich dominierten Sportarten. In I. Hartmann-Tews, P. Gieß-Stüber, M.-L. Klein, C. Kleindienst-Cachay, & K. Petry (Hrsg.), *Soziale Konstruktion von Geschlecht im Sport* (S. 109-150). Opladen: Leske+Budrich.

Klenk, C. (2011). *Ziel-Interessen-Divergenzen in freiwilligen Sportorganisationen. Eine akteurtheoretische Analyse der Ursachen und Auswirkungen*. Hamburg: Czwalina.

Klenk, C., Albrecht, J., & Nagel, S. (2019). Social participation of people with disabilities in organized community sport. *German Journal of Exercise and Sport Research, 49*(4), 365-380. DOI: https://doi.org/10.1007/s12662-019-00584-3

Klosterman, C. (2016). *But What If We're Wrong? Thinking About the Present As If It Were the Past*. New York: Blue Rider Press.

Klostermann, C., Lamprecht, M., Nagel, S., & Stamm, H. (2020). Current Situation of the Fitness Sport in Switzerland. In S. Scheerder, H. Vehmas, & K. Helsen (Hrsg.), *The Rise and Size of the Fitness Industry in Europe: Fit for the future?* (S. 373-388). Cham: Springer Nature Switzerland.

Klostermann, C., & Nagel, S. (2014). Changes in German sport participation. In M. Weed (Ed.), *Sport and Leisure Management* (pp. 3-26). Thousand Oaks: Sage Publications.

Klostermann, C., Nagel, S., Hayoz, C., & Schlesinger, T. (2019). Zur Bedeutung sportbezogener Einstellungen und Deutungsmuster für die Sportaktivität junger Menschen mit und ohne Migrationshintergrund. *German Journal of Exercise and Sport Research, 49*(2), 188-200.

Koller, C. (2016). Sportlergrüsse nach Moskau: Ein Brief der Gesellschaft Schweiz-UdSSR aus dem frühen Kalten Krieg. *Traverse, 23*(1), 163-172.

Kreuzer, H.-P. (2016, 4. Dezember). Olympische TV-Rechte: Schwierige Refinanzierung für Discovery. *Deutschlandfunk*. https://www.deutschlandfunk.de/olympische-tv-rechte-schwierige-refinanzierung-fuer-100.html

Krüger, M. (2020a). *Einführung in die Geschichte der Leibeserziehung und des Sports: Teil 2: Leibeserziehung im 19. Jahrhundert. Turnen fürs Vaterland* (3. Auflage). Schorndorf: Hofmann.

Krüger, M. (2020b). *Einführung in die Geschichte der Leibeserziehung und des Sports: Teil 3: Leibesübungen im 20. Jahrhundert. Sport für alle* (3. Auflage). Schorndorf: Hofmann.

Krüger, M., Becker, C., Nielsen, S., & Reinold, M. (2014). *Doping und Anti-Doping in der Bundesrepublik Deutschland 1950 bis 2007. Genese – Strukturen – Politik*. Hildesheim: Arete.

Kühnle, F. (2019). *Depression im Spitzensport Psychisches Leiden als Kommunikationsthema*. Bielefeld: transcript.

Laine, A., & Vehmas, H. (2017). Development, current situation and future prospects of the private sport sector in Europe. In A. Laine & H. Vehmas (Hrsg.), *The private sport sector in Europe: A cross-national comparative perspective* (S. 343-354). Cham: Springer International Publishing.

Lamprecht, M., Bürgi, R., Gebert, A., & Stamm, H. (2017). *Sportvereine in der Schweiz. Entwicklungen, Herausforderungen, Perspektiven.* Magglingen: Bundesamt für Sport BASPO.

Lamprecht, M., Bürgi, R., Gebert, A., & Stamm, H. (2021). *Sport Schweiz 2020: Kinder- und Jugendbericht.* Magglingen: Bundesamt für Sport BASPO.

Lamprecht, M., Bürgi, R., & Stamm, H. (2020). *Sport Schweiz 2020: Sportaktivität und Sportinteresse der Schweizer Bevölkerung.* Magglingen: Bundesamt für Sport BASPO.

Lamprecht, M., Fischer, A., & Stamm, H. (2012). *Die Schweizer Sportvereine. Strukturen, Leistungen, Herausforderungen.* Zürich: Seismo.

Lamprecht, M., Fischer, A., & Stamm, H. (2020). *Freiwilligenmonitor 2020.* Zürich: Seismo.

Lamprecht, M., Nagel, S., & Stamm, H. (2017). Sociology of Sport: Germany and Switzerland. In K. Young (Hrsg.), *Sociology of Sport. A Global Subdiscipline in Review* (S. 187-206). Bingley: Emerald.

Lamprecht, M., & Stamm, H. (1994). *Die soziale Ordnung der Freizeit: Soziale Unterschiede im Freizeitverhalten der Schweizer Wohnbevölkerung.* Zürich: Seismo.

Lamprecht, M., & Stamm, H. (1995). Soziale Differenzierung und soziale Ungleichheit im Breiten- und Freizeitsport. *Sportwissenschaft, 25*(3), 265-284.

Lamprecht, M., & Stamm, H. (1998). »Vom avantgardistischen Lebensstil zur Massenfreizeit. Eine Analyse des Entwicklungsmusters von Trendsportarten«. *Sportwissenschaft, 28*(3-4), 370-387.

Lamprecht, M., & Stamm, H. (2000). *Sport Schweiz 2000: Sportaktivität und Sportkonsum der Schweizer Bevölkerung.* Basel, Bern, Zürich: STG/SOV/LSSFB.

Lamprecht, M., & Stamm, H. (2001). Weltsystemposition, Legitimität und internationaler Spitzensport: Partizipation und Erfolg an Olympischen Spielen als Korrelate der Integration in die Weltgesellschaft. In H. Digel (Hrsg.), *Spitzensport: Chancen und Probleme* (S. 98-122). Schorndorf: Hofmann.

Lamprecht, M., & Stamm, H. (2002). *Sport zwischen Kultur, Kult und Kommerz.* Zürich: Suhrkamp.

Lang, G., Klenk, C., Schlesinger, T., Ruoranen, K., Bayle, E., Clausen, J., Giauque, D., & Nagel, S. (2020). Challenges and opportunities arising from self-regulated professionalisation processes: an analysis of a Swiss national sport federation. *International Journal of Sport Policy and Politicy, 12*(3), 387-404.

Lang, G., Schlesinger, T., & Nagel, S. (2021). Professionalisierung von Sportverbänden. In L. Thieme & T. Wojciechowski (Hrsg.), *Sportverbände. Stand und Perspektiven der Forschung* (S. 117-132). Schorndorf: Hofmann.

Langenfeld, H. (1988). Wie sich der Sport in Deutschland seit 200 Jahren organisatorisch entwickelt hat. In H. Digel (Hrsg.), *Sport im Verein und im Verband: Historische, politische und soziologische Aspekte* (S. 18-34). Schorndorf: Hofmann.

Law, A., Harvey, J., & Kemp, S. (2002). The Global Sport Mass Media Oligopoly. The Tree Usual Suspects and More. *International Review for the Sociology of Sport, 37*(3), 279-302.

Lengwiler, M., & Madarasz, J. (Hrsg.). (2010). *Das präventive Selbst: Eine Kulturgeschichte moderner Gesundheitspolitik.* Bielefeld: transcript.

Lenze, L., Klostermann, C., Lamprecht, M., & Nagel, S. (2021). Taking Up and Terminating Leisure-Time Physical Activity over the Life Course: The Role of Life Events in the Familial and Occupational Life Domains. *International Journal of Environmental Research and Public Health, 18*, 9809. https://doi.org/10.3390/ijerph18189809

Lienhard, P. A., & Preuss, H. (2014). *Legacy, Sustainability and CSR at Mega Sport Events: An Analysis of the UEFA EURO 2008 in Switzerland*. Wiesbaden: Springer Gabler Verlag.

Limstrand, T. (2008). Environmental Characteristics Relevant to Young People's Use of Sport Facilities: A Review. *Scandinavian Journal of Medicine & Science in Sports, 18*, 275-287.

Lippke, S., & Vögele, C. (2006). Sport und körperliche Aktivität. In B. Renneberg & P. Hammelstein (Hrsg.), *Gesundheitspsychologie* (S. 195-216). Heidelberg: Springer.

Loewen, C., & Wicker, P. (2021). Travelling to Bundesliga matches: the carbon footprint of football fans. *Journal of Sport & Tourism, 25*(3), 253-272.

Loosen, W. (2008). Sport als Berichterstattungsgegenstand der Medien. In H. Schramm (Hrsg.), *Die Rezeption des Sports in den Medien* (S. 10-30). Köln: Halem.

Lopatta, K., Buchholz, F., & Storz, B. (2014). Die 50+1-Regelung im deutschen Profifussball – Ein Reformvorschlag auf Basis eines Vergleichs der europäischen Top 5 Fussballligen. *Sport und Gesellschaft, 11*(1), 3-33.

Loret, A. (1995). *Génération glisse*. Paris: Éditions Autrement.

Luhmann, N. (1984). *Soziale Systeme. Grundriss einer allgemeinen Theorie*. Frankfurt: Suhrkamp.

Lünenborg, M., & Maier, T. (Hrsg.). (2013). *Gender Media Studies – Eine Einführung*. Konstanz: UVK.

Maguire, J. (1999). *Global Sport: Identities, Societies, Civilizations*. Cambridge: Polity Press.

Maguire, J. (2004). Globalisation and the Making of Modern Sport. *Sportwissenschaft, 34*(1), 7-20.

Maierhof, G., & Schröder, K. (1992). *Sie radeln wie ein Mann, Madame: Als die Frauen das Rad eroberten*. Dortmund: eFeF-Verlag.

Maierhof, G., & Schröder, K. (1998). *Sie radeln wie ein Mann, Madame: Wie die Frauen das Rad eroberten*. Zürich: Unionsverlag.

Makarova, E., & Herzog, W. (2014). Sport as a means of immigrant youth integration: An empirical study of sports, intercultural relations, and immigrant youth integration in Switzerland. *Sportwissenschaft, 44*(1), 1-9. DOI: 10.1007/s12662-013-0321-9

Malm, C., Jakobsson, J., & Isaksson, A. (2019). Physical Activity and Sports—Real Health Benefits: A Review with Insight into the Public Health of Sweden. *Sports, 7*(5), 127. doi:10.3390/sports7050127

Marcacci, M. (1998). La ginnastica contra gli sport. *Traverse: Zeitschrift für Geschichte, 5*(3), 63-75.

Marcacci, M. (2021, 15. Januar). *Turnbewegung*. Historisches Lexikon der Schweiz. https://hls-dhs-dss.ch/de/articles/016333/2021-01-15/

Marion, J. L., & Wimpey, J. (2007). Environmental impacts of mountain biking: Science review and best practices. In International Mountain Bicycling Association (IMBA) (Hrsg.), *Managing Mountain Biking, IMBA's Guide to Providing Great Riding* (S. 94-111). Boulder: IMBA.

Martschukat, J. (2019). *Das Zeitalter der Fitness.* Frankfurt a.M.: Fischer.
Masafret, M. (1990). Haare in der Suppe wird es immer geben. In U. Honauer (Hrsg.), *Sport & Wort: Sportberichterstattung zwischen Strohfeuerjournalismus und kritischer Reportage* (S. 175-190). Zürich: Werd Verlag.
Maso, B. (2011). *Der Schweiss der Götter: Die Geschichte des Radsports.* Bielefeld: Covadonga Verlag.
Matthews, C. R., & Channon, A. (2016). Understanding Sports Violence: Revisiting Foundational Explorations. *Sport in Society, 20*(7), 751-767. doi: 10.1080/17430437.2016.1179735
Mayer, J. (2010). *Verletzungsmanagement im Spitzensport.* Hamburg: Czwalina.
McIntosh, P. (1987). *Sport in Society.* London: West London Press.
Meadows, D. L., Meadows, D. H., Randers, J., & Behrens, W. W. (1972). *Die Grenzen des Wachstums: Bericht des Club of Rome zur Lage der Menschheit.* Stuttgart: Deutsche Verlags-Anstalt.
Meier, H., Riedl, L., & Kukuk, M. (2016). Soziologische Herausforderungen durch Migration, Inklusion und Integration im Sport. In H. Meier, L. Riedl, & M. Kukuk (Hrsg.), *Migration, Inklusion und Integration. Soziologische Beobachtungen des Sports* (S. 1-13). Baltmannsweiler: Schneider Verlag Hohengehren.
Meier, M. (2004). *«Zarte Füsschen am harten Leder ...»: Frauenfussball in der Schweiz 1970 – 1999.* Bern: Huber.
Mellmann, A.-K. (2018, 3. Oktober). Mexiko 1968: Das Massaker von Tlatelolco. *Deutschlandfunk.* https://www.deutschlandfunk.de/mexiko-1968-das-massaker-von-tlatelolco-100.html
Melzer, K., Kayser, B., & Pichard, C. (2004). Physical activity: the health benefits outweigh the risks. *Current Opinions in Clinical Nutrition and Metabolic Care, 7,* 641-647.
Miko, H.-C., Zillmann, N., Ring-Dimitriou, S., Dorner, T. E., Titze, S., & Bauer, R. (2020). Auswirkungen von Bewegung auf die Gesundheit: Effects of Physical Activity on Health. *Gesundheitswesen, 82,* 184-195.
Mikos, L. (2008). Soziologie des Mediensports. In K. Weis & R. Gugutzer (Hrsg.), *Handbuch Sportsoziologie* (S. 331-339). Schorndorf: Hofmann.
Mittag, J. (Hrsg.). (2018). *Europäische Sportpolitik: Zugänge – Akteure – Problemfelder.* Baden-Baden: Nomos.
Moesch, C., Christen, S., & Ströbel, T. (2022). It's getting tight in the Alps – challenges and implications of the e-mountain bike boom for sustainable tourism management. *International Journal of Sport Management and Marketing, 22*(1/2), 73-95.
Moesch, C., Ströbel, T., & Preite, M. (2018). Tu Gutes und sprich darüber – Beurteilung von CSR-Aktivitäten professioneller Fussballclubs in der Swiss Football League. *transfer Sport & Kommunikation, 64*(2), 54-63.
Monk, E. P., Esposito, M. H., & Lee, H. (2021). Beholding Inequality: Race, Gender, and Returns to Physical Attractiveness in the United States. *American Journal of Sociology, 127*(1), 194-241.
Mosebach, U. (2017). *Sportgeschichte: Von den Anfängen bis in die moderne Zeit.* Aachen: Meyer & Meyer.
Mountjoy, M., Brackenridge, C., Arrington, M., Blauwet, C., Carska-Sheppard, A., Fasting, K. et al. (2016). International Olympic Committee consensus statement: harassment and abuse (non-accidental violence) in sport. *British Journal of Sports Medicine, 50*(17), 1019-1029.
Müller-Windisch, M. (2000). *Aufgeschnürt und ausser Atem: Die Geschichte des Frauensports.* München: Deutscher Taschenbuch Verlag (dtv).

Müller, H. R. (2007). *Tourismus und Ökologie. Wechselwirkungen und Handlungsfelder*. München: Oldenbourg.

Müller, H. R., Rütter, H., & Stettler, J. (2010). *UEFA EURO 2008TM und Nachhaltigkeit. Erkenntnisse zu Auswirkungen und Einschätzungen in der Schweiz*. Bern: Universität Bern, Forschungsinstitut für Freizeit und Tourismus (FIF).

Müller, M. (2006). Geschlecht als Leistungsklasse. Der kleine Unterschied und seine großen Folgen am Beispiel der "gender verifications" im Leistungssport. *Zeitschrift für Soziologie, 35*(5), 392-412.

Müller, M., Wolfe, S. D., Gaffney, C., Gogishvili, D., Hug, M., & Leick, A. (2021). An evaluation of the sustainability of the Olympic. *Nature sustainability, 4*, 340-348.

Mutz, M. (2012). *Sport als Sprungbrett in die Gesellschaft? Sportengagements von Jugendlichen mit Migrationshintergrund und ihre Wirkung*. Weinheim: Juventa.

Mutz, M., & Gerke, M. (2019). *Fußball und Nationalstolz in Deutschland. Eine repräsentative Panelstudie rund um die EM 2016*. Wiesbaden: Springer VS.

Nagel, M. (2003). *Soziale Ungleichheiten im Sport*. Aachen: Meyer & Meyer.

Nagel, S. (2002). *Medaillen im Sport – Erfolg im Beruf? Berufskarrieren von Hochleistungssportlerinnen und Hochleistungssportlern*. Schorndorf: Hofmann.

Nagel, S. (2006). *Sportvereine im Wandel. Akteurtheoretische Analysen zur Entwicklung von Sportvereinen*. Schorndorf: Hofmann.

Nagel, S., & Conzelmann, A. (2006). Zum Einfluss der Hochleistungssport-Karriere auf die Berufskarriere – Chancen und Risiken. *Sport und Gesellschaft, 3*, 237-261.

Nagel, S., Conzelmann, A., & Gabler, H. (2004). *Sportvereine – Auslaufmodell oder Hoffnungsträger? Die WLSB-Vereinsstudie*. Tübingen: Attempto.

Nagel, S., Elmose-Østerlund, K., Adler Zwahlen, J., & Schlesinger, T. (2020). Social Integration of People with Migration Background in European Sports Clubs. *Sociology of Sport Journal, 37*(4), 355-365. DOI: 10.1123/ssj.2019-0106

Nagel, S., Elmose-Østerlund, K., Ibsen, B., & Scheerder, J. (Eds.). (2020). *Functions of Sports Clubs in European Societies. A Cross-National Comparative Study*. Cham: Springer.

Nagel, S., Klostermann, C., Schlesinger, S., & Hayoz, C. (2016). *Strukturelle und kulturelle Faktoren der Sportpartizipation Jugendlicher und junger Erwachsener* [Unveröffentlichter Abschlussbericht]. Institut für Sportwissenschaft, Universität Bern.

Nagel, S., & Schlesinger, T. (2012). *Sportvereinsentwicklung. Ein Leitfaden zur Planung von Veränderungsprozessen*. Bern: Haupt.

Nagel, S., Stegmann, P., Bürgi, R., & Lamprecht, M. (2020). Switzerland: Autonomous Sports Clubs as Contributors to Public Welfare. In S. Nagel, K. Elmose-Østerlund, B. Ibsen, & J. Scheerder (Eds.), *Functions of Sports Clubs in European Societies. A Cross-National Comparative Study* (pp. 289-313). Cham: Springer.

Niedermeier, M., Frühauf, A., Bichler, C., Rosenberger, R., & Kopp, M. (2019). Sport – zu Risiken und Nebenwirkungen. *Der Orthopäde, 12*(48), 1030-1035.

Niemann, S., Achermann Stürmer, Y., Derrer, P., & Ellenberger, L. (2021). *Status 2021: Statistik der Nichtberufsunfälle und des Sicherheitsniveaus in der Schweiz*. Bern: BFU, Beratungsstelle für Unfallverhütung. DOI:10.13100/BFU.2.399.01.2021

Nobis, T. (2018). Integrationsfunktionen von Sportvereinen in der Migrationsgesellschaft. In D. Jaitner & S. Körner (Hrsg.), *Soziale Funktionen von Sportvereinen: revisited. Reflexive Sportwissenschaft Band 9* (S. 161-174). Berlin: Lehmanns Media.

Nobis, T., & Albert, K. (2018). Kinder- und Jugendsport in einer geschichteten Gesellschaft? Aufarbeitung und Diskussion des aktuellen Forschungsstandes in Deutschland. *Sport und Gesellschaft, 15*(1), 63-92.

Nufer, G., & Bühler, A. (2013). Ambush Marketing im Sport. In G. Nufer & A. Bühler (Hrsg.), *Marketing im Sport. Grundlagen und Trends des modernen Sportmarketings* (S. 445-474). Berlin: Erich Schmidt Verlag.
Parsons, T. (1951). *The Social System*. London: Routledge & Kegan Paul.
Penz, O. (1992). Mediasport oder: Die audiovisuelle Verbesserung der Sportrealität. In R. Horak & O. Penz (Hrsg.), *Sport: Kult & Kommerz* (S. 17-35). Wien: Verlag für Gesellschaftskritik.
Pfister, G. (1989). »Körperkultur und Weiblichkeit: Ein historischer Beitrag zur Entwicklung des modernen Sports in Deutschland bis zur Zeit der Weimarer Republik«. In C. Peyton & G. Pfister (Hrsg.), *Frauensport in Europa: Informationen – Materialien* (S. 37-67). Ahrensburg bei Hamburg: Czwalina.
Pfister, G. (2006). «Auf den Leib geschrieben» – Körper, Sport und Geschlecht aus historischer Perspektive. In I. Hartmann-Tews & B. Rulofs (Hrsg.), *Handbuch Sport und Geschlecht* (S. 26-39). Schorndorf: Hofmann.
Pfister, G. (2017). 100 Jahre Frauen im Sport. Anfänge, Entwicklungen, Perspektiven. In S. Günther & G. Sobiech (Hrsg.), *Sport & Gender. (Inter-)nationale sportsoziologische Geschlechterforschung: Theoretische Ansätze, Praktiken und Perspektiven* (S. 23-35). Wiesbaden: Springer VS Verlag.
Pieth, F. (1979). *Sport in der Schweiz: Sein Weg in die Gegenwart*. Olten: Walter-Verlag.
Pilz, G. A. (2005). Erziehung zum Fairplay im Wettkampfsport. Ergebnisse aus Untersuchungen im wettkampforientierten Jugendfußball. *Bundesgesundheitsbl - Gesundheitsforsch – Gesundheitsschutz, 48*, 881-889. doi: 10.1007/s00103-005-1107-5
Pilz, G. A. (2008). Gewalt im Sport. In K. Weis & R. Gugutzer (Hrsg.), *Handbuch Sportsoziologie* (S. 287-297). Schorndorf: Hofmann.
Pilz, G. A. (2013). *Sport, Fairplay und Gewalt – Beiträge zu Jugendarbeit und Prävention im Sport*. Hildesheim: Arete-Verlag.
Pilz, G. A., & Wölkli-Schumacher, M. A. (2010). *Übersicht über das Phänomen der Ultrakultur in den Mitgliedsstaaten des Europarates im Jahre 2009*. Hannover: Leibniz Universität.
Pinker, S. (2018). *Gewalt: Eine neue Geschichte der Menschheit*. Frankfurt a.M.: Fischer Taschenbuch.
Preuss, H. (1999). *Olympische Studien. Ökonomische Implikationen der Ausrichtung Olympischer Spiele von München 1972 bis Atlanta 1996*. Kassel: Agon-Sportverlag.
Preuss, H. (2009). Sponsoring im Spitzensport. In C. Breuer & A. Thiel (Hrsg.), *Handbuch Sportmanagement* (S. 282-299). Schorndorf: Hofmann.
Preuss, H., Andreff, W., & Weitzmann, M. (2019). *Cost and Revenue Overruns of the Olympic Games 2000–2018*. Wiesbaden: Springer Gabler.
Preuss, H., Kurscheidt, M., & Schütte, N. (2009). *Ökonomie des Tourismus durch Sportgroßveranstaltungen: eine empirische Analyse zur Fußball-Weltmeisterschaft 2006*. Wiesbaden: Gabler.
Reardon, C. L., Hainline, B., Aron, C. M., Baron, D., Baum, A. L., Bindra, A. et al. (2019). Mental health in elite athletes: International Olympic Committee consensus statement. *British Journal of Sports Medicine, 53*(11), 667-699.
Reckwitz, A. (2017). *Die Gesellschaft der Singularitäten*. Frankfurt a.M.: Suhrkamp.
Reemtsma, J. P. (2008). *Vertrauen und Gewalt: Versuch über eine besondere Konstellation der Moderne*. Hamburg: Hamburger Edition.
Reinold, M. (2016). *Doping als Konstruktion. Eine Kulturgeschichte der Anti-Doping-Politik*. Bielefeld: transcript.

Repenning, S., Meyrahn, F., an der Heiden, I., Ahlert, G., & Preuss, H. (2019). *Sport inner- oder ausserhalb des Sportvereins: Sportaktivität und Sportkonsum nach Organisationsform*. Berlin/Bonn: Bundesministerium für Wirtschaft und Energie / Bundesinstitut für Sportwissenschaft.
Rigauer, B. (1982). *Sportsoziologie: Grundlagen, Methoden, Analysen*. Reinbek bei Hamburg: Rowohlt.
Rittner, V., & Breuer, C. (2004). *Gemeinwohlorientierung und soziale Bedeutung des Sports*. Köln: Sport & Buch Strauss.
Robertson, R. (1998). Glokalisierung: Homogenität und Heterogenität in Raum und Zeit. In U. Beck (Hrsg.), *Perspektiven der Weltgesellschaft* (S. 192-220). Frankfurt a.M.: Suhrkamp.
Robinson, L. (2008). The business of sport. In B. Houlihan (Hrsg.), *Sport and society. A student introduction* (S. 307-327). London: SAGE Publications.
Röcke, A. (2021). *Soziologie der Selbstoptimierung*. Frankfurt a.M.: Suhrkamp.
Rohrer, T., & Haller, M. (2015). Sport und soziale Ungleichheit – neue Befunde aus dem internationalen Vergleich. *Kölner Zeitschrift für Soziologie und Sozialpsychologie, 67*, 57-82.
Rosa, H. (2016). *Resonanz: Eine Soziologie der Weltbeziehung*. Berlin: Suhrkamp.
Rosa, H. (2020). *Unverfügbarkeit*. Frankfurt a.M.: Suhrkamp.
Roth, R., Jakob, E., & Krämer, A. (2004). *Neue Entwicklungen bei Natursportarten. Konfliktpotenziale und Lösungsmöglichkeiten*. Köln: Deutsche Sporthochschule, Institut für Natursport und Ökologie.
Ruckstuhl, B., & Ryter, E. (2017). *Von der Seuchenpolizei zu Public Health. Öffentliche Gesundheit in der Schweiz seit 1750*. Zürich: Chronos.
Rufli, C., Meier, M., Hofmann, M., Degen, S., & Borer, J. (2020). *Vorbild und Vorurteil: Lesbische Spitzensportlerinnen erzählen*. Baden: Hier und Jetzt.
Rulofs, B. (2016). „Jeder hat es gesehen. … Keiner hat was gesagt." – Machtmissbrauch und sexualisierte Gewalt im Kinder- und Jugendsport. *Sport und Gesellschaft, 13*, 73-101.
Rulofs, B., & Hartmann-Tews, I. (2017). Mediale Präsentation von Sportler_innen in der Presse – Ein Überblick zu den Befunden inhaltsanalytischer Studien. In S. Günther & G. Sobiech (Hrsg.), *Sport & Gender. (Inter-)nationale sportsoziologische Geschlechterforschung: Theoretische Ansätze, Praktiken und Perspektiven* (S. 61-74). Wiesbaden: Springer VS Verlag.
Rütten, A., & Pfeifer, K. (Hrsg.). (2017). *Nationale Empfehlungen für Bewegung und Bewegungsförderung*. Köln: Bundeszentrale für gesundheitliche Aufklärung.
Rütter, H., & Beck, A. (2011). *Volkswirtschaftliche Bedeutung der SwissTopSport-Veranstaltungen 2010* (Forschungsbericht). Magglingen: Bundesamt für Sport BASPO.
Sanderson, J. (2011). *It's a Whole New Ballgame: How Social Media Is Changing Sports*. New York: Hampton Press.
Schallhorn, C., & de Bochdanovits, V. (2020). Motivation zur Nutzung WM-bezogener Inhalte auf Social Media und Nutzungsverhalten junger Männer und Frauen während Fußballweltmeisterschaften. *Journal für Sportkommunikation und Mediensport, 5*(1-2), 69-89.
Scheerder, J., Helsen, K., Elmose-Østerlund, K., & Nagel, S. (2020). Exploring Pan-European Similarities and Differences in Club Organised Sport: A Cross-National and Cross-Temporal Comparison. In S. Nagel, K. Elmose-Østerlund, B. Ibsen, & J. Scheerder (Eds.), *Functions of Sports Clubs in European Societies. A Cross-National Comparative Study* (pp. 315-343). Cham: Springer.

Scheerder, S., Vehmas, H., & Helsen, K. (2020). The Global Health and Fitness Industry at a Glance: Fast, Fit, Flexible, Functional, Funny, Fashionable and Fanatic. In S. Scheerder, H. Vehmas, & K. Helsen (Hrsg.), *The Rise and Size of the Fitness Industry in Europe: Fit for the future?* (S. 1-32). Cham: Springer Nature Switzerland.

Scheidel, W. (2018). *Nach dem Krieg sind alle gleich: Eine Geschichte der Ungleichheit*. Darmstadt: Wissenschaftliche Buchgesellschaft.

Scheidle, J. (2002). Ultra(recht)s in Italien. In G. Dembowski & J. Scheidle (Hrsg.), *Tatort Stadion – Rassismus, Antisemitismus und Sexismus im Fußball* (S. 90-109). Köln: PapyRossa Verlag.

Schemel, H.-J., & Erbguth, W. (2000). *Handbuch Sport und Umwelt. Ziele, Analysen, Bewertungen, Lösungsansätze, Rechtsfragen*. Aachen: Meyer & Meyer.

Schierl, T. (2007). *Handbuch Medien, Kommunikation und Sport*. Schorndorf: Hofmann.

Schimank, U. (2000). *Handeln und Strukturen. Einführung in die akteurtheoretische Soziologie*. Weinheim: Juventa.

Schimank, U. (2002). Gesellschaftliche Teilsysteme und Strukturdynamiken. In U. Volkmann & U. Schimank (Hrsg.), *Soziologische Gegenwartsdiagnosen II* (S. 15-50). Opladen: Leske + Budrich.

Schimank, U. (2008). Sport im Prozess gesellschaftlicher Differenzierung. In K. Weis & R. Gugutzer (Hrsg.), *Handbuch Sportsoziologie* (S. 68-74). Schorndorf: Hofmann.

Schimank, U. (2010). *Handeln und Strukturen. Einführung in die akteurtheoretische Soziologie* (4. Aufl.). Weinheim: Juventa Verlag.

Schlesinger, T., Klenk, C., & Nagel, S. (2014). *Freiwillige Mitarbeit im Sportverein. Analyse individueller Faktoren und organisationaler Entscheidungen*. Zürich: Seismo.

Schlesinger, T., Oelze, J., & Schulz, H. (2017). Familiale Mechanismen zur Generierung motorischer Leistungen von Kindern im Einschulungsalter. *Sport und Gesellschaft – Sport and Society, 14*(2), 163-192.

Schlesinger, T., Studer, F., & Nagel, S. (2015). *Sportwissenschaftliches Studium und Beruf in der Schweiz*. Schorndorf: Hofmann.

Schmid, M. J., Örencik, M., Schmid, J., Nagel, S., & Conzelmann, A. (2021). Vocational careers of retired Olympic athletes from Switzerland: A person-oriented study. *International Review for the Sociology of Sport*. Advance online publication. https://doi.org/10.1177/10126902211062432

Schneider, A. (2015). Reifegradmodell CSR – eine Begriffsklärung und -abgrenzung [Elektronische Version]. In A. Schneider & R. Schmidpeter (Hrsg.), *Corporate Social Responsibility: Verantwortungsvolle Unternehmensführung in Theorie und Praxis* (2. Aufl., S. 21-42). Berlin: Springer Gabler.

Schoch, L., & Clausen, J. (2019). Women within international sports federations: contemporary challenges. In G. Cervin & C. Nicolas (Hrsg.), *Histories of Women's Work in Global Sport* (S. 299-326). Cham: Palgrave Macmillan.

Schröder, R., & Dahlkamp, H. (2003). *Nicht alle Helden tragen Gelb: Die Geschichte der Tour de France*. Göttingen: Verlag Die Werkstatt.

Schubert, M. (2008). Kommerzielle Sportanbieter. In K. Weis & R. Gugutzer (Hrsg.), *Handbuch Sportsoziologie* (S. 143-151). Schorndorf: Hofmann.

Schulze, G. (1992). *Die Erlebnis-Gesellschaft: Kultursoziologie der Gegenwart*. New York: Campus.

Schumacher Dimech, A., Brechbühl, A., & Seiler, R. (2016). Dynamics of critical incidents with potentially violent outcomes involving ultra fans: an explorative study. *Sport in Society, 19*(10), 1440-1459. DOI: 10.1080/17430437.2015.1133597

Schürmann, V. (2019). Am Fall eSport: Wie den Sport bestimmen? *German Journal of Exercise and Sport Research, 49*(4), 472-481.

Schwaiger, L., Vogler, D., Fürst, S., Kessler, S. H., Humprecht, E., Schweizer, C., & Rivière, M. (2021). *Darstellung von Frauen in der Berichterstattung Schweizer Medien.* Zürich: Forschungszentrum Öffentlichkeit und Gesellschaft (fög).

Schweizer Sportobservatorium. (2021). *Indikatorensammlung: Sportvereine und -verbände.* www.sportobs.ch/inhalte/Indikatoren_PDF_neu/Ind_22_Sportobs.pdf

Schwier, J. (2008). Soziologie des Trendsports. In K. Weis & R. Gugutzer (Hrsg.), *Handbuch Sportsoziologie* (S. 349-367). Schorndorf: Hofmann.

Schwier, J., & Kilberth, V. (Hrsg.). (2018). *Skateboarding zwischen Subkultur und Olympia: Eine jugendliche Bewegungskultur im Spannungsfeld von Kommerzialisierung und Versportlichung.* Bielefeld: transcript Verlag.

Schwier, J., & Schauerte, T. (2008). *Soziologie des Mediensports.* Köln: Sportverlag Strauss.

Seiberth, K. (2012). *Fremdheit im Sport. Eine kritische Auseinandersetzung mit den Möglichkeiten und Grenzen der Integration im Sport.* Schorndorf: Hofmann.

Seiberth, K., Weigelt-Schlesinger, Y., & Schlesinger, T. (2013). Wie integrationsfähig sind Sportvereine? – Eine Analyse organisationaler Integrationsbarrieren am Beispiel von Mädchen und Frauen mit Migrationshintergrund. *Sport und Gesellschaft – Sport and Society, 10*(2), 174-198.

Seilbahnen Schweiz. (2021). *2021 – Fakten & Zahlen zur Schweizer Seilbahnbranche.* Bern: Seilbahnen Schweiz (SBS).

Shilling, C. (1993). *The Body and Social Theory.* London: Sage.

Sinning, S., & Hofmann, A. R. (2017). Trainerinnen im deutschen Spitzensport. In S. Günther & G. Sobiech (Hrsg.), *Sport & Gender. (Inter-)nationale sportsoziologische Geschlechterforschung: Theoretische Ansätze, Praktiken und Perspektiven* (S. 295-308). Wiesbaden: Springer VS Verlag.

Smith, M. D. (1983). "What is Sports Violence? A Sociological Perspective." In J. H. Goldstein (Hrsg.), *Sports Violence* (S. 33-45). New York: Springer-Verlag.

Stahl, S. (2018). Gewaltprävention durch Sport. Gesammelte Reflexionen zu einem unverbürgten Versprechen. In D. Jaitner & S. Körner (Hrsg.), *Soziale Funktionen von Sportvereinen: revisited. Reflexive Sportwissenschaft Band 9* (S. 127-144). Berlin: Lehmanns Media.

Stamm, H., Fischer, A., Nagel, S., & Lamprecht, M. (2015). Sport clubs in Switzerland. In C. Breuer, R. Hoekman, S. Nagel, & H. van der Werff (Eds.), *Sport clubs in Europe. A cross-national comparative perspective* (pp. 401-417). New York, Heidelberg, London: Springer.

Stamm, H., Lamprecht, M., & Nef, R. (2003). *Soziale Ungleichheit in der Schweiz. Strukturen und Wahrnehmungen.* Zürich: Seismo.

Steiger, A., Mumenthaler, F., & Nagel, S. (2021). Friendships in Integrative Settings: Network Analyses in Organized Sports and a Comparison with School. *International Journal of Environmental Research and Public Health, 18*, 6603. https://doi.org/10.3390/ijerph18126603

Stettler, J., Müller, H. R., & Wallebohr, A. (2017). *FIS Alpine Ski WM St. Moritz 2017: Nachhaltigkeit + Innovation = Vermächtnis (NIV).* St. Moritz: Engadin Press AG.

Stichweh, R. (1990). Sport – Ausdifferenzierung, Funktion, Code. *Sportwissenschaft, 20*(4), 373-389.

Stura, C. (2019). "What makes us strong" – the role of sports clubs in facilitating integration of refugees. *European Journal for Sport and Society, 16*(2), 128-145. DOI: 10.1080/16138171.2019.1625584

Swiss Olympic. (2021). *Frau und Spitzensport.* www.swissolympic.ch/athleten-trainer/frau-spitzensport

Tanner, J. (2010). Lebensmittel und neuzeitliche Technologien des Selbst: Die Inkorporation von Nahrung als Gesundheitsprävention. In M. Lengwiler & J. Madarasz (Hrsg.), *Das präventive Selbst: Eine Kulturgeschichte moderner Gesundheitspolitik* (S. 31-54). Bielefeld: transcript.

Teubert, H., Borggrefe, C., Cachay, K., & Thiel, A. (2006). *Spitzensport und Schule: Möglichkeiten und Grenzen struktureller Kopplung in der Nachwuchsförderung.* Schorndorf: Hofmann.

Thiel, A., Mayer, J., & Digel, H. (2010). *Gesundheit im Spitzensport. Eine sozialwissenschaftliche Analyse.* Schorndorf: Hofmann.

Thiel, A., & Meier, H. (2004). Überleben durch Abwehr – Zur Lernfähigkeit des Sportvereins. *Sport und Gesellschaft, 1*(2), 103-124.

Thiel, A., Seiberth, K., & Mayer, J. (2013). *Sportsoziologie: Ein Handbuch in 13 Lektionen.* Aachen: Meyer & Meyer.

Thieme, L. (Hrsg.). (2017). *Der Sportverein – Versuch einer Bilanz.* Schorndorf: Hofmann.

Trost, S. G., Blair, S. N., & Khan, K. M. (2014). Physical inactivity remains the greatest public health problem of the 21st century: evidence, improved methods and solutions using the "7 investments that work" as a framework. *British Journal of Sports Medicine, 48*, 169-170.

Union des Associations Européennes de Football. (2022). *The European Club Footballing Landscape. Club Licensing Benchmarking Report.* https://editorial.uefa.com/resources/0272-145b03c04a9e-26dc16d0c545-1000/master_bm_high_res_20220203104923.pdf

United Nations General Assembly. (2015). *Transforming our world: The 2030 Agenda for sustainable development.* United Nations. http://www.un.org/ga/search/view_doc.asp?symbol=A/RES/70/1&Lang=E

Ursprung, L., & Matter, M. (2005). *Arbeitsmarkt Sport Schweiz.* Zürich: Gesellschaft zur Förderung der Sportwissenschaften.

Utz, S. (2019). Die Rolle sozialer Medien im Sport – eine Einführung. In C. G. Grimmer (Hrsg.), *Sportkommunikation in digitalen Medien: Vielfalt, Inszenierung, Professionalisierung* (S. 3-18). Wiesbaden: Springer.

van Spijk, P. (1991). *Definition und Beschreibung der Gesundheit. Ein medizinhistorischer Überblick.* Muri: SGGP.

Vedder, C., & Lämmer, M. (2013). *Olympische Charta 2014.* Frankfurt a.M.: Deutsche Olympische Akademie.

Vejchoda, P. (2017). AUSTRIA: Winter Tourism and Sport Retail Most Significant Sport Business Fields. In A. Laine & H. Vehmas (Hrsg.), *The private sport sector in Europe: A cross-national comparative perspective* (S. 17-32). Cham: Springer International Publishing.

Wahl, A. (2003). *Die Veränderung von Lebensstilen. Generationenfolge, Lebenslauf und sozialer Wandel.* Frankfurt/Main: Campus.

Walzel, S., Robertson, J., & Anagnostopoulos, C. (2018). Corporate Social Responsibility in Professional Team Sports Organizations: An Integrative Review. *Journal of Sport Management, 32*(6), 511-530.

Walzel, S., & Schubert, S. (2018). Sport, Corporate Social Responsibility und Sponsoring. In S. Walzel & M. Schubert (Hrsg.), *Sportsponsoring: Grundlagen, Konzeption und Wirkungen* (S. 281-315). Berlin: Springer Gabler.

Weigelt-Schlesinger, Y. (2008). *Geschlechterstereotype – Qualifikationsbarrieren von Frauen in der Fussballtrainerausbildung.* Hamburg: Czwalina.

Weiss, O., & Norden, G. (2013). *Einführung in die Sportsoziologie*. Münster: Waxmann Verlag.

Weiss, O., & Norden, G. (2015). Sport clubs in Austria. In C. Breuer, R. Hoekman, S. Nagel, & H. van der Werff (Eds.), *Sport clubs in Europe. A cross-national comparative perspective* (pp. 29-44). New York, Heidelberg, London: Springer.

Weltgesundheitsorganisation. (1986). *Ottawa-Charta zur Gesundheitsförderung.* Zugriff am 26. November 2021 unter https://www.euro.who.int/__data/assets/pdf_file/0006/129534/Ottawa_Charter_G.pdf

Weltgesundheitsorganisation. (1997). *Die Jakarta Erklärung zur Gesundheitsförderung für das 21. Jahrhundert.* Zugriff am 26. November 2021 unter https://www.who.int/healthpromotion/conferences/previous/jakarta/en/hpr_jakarta_declaration_german.pdf

Weltgesundheitsorganisation. (2003). *Weltbericht Gewalt und Gesundheit. Zusammenfassung.* Genf: WHO.

Weltgesundheitsorganisation. (2005). *Bangkok Charta für Gesundheitsförderung in einer globalisierten Welt.* Zugriff am 26. November 2021 unter http://www.bildungskoalition.ch/media/medialibrary/2012/03/Bangkok-Charta.pdf

Weltgesundheitsorganisation. (2018). *Global action plan on physical activity 2018–2030: more active people for a healthier world.* Zugriff am 26. November 2021 unter https://apps.who.int/iris/bitstream/handle/10665/272722/9789241514187-eng.pdf

Weltgesundheitsorganisation. (2020). *WHO guidelines on physical activity and sedentary behaviour.* Zugriff am 26. November 2021 unter https://www.who.int/publications/i/item/9789240015128

Wicker, P. (2018). The carbon footprint of active sport tourists: an empirical analysis of skiers and boarders. *Journal of Sport & Tourism*, 22(2), 151-171.

Wojchiechowski, T. (2005). Sportentwicklung zwischen Amerikanisierung und Globalisierung. *Sport und Gesellschaft*, 2(1), 3-20.

Wöll, I. (2018). *Turnen in Österreich. Von den Anfängen bis zur Mitte des 20. Jahrhunderts.* St. Pölten: UNION Trendsport Weichberger.

Wolter, C. (2011). *Rasen der Leidenschaften. Die Fussballplätze von Berlin. Geschichte und Geschichten.* Berlin: Else.

Wopp, C. (2006). *Handbuch zur Trendforschung im Sport: Welchen Sport treiben wir morgen?* Aachen: Meyer & Meyer.

World Commission on Environment and Development. (1987). *Our Common Future* [BrundtlandReport]. New York: Oxford University Press.

Young, K. (Hrsg.). (2005). *Sporting Bodies, Damaged Selves: Sociological Studies of Sports-Related Injury.* Bingley: Emerald.

Young, K. (2019). *Sport, Violence and Society.* Oxford: Routledge.